U0540980

长城砖

Sea of Tears and Blood
Private Marintime Trade During the Alternation of Ming-Qing Dynasties

血拼的海路

林仁川 著

天津出版传媒集团
天津人民出版社

图书在版编目(CIP)数据

血拼的海路：明末清初私人海上贸易 / 林仁川著. -- 天津：天津人民出版社, 2024.5 (2024.11重印)
（长城砖）
ISBN 978-7-201-20301-0

Ⅰ. ①血… Ⅱ. ①林… Ⅲ. ①对外贸易—贸易史—中国—明清时代 Ⅳ. ①F752.94

中国国家版本馆CIP数据核字(2024)第049414号

血拼的海路：明末清初私人海上贸易
XUE PIN DE HAILU : MING MO QING CHU SIREN HAISHANG MAOYI

出　　版	天津人民出版社
出 版 人	刘锦泉
地　　址	天津市和平区西康路35号康岳大厦
邮政编码	300051
邮购电话	(022)23332469
电子信箱	reader@tjrmcbs.com

总 策 划	沈海涛
策　　划	金晓芸　燕文青
责任编辑	燕文青
装帧设计	图文游击工作室
	汤　磊

印　　刷	河北鹏润印刷有限公司
经　　销	新华书店
开　　本	880毫米×1230毫米　1/32
印　　张	18
字　　数	390千字
版次印次	2024年5月第1版　2024年11月第2次印刷
定　　价	98.00元

版权所有　侵权必究
图书如出现印装质量问题,请致电联系调换(022—23332469)

序　言

15至17世纪的大航海时代在世界文明发展史上是非常重要的一页，在此时期，西方一批海盗冒险家闯荡世界，在全球范围内开辟新航路，把世界上原来相对封闭的各个贸易市场连成了一片。这样便出现了人类历史上第一次经济全球化的浪潮，从而为西方工业革命的到来提供了最广阔的市场和坚实的物质基础。在这场人类历史大变革、大发展的舞台上，东方古国——中国扮演了什么角色？以前我们总是以郑和下西洋的壮举，说明中国也是大航海时代的参与者。郑和的确是伟大的航海家，其船队之庞大、航海技术之先进，在当时无与伦比。但是郑和下西洋并不是要去开拓海外市场、进行国际贸易、促进中国经济大发展，而是以实现"万国来朝"为目的；因此不仅在经济上毫无收获，反而消耗了国家大量的钱财，使得国库空虚，最终只能昙花一现，很快就烟消云散了。

与此同时，在中国的东南沿海，私人海上贸易异军突起，其商船规模之庞大、海商人数之众多、新兴商港之繁荣、出口商品之竞争力，与西方贸易相比毫不逊色，是大航海时代一股不可忽视的强大的海上力量。可惜的是，这股新兴的私人海上贸易长期以来被忽视、被遗忘，不仅被封建王朝视为"盗寇"，进行无情的迫害和镇压，而且在近现代的学术界，也很少有人认识到这是一股能打破中国的闭关锁国，使之融入世界贸易大体系，并可以与同时期的西方相媲美的新兴海上商业力量。现在是恢复和肯定中国海商在大航海时代杰出贡献的时候了。

我之所以较早注意私人海上贸易这个明末清初的新生事物，与我的研究生导师陈守实教授是分不开的。1964年，我从复旦历史系本科毕业，并于同年考上陈先生的研究生，陈先生是清华大学国学研究院毕业的，国学功底很深厚。他对我要求很严格，一年级要求通读《明史》及《清史稿》，泛读《明实录》和《清实录》，以打好研究明清史的基础，二年级围绕论文方向广泛搜集和阅读明清笔记、地方志、名人文集及其他各种史料，并了解相关研究的各种观点和学术信息。同时陈先生对理论也很重视，他说我要研究经济史则必须读《资本论》，并且介绍我到复旦经济系漆琪生教授门下学习。他经常说：有些史料许多人阅读过后都没有发现问题，如果你能从中发现问题并找出可研究的题目，便说明你有深厚的理论功底和敏锐的洞察力，比如《明史》卷322《日本传》中记载"真倭十之三，从倭者十之七"，又说"海中巨盗，遂袭倭服饰、旗号，并分艘掠内地，无不大利，故倭患日剧"，虽然短短一两句话，但信息量很大，长期以来没有被人注意并进行深入研究，你可以沿着这条线索，努力搜集资料，认真研究下去必有收获。

我沿着陈先生指出的研究方向，广泛搜集明代东南沿海的地方志、各种文集、野史笔记，果然发现所谓"倭寇"的首领除少数日本浪人外，大部分是中国东南沿海的商人，如王直、徐海、陈东、叶麻、洪迪珍、吴平、曾一本等均为中国海商，我仔细查证十八名比较著名的"倭寇"首领的籍贯，发现均是中国籍。那么数十万"倭寇"基本队伍又是什么人组成的呢？明代人屠仲律在《御倭五事疏》中明确指出："夫海贼称乱起于负海奸民通番互市，夷人十一，流人十二，宁绍十五，漳、泉、福人十九，虽概称倭夷，其实多编户之齐民也。"可见倭寇队伍中的许多人也是中国东南沿海的居民，其中大多数又是福建漳、泉人。如漳州大高桥有一个村庄"约有万家，寇回家皆云做客回，邻居者皆来相贺，又聚数千，其冬复至柘林（柘林是浙江沿海倭寇的大本营），今春满载仍回漳州去矣"；再如漳州诏安梅岭村居民，俞大猷说"此村有林、田、傅三大姓，共一千余家，在浙直为倭，还梅岭则民也"。

1968年，我离开复旦，被分配到漳州市工作，虽然没有条件继续专心查阅文献资料，但可以实地考察漳、泉地区的古代海港遗址，如漳州古月港、诏安梅岭古港口，以及泉州的古安平港、汕头的南澳岛等，访问各地海港居民，拍摄各古港口遗址的照片，同时尽可能查找一些民间文献，积累了许多地方史资料，为进一步深入研究打下基础。"文革"结束后不久，厦门大学副校长傅衣凌教授把我调入厦大历史系，做他的学术助理。傅先生是国内外著名的明清经济史大家，在他的指导下我继续研究明清时期的私人海上贸易，他说：你对"倭患"的研究要是从社会经济史的角度探讨，一定会更加深入。于是我结合《资本论》中的相关理论及傅先生关于中国资本主义萌芽既早熟又不成熟的观点，从海商资本的形成与发展来解释为什么明代中后期会出现严重的"倭患"。

明代中后期，东南沿海商品经济高度发达，积累了大量的商业资本，但当时国内的各种投资渠道并不成熟，于是商业资本大量流向海上，进入海外走私贸易活动中，促使我国民间海上贸易飞速发展，主要表现在：下海从商的人数激增，形成许多资本雄厚、船多势大的私人海上贸易集团；出现了浙江双屿港、漳州月港等一批十分繁荣的私人海上贸易商港；结织成以东南沿海为基地的两条海上丝路相互交接的国际贸易新网络，进而开展全球性的贸易活动。如果这时能出现有利的条件和环境，像西方那样得到政府和皇室的全力支持，中国的海上贸易一定会成长壮大起来，大大地推进中国的历史进程。

然而，历史并没有顺着这条康庄大道发展下去，中国的私人海上贸易在幼年时期就遭到封建专制政府的严重摧残和武力镇压，到嘉靖年间，海禁措施已发展到登峰造极的地步，引起海商集团强烈的武装反抗，以致在东南沿海爆发了一场轰轰烈烈的海禁与反海禁的流血战争。这场战争使当时部分官员认识到开放海禁的重要性和迫切性，促使明朝政府于隆庆元年（1567）在漳州月港部分开放海禁，准贩东西二洋。因此到明朝万历年间以后，我国私人海上贸易进入了全新的发展阶段，呈现一派繁荣景象：海商船队在洋面上成群结队、"往来如织"，新兴的港口日趋繁荣，对外贸易涉及的国家和地区逐渐增多，销售至海外的商品大量增加，国内市场与世界市场紧密接轨，出现了超大型的以郑芝龙、郑成功父子为首的郑氏海商集团，并开始与西方海上贸易势力争夺国际贸易的主导权。这是大航海时代我国海上贸易最繁荣的时代，中国海商已成为国际贸易中一支强大的生力军，在全球海洋发展史上占有重要的历史地位。从大众的视角出发，这比郑和下西洋更重要、更伟大。

为了展示明末清初中国私人海上贸易的全景，本书从其在大航海时代繁盛的历史条件，海商的成分结构分析，各海商集团的形成与活动，新兴商港的崛起与繁荣，对外贸易的广大地域，以丝货为主的商品交换，新型的外贸管理体制，海上贸易的新形态、新特点，对外贸易的积极影响和困境等十个方面，进行全方位的研究和论述，冀以恢复长期被歪曲、被湮没、被忽视的中国私人海上贸易在世界大航海时代应有的历史地位。

一、海盗还是海商？武力拼出自由贸易之路

经过拼死的流血战斗，明朝万历年以后，中国海商终于冲破了中国封建王朝的层层封锁和西方海盗商人的各种围堵，艰难地搏出一片海上贸易的新天地，开启了一段海上自由贸易的新时代。此时，中国东南沿海相继涌现出以颜思齐、李旦、李魁奇、杨六、杨七、褚彩老、钟斌、刘香等为首领的各大海商集团竞相争雄的热闹局面，最终形成了大型的郑氏海商集团。该海商集团不仅财大气粗，拥有雄厚的资本和强大的武装力量，并且牢牢地控制着东亚及东南亚的制海权。然而，郑氏海商集团的创始人郑芝龙，历来被冠以"大海盗"之名而被全盘否定，其实在某种程

度上，他堪称大航海时代最具有海洋思想和组织能力、最能与西方航海势力相抗衡的中国海洋英雄。其子郑成功继承并进一步壮大了海洋资本和武装力量，不仅用武力驱逐荷兰殖民者，收复台湾，成为民族英雄，而且对中国的海洋事业的发展也做出了巨大的贡献。

郑氏海商的起源可追溯到安平商人。泉州晋江安平镇自古以来多出海商，早在唐代，安平商人已远航海外经商贸易。到了明代，安平海商活动更为活跃，郑芝龙就出生、成长在这片海商辈出的沿海地区，他的母亲黄氏是一个很有经商才能的妇女，他的母舅黄程更"行贾香山澳"，是经营日本、南洋各地海上贸易的巨贾，他的妻子颜氏也出身安平有名的海商家族。在安平商贾成风的社会氛围影响下，天启元年，郑芝龙到广东香山澳投奔母舅黄程，积极参加海上贸易活动。香山澳是当时的国际贸易中心之一，在这个中外海商云集之地，郑芝龙广泛接触海外商人，学会了葡萄牙语，积累了一定的经商经验和营商资本，这为他日后广泛开展海上贸易活动打下了坚实的基础。

郑芝龙首先投靠当时势力很大的李旦和颜思齐海商集团，并继承他们的海商资本，接着又展开一系列兼并其他海商的海战，迅速建立起东南沿海最强大的中国海商集团。而此时海上形势十分严峻，葡萄牙、西班牙和荷兰的海上势力纷纷扩张到东南亚和台湾各地，攻城略地，建立了许多商业据点，进行海盗式的贸易。面对西方海盗的挑战，郑芝龙毫不退缩，用武力抗衡西方的武装威胁，在漳州海域的战斗中大败荷兰的舰队，自此以后，荷兰人虽然还经常在大陆沿海进行抢劫，但已无力组织大规模的军事进攻。在与荷兰人的贸易谈判中,郑芝龙也坚持以"我"为主,如双方对日贸易中的商品价格,郑芝龙有很大的定价权。尽管荷兰人对郑芝龙提高货物价格十分不满,甚至想用武力迫使郑芝龙降价并将货物运大员(在今台湾),但已经无能为力了。这样,郑芝龙完全控制了东亚及东南亚的制海权,形成"凡海舶不得郑氏令旗,不能往来"的垄断局面,中外海船必须向郑氏海商集团纳税并取得通行证,才能在海面航行,显示出中国海商强大的武力和地位。这些为中国的海洋经济发展做出了不可磨灭的历史贡献。

然而,学术界并没有对郑芝龙的历史地位予以应有的评价,许多人因他接受明朝的官职及被清朝迫降而贬低他。其实,郑芝龙接受明朝政府招抚是一种假投降而真扩张的策略,他虽被授予海上游击的官位,但从不听从明朝政府的指挥,如明军在辽东松山战事吃紧时调令他北上支援,他婉言拒绝。他的武装集团也不领取明朝政府的粮饷,始终保持自己的独立性,并不断利用明朝政府来壮大自己的海上力量。清军入关以后,他误判了局势,以为可以延续先前的策略,结果被根本不认可海洋经济的清政府所斩杀。如果当时郑氏海商集团能像西方一样得到皇室的积极帮助、政府的大力支持、国内各种商业资本的积极投入、广大民众的热情参与,从而不断去开拓海外的广大市场,努力积累并向国内输回大量的海商资本,将有力促进国内的产业升级乃至产业革命,那么中国的近代史可能就是另一番景象了。

二、白银与丝绸:海上新丝路开启中国白银时代

我国传统的海上丝绸之路,一般是指以南海为中心的海路,

从中国东南部沿海的宁波、泉州、广州等主要港口出发，经中南半岛和南海诸国，穿过印度洋，到达阿拉伯海和东非沿海各国。但是从明代开始，由于东南沿海私人海上贸易的飞速发展，特别是漳州月港的迅速繁盛，福建海商从江、浙等地采购的生丝和纺织品大批运抵吕宋并对接太平洋上的大帆船贸易，从而形成了一条新的海上丝路。

所谓美洲大帆船贸易，是指十六七世纪时用大帆船将中国的生丝和纺织品经吕宋马尼拉，源源不断地运往美洲的墨西哥和秘鲁，再转运到西班牙等欧洲各国，从而建立跨太平洋和大西洋的环球贸易网络。通过这条新海路，南美洲盛产的白银经马尼拉也大量地输入中国港口，在这条国际著名的新海上丝绸之路上，漳州月港是最重要、最繁荣的起始港之一。

大航海时代的美洲盛产白银。1545年秘鲁南部发现波多西银矿，从1581年至1600年平均每年产银25万多千克，占当时世界银产量的60%左右；不久墨西哥又发现新银矿，成为当时世界的又一产银大户。据统计，在16世纪世界白银总产量中，秘、墨两国合计占近七成，17世纪两国产量合计约占八成半。当时的中国白银产量有限，供不应求，银的价值和购买力越来越大，而中国出产的大量物美价廉的丝和丝织品又需要广大的海外市场，于是占领吕宋的西班牙人便用美洲的白银与中国海商进行交换。

中国的生丝和丝织品从漳州月港运到吕宋后，除少部分由当地消费外，绝大部分通过大帆船贸易运往美洲各地。据记载，从马尼拉开往墨西哥阿卡普尔科港的每艘大帆船都装满各种丝绸，少者三四百箱，多者达一千多箱，生丝多至一万一千包至一万二千包，每包约重百斤，故这些大帆船又被称为"丝船"，其航路是一条以月港为起始港的、真正以丝绸为主要商品的海上丝绸之路。由于中国丝织品精致美观、价廉物美，深受美洲各阶层欢迎，从月港出口的丝绸不仅迅速占领了西班牙美洲殖民地的市场，还越过大西洋，远销西班牙本土和其他欧洲国家。这样就出现了以月港为起始港和连接点的、新海上丝路与传统的海上丝路相衔接的环球贸易新格局。

同时，通过这条新的海上丝绸之路流入中国的大量白银又支持了明朝财政，以至于当时的月港号称"天子之南库"。有一位驻吕宋的西班牙官员在给国王的信中说：许多白银和银币都被运到马尼拉去交换中国货物，这些银子虽然有少量留在菲岛，但绝大部分都被运货到那里的华商运走。据不完全统计，16、17世纪每年从美洲运往吕宋的白银有二三百万西班牙银币。大量的白银通过丝货交易被整船整船地运回月港，当地督饷馆因从吕宋回港的商船上全部为白银而没有其他货物，专门设立征收白银进口税的加增饷，起初规定每艘船征收一百五十两加增饷，后因海商叫苦连天，认为税收太重，万历十八年才减为每艘征收一百二十两。

美洲白银的大量流入不仅支持了明朝的财政，而且对明朝赋役制度、商业交易、物价薪资，以及社会生产生活等各方面产生了深远的影响：

第一，中国国内白银的流通量激增，白银成为中国当时最重要的货币，这就为实行银本位的货币制度提供了保障，在中国货币史上具有划时代的意义。

第二，扩大了白银在赋役中的比重，促进了明代实行以白银总括赋税的"一条鞭法"改革，这是中国赋税制度史上的一场革命。

第三，以丝绸为主的出口货物的剧增，不仅大大地促进了江南地区商品经济的进一步繁荣，而且有利于广大劳动人民增加财富、提高生活品质。同时海上丝绸贸易也带动了美洲经济的发展，增加当地居民的就业机会，据记载，当时在墨西哥，因中国生丝的大量输入，从事加工织造的工人达一万四千余人。

同时，在世界范围内，中国价廉物美的丝织品不仅满足了各国贵族和富人们的需求，而且广大的底层民众包括大多数的印第安人和黑人也消费得起，因而惠及了全人类。

三、从月港出发：大航海时代的丝路传奇

中国历史上对外贸易管理机构的变化大致可以分为三个阶段：市舶司、封建海关、赫德的洋关。学术界以往认为中国封建海关始于清代，康熙年间在广州、厦门、宁波、上海四地设立海关，征收以白银为主的关税，并铸成标有"闽海关"之类字样的银锭上缴国库。

其实，随着明代私人海上贸易的飞速发展，为了便于管理，早在隆庆元年便在漳州月港把靖海馆改为督饷馆，并制定了管理新制度，在商税的征收上与旧的市舶司有很大的区别，这是中国海关史上的重大改革。

贡舶贸易对来华贸易国有限制，而且要求定期入贡，如琉球两年一贡，安南、占城、高丽三年一贡，日本十年一贡。对外国贡船停泊的港口也有限制，宁波只能停泊日本的贡船，福州只能

停泊琉球的贡船,广州只能停泊南洋各国的贡船。月港管理新制度取消了这些外国商船来华的时间和地区限制,除日本外,其他国家的商船均可来月港停泊,而且不受时间限制,随时都能上岸进行贸易。

贡舶贸易的目的主要是为了彰显朝廷在政治上怀柔远人,因此进贡物品例不给价,而以赏赐的方式给朝贡国大批的物品和大量的钱钞。对附至的货物,虽然有规定依例抽分,但为了表示"天朝"的恩惠,也往往予以优免,实际上是一种亏本买卖。而月港新的管理制度要求,不论何种商品,均必须课以水饷和陆饷,后来又对从吕宋运回的银船征收加增饷。

贡舶输入的货物大多是由政府专卖,且大多是为封建皇室和官僚采办的海外奇珍,以满足其奢侈生活,只有少量劣等货才开放给民间交易,而且还要在会同馆及市舶司指定的地点,并在市舶司官员监督下进行互市。而在月港新的管理制度下,进出口货物除少量海外奇珍外,绝大部分是满足普通大众生活和生产的商品,只要纳完税均可上市自由交易,官员不予监督干涉。

此外,贡舶贸易多是物物交换,实行抽分制,税收的大部分是实物;新制度改为征收白银货币。这是中国关税史上的重大变化,标志着新的关税制度的萌芽。因此可以认为,明代漳州月港而非清代四个关口才是中国封建海关的诞生地,这便把封建海关的出现提前了一个朝代。

月港是当时华商华侨大规模闯荡世界的出发港。如前文所述,早在唐代,中国海商就已出海贸易,并部分定居海外,但直到明代,跨国海上贸易还是以外商来华为主,如宋元时期的泉州就有大量阿拉伯商人来此贸易并定居，于是留下了大量的阿拉伯人在泉州生活和经商的遗迹。但中国商人真正大规模地到世界各地经商贸易并客居外国，是从明末开始并通过私人海上贸易的航路进行的，大批的华人华商从月港出发，侨居世界各地，从事各种贸易活动。

例如吕宋，是月港海商和漳州华侨最重要的侨居地。据菲律宾史料记载，1591年马尼拉的"涧内"（指华侨集中定居区域）已有华侨店铺二百余家，郊区华侨达三万多人。虽然在1603年西班牙殖民者屠杀华侨，并多次限制华商入境人数，但仍有大量的漳州人涌入马尼拉，到1614年菲岛华侨又有二万多人，1639年达到三万三千余人。不只吕宋，明朝末年从漳州月港出海的商人和华侨遍布东南亚各国，此时的漳州月港已成为人数众多的华商华侨闯荡世界的出发港。

从上可见，在明末清初私人海上贸易蓬勃发展之际，月港已不仅仅是一个福建的地方港口，更是开辟新海上丝绸之路的重要起始港，是大航海时代世界经济第一次全球化浪潮中的重要国际商港。

四、从保守走向开放：闽南乡绅海洋意识的萌芽

闽南地处东南沿海，远离中原大地。宋代的大儒朱熹曾在闽南地区的同安县任主簿，后出知漳州府。他在漳、泉期间重教化、兴学校、倡儒学，政绩显著，影响深远，使闽南地区有了"海滨邹鲁"之美称，赢得一大批文人墨客的赞扬。但是及至大航海时代，正是在这块传统儒家思想深厚的土地上，出现了一批

有海洋意识的乡绅，他们思想开放、务实重商，提倡反对禁欲、多积金宝的财富观，甚至亲自组织商船队下海贸易。这种与传统儒家重农轻商，与宋儒主张的"去人欲、存天理"格格不入的开放的思想和行为，给晚明保守沉闷的社会带来了一股清新的空气，这是应该引起学术界高度关注的。

闽南乡绅的海洋意识充分反映在其言论中。他们主张开放海禁、发展海上贸易，甚至主张直接与外国商人通商，这在当时是比较先进的海洋意识。明政府把通番视为大逆不道，但同安乡绅林希元不仅反对攻击佛郎机洋商，还主张直接与他们贸易，他在《与翁见愚别驾书》中写道："佛郎机之攻，何谓不当？……佛郎机之来，皆以其地胡椒、苏木、象牙、苏油、沉、束、檀、乳诸香，与边民交易，其价尤平，其日用饮食之资于吾民者，如米、面、猪、鸡之数，其价皆倍于常，故边民乐与为市。"面对严禁下海通番的主流思想，林希元敢于逆潮流而动，大胆提出开放海外贸易的主张，是极为难能可贵的。他还参与创办首座"海洋学堂"——厦门海沧的金沙书院，并兼任山长。该书院于1555年重刻《古今形胜之图》，此图是目前所知最早传入欧洲的中国全境地图，影响深远。现珍藏在西班牙塞维利亚市西印度群岛总档案馆的明代《古今形胜之图》，不仅包括明代中国的地理概况，还展现了当时中国人眼中的东亚和整个世界，是早期中西海洋文化交流的重要见证。

另一位具有代表性的闽南乡绅是漳州龙溪县人张燮。张燮，字绍和，成长于正是月港海商活跃的万历年间。在一批重视海外贸易的官员，如海澄县令陶镕、漳州府督饷别驾王起宗的支持下，张燮搜集了有关月港海上贸易的大量资料，并亲自采访搜集月港舟师、海商的口述材料，经过多年的努力，编写出带有鲜明时代特色且能反映漳州海商情况的《东西洋考》一书，该书共十二卷，几乎包括漳州月港和海上贸易的方方面面，保存了明代后期漳州地区海上贸易和商品经济发展的十分可贵的详细资料。这是中国在编写海港史和航运史方面的一次创举，如果不是支持赞成海上贸易，张燮不会去编写这样一部全面反映海上自由贸易的著作。

还有与张燮同时代的乡绅周起元，他是明代漳州海澄县人，明万历二十八年中解元，翌年中进士，官至太仆少卿，曾主持修建月港外港的圭屿塔，为开拓海上贸易的航路做出了贡献。他还在为《东西洋考》所作序中，充分肯定和热情赞扬了月港海上贸易带来的经济效益，"澄之舶政，岂非经国阜财，固圉疆边之最便者哉"，认为其不仅增加了闽南商人的财富，还成为国家财政的重要来源。

在海上贸易的影响下，明代一些思想家还产生了比较开放的反封建的自由思想，给晚明沉闷的思想界吹进了一股清风，形成了清新活泼的海洋时代的气息。泉州文人乡绅李贽就是一个典型的例子。泉州历来是我国对外贸易的重要商港，有浓厚的海外经商传统，李贽的家族世代经商，长期从事海上贸易活动，尽管到其祖父时家道中落，但是经商的族人仍然很多，这些对李贽的思想必然产生深刻的影响。李贽认为"私欲"出于人的天性，毫不掩饰人的道德功利的实质，他说"趋利避害，人人同心""虽大圣人不能无势利之心，则知势利之心亦吾人秉赋之自然也"，他毫不掩饰地宣称"私心"是符合道德的,"如多积金宝,如多买田宅为子孙谋""凡世间一切治生产业等事,皆其所共好而共习,共知而共言者,是真迩言也"。因此,他认为从事海上贸易谋取利润是人的天性,也是合理的。正是从这种思想出发,李贽反对鄙视海商,还对当时海商集团的首领林道乾给予高度评价,赞美林道乾"才气过人",并认为如果让林道乾当郡守,海上一定太平。从李贽同情、赞扬海商的言论可以看出,海上贸易给闽南乡绅思想上打上的深深的时代烙印。

闽南乡绅不仅发表了许多开放海禁、提倡海上自由贸易、赞扬海商精神的言论,而且还曾直接参加反对福建税监高寀的斗争。万历二十七年,明神宗派御马监监丞高寀任福建税监,高寀到福建后疯狂搜刮民财,其中受害最深的就是月港海商,及至万历三十年,在终于不堪重负的月港海商中爆发了一场反高寀的斗争,愤怒的海商包围了官署,"声言欲杀寀",并把他的爪牙参随投入海中,高寀吓破了胆,连夜逃跑。

对于这场轰轰烈烈的斗争,漳州的乡绅普遍采取同情和支持的态度。如海澄县令龙国禄是"强项吏也,分庭入见寀不为屈,严约所部不得为寀驱使"。周起元对高寀在月港"横征海舶洋货,胁官吏,烧杀市民"的罪行十分愤慨,直接在奏疏中揭发控诉高寀的种种罪行,愤怒地指出"税监高寀素行贪残,最于别珰。历年海商贵重、美丽、奇巧之珍,百入于寀",强烈要求将高寀撤职查办,从而有力地支持了月港海商反高寀的斗争。张燮目睹高寀在月港的横征暴敛,亦十分气愤,因此在《东西洋考》中专列一卷"税珰考",完全站在了海商的立场,痛斥税监高寀压榨、掠夺海商的种种罪行，并详细记载了月港海商驱逐高寀的过程，热情地歌颂了月港海商的反抗精神，体现了可贵的对海商的同情和对海上贸易的支持。

闽南的乡绅不仅支持当地的海商反税监斗争，还在明朝京城形成一股反对海禁、支持海商出海贸易的势力，与朝廷里主张海禁、镇压海商的保守势力进行坚决的斗争，并取得了一定的胜利，最终迫使朝廷在隆庆元年开放月港，使之成为大航海时代中国对外开放的自由港。在这场主禁与主开的激烈斗争中，镇压海商的顽固派朱纨的可悲下场就是一个时代的注脚。嘉靖二十六年，明廷特派朱纨巡抚浙江，兼提督福建沿海五府军事。朱纨到闽浙后，着手打击通番的乡绅，严令禁海，多次攻击、捕杀海商，引起闽南乡绅的强烈不满，朝中的闽籍御史周亮、陈九德，以及给事中叶镗等人先后弹劾朱纨。在京城闽籍官吏的强大压力下，朱纨先是被降职，而后夺官，最终服毒自杀。如果当时的社会人文环境能更好一些，政府能更加开明一些，从而支持这批视野比较开阔，思想比较开放，主张开放海禁、进行自由贸易、追求现实幸福的乡绅，让他们自由发展，开创探索人和现实世界的新风尚，说不定也会出现如同西方文艺复兴那样，引起社会变革和文化创新的思想解放运动，使中华文明呈现出更加光辉灿烂的一面。

总之，本书是以世界大航海时代，即我国自明代中期至清代中期这一时段为研究重点而展开，力图以丰富的史料，多学科、多角度相结合的视野，精彩地再现大航海时代中华文明一幕幕宏大而鲜活的海洋社会历史场景，展现国际海洋史研究的新视野。期望以前人所未及的问题，从资料发掘、思维深度、研究视角等方面带给读者独特的思考，展现海上丝绸之路研究的纵深发展与多学科交叉合作的新潮流。

当前，在国家大力提倡建设"丝绸之路经济带"和"21世纪海上丝绸之路"，进一步推动高水平对外开放时，本书的出版将对重新梳理和研究我国海上贸易的发展，重新评价大航海时代我国海洋经济和海洋文化的实力和地位提供新的认识，特别是本书提出的，以月港为起始港的新海上丝绸之路对我国社会经济乃至全球贸易产生巨大影响的观点，在新时代具有重要的战略意义和借鉴作用。

林仁川

2024年3月于厦门大学海韵北区

目　录

第一章
厚积而薄发：私人海上贸易发展的历史背景

第一节　繁荣的商品经济　001

第二节　发达的造船技术　023

第三节　丰富的航海经验　031

第四节　复杂的国际环境与诱人的世界市场　040

第二章
千里海防同告警：新兴海商逆反海禁

第一节　"中国叛逆居十七"："倭寇"多冒名　050

第二节　海禁严则盗兴：嘉靖"倭患"产生的原因　071

第三节　始变祖宗"成宪"："倭患"是非两面看　092

第三章
乘风破浪，武装走私：海商集团的形成

第一节　海商兴起江浙皖，通商海外逐利还　102

第二节　依仗市舶助衣食，闽广居民多通番　119

第三节　海商海路连海权，郑氏集团控东南　135

第四章
贸易的"巢穴"：自由商港雏形初具

第一节　浙江商港，内外相结　160

第二节　福建商港，官民勾连　173

第三节　广东商港，中外共管　197

第四节　台湾商港，隔海而望　210

第五章
通达五洲：贸易的国家和地区

第一节　通贸日朝，一衣带水　215

第二节　亚洲东南，喜恶交加　230

第三节　偏远贸易，日渐式微　245

第四节　通商欧洲，殖民贸易　249

第六章
手工帝国的余晖：海路上的商品

第一节　出口商品，多输亚欧　264

第二节　进口货物，亚欧竞逐　288

第三节　海路贸易，小本大利　303

第七章
从市舶贸易到自由交易：法规应运而生

第一节　贡舶制度应时衰败　317

第二节　新式海关应势萌芽　334

第三节　郑氏管理内外有别　349

第八章
枪炮开路，走向世界：贸易的特点和性质

第一节　亦盗亦商的武装贸易　367

第二节　内外勾结的走私贸易　377

第三节　山海相倚的联合斗争　385

第四节　经商目的，唯在逐利　395

第五节　各异而互化的海商身份　401

第六节　船户水手，雇佣劳动　412

第九章
流血的海路：内外强权交织打击

第一节　封建政权的肆意压迫　418

第二节　海商资本封建脆弱　454

第三节　西方列强的野蛮劫夺　466

第十章
闪光的一页：私人海上贸易的影响和作用

第一节　创新渠道，发展经济　480
第二节　开禁对立，冲击政体　518
第三节　科技文化，促进交流　539

后　记　549

第一章
厚积而薄发：私人海上贸易发展的历史背景

明末清初是我国海上贸易的转折时期，在此以前是以官方朝贡贸易为主，自此以后，私人海上贸易急速发展起来，取代官方朝贡贸易，成为我国海上贸易的主体。

为什么明末清初私人海上贸易会迅速发展呢？这是与当时国内商品经济的高度繁荣及世界航海贸易的发展分不开的。首先，明代中叶以后，江南地区的社会经济得到较快的发展，为私人海上贸易的发展提供了坚实的物质基础。其次，东南沿海人民长期的航海活动，积累了丰富的航海经验和高超的造船技术。最后，从当时中西方航海贸易势力对比来看，我国还占据优势地位。

第一节　繁荣的商品经济

在中国封建社会经济发展的历史长河中，明代中后期是商品经济得到较快发展的一个时期。由于社会生产力的不断提高，无论是商业性农业还是民营手工业都有较大的发展，社会分工不断扩大，商品的种类与数量迅速增多，专业性的城镇如雨后春笋般地出现。随着社会分工的扩大和工农业生产的发展，在某些部门和地区已出现了资本主义萌芽。商品经济的繁荣及社会产品的大量增加成为私人海上贸易的前提。

一、商业性农业的发展

商业性农业的发展首先表现在经济作物的增长上。明代中叶与出口商品有关的经济作物发展很快,种植面积日益扩大,品种日益增多,产量不断上升。经济作物的种植已在农业经济中越来越占重要的地位。如棉花的种植"遍布于天下,地无南北皆宜之,人无贫富皆赖之,其利视丝,枲盖百倍焉"[1]。山东棉花"六府皆有之,东昌尤多",兖州地区"地多木棉……转鬻四方,其利颇盛"。[2]东南沿海一带,种植更加普遍,徐光启在《农政全书》中指出:"海上官民军灶,垦田几二百万亩,大半种棉,当不只百万亩。"[3]嘉定"民独托命于木棉"[4],昆山三区"物产瘠薄,不宜五谷,多种木棉"[5],至于太仓州则"郊原四望,遍地皆棉"[6]。福建棉花种植也日益增多,有一次王世懋"过泉州至同安龙溪间,扶摇道旁,状若榛荆,迫而视之,即棉花也"[7]。明代棉花不仅种植广泛,而且更加商品化,如山东东昌的棉花"商人贸于四方,民赖以利",高唐、夏津、恩县、范县一带,

---

[1] [明]丘濬:《大学衍义补》卷22。
[2] 《古今图书集成·方舆汇编·职方典》卷238《兖州府部·物产考》。
[3] [明]徐光启:《农政全书》卷35《木棉》。
[4] [清]顾炎武:《天下郡国利病书》卷20《江南八》。
[5] [明]归有光:《震川先生集》卷8。
[6] 崇祯《太仓州志》卷14,引[明]王在晋:《水利说》。
[7] [明]王世懋:《闽部疏》。

"江淮贾客列肆赍收,居人以此致富"。①三吴地区,据叶廷琯《鸥陂渔话》记载,"隆万中,闽商麇至,州赖以饶"。由于种植棉花的经济效益比种水稻高,有些地区已放弃粮食生产,而成为棉花生产专业区,如郓城县"土宜木棉,贾人转鬻江南……五谷之利,不及其半矣"②。嘉定"邑中种稻之田不能什一"③,"民必以花成布,以布贸银,以银籴米方可展艰难"④。

桑树的种植也很普遍。明清之际,浙江湖州府"民力本射利,计无不悉,尺寸之堤必树之桑,环堵之隙必课以蔬",出现了"富者田连阡陌,桑麻万顷"的景象。⑤嘉兴植桑之多,至"不可以株数计"⑥。华北及华中地区的桑树也很有名,邝璠在《便民图纂》中说:"桑种甚多,不可偏举,世所名者,荆与鲁也,荆桑多椹,鲁桑少椹,荆桑之叶尖薄,得茧薄而丝少,鲁桑之叶圆厚,得茧厚而丝多。"⑦湖州的桑农不仅"多自栽桑",还"预租别姓之桑,俗曰秒叶","秒者先期约用银四钱,既收而偿者约用五钱,再加杂费",如果本地桑叶供应不足,他们"又贩于桐乡洞庭,价随时高下,倏忽悬绝"。⑧这种"秒叶"和桑叶市场的出现,说明种桑业的商品化程度已很高了。

甘蔗种植发展很快,江南各地已出现专业种植区。福建"种

---

① 《古今图书集成·方舆汇编·职方典》卷255《东昌府部·物产考》。
② 《古今图书集成·方舆汇编·职方典》卷230《兖州府部·汇考》。
③ 万历《嘉定县志》卷5《田赋》。
④ 万历《嘉定县志》卷7。
⑤ 嘉靖《浙江通志》卷99《风俗·湖州府》。
⑥ 光绪《石门县志》。
⑦ [明]邝璠:《便民图纂》卷3。
⑧ [明]朱国祯:《涌幢小品》卷2。

蔗皆漳南人，遍山谷"①，广东东莞的篁村河田一带"白紫二蔗，动连千顷，随其土宜以为货，多致末富"②，蔗田"连冈接阜，一望丛若芦苇然"，每到冬季榨蔗时，"遍诸村冈垄，皆闻戛糖之声"③。因为种蔗可获取厚利，所以稻田逐渐被蔗田所代替，如福建南部"其地为稻利薄，蔗利厚，往往有改稻田种蔗者，故稻米益乏，皆仰给于浙、直海贩"④。广东也出现同样情况，因糖之利甚厚，"粤人开糖房者多以致富。盖番禺、东莞、增城糖居十之四，阳春糖居十之六，而蔗田几与禾田等矣"⑤。

植茶业是传统的种植业，在明清时期也有新的发展。据《明史·食货志》记载，大江南北，遍布茶园。"南直隶常、卢、池、徽；浙江湖、严、衢、绍；江西南昌、饶州、南康、九江、吉安；湖广武昌、荆州、长沙、宝庆；四川成都、重庆、嘉定、夔、泸"⑥等地皆产茶叶，其中以安徽霍山茶、福建武夷茶最有名。建宁的"探春、先春、次春、紫笋及荐新等号"⑦，堪称上品。徐㷅《茶考》云，武夷山"山中土气宜茶，环九曲之内不下数百家，皆以种茶为业，岁所产数十万斤，水浮陆转，鬻之四方，而武夷之名甲于海内矣"⑧。安徽霍山县之大蜀山"茶生最多，名品亦振"⑨。

---

① ［明］王应山：《闽大记》卷11。
② ［清］屈大均：《广东新语》卷27《草语》。
③ 《古今图书集成·方舆汇编·职方典》卷1312《广州府部·物产考》。
④ ［明］陈懋仁：《泉南杂志》卷上。
⑤ ［清］屈大均：《广东新语》卷27《草语》。
⑥ 《明史》卷82《食货志》。
⑦ ［明］陈建辑：《皇明从信录》卷9。
⑧ ［明］徐㷅：《茶考》，见［清］董天工：《武夷山志》卷21《艺文》。
⑨ ［明］许次纾：《茶疏》。

第一章 厚积而薄发:私人海上贸易发展的历史背景

明清的果园业尤为发展。苏州"湖(指太湖)中诸山,大概以橘柚为产,多至千余树"①,历代《吴县志》也大略记述如此。浙江衢州"橘林傍河十数里不绝"②,特别是福建广东的果树更多,"闽中柑橘,以漳州为最,福州次之"③,福州从南门至南台"行数十里间,荔枝龙眼夹道交荫",兴化"荔枝甲天下,弥山被野"④,泉州"园有荔枝、龙眼之利,焙而干之行天下"⑤,其中"六月熟者曰早红,曰桂林,曰白蜜,曰状元红,曰金钟,俱称佳品"⑥。广东龙眼"在在可植,城中夹道而实累累者,皆圆眼也,以潮产为最"⑦。椐《广东新语》记载,顺德陈村"居人多以种龙眼为业,弥望无际,约有数十万株。荔支、柑、橙诸果居其三四,比屋皆焙,取荔支、龙眼为货,以致末富"。荔枝"以增城沙贝所产为最","岁收数千万斛,贩于他方",又如番禺之李村、大石一带"多荔枝树,龙眼叶绿,荔枝叶黑,蔽亏百里,无一杂树参其中"。⑧其他果树的种植也很广,如橄榄"有青乌二种,闽人以白者为'青果',粤中止名'白榄'……'白榄'利微,人少种,种者多是乌榄,下番禺诸乡为多"⑨。槟榔"四周皆产,文昌、琼山、会同特多"⑩。明清时期,发达的果树业为

---

① [明]蔡升撰,王鏊重修:《震泽编》卷3。
② [明]王士性:《广志绎》卷4。
③ [明]徐光启:《农政全书》卷30。
④ [明]王世懋:《闽部疏》。
⑤ [明]何乔远:《闽书》卷38《风俗》。
⑥ [明]陈懋仁:《泉南杂志》卷上。
⑦ [明]王临亨:《粤剑编》卷3《志物产》。
⑧ [清]屈大均:《广东新语》卷25《木语》。
⑨ [清]屈大均:《广东新语》卷25《木语》。
⑩ 正德《琼台志》卷7《风俗》。

干鲜果品的输出提供了充足的货源。

商业性农业发展的另一个表现是粮食生产逐渐商品化。粮食的简单再生产是自给自足的封建小农经济的重要特征，但到明清之际发生了变化，出现了专业化的趋向。如嘉靖末年，有个大地主王日章集中经营四十万亩的庄田，"岁收粟十余万斛"，从登莱海运到天津，再由天津"粜于京师"，遂成大富。①再如安徽北部也盛产粮食，除供应本地区外，尚有不少的粮食运销到长江下游各地。明末方都韩在《枞川榷稻议》中指出，皖北粮食"由枞阳口达于江者，桐居十之九，怀居十之六，潜居十之三"②。江西赣州一带"颇饶稻谷"，又是一个水稻的集中产区，每年有大批商品粮输出，运往各地，"自豫章、吴会，咸取给焉，两关转毂之舟，日络绎不绝，即俭岁亦橹声相闻"。③

值得注意的是，原来一些粮食能自给的地区，由于手工业的发展、非农业人口的大量增加、经济作物种植面积的不断扩大，本地生产的粮食远远不能满足需要，每年必须从外地运进大量粮食。如嘉定地区因植棉业的发展，"邑中种稻之田不能什一"，再加上商业人口的猛增，本地所产米谷"不足以自饱"，必须"仰食四方"，每当"夏麦方熟，秋禾既登，商人载米而来者，舳舻相衔也。中人之家，朝炊夕爨，负米而入者，项背相望也"。皖南的徽州府也因商业人口的增加，以及经济作物的发展，粮食不能自给。"一岁所入，不能支什之一，小民多执技艺，或贩负就

---

① ［明］朱元弼:《朱良叔犹及编》。
② 《古今图书集成·博物汇编·草木典》卷28《稻部》。
③ 天启《赣州府志》卷3《舆地》。

食他郡者常十九，转他郡粟给老幼，自桐江、自饶河、自宣池者，舰相接肩相摩也。"①从上述粮食的产销情况，可以看出明末清初粮食商品化程度有较大幅度的提高。

随着经济作物的增长，粮食商品化程度的提高，各地出现了一批经营地主，他们是专为供应市场而经营各种经济作物，不单纯是为了收租。如南阳李义卿"家有广地千亩，岁植棉花"，运往"湖湘间货之"。②湖州茅处士生喜种桑，在唐家村种桑万余株，供应市场。四川新都县杨念宪家"有所红花场庄子，满地种着红花，广衍有一千余亩，每年卖那红花有八九百两出息"③。

这批经营地主，为了提高劳动生产率，往往采用集约性的精耕细作方法，生产各种农副产品，如谈参就是一个典型："参生有心算，居湖乡，田多洼芜，乡之民逃农而渔，田之弃弗辟者以万计。"谈参乘机用低价购买大批农田，然后雇用大批农业工人，加以改造，并根据不同情况进行多种经营。

> 凿其最洼者池焉，周为高塍，可备坊泄，辟而耕之，岁之入，视平壤三倍。池以百计，皆畜鱼。池之上为梁，为舍，皆畜豕，谓豕凉处。而鱼食豕下，皆易肥也。塍之平阜，植果属，其汙泽，植菰属，可畦植蔬属，皆以千计。鸟凫昆虫之属悉罗取法而售之，亦以千计。④

---

① [清]顾炎武:《天下郡国利病书》卷20《江南八》。
② [清]张履祥:《杨园先生全集》卷43。
③ [明]凌濛初:《二刻拍案惊奇》卷4。
④ [明]李诩:《戒庵老人漫笔》卷4《谈参传》。

再如歙西吴处士也是一个典型的经营地主，他根据不同土质，栽种不同植物。"度原隰使田，度山林使种树，山林故多薪木……于是易以茶、漆、栌、栗之利"，经过多年精心经营，取得很大的经济效益，"一年而聚，三年而穰，居二十年，处士自致巨万，远近襁至，庶几埒都君云"。[①]由此可见，经营地主与那种不直接管理生产、坐吃地租的封建地主是不同的，他们对于土地的利用是非常注意的，同时还很讲究选择品种，改进施肥技术和种植方法，进行多种经营，千方百计地提高农副产品的产量。因此，经营地主的出现，必然给国内外市场提供更丰富的产品，为海上贸易的发展创造更好的条件。

二、民营手工业的兴盛

明代手工业可分为官办手工业和民营手工业两种。官办手工业主要向统治阶级提供奢侈品，劳动力由匠户无偿供应。明中叶以后，由于统治者的横征暴敛，匠户不断逃亡，官府手工业已逐步走向衰落。与此同时，在商品经济发展的刺激下，民营手工业得到很快的发展，无论是生产技术上，还是产品的数量与质量上都超过了前代。

民间丝织业有显著的发展。江南丝织业的中心苏州已出现众多的民间机户，据记载，"苏民无积聚，多以丝织为生，东北半城皆居机户……郡城之东皆习机业，织文曰缎，方空曰纱，工匠各有专能。匠有常主，计日受值，有他故，则唤无主之匠代之，

---

① ［明］汪道昆：《太函集》卷47《明故处士吴公孺人陈氏合葬墓志铭》。

第一章 厚积而薄发：私人海上贸易发展的历史背景

曰：唤代"[①]。万历时，机户所雇用的工人已达数千人之多，不仅苏州城内多从事丝织业，乡间的丝织业也发展很快。如吴江县，宋元以前"绫绸之业……惟郡人为之"，至明朝洪熙、宣德年间"邑民始渐事机丝，犹往往雇郡人织挽"，到成化、弘治以后，"土人亦有精其业者，相沿成俗，于是盛泽、黄溪四五十里间，居民乃尽逐绫绸之利"。[②]特别是盛泽镇的丝织业在明朝已非常繁盛，"镇上居民稠广……俱以蚕桑为业，男女勤谨，络纬机杼之声，通宵彻夜"[③]。此外，杭、嘉、湖的民间丝织业也很发达，湖州"隆万以后，机杼巧变百出"[④]。杭州盛产绢，"民织者甚众"[⑤]，嘉兴附近镇村坊都以织绸为业，"机杼声轧轧相闻，日出锦帛千计"[⑥]。所以，张瀚在《松窗梦语》中说："余尝总览市利，大都东南之利，莫大于罗、绮、绢、苎，而三吴为最。"[⑦]

丝织业的生产技术也不断提高，缫丝的缫车比元代更加精良和完善，已研制成功"一人执爨……二人专打丝头，二人直盆主缫"[⑧]的大缫车，使缫丝的产量大大提高，织机的构造也比过去更为复杂。据宋应星《天工开物》记载："凡花机，通身度长一丈六尺，隆起花楼，中托衢盘，下垂衢脚。对花楼下，掘坑二尺

[①] 《古今图书集成·方舆汇编·职方典》卷676《苏州府部·风俗考》。
[②] 康熙《吴江县志》卷38。
[③] [明]冯梦龙：《醒世恒言》卷18。
[④] 乾隆《湖州府志》卷41，引《双林志》。
[⑤] 乾隆《杭州府志》卷53，引万历《临安县志》。
[⑥] [清]金准：《濮川所闻记》卷4。
[⑦] [明]张瀚：《松窗梦语》卷4。
[⑧] [明]徐光启：《农政全书》卷31《蚕桑》。

许,以藏衢脚,提花小厮坐立花楼架木上,机末以的杠卷丝,中用迭助木两枝直穿,二木约四尺长,其尖插于蔻两头迭肋。"①这种花机由两人共同操作,提花小厮坐在花楼上提花,织工坐在门楼下织丝,两人紧密配合,可以织出各种花纹的丝织品。到弘治年间,福建织工林洪又创造出一种新型的织机,叫作改机,把五层经丝改为四层经丝,从而织成比过去更细薄耐用的新品种。②

与此同时,民间棉纺织业也有新的发展。朱元璋为了恢复生产,于龙凤年间下令"凡民田五亩至十亩者,栽桑、麻、木棉各半亩,十亩以上倍之"③。不种麻及木棉罚麻布、棉布各一匹,洪武时,又把这一制度推广到全国。朱元璋这种推广棉、麻种植的办法,对民间棉织业的发展起了一定作用。棉纺织的工具如搅车、纺车、织机也均有改进。元代搅车"二人掉轴,一人喂上棉英",用工多,效率低,明代各种新搅车如"句容式,一人可当四人;太仓式,两人可当八人",效率大大提高。纺车也从三缍发展到四缍,"江西乐安至容五缍"。④有的地方还使用"水转大纺车"。

由于明朝政府的鼓励和生产工具的改进,城乡棉纺业得到普遍发展。尤其是江南一带,已逐步发展成为全国棉纺织业中心,如松江"城中居民,专务纺织"⑤,"百工众技与苏杭等。要之吾乡所出皆切于实用……虽苏、杭不及也"⑥。至于附近乡村,"纺

---

① [明]宋应星:《天工开物·乃服》。
② 万历《福州府志》卷8《舆地》。
③ 《明太祖实录》卷15。
④ [明]徐光启:《农政全书》卷35《蚕桑广类》。
⑤ [明]范濂:《云间据目抄》卷5。
⑥ 正德《松江府志》卷4。

第一章 厚积而薄发:私人海上贸易发展的历史背景

织尤尚精敏,农暇之时所出布匹,日以万计"[1],故有"买不尽松江布,收不尽魏塘纱"的谚语。上海棉织业也很发达,"纺绩成布,衣被天下"[2],再如太仓、嘉定"比闾以纺织为业,机声轧轧,昼夜不休"。各地还出现一批精美的名产品,如三林塘出产标布"为最精,周浦次之",松江生产的三梭布、剪绒毯"皆为天下第一",郊西生产尤墩布"轻细洁白",王象晋盛赞"其布之丽密,他方莫及"[3]。总之,江南各地出产的棉纺织品,种类繁多,式样精美,驰名中外。

明代制瓷业也十分发达,特别是景德镇,这个僻远的江南山村小镇已变成中外闻名的瓷都了。宋应星在《天工开物》中说,"合并数郡,不敌江西饶郡产""中华四裔驰名猎取者,皆饶郡浮梁景德镇之产也"。[4]景德镇不仅官窑的规模大,而且民窑的发展更快,其时镇上民窑已超过九百座。[5]民窑的容量也比官窑大,以青窑为例,官窑每座烧盘碟样器二百多件,尺碗三十件,大坛十六七件,小酒杯五六百件。民间青窑大得多,每座可烧小器千余件。嘉靖时,景德镇"统辖浮梁县里仁、长香等都一十三里居民,与饶州府所属鄱阳、余干、德兴、乐平、安仁、万年及南昌、都昌等县杂聚窑业,佣工为生"[6],"聚佣至万人"。到万历

---

[1] 《古今图书集成·方舆汇编·职方典》卷696《松江府部·汇考》。
[2] [清]叶梦珠:《阅世编》卷7。
[3] [明]王象晋:《二如亭群芳谱·桑麻葛苎谱》。
[4] [明]宋应星:《天工开物·陶埏》。
[5] 颜石麟:《瓷都史话》,《人民日报》1961年9月19日。
[6] 同治《饶州府志》卷3。

011

时,"镇上佣工皆聚四方无籍游徒,每日不下数万人"①。当时曾目睹这一繁荣盛况的王世懋在《二酉委谈》中兴奋地写道:景德镇"天下窑器所聚,其民繁富,甲于一省,余尝以分守督运至其地,万杵之声殷地,火光烛天,夜令人不能寝,戏目之曰:四时雷电镇"②。

景德镇民窑的产品很精美,当时广大的制瓷工人,经过长期的实践,已摸索出一套烧制颜色釉的经验,掌握了铜、铁、钴、锰等金属氧化物的性质,从而能制作出釉面莹润、色泽艳丽的高温色釉。民窑生产的各种颜色釉器以及薄胎纯白器、青花瓷器足与官窑产品相媲美,尤其是一批技艺高超的民间艺人制作的瓷器更加精美。如嘉隆间崔国懋所制之器,"四方争售",被称为"民窑之冠"。隆万时,苏州周丹泉在景德镇以仿制古瓷著称,"每一名品出,四方竞重购之,所仿定鼎、文王鼎炉与兽面戟耳彝,皆逼真无双"。嘉万时浮梁人吴为,人称吴十九,"所制精瓷,妙绝人巧",尤以流霞盏、卵幕杯最有名。流霞盏乃五彩流霞不定之色,色明如朱砂;卵幕杯造型端巧,"薄如鸡卵之幕",堪称绝品。景德镇生产的各种精美瓷品,深受世界各国人民的欢迎,是私人海上贸易的主要输出品。

明代的另一著名瓷器产地是福建的德化窑。德化位于福建中部,窑址在屈斗宫、十排格、十排岭、祖龙宫等地。据《德化县瓷器调查材料》说,德化早在唐代就产瓷,宋、元生产青白瓷,

---

① [明]萧近高:《参内监疏》,见康熙《西江通志》卷117《艺文》。
② [明]王世懋:《二酉委谈》。

第一章　厚积而薄发：私人海上贸易发展的历史背景

至明代开始烧造极具地方特色的纯白瓷器。德化的白瓷与景德镇不同，景德镇是青白，德化为乳白，又称"象牙白"，也称"猪油白"，流传到欧洲，法国人称之为"中国白"（Blanc de chine），也有称之为"鹅绒白"。产品以佛像雕塑著称，如当时制瓷名家何朝宗制作的瓷观音、达摩佛像，造型优美、线条柔和、雕工精细、神韵感人，被誉为"东方艺术"，收藏家视为珍璧。德化窑分布很广，在极盛之时，县城之东南北各地满布瓷窑，如双翰、上涌、瑞坂、南埕、东漈、大洛下、石洛、奎斗等处，都发现有明代的窑址。众多窑址的发现，说明德化已成为明末清初外销瓷器的重要生产基地。

明代冶炼技术出现新的突破。如用煤炭冶铁，虽然在汉代已开始，但使用并不普遍。南方多用木炭，四川仍用竹炭。到明代，煤炭冶铁技术迅速推广，多数冶铁炉均用煤炭作燃料，宋应星在《天工开物》说："凡炉中炽铁用炭，煤炭居十七，木炭居十三。"[①]用煤冶铁的推广，为各地的冶铁业，尤其是民间冶铁业的发展，创造了有利条件。在大规模的交通运输系统没有建立以前，"产铁之山，有林木方可开炉，山苟童然，虽多铁，亦无所用"[②]，而采用煤炭炼铁就可降低难度。同时，煤炭又比木炭耐烧，也不像森林那样容易采完。

鼓风器有了改进，已由简单的活门木风箱改为活塞推拉的木风箱，这种风箱能连续供给较大的风压和风量，从而提高了冶炼

---

① ［明］宋应星：《天工开物·锤锻》。
② ［清］屈大均：《广东新语》卷15。

强度。土高炉也有重大改进，已能把冶铁炉与炒铁炉串联使用。方以智在《物理小识》中说："凡铁炉用盐和潮泥造成，出炉未炒为生铁，既炒则熟，生熟相炼则钢。尤溪毛铁，生也。豆腐铁，熟也。镕流时又作方塘留之，洒干潮泥灰而持柳棍疾搅，则熟矣。"①这种在冶铁炉旁设置方塘炒铁使生熟铁连续生产的工艺，减少了炒炼熟铁时再熔化的过程，不但缩短了炒炼熟铁的时间，也降低了炒炼熟铁的成本，这在冶铁史上是一项重要成就。

明代炼钢技术也有新的发展，嘉靖时已发明了"苏钢"冶炼法。现代冶炼专家周志宏先生说，苏钢冶炼法"在国外还没有类似的发现，显然是一种创造性的发明。必须指出，这种方法设备很简陋，材料单纯，原料消耗很大，但整个的操作过程却能适合现代的冶金原理，不用坩埚而创造出一种淋铁氧化的方法使渣铁分开，成为比较纯的工具钢。这是中国古代先进炼钢工作者的智慧结晶"②。同时还发明了"生铁淋口法"，运用生铁水淋灌工具的刀口，使工具有钢的锋刃，对生产工具的改进有重大意义，这也是中国人民独特的创造。③

当时冶炼业不仅技术较先进，而且还出现值得注意的新现象，即官营矿冶业由盛转衰。万历时，最大的官营铁冶——遵化铁厂濒临破产，"山场封闭，裁革郎中及杂造局官吏，额设民夫。匠价、地租银、征收解部，买铁支用"④。与此相反，民营铁业

---

① ［明］方以智：《物理小识》卷7《金石》。
② 周志宏：《中国早期钢铁冶炼技术上创造性的成就》，《科学通报》1955年1月31日。
③ 杨宽：《中国土法炼铁炼钢技术发展简史》，上海人民出版社1960年版。
④ 《大明会典》卷191。

得到迅速发展,芜湖已逐渐成为民间冶炼中心,专业炼钢的钢坊不断扩大。著名的濮万兴钢坊从濮家店迁到古城西郊濮家院,后因炼钢规模扩大,加之筑城后用水不便,濮万兴钢坊又在西城外七更点地方设置总作坊,而以濮家院为东作坊。大约从明中叶到清代前期,这种大钢坊发展到八家,除濮万兴之外,著名的还有永泰、马万盛两家。①与此同时,广东佛山的铁业迅速崛起,明末清初已出现规模较大、分工较细的冶铁工场,屈大均在《广东新语》中说:"凡一炉场,环而居者三百家,司炉者二百余人,掘矿者三百余,汲者、烧炭者二百余,驮者牛二百头,载者舟五十艘。计一铁场之费,不止万金。"②其规模之大、产量之多,可以想见。佛山出产的铁器大量运销海外,在日本,铁锅重大者,"每一锅价银一两"③,在吕宋(菲律宾古国之一),"凡华人寸铁厚鬻之"④。

制糖业方面,明代已发明了糖车。宋元时榨蔗"取蔗入碓杵烂,用桶实之,桶侧近底有一小窍,其下承以大桶,每实一层,以薄灰洒之,至满,淋以热汤,则浆液自窍流出,注于大桶,酌入釜烹炼"。这种方法操作不便,效率不高,到明代后期已被淘汰,而代之以较先进的糖车:"用横板二片,长五尺,厚五寸,阔二尺,两头凿眼安柱,上笋出少许,下笋出板二三尺,埋筑土内,使安稳不摇。上板中凿二眼,并列巨轴两根",开榨时,"夹

---

① 张九皋:《濮家与芜钢》,《安徽史学通讯》1959 年第 3 期。
② [清]屈大均:《广东新语》卷 15。
③ [明]郑若曾:《筹海图编》卷 2《倭好》。
④ [明]茅瑞徵:《皇明象胥录》卷 5《吕宋》。

蔗于中，一轧而过，与棉花赶车同义，蔗过浆流，再拾其滓，向轴上鸭嘴报入再轧，又三轧之，其汁尽矣"。① 新的糖车大大提高了榨蔗的效率。

造糖技术也有发展，到明中叶，已能制作白砂糖。据《广阳杂记》记载："嘉靖以前，世无白糖，闽人所熬，皆黑糖也。嘉靖中，一糖局偶值屋瓦堕泥于漏斗中，视之，糖之在上者，色白如霜雪，味甘美异于平日，中则黄糖，下则黑糖也，异之。遂取泥压糖上，百试不爽。白糖自此始见于世。"② 由于生产技术改进，糖的产量大幅度上升，质量也明显提高，闽广两省产量占总量的百分之九十以上，成为全国制糖中心，各种糖制品远销海外，是对外贸易的大宗出口商品。

造纸业和印刷术都有新的发展。造纸手工业作坊遍布浙江、福建、安徽、江西各省，各地出产的纸张种类多，质地好，名品迭出。竹纸"出南方，而闽省独专其盛"③，楮纱纸产于江西广信，长过七尺，阔过四尺，坚韧不易断裂。四川的薛涛纸，"工巧过之"④，是用"芙蓉皮为料煮糜，入芙蓉花末汁"而造成的。特别是安徽生产的宣纸"至薄能坚，至厚能腻，笺色古光，文藻精细"⑤，深受书画家的喜爱。

由于造纸业的进展，又推动了印刷业的发展。当时活字板开

---

① ［明］宋应星：《天工开物·甘嗜》。
② ［清］刘献廷：《广阳杂记》卷2。
③ ［明］宋应星：《天工开物·杀青》。
④ ［清］王士禛：《香祖笔记》卷12。
⑤ ［清］邹炳泰：《午风堂丛谈》卷8。

第一章 厚积而薄发:私人海上贸易发展的历史背景

始使用铅活字,陆深的《金台纪闻》说:"近日毗陵人用铜、铅为活字,视板印尤巧便",铅活字的创造和运用,在金属活字上是一大进步。此外还发明了"饾版"。原来的彩色木刻画是用几种颜色涂在同一块雕版上,这样容易混淆在一起,后来加以改进,每种颜色各刻一块,依次逐色套印上去,色彩鲜艳。因为它是由一块块小版堆砌拼凑而成,有如饾钉,故称"饾版"。不久,又出现了"拱花"技术,用雕版压印在纸上,在白纸上压出凸起的花纹,更显得素雅大方。

明代江南不仅印刷技术很高,而且出现了不少民间印书工场,如常熟毛晋,"广招刻工"翻印各种书籍,又"招延海内名士校书,十三人任经部,十七人任史部,更有欲益四人并合二十一部者"。他的印书工场是很大的,可分成三个部门:"汲古阁在湖南七星桥载德堂西,以延文士;又有双莲阁在问渔庄,以延缁流;又一阁在曹溪口,以延道流。汲古阁后有楼九间,多藏书板,楼下两廊及前后,俱为刻书匠所居。"[①]印书房所用的纸张,"岁从江西特造之,厚者曰毛边,薄者曰毛太"。毛晋印刷那么多书,当然不仅是为了珍藏之用,大部分是投入市场,有的远销海外。一直到清朝末年,毛氏刻书,"尚遍天下"。

综上所述,我们可以清楚地看到,明代中叶以后,我国民营手工业已进入一个大发展时期。不仅生产技术上有新的突破,发明并推广了一批新技术和新工艺,造出一批新产品,而且生产规模也有扩大,各行业出现了一批雇工多、分工细、规模大的手工

---

① [清]钱泳:《履园丛话》卷22《梦幻》。

工场。民间手工业的迅速发展，为商品出口提供了更充足的货源，大大刺激了私人海上贸易的发展。

三、国内商业的繁荣

明代商业性农业及民营手工业的发展，促进了商品经济的繁荣，加速了商品的流通，"燕、赵、秦、晋、齐、梁、江、淮之货，日夜商贩而南；蛮海、闽广、豫章、楚湘、瓯越、新安之货，日夜商贩而北"①。如江南出产的"绫、布二物衣被天下"。每年有成千上万的商人前来收购棉花、棉纱和棉纺织品，诗人吴伟业在诗中写到的"眼见当初万历间，陈花富户积如山。福州青袜乌言贾，腰下千金过百滩。看花人到花满屋，船板平铺装载足，黄鸡突嘴啄花虫，狼藉当街白如玉。市桥灯火五更风，牙侩肩摩大道中"②，就是棉花市场的生动写照。丝和丝织品的交换也很频繁，湖州出产的包头绢，"各省直客云集贸贩，里人贾鬻他方，四时往来不绝"③，吴江的绫、罗、纱、绸，质量上乘，"富商大贾数千里辇万金而来，摩肩连袂"④。据《醒世恒言》说："绸丝牙行约有千百余家，远近村坊织成绸匹俱到此上市，四方商贾来收买的蜂攒蚁集，挨挤不开。"景德镇的瓷器"自燕而北，南交趾，东际海，西被蜀，无所不至"⑤。福建的商品流向更广："凡福之绸丝，漳之纱绢，泉之蓝，福延之铁，福漳之

---

① [明]李鼎：《李长卿集》卷19。
② [清]吴伟业：《梅村家藏稿》卷10《木棉吟》。
③ 乾隆《湖州府志》卷41《物产》。
④ 康熙《吴江县志》卷17《物产》。
⑤ 嘉靖《江西省大志》卷7《陶书》。

第一章 厚积而薄发:私人海上贸易发展的历史背景

橘,福兴之荔枝,泉漳之糖,顺昌之纸,无日不走分水岭及浦城小关,下吴越如流水,其航大海而去者,尤不可计。"①

商品经济的发展还表现在工商业城市的繁荣。明代中叶以后,南方各大城市已由"完全与政府的消费有连带关系"的亚洲封建型城市逐步转变为以手工业生产和商业经营为主的工商业城市。如南京"北跨中原,瓜连数省,五方辐辏,万国灌输……南北商贾争赴"②,万历时"生齿渐蕃,民居日密,稍稍侵官道以为廛肆"③。杭州"为水陆之要冲,盖中外之走集,而百货所国辏会",商业十分发达,城内"衢巷绵亘数十里","车毂击,人肩摩"。④苏州也是"市货盈衢,纷华满耳"的大商业城市,街上商店林立,货物琳琅满目,"洋货、皮货、绸缎、衣饰、金玉、珠宝、参药诸铺,戏园、游船、酒肆、茶店如山如林,不知几千万人",尤其是西部金阊一带,"比户贸易""商贾云集",如孙春阳南货铺,"天下闻名",有南北货房、海货房、腌腊房、蜜饯房、蜡烛房。"售者由柜上给钱取一票,自往各房发货,而管总者掌其纲,一日一小结,一年一大结"⑤,经营规模相当庞大。芜湖"濒大江,据要冲,受廛而居者鳞攒星聚,舟车之辐,货贝之富,悉倍他邑"⑥,城中"市廛鳞次,百货翔集,五方混居者十之七"。广州的商业也很发达,在濠畔街一带"香珠犀象如山,

---

① [明]王世懋:《闽部疏》。
② [明]张瀚:《松窗梦语》卷4。
③ [明]谢肇淛:《五杂俎》卷3。
④ 万历《杭州府志》卷34。
⑤ [清]钱泳:《履园丛话》卷24《杂记下》。
⑥ 康熙《芜湖县志》卷14,引胡棐《县治记》。

花鸟如海,番夷辐辏,日费数千万金,饮食之盛,歌舞之多,过于秦淮"。明孙典籍《广州歌》云:"广南富庶天下闻,四时风气长如春。……朱楼十里映杨柳,帘栊上下开户牖。闽姬越女颜如花,蛮歌野曲声咿哑。峨峨大舶映云日,贾客千家万家室。"①很生动地描写了广州的繁华景象。

除大城市外,江南各地又兴起一大批新的工商业市镇。如震泽镇"元时村镇萧条,居民数十家,明成化中至三四百家,嘉靖间倍之"②,明朝末年已发展成为"货物并聚,居民且二三千家"的大镇了。盛泽镇"明初以村名,居民止五六十家,嘉靖间倍之,以绫绸为业,始称为市",到明末"四方大贾,辇金至者无虚日。每日中为市,舟楫塞港,街道肩摩,盖其繁阜喧盛,实为邑中诸镇之第一"。③王江泾镇"北通苏、松、常、镇,南通杭、绍、金、衢、宁、台、温、处,西南即福建、两广,南北往来,无有不从此经过。近镇村坊,都种桑、养蚕、织绸为业。四方商贾,俱至此收货,所以镇上做买做卖的,挨挤不开,十分热闹"④。青浦的朱家角镇"商贾辏聚,贸易花布,京省标客,往来不绝,为今巨镇"⑤。杭州唐梅镇"百货聚集,徽杭大贾,视为利薮,开典以来,贸丝开车者,骈臻辐辏"⑥。双扬市,"明初居民止数十家,以村名,嘉靖间始称为市,民至三百余家,货物

---

① [清]仇巨川:《羊城古钞》卷7。
② 乾隆《震泽县志》卷4。
③ 乾隆《吴江县志》卷4。
④ [明]天然痴叟:《石点头》第4回。
⑤ [清]顾炎武:《肇域志》第5册。
⑥ 光绪《唐梅镇志》卷18。

略多,始自成市"。黎里镇,"明成弘间为邑巨镇,居民千百家,百货并集,无异城市"①。

即使是偏远的山区小镇,也有不少发展成为货物流通的中心市场,如处于闽赣山区的河口镇"舟车四出,货镪所兴,铅山之重镇也",据《铅书》记载:"其货自四方来者,东南福建则延平之铁,大田之生布,崇安之闽笋,福州之黑白砂糖,建宁之扇,漳海之荔枝、龙眼,海外之胡椒、苏木,广东之锡、之红铜、之漆器、之铜器。西北则广信之菜油,浙江之湖丝、绫绸,鄱阳之干鱼、纸钱灰,湖广之罗田布、沙湖鱼,嘉兴之西塘布、苏州青、松江青、南京青、瓜洲青、连青、红绿布,松江大梭布、小中梭布,湖广孝感布……粗麻布、韦坊生布、漆布、大刷竞、小刷竞、葛布……黄丝、丝线、纱罗、各色丝布、杭绢、绵绸、彭刘缎、衢绢、福绢,此皆商船往来货物之重者。"②这样一个闭塞的山村市镇,流通的商品竟如此之多,可见当时商业之发达了。

随着商业流通的加快、市镇的繁荣,江南各地已出现许多著名的商人集团。如徽州商人、洞庭商人、浙江商人、闽商、粤商等。其中以徽商资本最为雄厚,明人谢肇淛在《五杂俎》中指出:"富室之称雄者,江南则推新安,江北则推山右,新安大贾,鱼盐为业,藏镪有至百万者,其他二三十万,则中贾耳。"③徽商经营范围很广,有盐业、粮食业、木材业、典当业、仓库旅馆

---

① 乾隆《吴江县志》卷4。
② 万历《铅书》卷1。
③ [明]谢肇淛:《五杂俎》卷4。

业、文具业、棉布业、丝绸业、茶业、陶瓷业等[1]，而"以盐、典、茶、木为最著"。如淮扬的盐业，几为徽商所独霸，浙江之盐业，徽商亦居领袖地位，其他如汉口、长芦及四川，都有徽商经营盐业的踪迹。徽商的典当业也很发达，仅在河南就有二百一十三家。"今徽商开当，遍于江北，资数千金课无十两，见在河南省，计汪克等二百十三家。"[2]徽人从事茶叶、林木、棉花贸易的也很多，如徽州木商王天俊等人，广挟金钱，依托势要，钻求札付，一次"买木十六万根"，如果连夹带私木算在内，更"不知几千万根"。[3]再如新安汪氏商人，设"益美"字号于吴阊，"计一年消布约以百万匹，论匹赢利百文，如派机头多二万两，而增息二十万贯矣。十年富甲诸商而布更遍行天下"。从明末至清初，"二百年间，滇南漠北，天地不以'益美'为美也"[4]。

此外，洞庭商人也很著名，与徽州商人同为江南商人的中坚。洞庭处于交通枢纽的吴县，"四方商人辐辏其地，而蜀舻越舵，昼夜上下于门"。据《县区志》记载："湖中诸山，以商贾为生，土狭民稠，民生十七八，即挟资出商，楚、卫、齐、鲁，靡远不到。"[5]如东洞庭"编民亦苦田少，不得耕耨而食，并商游江南北，以通齐、楚、燕、豫，随处设肆，博锱铢于四方"[6]，洞庭商人的资金十分雄厚，商人吴小洲"洞庭山人，久住南京，开

---

[1] 傅衣凌：《明清时代商人及商业资本》，人民出版社1956年版。
[2] 《明神宗实录》卷434。
[3] ［明］贺仲轼：《冬官纪事》。
[4] ［清］许仲元：《三异笔谈》。
[5] 康熙《苏州府志》卷3《风俗》，引《县区志》。
[6] ［清］顾炎武：《天下郡国利病书》卷19，引［明］牛若麟：《太湖志》。

糟坊，有一二万金之产"①。又如"洞庭叶某，商于大梁"，"买布入陕换褐，利倍，又贩药至扬州，数倍，贸易三载，货盈数千"。②所以明杨文骢在《洞庭竹枝词》中唱道："东山大贾接高垣，刻石如泥玉作门，连袂大堤无一事，阿头客到看翁园。"③

江南富商大贾的出现，说明当时的商业资本是很活跃的，一旦它们在国内的经营受到阻碍，必然流向海外，成为私人海上贸易的雄厚资本。

第二节 发达的造船技术

海外贸易的发展，远海的航行，需要有坚固耐用的海船。我国造船历史悠久，技术先进，为明末清初私人海上贸易的勃兴提供了十分有利的条件。

一、悠久的造船历史

明代造船业的发达绝不是偶然的，它是宋元以前无数能工巧匠的辛勤劳动和智慧创造的成果。因此，我们在论述明代造船业之前，必须回顾一下我国造船的历史沿革和成就。

早在西周时期，南方的越人就以善于造船著称，史籍有"周成王时，于越献舟"④的记载。春秋战国时代，造船业又有进一步发展，地处江南的吴、越已能造出各种不同种类的船只。⑤吴

---

① ［明］沈瓒:《近事丛残》。
② ［明］冯梦龙:《情史》卷4。
③ ［明］杨文骢:《洵美堂诗集》卷4《洞庭竹枝词》。
④ ［唐］欧阳询等编:《艺文类聚》卷71。
⑤ ［汉］袁康:《越绝书》卷8。

王阖闾在与伍子胥的对话中提到大翼、小翼、突冒、楼舡、桥舡等许多船只，船舶的种类也很多，有扁舟、戈船、楼船等。当时越国和吴国都设有"船宫"，大概就是造船的工场。越国伐木造船的工人称为"木客"，越人土语称船为"须虑"，称海为"夷"。①

两汉以后，造船业继续发展，据刘熙所著的《释名》记载，汉代大船二层的称为"庐"，三层的称为"飞庐"，还有四层的称为"爵室"，如汉武帝时造的"豫章大舡"，船上建有宫室，规模十分宏大。②东汉建武十七年（公元41年）"交趾女子徵侧及女弟徵贰反"，刘秀派遣马援"将楼船大小二千余艘，战士二万余人击九真贼徵侧"③，可见东汉造船业是很发达的。三国时期，永宁县（今浙江温州）、建安（今福建福州）、番禺县（今广东广州）均是著名的造船中心。吴国还在永宁县附近设立横屿船屯（今浙江平阳县），在建安附近设立温麻船屯（在福建闽江口附近），专门建造各种海船。吴天纪四年（公元280年）晋灭吴时，光缴获的吴船就有五千余艘。

到了隋唐，造船业有了新的发展。隋朝杨素伐陈的大船有楼五层，称为"五牙"，可容八百余人。较小的"黄龙"，也可容百余人。唐代的造船工场遍及沿海各地，北自山东的莱州、登州，中经江浙的扬州、苏州、杭州，南达福建的福州、泉州及广东的广州，都有一定规模的造船工场。唐船长达二十丈，结构坚固，比同时期的日本船、百济船、新罗船、昆仑船、大食船、波斯船

---

① 章巽：《我国古代的海上交通》，新知识出版社1956年版。
② ［宋］李昉等编：《太平御览》卷769，引《汉宫殿疏》。
③ ［南朝宋］范晔：《后汉书》卷24《马援传》。

第一章 厚积而薄发：私人海上贸易发展的历史背景

都坚固，所以唐代末期到中国来的阿拉伯人都改乘中国船。[1]

宋代是我国造船史上的兴盛时期。宋代造船工场遍布全国，其中又以浙江的温州、明州（今宁波），福建的泉州、福州，广东的广州等地造船业最发达。徽宗宣和年间，每遇朝廷遣使高丽，"先期委福建、两浙监司，顾募客舟，复令明州装饰，略如神舟"[2]，说明明州的造船工场已具一定规模。但总的来看，"海舟以福建为上"。南宋高宗绍兴十年（1140）张浚在福州"大治海舟至千艘"，宋孝宗淳熙二年（1175）又复命"福州修海船"。鲍祗在福州长乐县时写诗云："海舶千艘浪，潮田万顷秋。"可见福州附近的造船业十分发达。同期，泉州造船业也很兴盛，南宋谢履的《泉南歌》唱道"泉州人稠山谷瘠，虽欲就耕无地辟，州南有海浩无穷，每岁造舟通异域"[3]，就是当时泉州造船业的生动写照。特别值得注意的是，这时民间造船业已经蓬勃兴起，《宋会要辑稿》载："漳、泉、福、兴化，凡滨海之民所造舟船，乃自备财力，兴贩牟利而已。"[4]由于民间船只船体坚固，宋朝政府除制造巨型海船"神舟"以外，一般都是雇用民间海船加以装饰彩绘而成的。这种由民间海船改装的"客舟，长十余丈，深三丈，阔二丈五尺，可载二千斛粟，以整木巨枋制成"，"每船十橹，大桅高十丈，头桅高八丈，后有正拖，大小二等，碇石用绞车升降"。1947年福建泉州发掘的古海船船身扁平、尖底，残长

---

[1] 章巽：《我国古代的海上交通》，商务印书馆1960年版。
[2] ［宋］徐兢：《宣和奉使高丽图经》卷34《海道》。
[3] ［宋］王象之：《舆地纪胜》卷130。
[4] ［清］徐松辑：《宋会要辑稿》卷225《刑法二》。

24.20米、残宽9.15米，复原后船长34.55米、宽9.9米，排水量300余吨，据推算，载重量为200吨左右。从结构上看，全船分十三个水密隔舱，船舷侧板为三重木板，船底为二重木板，以搭接和平接两种方法混合使用，用麻丝、竹茹、桐油灰塞缝，故船体坚固耐用，这充分显示了宋朝造船技术的高超。[①]

入元以后，我国造船业继续发展，无论是船体结构，还是抗风性能，都比西方先进。西方木帆船，其纵向主要构件是龙骨，而我国木帆船不仅靠龙骨，而且在船两舷还用成株巨木夹持。西方木航船横向主要构件是肋骨，而我国木航船横向强度靠短间距的横舱壁，在受力大的地方，又加设粗大的面梁，故船体坚固。在船壳板的连接上，西方海船用搭接法，而我国海船则采用了更先进的平接法。元代时来到中国的摩洛哥旅行家伊本·白图泰对中国海船十分赞赏，他说中国"大船有三帆至十二帆，帆皆以竹为横架，织成席状，大船一只可载一千人，内有水手六百人、兵士四百人，另有小艇三只附之，依其大小而名曰'一半''三分之一''四分之一'，此类商船皆造于刺桐（泉州）及兴克兰（广州）二埠"[②]。

二、精湛的制造技术

明清造船工匠继承了前代的造船技术，并不断加以改进，从而使造船的技术水平达到了一个新的高度，无论是船舶的规模还

[①] 泉州湾宋代海船发掘报告编写组：《泉州湾宋代海船发掘简报》，《文物》1975年第10期。
[②] 张星烺编注：《中西交通史料汇编》第2册，中华书局1977年版。

第一章　厚积而薄发:私人海上贸易发展的历史背景

是制作工艺,都有明显的进步。

首先,明清船舶的船体更加庞大。据费信《星槎胜览》记载,郑和第三次下西洋的船队有"宝船共六十三号,大船长四十四丈四尺,阔一十八丈;中船长三十七丈,阔一十五丈"①,虽然对其长度,史学界尚有不同看法,但宝船的宽敞和雄伟是无可置疑的。在此后,明朝出使的船只,仍保持相当大的规模。嘉靖十三年(1534),陈侃出使琉球所乘的海船"长一十五丈,阔二丈六尺,深一丈三尺,分为二十三舱,前后竖以五桅,大桅长七丈二尺,围六尺五寸,余者以次而短"②。因船体太大,在福州南台造好后,无法直接出海,"必潮平而后行"。而私人海上贸易的商船比起官方出使的船舶毫不逊色,如王直海商集团航行中日之间的巨舰,联舫一百二十步,可容两千人,上可驰马。③海船船体的加大,载重量的增加,是当时造船技术进步的一个标志。

其次,造船的工艺与船舶设计也极为精良。船的桅和舵都是按照严格的比例制作,"桅之高,少舟长五十分之一,樯枰之衡为舟之阔,其底深浅,视楮之棱,其舵与其底平"④,船体设计更加符合海上航行的特点。江河上的"坐船上下适均,八窗玲珑,明爽开溪",而海船的设计与此不同,因"海中风涛甚巨,舰高则冲,低则避也",故舱口要与船面平,"高不过二尺,深至舰底,上下以梯",虽然海船比江河座船"艰于出入",但由于船

---

① [明]费信:《星槎胜览》前集《占城国条》。
② [明]陈侃等:《使琉球录》,见[明]严从简:《殊域周咨录》卷4。
③ [明]诸葛元声:《三朝平攘录》卷1《海寇》。
④ [明]方以智:《物理小识》卷8《器用类》。

的重心下降，就更平稳安全。此外，为了防御海浪的冲击，在"舱外前后，俱护以遮波板，高四尺许，虽不雅于观美，实可以济险"。船内的设备也很齐全：舵"设四具，用其一，而置其三，以防不虞"；橹三十六支，"备急用也"；"大铁锚四，约重五千斤"，其中以看家锚最大，重五百斤左右，在风大浪高、十分危急时，可抛下看家锚以稳住船身；又有大棕索八条，"每条围尺许，长百丈，惟舟大，故运舟者不可得而小也"；还有"小铧舡二只"，"不用则中载以行，用则借以登岸也"；船上设水斗四柜，因"海中惟甘泉为难得，勺水不以惠人，多备以防久泊也"。[1]

　　同时，造船的木料也十分考究。船的不同部分，因受力不同，选用不同的木材，船底用楠木，船舱用杉木，舵杆用榆木，梁头用杂木。如果海船用料一千根，那么要用"杉木三百二根，杂木一百四十九根，株木二十根，榆木舵杆二根，栗木二根，橹坯三十八枝"[2]。凡船板合缝隙，用白麻斫絮为筋，用钝凿嵌入，然后用筛过的细石炭和桐油舂杵成团调艌，"温、台、闽、广，即用砺灰"。船上牵篷帆的绳索，"以火麻秸绹绞粗成，径寸以外者，即系万钧不绝"。系锚的缆索"则破析青篾为之，其篾线入釜煮熟，然后纠绞"，因"竹性直，篾一线千钧"[3]，所以也很牢固。木件的连接，原来用铁钉，到万历以后，已经知道"海咸烂铁，且妨磁（指南针）"，故改用铁力木作碇，桄榔箆簩竹作钉，

---

① ［明］陈侃等：《使琉球录》，《使事纪略》。
② 《明会典》卷200《工部》。
③ ［明］宋应星：《天工开物·舟车》。

"今以蛇皮内膏浸钉,钉船则不妨"。①船只保固工作的改进,也显示了明清造船技术的日益进步。

由于造船技术的进步,我国的造船工业乃处于世界领先地位。当时日本的海船,"其底平,不能破浪;其布帆悬于桅之正中,不似中国偏桅;机常活,不似中国之定,惟使顺风,若遇无风、逆风,皆倒桅荡橹不能转戗",故"倭船过洋,非月余不可"。而航行东南沿海的中国商船"其船底尖能破浪不畏横风",能"斗风行驶便易,数日即至也"。②此外,中国商船还在下风处安装板架,减轻逆风行驶阻力,大大提高船速。可见中国商船灵活,顺风、逆风均可行驶,航速也比日本船快得多。与同时期西方木帆船相比,技术也较先进,如中国海船采用侧舷弯曲,横梁宽大的方法,尽量省出甲板,扩大舱位,从而提高了海船的使用效率。使海船的装载量大为增加,这种设计要比西方早两个世纪。

三、众多的船舶类型

明清造船工业的发达,不仅是造船技术的先进,还在于造船规模的宏大。明时船厂密布,能制造各种各样的航海大船。如南京城北的龙江造船厂,就以制造远洋海船著称。永乐年间,郑和下西洋所使的宝船即此厂所造,正统七年(1442)还制造三百五十只遮洋船。该厂规模很大,厂内有制造船体的大型船坞,又有专门制造帆篷、缆索、铁铸等手工场,还有贮存木材、桐漆、苎

---

① [明]方以智:《物理小识》卷8《器用类》。
② [明]郑若曾:《筹海图编》卷2《倭船》。

麻的堆栈和库房。船厂附近，"市廛辐辏，商贾萃止，竹木油麻蔽江而下，称沿江重镇"①，太仓卫的刘家港附近造船业也很发达，明初在这里设置船厂。永乐七年（1409）郑和第三次下西洋，所驾海船四十八号，就是由刘家港起程的。这一造船基地在明中叶以后继续发展，据归有光说："刘家港南有一大港，名田南石桥港，近年天然阔深，直通刘家港，见有船户杨千户、范千户等三五千海船于此湾泊。"②由此可见，当时仍有大量商船在此地制造并从事沿海贸易活动。明代中叶以后，浙、闽、广地区私营造船业发展更快，分布更广。即使在海禁期间，"濒海大姓私造舰，岁出诸番市易"，如漳州"龙溪、嵩屿等处，地险民犷，素以航海通番为生，其间豪右之家，往往藏匿无赖，私造巨舟，接济器食，相依为利"③，福州西门外的洪塘，"福州商、盐海船一向俱在此打造"④。船商为了逃避明朝的追捕，还出现跨省造船的现象，如福建的商人，到"广东之高潮等处造船"，浙江、广东的海商，到"福建之漳泉等处，造船置货，纠党入番"⑤。

明清造船厂不仅数量多，遍布各地，而且还能根据各条航线的不同情况，设计制造各种各样的船舶。当时比较著名的有福建的福船、广东的广船及江浙的沙船。如浙江沿海多浅水沙滩，"潮涨水深寻丈，潮退仅可尺许"，针对这种情况，设计了一种平底、方头、多桅、布帆、便于荡桨的沙船。因底平，吃水浅，不

---

① 同治《上江两县志》卷4《水考》。
② ［明］归有光：《三吴水利录》卷3《周文英书》。
③ 乾隆《福建通志》卷74《艺文》。
④ ［明］俞大猷：《洗海近事》卷下。
⑤ 乾隆《福建通志》卷76《艺文》。

怕搁浅,但稳定性较差,为了克服这些缺点,明代开始在沙船两侧增设梗水物(类似今日船上的舭龙筋)和太平篮,从而增强沙船的平稳性。又如福建海面水深风急,故福船"高大如楼,可容百人,其底尖,其上阔,其首昂而口张,其尾高耸,设楼三重于上,其傍皆护板,钉以茅竹,坚立如垣,其帆桅二道"[①]。全船分为四层,最下一层装土石,以防轻飘之患,第二层是寝息之所,第三层左右各设木桩,系以棕缆,最上一层为露台。广船比福船更为高大,"其坚致亦远过之,盖广船乃铁栗木所造,福船不过松杉之类而已,二船在海若相冲击,福船即碎,不能当铁栗之坚也"[②]。此外,还有夹板船、叭喇船、草撇船等。

明代造船业十分发达,船舶种类繁多,船体设计合理,结构坚固,设备齐全,稳定安全,这些对私人海上贸易的发展是十分有利的。

第三节 丰富的航海经验

开展海上贸易,不仅要有众多坚固的船舶,而且还需有丰富的航海经验,因为"经济大海,绵邈弥茫,水天连接,四望迥然",既"无复涯俟可寻,村落可志",也"无驿程可计"[③],只能以指南针为导引,以日月星辰确定船位,只有经验丰富的航海者,才能定方向、避暗礁,顺利安全地抵达目的地。因此,掌握熟练的航海技术,对于商船的安全航行是十分重要的。东南沿海

---

① [明]茅元仪:《武备志》卷116《兵船》。
② [明]郑若曾:《筹海图编》卷13《兵船》。
③ [明]张燮:《东西洋考》卷9《舟师考》。

人民在长期的航海活动中,已积累了相当丰富的经验。

一、地文航海技术

在航速的计算和航道的测定方面,我国早就发明了木片计程法和测深器。所谓木片计程法,即把木片从船头投入海中,用船的长度除以木片从船头漂流到船尾所需的时间,就可求得船速,再用已知的航速乘以航行的时间,就可求知航程。到明代,计程法更为精密,计算更加准确。《东西洋考》记载:"如欲度道里远近多少,准一昼夜风利所至为十更,约行几更,可到某处。"就是把一昼夜分为十更,用燃香的支数来计算时间。再把木片投入海中,人从船首走到船尾,如果人和木片同时到,计算的更数才准确,如人先到叫不上更,木片先到叫过更。一更是三十千米航程,这样便可算出航速和航程。这种计程的方法,已与近代航海中的扇形计程仪的原理相近。[1]测深器的使用也很普遍,一种是下钩测深,一种是"以绳结铁"测深,即用长绳系结铁器沉入海底测量海的深度,"赖此暗中摸索,可周知某洋岛所在与某处礁险宜防"。[2]

在积累了大量的航速和海深数据的基础上,东南沿海人民已编绘出东西二洋各条航线的详细针路[3]。如西洋针路,船从漳州月港出发,出大担门,半更,船过镇海卫太武山,四更取大小

---

[1] 严敦杰:《中国古代航海技术上的成就》,见自然科学史研究所主编:《中国古代科技成就》,中国青年出版社1978年版。
[2] [明]张燮:《东西洋考》卷9《舟师考》。
[3] 针路即航路,因用指南针引路,故称针路。

第一章 厚积而薄发:私人海上贸易发展的历史背景

柑。船从外过,内打水十五托①。外二十五托,用坤未针,三更,取南澳坪。用坤申针,十五更取大星尖。再用坤申针,七更,过东姜山,对开,打水四十五托,其前为弓鞋山。对开,打水四十九托,内外俱可过船,其前为南亭门。用单坤,五更,取乌猪山,用单申针,十三更,取七州山。海船在此分路,若往交趾东京(今越南河内市),用单申针,取黎母山。用庚酉针,十五更,取海宝山。用单亥针及乾亥,由涂山海口,五更取鸡唱门,直抵交趾东京。如果要去广南(今越南岘港),从七州洋用坤未针,三更,取铜鼓山。坤未针,四更,取独珠山。打水六十五托,用坤未针,十更,取交趾洋。打水七十托,用坤未针,取占笔罗山,到广南港口。交趾洋是又一个船舶分路地方。一路用未申针,三更,取望瀛海口,入清华港;一路用坤未针,十一更,取外罗山,再经过马陵桥、交杯山、羊屿、烟筒山、灵山、加儞貌山、到占城国(今越南中南部)。从占城国继续往西航行,经过赤坎山、鹤顶山、柯任山、毛蟹山,可到达柬埔寨、暹罗(今泰国)、大泥(今泰国南部的北大年)等地。②此外,沿海人民对于针路沿途经过的港口水位深浅、途中暗礁、淡水泉眼的分布,也了如指掌。如南澳平山,"近有三门,西南边一派沉礁,与澳相连,内打水十八托,外打水二十五托",船必须绕过暗礁,"从外过"。再如鹤顶山"打水二十五托,洋中有玳瑁洲,宜防。若往

---

① 托是测量水深的长度单位,闽南方言。一托约五尺,打水十五托,即水深七十五尺左右。
② [明]张燮:《东西洋考》卷9《舟师考》。

033

柬埔寨，由此分路，用单庚、四更取柯任山"①。由以上仅举的几例可以看出，当时沿海人民对航道的情况已经十分熟悉。

沿海人民在实践中也发现一些航路更短、航行更快的新航线。如到东洋日本的航船，原是从东南沿海出发，"用辰巽针十更，船取小琉球"，由小琉球"套北过船见鸡笼屿及花瓶屿、彭嘉山"，由彭嘉山"十更船取钓鱼屿"，从钓鱼屿，经过黄麻屿、赤坎屿、古米山、马齿山而至大琉球，再从大琉球，取壁山以行到黄山、大罗山，然后经过七岛山、亚甫山、麻山、大门山，"取兵库山港"，最后由"兵库港循本港直入日本国都"。这条航路是"历代以来及本朝国初中国使臣入番之故道也"②，它要绕道大小琉球，航程较长。到了明代中期，已开辟新航道，中国海商"往往取间道，突至便利特甚"，这条间道不必经过大小琉球，而是从日本五岛开洋，乘东北风直航浙江海面的陈钱、下八两岛，到陈钱后开始分路：

> 若南风急，则由荠山而往直隶，到荠山而风转东，则由高家嘴而入吴浙；风转西则过老鹳嘴而入三沙，此陈钱向正北之程也……若东北风急则过落星头而入深水蒲峤；到蒲峤而风转正东，则入大衢沙塘峤，而进长涂；到长涂而风转东北，则由两头洞而入定海；到长涂而风转南，则由胜山而入临观；到临观而南风大作，则过沥海而达海盐、

---

① ［明］张燮：《东西洋考》卷9《舟师考》。
② ［明］郑若曾：《筹海图编》卷2《使倭针经图说》。

第一章　厚积而薄发：私人海上贸易发展的历史背景

澉浦、海宁，此陈钱向正西之程也。①

这条新航路的开辟，大大缩短了从中国东南沿海到日本的航路。

再如到吕宋（今菲律宾马尼拉一带），原来的航路是从沿海南下，经婆罗洲（今印度尼西亚加里曼丹岛）再向北航行抵吕宋。到明代，由于渔民的发现，一般商船已不走旧路，改从福建放洋，东渡台湾海峡，达澎湖列岛，沿台湾西南岸南下至台湾南端的猫鼻头，再经红头屿、笔架山，可直抵吕宋岛卡加扬的阿巴里。由于避免了走弯路，福建至吕宋的航程大大缩短了。

我国是最早将指南针用于航海的国家，可以追溯到北宋时期。朱彧的《萍洲可谈》明确记载："舟师识地理，夜则观星，昼则观日，阴晦则观指南针。"②徐兢的《宣和奉使高丽图经》中也提及指南针在航海中的运用，他说："维祝星斗前迈，若晦冥则用指南浮针，以揆南北。"③这是世界上把指南针运用于航海的最早记载，比1180年英国奈开姆的记载要早七八十年。到明代，指南针的制作技术和使用更臻成熟。《东西洋考》云："海门以出，洇沫粘天，奔涛接汉，无复涯俟可寻，村落可志，驿程可计也。长年三老，鼓栧扬帆，截流横波，独恃指南针为导引。或单用，或指两间，凭其所向，荡舟以行。"④这里提到的"指两间"是指南针使用的新技术，可以减少船体摆动对指南针的影响，及

---

① ［明］王在晋：《海防纂要》卷1《海噐》。
② ［宋］朱彧：《萍洲可谈》卷2。
③ ［宋］徐兢：《宣和奉使高丽图经》卷34《海道》。
④ ［明］张燮：《东西洋考》卷9《舟师考》。

时纠正指向的偏差,求出更确切的方位。当时对指南针的使用更加重视,派有专人掌管,称为"伙长",每船"用伙长八人,舵二十六人","伙长二人一班,舵工四人一班,昼夜番休,无少间,上班者管事,下班者歇息"。司针之处称为"针舱",一般人员不得随便进入,"惟开小牖与舵门相向,欲其专也,针舱内燃长明灯,不分昼夜,夜五更,昼五更,故船行十二时辰为十更"。①可见,指南针在航行中的运用已日趋完备。

二、天文航海技术

我国古代的航海家,早已知道通过观察天象来辨明方向。《淮南子·齐俗训》云:"夫乘舟而惑者,不知东西,见斗、极则寤。"西晋葛洪在《抱朴子外篇·嘉遁卷》中更明确地指出可凭观看北极安全返航,他说:"夫群迷乎云梦者,必须指南以知道,并乎沧海者,必仰辰极以得反。"东晋法显在《佛国记》中写道:"大海弥漫无边,不识东西,唯望日月星宿而进。"到宋代,虽然指南针已运用到航海上,但并没有排斥天文导航方法,而是把指南针导航与天文导航结合起来,进一步促进了航海天文技术的发展。据朱彧《萍洲可谈》记载,"舟师识地理,夜则观星,昼则观日,阴晦观指南针",吴自牧的《梦粱录》还指出:"海洋近山礁则水浅,撞礁必坏船,全凭南针。"元代,航海天文技术继续发展,马可·波罗乘我国海船航行印度洋时,船上舟师已能根据

---

① [明]谢杰:《虔台倭纂》上卷《倭针》,见郑振铎辑:《玄览堂丛书续集》第17册,国立中央图书馆影印本1947年版。

第一章　厚积而薄发：私人海上贸易发展的历史背景

北极星的高度来确定船舶的位置，他说，船航行到科马利"在爪哇看不见的一部分大熊星座，在此处约三十英里内抬头却可以见"①。印度西岸（今马拉巴）北斗星"大约高出地平线四米半的地方就可以看到"②。到明代，我国航海天文技术已进入新的发展阶段，不仅熟练掌握了"牵星术"，观日月出没辨航行方向，测量星斗高低定船舶位置，而且已研制出能观测天体高度的仪器。据《戒庵老人漫笔》记载："苏州马怀德牵星板一副，十二片，乌木为之，自小渐大，大者长七寸余，标为一指，二指至十二指，俱有细刻，若分寸然。又有象牙一块，长二尺，四角皆缺，上有半指、半角、一角、三角等字，颠倒相向，盖周髀算尺也。"③使用时，左手拿着木板，右手牵着木板中心的绳子，木板下边缘是水平线，木板上边缘对准北极星，这样就可以测出所在地北极星距水平的高度，求得北极星高度后，再计算当地的地理纬度。如果在低纬度地区，北极星看不见，可改用牵华盖星，也可以算出同样的结果。牵星板的发明使用，说明了我国古代天文航海已从肉眼观星斗、辨方向进入了用仪器测天体、定船位的新阶段。

当时用牵星术求得的航海纪录还是比较科学的，如从古里（在今印度西南）到祖法儿（在今阿拉伯半岛东南）的航路，在古里开船，看北极星的高度是六度二十四分（折合今度，下同）；船向西北，航行九百千米，到莽角奴儿（今印度西海岸的门格洛尔），看北极星高度是八度，后船向西北偏西，航行一千五百千

---

① 《马可·波罗游记》卷3。
② 《马可·波罗游记》卷3。
③ [明]李诩：《戒庵老人漫笔》卷1《周髀算尺》。

米，在大海中看北极星的高度是10度，又船向正西稍偏北，航行二千一百千米，到祖法儿，看北极星的高度是12度48分。把北极星高度用当时的算法折算成地理纬度，和现在各地的地理纬度基本相同，再从航路来看，和现在的航向和航程也大致相同，由此可见，当时的天文航海技术已相当先进。①

三、航海气象的观察

古代船舶的动力主要是风力和潮流，因此，掌握海洋季风的规律，对于商船的航行具有极其重要的意义。南宋真德秀的《真西山全集》已注意到"风之从律"的问题②，泉州九日山的祈风石刻也反映当时对季风的认识。每年夏四月和冬十月，正是西南季风及东北季风开始盛行的季节，泉州地方官会同市舶司官员，到九日山麓延福寺，为中外海船的安全航行举行祈风仪典。南宋赵汝适《诸番志》记载得更加具体，"三佛齐国……在泉之正南，冬月顺风"③，就是利用东北季风向南海航行贸易的真实记录。到了明代，对海洋季风又有进一步的认识。郑和七次下西洋，起程时间总是在冬季和春初东北风盛行的季节，而回国总是在夏季和秋初的西南风季节。马欢《瀛涯胜览》记载，郑和"去各国船只回到此处（麻六甲国）取齐，打整番货，装载船内，等候南风正顺，于五月中旬开洋回还"④。去日本的航行，也充分把握季

---

① 严敦杰：《中国古代航海技术上的成就》。
② [宋]真德秀：《真西山全集》卷54《祈风文》。
③ [宋]赵汝适：《诸蕃志》卷上《三佛齐国》。
④ [明]马欢：《瀛涯胜览·满剌加国》。

风规律,"过五月风从南来",故开航时间多在夏季,回航时间因"清明后方多东北风,且积久不变"①,故多在春季。万历年间的《闽海赠言》对台湾海峡的季风有详细的记载,明确指出"时腊月,非出海候"。

海上的风潮,不仅影响航行的通阻,还关系到船只的安全,所以沿海人民对于变幻莫测的气象特别注意,他们根据丰富的实践经验,编成许多占天、占月、占风、占雾、占电、占海的谚语,作为航海时测候工作的依据和参考。如对台风,宋代开始就有明确记载,范正敏在《遁斋闲览》中记道:"泉州兴化军濒海,七八月多大风,俗云痴风,亦云飓风,其来,风雨俱作,飞瓦拔木。"②到明代,在前人认识的基础上,沿海人民将台风天气特征及前兆现象编成易记的谚语:"风雨潮相攻,飓风难将避,初三须有飓,初四还可惧,望日二十三,飓风君可畏,七八必有风,汛头有风至,春雪百二旬,有风君须记",又云"三月十八雨,四月十八至,风雨带来潮,榜船人难避,端午汛头风,二九君还记,西北风大狂,回南必乱地,六月十一二,彭祖连天忌,七月上旬来,争秋莫船开,八月半旬时,随潮不可移"③,对于台风发生的时间、破坏力及回避的注意事项都作了正确而生动的记述。

海雾也是航海中的一大障碍,宋朝福建沿海人民已有"兴风雾日"的记载,到明朝已明确提出,航海要"防有大雾",并把海雾的变化规律也编成歌谣:"虹下雨雷,晴明可期,断虹晚现,

---

① [明]郑若曾:《郑开阳杂著》卷2《日本人寇论》。
② 乾隆《泉州府志》卷2《气候》。
③ [明]张燮:《东西洋考》卷9《舟师考》。

不明天变，断风早挂，有风不怕，晓雾即收，晴天可求，雾收不起，细雨不止，三日雾蒙，必起狂风。"①

可见，当时人们对于海洋气象与航行安全的关系已经有了科学的认识。

第四节　复杂的国际环境与诱人的世界市场

15世纪末16世纪初，西方航海贸易势力纷纷向东方扩展，在印度洋和太平洋上与中国私人海上贸易势力展开了激烈的争夺。但由于西方资本主义刚刚兴起，经济实力不够雄厚，有竞争能力的商品也不多，殖民主义者之间又矛盾重重，在贸易上，他们还不是中国私人海上贸易商人的对手，所以从当时整个形势看，我国私人海上贸易商人暂时居于优势地位。

一、西方殖民者的东来

从14世纪开始，在商品经济发展的刺激下，西欧各国封建主为了换取东方奢侈品以满足其奢侈糜烂的生活需要，狂热地追求黄金和白银，同时新建立起来的专制王权为了维持庞大的官僚机构，也需要向海外扩张，开辟新的财源。然而，1453年，土耳其人征服了中东，占领了君士坦丁堡，切断了欧洲通往东方的商道。于是，西欧殖民者为了打开东方市场的大门，纷纷探寻新的航路。

最早来到东方的是葡萄牙人。1481年，约翰二世（John Ⅱ）

---

① ［明］张燮：《东西洋考》卷9《舟师考》。

第一章　厚积而薄发:私人海上贸易发展的历史背景

登上王位,努力探索绕过非洲的航路,派遣迪亚士(Bartholomeu Dias)向东南航行,到达好望角。马诺埃尔一世(ManoelⅠ)继位以后,又派遣瓦斯科·达·伽马(Vasco da Gama)继续远征。1497年7月8日,达·伽马船队从里斯本出海,11月22日驶过好望角,第二年到达东非马林迪,接着又从马林迪出发,经过一个月的航行,于1498年5月20日抵达卡利卡特(Calicut,中国称为古里)。卡利卡特是印度西岸最大的贸易港口,埃及、阿拉伯商人在此经营香料贸易,把东方的香料运经红海、苏伊士到亚历山大里亚,与威尼斯商人进行贸易,中国商人也经常到此贸易。

达·伽马新航路的发现,使葡萄牙商人欢喜若狂,1500年,马诺埃尔又派出佩德罗·阿尔瓦雷斯·卡布拉尔(Pedro Ãlvares Cabral)率领一支由十三艘船只组成的船队远征印度,船过佛得角以后,由于某些原因,突然转向西南,经过一个多月的航行,到南美洲巴西。葡萄牙人把这块新发现的地方叫作圣克鲁斯,然后由巴西出发,横渡大西洋,绕过好望角,到达卡利卡特。他们登岸后,发现此地已完全被阿拉伯商人控制,于是总部移到柯钦(Cochin),建立了葡萄牙人在印度南部沿海地方的第一个据点。①

在以后几年里,葡萄牙每年派出远征队到东方,1501年由若昂·达·诺瓦(João da Nova)指挥船队远征印度,第二年,瓦斯科·达·伽马指挥二十艘商船再次出航。到1505年,葡萄牙人已

---

① [美]查·爱·诺埃尔:《葡萄牙史》第5章,南京师范学院教育系翻译组译,江苏人民出版社1974年版。

完全夺取印度西海岸的贸易权，开始向南太平洋进军。1509年马诺埃尔指令迭戈·洛佩斯·塞克拉（Diego Lopes de Sequeira）东进麻六甲（今马六甲），寻找香料群岛，并打听中国的消息，但由于麻六甲人民的猛烈袭击，被迫撤退。过了二年，葡萄牙第二任"印度总督"阿尔布克尔克（Afonso de Albuquerque）再次率船队进攻麻六甲，经过激烈的战斗，麻六甲国王被迫投降。从此，麻六甲成为葡萄牙殖民帝国在东方最坚固的堡垒。

与葡萄牙同时崛起的是西班牙，在占领了海地、古巴、墨西哥、秘鲁以及除巴西以外的整个中南美洲以后，也把进军矛头指向菲律宾群岛。1521年3月16日，麦哲伦率领的远征队，经过漫长的航行，终于到达菲律宾的萨马岛（Samar），揭开了西班牙征服东方的序幕。虽然麦哲伦在麦克坦岛（Moctan）被当地人民杀死，但满载香料的维多利亚号回到西班牙本土，引起西班牙国王的极大兴趣。接着，西班牙连续派出四支远征队去往东方，但真正在菲律宾群岛站住脚跟，是1565年黎牙实备（Miguel Lopez de Legazpi）远征队。黎牙实备远征队，根据西班牙王菲利普二世的命令在墨西哥组成，他们从墨西哥的纳维特达港出发，横渡太平洋，于1565年到达棉兰老岛，并占领宿务岛，建立起征服菲律宾的第一个桥头堡。1571年又强占菲律宾最大岛屿吕宋的马尼拉，把它建成东方西班牙殖民帝国的政治、军事、经济中心，再从这里把侵略魔爪伸向远东各地。

黎牙实备在初占宿务时，还没有站稳脚跟，就向西班牙国王提出征服中国的报告。1571年，在他征服马尼拉后，"立即装备船只，准备远征中国。不料1572年夏，远征队正在整装待发的时候，黎牙实备突然一命呜呼"①。接替他担任菲律宾省督的拉未沙礼斯（Guido de Lavazares）继续策划侵略中国。1575年派遣奥斯丁神父拉达（Martin Rada）和马连（Geronimo Marin）到达厦门、泉州和福州，向福建政府提出占据一块地方，让西班牙人长住下来的要求，但阴谋没有得逞。1586年4月，马尼拉殖民政府一大群头目及各色头面人物，又麇集一起召开了所谓马尼拉大会，专门研究怎样征服中国。会上提出征服中国的十二款九十七条的备忘录，向西班牙国王建议说："陛下一旦成为中国的主人，也就可以成为所有邻国，包括印度支那、柬埔寨、暹罗、大泥，甚至麻六甲的主人，从而再征服苏门答腊、爪哇、婆罗洲、香料群岛，也就比较容易了。"②但正当他们做这个美梦时，西班牙的"无敌舰队"被英荷联军击溃，这个征服中国的狂妄计划也就破灭了。

到1625年，菲律宾省督塞尔华（Fernando de Silxa）得知荷兰占领台湾安平的消息，第二年便急忙派遣巴尔德斯（Antonio Carreno de Valdes）率领十四只船占据鸡笼（今基隆），1629年又窜入淡水，并在那里筑起一座碉堡。从此，以这两个地方为据点，不断窜扰台湾各地及航行于台湾海峡的中国商船队。

17世纪初期，摆脱了西班牙统治的荷兰也踏上了征服东方的征途。1595年，荷兰纷纷成立对印度的贸易公司，不断派遣船队到东印度。1602年，为了加强与葡萄牙和西班牙的竞争，荷兰又成立了"荷兰东印度联合公司"，该公司取得了整个印度洋区域

---

① 严中平：《老殖民主义史话选》第2编，北京出版社1984年版。
② E. H. Blair & J. A. Robertson, *The Philippine Islands, 1493-1898*, Cleveland, 1903.

的航运和贸易特权，并得到国会的特许，可以建立自己的军队，有权对东方各国宣战，或媾和订约。荷兰东印度公司建立后，立即在印度洋和南洋各地积极进行扩张活动，建立各种贸易站和堡垒，占领印度尼西亚，接着把侵略矛头对准中国。1599年，新布拉邦特公司（New Brabant company）向荷兰议会提出打开中国市场的要求，1601年，万涅克（Van Neck）派遣格罗茨保根（Gaspar Van Groesbergen）率船队到中国沿海，要求通商贸易，没有得到明朝政府的允许。1603年，麻韦郎（Wybrand Van Warwjick）又派船队来中国要求互市，亦遭拒绝。1604年，麻韦郎亲自率领两艘巨舰，在福建商人李锦、潘秀和郭震的导引下，首次入侵澎湖岛，"是时汛兵俱撤，如登无人之墟，夷遂伐木驾厂，自以鳞介得窥衣裳矣"[1]，妄图把澎湖作为永久的根据地。明朝政府拒绝通商要求，并派都司沈有容率兵收复澎湖。荷兰侵略者因寡不敌众，被迫撤退。荷兰殖民者初次侵略澎湖，虽告失败，但并不甘心。1607、1609、1617年又多次要求取得在中国的贸易特权，但始终未达到目的。

为了打开中国大门，1622年荷印总督库恩（Jan Pieterszoan Coen）派遣雷约兹（Cornelius Reyerez）率领舰队直犯澳门，结果被击败。于是掉头北上，重演侵略澎湖故技，由于明朝防守力量单弱，澎湖失陷了。荷兰殖民者占领澎湖以后，"掠渔舟六百余艘，俾华人运土石"[2]，建筑城墙，并以此为据点，在中国沿海

---

[1] ［明］张燮：《东西洋考》卷6《外纪考》。
[2] 《明史》卷325《和兰传》。

抢劫来往商船，烧毁村庄。荷兰侵略者的暴行，激起了中国人民的愤怒。1622年荷兰舰队侵犯厦门，总兵赵一鸣率部奋起反击，俘斩数十人。1624年福建巡抚南居益派遣王梦熊率舟直捣澎湖，并派另一支船队"绝其汲道，御其登岸，击其铳城夷舟"①。荷兰人据澎湖的长官宋克（Marten Sonck）自揣众寡不敌，7月开始拆城，退出澎湖，转而侵占台湾，建立赤崁城，把台湾作为新的侵略据点。

此外，英国、法国也走上殖民掠夺的道路。英国16世纪末和17世纪初在北美和印度建立起第一批殖民地。17世纪中叶，英国取得资产阶级革命胜利，更加紧了海外殖民的扩张，经过三次英荷战争，到17世纪末已打败荷兰，取得了海上贸易和殖民侵略的优势。

二、激烈竞争的世界市场

西方航海势力进入东方市场以后，与原来的阿拉伯商人、印度商人和中国海商展开了激烈的竞争。这场竞争虽然对中国海商产生一些不利的影响，但从总的形势来看，中国海上贸易势力仍占优势。这是由于16世纪至17世纪初期，西方资本主义虽然兴起，但尚未进入大规模发展时期，国内工农业生产发展不快，经济上还没有太大的优势。

如葡萄牙、西班牙。首先，这两个国家中封建生产方式仍占统治地位，从海外流入的大量金银财富，不用于发展工业生产，

---

① 《明史》卷325《和兰传》。

提高竞争能力，而是用于封建贵族寄生性的奢靡消费、维持庞大官僚行政费用开支，以及为维护天主教势力而进行的无休无止的战争上。其次，这两个国家的工业基础比较落后。因此16世纪"价格革命"引起的价格上涨特别严重，外国商品大量涌入，从殖民地流入的黄金源源不断地转入其他国家工场主的腰包，葡萄牙、西班牙经营着庞大的殖民帝国，而得到好处的却是别国。最后，农民依然处在教会什一税、代役税的沉重剥削之下，无力改进生产，畜牧业又掌握在贵族手里，他们享有游牧特权，到处践踏和毁坏庄稼，使农民的生产遭到破坏，从而导致农业的衰败。

再看荷兰。虽然1579年后，尼德兰资产阶级革命取得成功，但战争使法兰德斯和勃拉班特省的手工工场遭到彻底摧毁，工场停闭，手工业者破产。两省资产阶级分子带着资本迁到英国和北方各省，有技术的熟练工人和手工业者也纷纷出走，城市逐渐萧条，西属尼德兰政治乃为天主教教会把持，中世纪行会特权得到不同程度的恢复，这一切都严重地影响该地的经济发展。此外，革命也远没有解决各省的土地问题，到处保留着封建土地所有制和形形色色的封建残余。"所以，资产阶级革命并没有立即给共和国的经济带来预期的繁荣。"[1]

再如英国，16世纪大规模的圈地运动，使大批农民转化为工资劳动者。16世纪末开始的海外殖民掠夺，扩大了国外市场，增加了原始资本的积累。所有这一切，为英国工场手工业的发展提

---

[1] ［苏联］阿·齐斯托兹沃诺夫：《十六世纪尼德兰资产阶级革命》第5章，刘立勋译，生活·读书·新知三联书店1959年版。

第一章　厚积而薄发：私人海上贸易发展的历史背景

供了有利条件。16世纪中叶，毛织业工场增多，呢绒输出量也不断增长。但总的看来，发展并不快，生产水平也不高。直到1750年以后，在东盎格利亚地区还可以看到中世纪落后的捻纱杆，纺织业在威尔士的农舍和苏格兰高地的佃农的小屋中仍旧是一种副业。尽管有17世纪后期的不断努力，尽管已经有了迪福在报道中所提到的成就，但无论是为消费者，还是为市场销售，甚至在苏格兰的城市中比较起来，粗呢的纺织还是一件不大重要的事情。1558年爱丁堡只有二十六个女织工，而在1604年，苏格兰格拉斯哥也不过只有三十个。[1]即使是兰开夏的纺织工业，在16世纪，亚麻、大麻和羊毛织品都很粗糙，而且是为当地顾客织造的。它的纺毛织业也很低劣，所以不在征税范围之内，兰开夏的呢绒商把自己称为"茅棚织户"。

总之，在这一时期的欧洲各国，工农业生产尚未进入飞速发展时期，拿不出价廉物美的工业品打入国际市场，在国际贸易中，只能做一些中转贸易，即把欧洲及美洲的金银运到东方市场，换回香料、染料、瓷器及各种纺织品，从中谋取利益。

这时的中国海商，既有丰富的航海经验，又掌握了先进的航海技术和造船技术，国内还有可供出口的大量产品，无论是手工业的棉布、丝绸、糖、瓷器、铁器，还是农产品、茶及药材等产品，价廉物美，种类繁多，源源不断地运往世界各地，在国际市场上有很强的竞争力。如1587年，中国帆船三十多艘，运载大量

---

[1] ［英］约翰·克拉潘：《简明不列颠经济史：从最早时期到一七五〇年》第8章，范定九、王祖廉译，上海译文出版社1980年版。

丝绸到马尼拉，西班牙总督十分惊讶地说："他们卖得这样便宜，以致我们只能作这样的想法：要不是他们国家里生产这些东西不需要劳力，那便是弄到这些东西不要本钱。"另一位在吕宋住过十八年的神父也说："从中国运来各种丝货，以白色最受欢迎，其白如雪，欧洲没有一种产品能够比得上中国的丝货。"①

中国出口商品不仅质地优良，价格便宜，而且货源充足。甘为霖在《荷兰人统治下的台湾》中写道："中国是一个物产丰富的国家，它能够把某些商品大量供应全世界，中国人把货物从全国各地运到他们认为最有现款购买他们货物的市镇和海港"，然后"又把货物运往澳门和广州，但后来他们运往广州的货品的数量是如此之大，以至葡萄牙人没有足够的资金购买它们"。②同时中国海商资金雄厚，对南洋各地土产有很强的购买力。1640年，有一个中国商人在暹罗收购大量皮革，最初，荷兰东印度公司驻暹罗代表范佛里特想用高价收买的办法来竞争，但没有成功，因为这个中国商人更由此不还价地收购。③可见，在东南亚的市场上，中国海商实力雄厚，竞争力强，仍执区域贸易的牛耳，居于主导地位。

16世纪至17世纪初叶的国内外环境，对中国私人海上贸易的发展还是有利的。在国内，社会经济有很大的发展，商业性农

---

① ［美］菲律·乔治：《西班牙与漳州之初期通商》，薛澄清译，《南洋问题资料译丛》1957年第4期。
② 甘为霖：《荷兰人统治下的台湾》，见厦门大学郑成功历史调查研究组编：《郑成功收复台湾史料选编》，福建人民出版社1982年版，第109页。
③ 田汝康：《十七世纪至十九世纪中叶中国帆船在东南亚洲航运和商业上的地位》，《历史研究》1956年第8期。

业及民营手工业的生产水平显著提高，社会分工进一步发展，某些部门已出现规模较大的手工业工场，市场上的商品数量和种类日益增多，商品经济非常活跃。社会经济的繁荣与发展，为私人海上贸易提供了丰富的货源和雄厚的资本。在国外，虽然西方海上贸易势力已进入东方市场，但中国商品价廉物美，深受东南亚各国人民的欢迎，在国际市场上仍有很强的竞争力，再加上中国有发达的造船业和先进的航海技术，明中叶以后，我国东南沿海私人海上贸易得到飞速发展，出海贸易的人数成倍增加，与之贸易的国家和地区不断扩大。但是，航海事业与封建制度格格不入，代表封建地主利益的明朝政府，对蓬勃发展的私人海上贸易不仅不支持，反而采取严厉的"海禁"加以摧残和扼杀，引起了海商的强烈反抗。嘉靖年间，一场轰轰烈烈的反"海禁"斗争就在这样的历史背景下爆发了。

第二章
千里海防同告警：新兴海商逆反海禁

明代嘉靖时期，我国东南沿海千里海防同时告警，战火遍地，爆发了一场震撼中外的战争。对于这场战争性质的评价，史学界分歧很大。过去许多史学家都认为这是一场抵抗外来侵略的御倭战争。但我们认为，嘉靖时所谓"倭寇"，大多数不是日本人，而是中国人，这场战争不是民族战争，而是以私人海上贸易商人为主体，联合其他各阶层的人共同反对明王朝海禁政策的斗争。这场战争的发生，说明我国封建社会的对外贸易开始发生变化，新的自由贸易的幼芽已经破土而出了。[①]因此，首先搞清楚这场战争的性质，对于明末清初私人海上贸易的研究是十分重要的。

第一节 "中国叛逆居十七"："倭寇"多冒名

为了说明这场战争的性质，首先要考察倭寇的构成及其民族成分，也就是说要弄清楚倭寇主要是中国人还是日本人，这个问题解决了，倭寇的真伪问题也就迎刃而解了。

---

① 林仁川：《明代私人海上贸易商人与"倭寇"》，《中国史研究》1980年第4期。

第二章 千里海防同告警：新兴海商逆反海禁

一、倭寇的构成及民族成分

明代倭寇的成分十分复杂。其中既有来自日本因内战失败而丧失军职的南朝武士，即流亡在海岛上的无业"浪人"和活动于日本九州与四国之间的濑户内海、九州附近海面上的走私商人，也有我国东南沿海一带从事私人海上贸易的民间商人，以及因统治者残酷剥削而破产的沿海农民、渔民、盐民等，甚至还有少数名落孙山的落魄书生、被罢免职务的失意官吏等。闽县知县仇俊卿曾指出倭寇之聚，"有冤抑难理因愤而流于寇者，有凭借门户因势而利于寇者，有货殖失计因困而营于寇者，有功名沦落因傲而放于寇者，有佣赁作息因贫而食于寇者，有知识风水因能而诱于寇者，有亲属被拘因爱而牵于寇者，有抢掠人口因壮而役于寇者，诸如此类"[1]，可见倭寇成分异常复杂。

从大量材料来看，当时倭寇的主要是中国人而非日本人，如侵犯浙江沿海的倭寇，"多江南人或漳人"[2]，位于松江县东南的柘林是江浙倭寇的大本营，经常聚集倭船数百只，倭寇上万人。仅嘉靖三十四年（1555）五月十六日就有"贼船二三百只出海开行"，据被掳逃回的杨淮、陈六、余氏等人说："本日早见大西风，一齐欢呼，搬包下船，百余只即开长行，有一百余只亦驾出活水，新到并无包倭贼，约有万余计。"[3]有人认为这数万人中"名虽倭夷，而沿海奸民，实居其半"，而且其中大多数倭寇又是

---

[1] [明]郑若曾：《筹海图编》卷12《散贼党》。
[2] [明]采九德：《倭变事略》。
[3] [明]胡宗宪：《胡少保奏疏》，见《明经世文编》卷265—266。

福建漳泉人，如漳州大高桥有"村约有万家，寇回家皆云做客回，邻居者皆来相贺，又聚数千，其冬复至柘林，今春满载仍回漳州矣"①。再如诏安梅岭，也是倭寇的发源地。俞大猷说："此村有林、田、傅三大姓，共一千余家，男不耕作而食必粱肉，女不蚕桑而衣皆锦绮，莫非自通番接济为盗行劫中得来。"②他们"在浙直为倭，还梅岭则民也"③。

我们从明朝嘉靖时身临其境、目击其事的其他当事人的记载中可以得到同样有力的证明。如曾奉明世宗朱厚熜之命到江浙告祭海神并提督平倭军务的赵文华在《嘉靖平倭衹役纪略》中说："嘉定知县杨旦禀称，该县逃回民人倪淮供于嘉靖三十三年（1554）五月内，被倭贼拦抢上船，跟到彼处，只见漳、温两处人无数，在彼，衣帽言语一般，说这里是日本国所管，地名五斗山。"④浙江巡抚胡宗宪总编并审定的《筹海图编》中也认为："今之海寇，动计数万，皆托言倭奴，而其实出于日本者不下数千，其余则皆中国之赤子无赖者入而附之耳，大略福之漳郡居其大半，而宁、绍往往亦间有之，夫岂尽为倭也。"⑤

胡宗宪的幕僚茅坤在他的《茅鹿门先生文集》中记载这样一件事：昆山有一个男子，被倭寇抓走，五十天后才逃回来，他亲眼见到每艘倭船大约二百余人，"其诸酋长及从，并闽及吾温、台、宁波人，间亦有徽人，而闽所当者十之六七，所谓倭而椎髻

---

① ［明］王文禄：《策枢》卷4《靖海策八首上·截寇原》。
② ［明］俞大猷：《正气堂集》卷2《呈福建军门秋崖朱公揭》。
③ 光绪《漳州府志》卷49《纪遗》。
④ ［明］赵文华：《嘉靖平倭衹役纪略》卷2。
⑤ ［明］郑若曾：《筹海图编》卷11《叙寇原》。

者特十数人焉而已"。茅坤听了这个男子的报告,得出结论说:"此可见诸寇特挟倭以为号而已,而其实皆中州之人也。"① 嘉靖昆山人归有光在《震川文集》中也有同样的记载,他说:"访得贼中海岛夷洲,真正倭种不过百数,其内地亡命之徒固多,而亦往往有被劫掠不能自拔者,近日贼抢娄塘罗店等处,驱率居民挑包,其守包之人与吾民私语,言是某府州县人,被贼胁从,未尝不思乡里,但已剃发,从其衣号,与贼无异,欲自逃去,反为州县所杀,以此只得依违,苟延性命。"② 嘉靖浙江海盐人兵部右侍郎兼副都御史郑晓在《重大倭寇乞处钱粮疏》中指出:"倭寇侵犯,其中类多福建、浙江并江南、江北、直隶之人,或奸豪射利之徒,或勇悍无聊之众,赍粮漏师,肆无忌惮,结党效尤"③,据他估计"倭寇之内,华人所居七八"。嘉靖时曾做过浙江盐邑县令的郑茂在《靖海纪略》中也指出:"每乡氓自掳归者云:倭人秃头鸟音,不满二三百,余皆宁、绍、漳、广诸不逞之徒。"④

福建沿海与浙江一样,倭寇的主要成员是沿海居民,而非日本人。赵炳然指出:"闽倭寇止十二三耳,大抵皆闽乱民也。背公党恶之徒,未易收拾,纵一鼓荡平,如蚊蚋,然雨收风息,一响复哄然矣,闽诚难于独济也。"⑤ 泉州府同安县林希元在看到侵扰"安海之倭仅二百四十"时,感慨地说:"今虽曰倭,然中国

---

① [明]茅坤:《茅鹿门先生文集》,见《明经世文编》卷256。
② [明]归有光:《震川先生集》卷3《备倭事略》。
③ [明]郑晓:《郑端简公文集》,见《明经世文编》卷217—218。
④ [明]郑茂:《靖海纪略》。
⑤ [明]赵炳然:《赵恭襄文集》,见《明经世文编》卷252—253。

之人，居三之二。"①嘉靖三十一年（1552），倭寇初犯漳泉"真倭十之一，余皆闽浙通番之徒"。这些假倭"顶前发而椎髻向后以从之，然发根下断与真倭素秃者自别，且战虽同行，退各宿食，此其异也"②。到嘉靖四十一年福建从倭的人数更多，"是时倭贼土寇，北自福建福宁沿海，南至漳泉，千里萧条，尽为贼窟，附近居民，反为贼间，始虽畏威而胁从，终则贪利而导引，弥漫盘据"③。叶向高一针见血地指出："彼时倭来极多，亦不过千人，其余尽系漳泉之人。"④如盘踞兴化城的倭寇"数虽不的，大抵倭贼十三四耳"。攻入寿宁、政和、松溪的倭寇"内山贼十六七也"。《嘉靖东南平倭通录》记载：有一次，泉州官兵出海巡逻，抓获倭寇"四十余人，则皆临海漳浦，揭阳等县人"。这本书作者最后认为"盖江南海警，倭居十三，而中国叛逆居十七也"是很有道理的。

广东沿海地区也存在同样的情况。"广之贼，半多闽人"，嘉靖三十七年倭寇侵犯潮州，"大船一十三艘，其徒八百余人，皆漳州、温、绍产也"。⑤嘉靖三十九年"忽一日有贼自西北来，自号为倭，实漳寇也"⑥。嘉靖四十四年戚继光咨会俞大猷，带兵入广围剿倭寇时，在揭阳、海丰一带亲眼看到"为大巢者三，皆为惠、潮亡命所据，绵阳地方，方五十里之内，为大寨者不

---

① [明]林希元：《林次崖先生文集》，见《明经世文编》卷162—165。
② [清]顾炎武：《天下郡国利病书》卷104。
③ [明]戚继光：《戚少保文集》，见《明经世文编》卷346—350。
④ [明]叶向高：《苍霞正续集》，见《明经世文编》卷461。
⑤ 《古今图书集成·方舆汇编·边裔典》卷37。
⑥ [明]林大春：《翁别驾平寇碑》，见乾隆《潮州府志》卷41《艺文》。

下什数"。这些假倭"始而一乡,渐至一县;始而一县,渐至一州。趋利如流,势所必至"①。结果广东沿海出现遍地皆倭的局面。

综上所述,嘉靖时这些目击者、当事人都众口一词地认为活动于浙江、福建、广东沿海的"倭寇",除一小部分是真倭外,大多数是中国东南沿海居民,所以屠仲律在《御倭五事疏》中正确地指出:"夫海贼称乱,起于负海奸民通番互市,夷人十一,流人十二,宁绍十五,漳、泉、福人十九,虽概称倭夷,其实多编户之齐民也。"②

倭寇的基本队伍是中国东南沿海居民,那么倭寇的首领又是什么人呢?《筹海图编》曾列举当时影响最大、人数最多的十四股倭寇,这十四股倭寇的主要首领有金子老、李光头、许栋、王直、邓文俊、林碧川、沈南山、肖显、郑宗兴、何亚八、徐铨、方武、徐海、陈东、叶麻、洪泽珍、严山老、许西池、张琏、肖雪峰、谢老等二十一人,均是中国人。王世贞在《倭志》中也指出:"其魁则皆闽浙人,善设伏,能以寡击众,反客主劳逸而用之,此所以恒胜也,大群数千人,小群数百人,比比猬起。"③所以,郑晓感叹地说:"倡乱者岂真倭党哉!"

此外,我们如纵观嘉靖全期倭寇的活动情况,也可以看出其每个时期的主要首领均为中国人。嘉靖初期,闽人李光头、歙人

---

① [明]戚继光:《戚少保文集》。
② [明]屠仲律:《屠侍御奏疏》,见《明经世文编》卷282。
③ [明]王世贞:《王弇州文集》,见《明经世文编》卷332—335。

许栋"踞宁波之双屿为之主"①,成为浙江沿海倭寇的首领,其党徒有王直、徐惟学、叶宗满、谢和、方廷助等,由于他们经常"出没诸番,分迹剽掠","海上始多事矣"。②福建、广东沿海倭寇的主要头目则是来往于福建海面与横港之间的陈思盼。

嘉靖中期,许栋、李光头已被朱纨消灭,陈思盼被王直所吞并,浙江沿海的倭寇,"推王直为最雄,徐海次之;又有毛海峰、彭老不下十余帅"③。据嘉靖三十二年(1553)浙江巡抚王忬的"询访",当时"在海贼首,约有百人,其雄狡著名者,徽州王五峰、徐碧溪、徐明山;宁波毛海峰、徐元亮;漳州沈南山、李华山;泉州洪朝坚"④,还有"陈东、叶麻、吴四、王七、胡四、戴二、董一、董大、王亚六,各为贼首"⑤。所以王世贞在《倭志·蒋陈二生传》中说:"今天子二十九年,倭寇东南骚动,军连催败,创罢日甚,公私盖累,岁不得休息,重臣往往得罪,然首倭而作之乱者,徽人王直也。"徐阶在《世经堂集》中也指出:"倭寇"为首者,"俱是闽浙的积年贩海剧贼"⑥。

嘉靖后期,"寇闽最剧者,曰张琏"⑦。张琏是广东饶乌石村人,倭寇"遂推为长",聚众十余万,攻陷云霄、南靖等县城,"三省骚动"。当时比较重要的倭寇首领还有自称"二十四将"、

---

① 《明史》卷205《朱纨传》。
② 《古今图书集成·方舆汇编·边裔典》卷35。
③ [明]王世贞:《王弇州文集》。
④ [明]王忬:《王司马奏疏》,见《明经世文编》卷283。
⑤ [明]采九德:《倭变事略》卷4。
⑥ [明]徐阶:《世经堂集》卷2,转引自[日]石原道博:《倭寇》第3章。
⑦ [明]张燮:《东西洋考》卷6。

雄踞海上的张维和以浯屿为据点的洪迪珍、严山老等人。洪迪珍中"福建积年通番巨寇，漳、泉、兴、福之祸连绵不已，皆洪泽为之也"。严山老"亦月港积年通番巨寇也"。广东沿海倭寇的主要首领则是绍安四都人吴平，曾一本及吴平的叔父林国显等，在梅岭一带，与他们"同为者，比比而是"。

对于以上倭寇首领，近人陈懋恒先生曾作过分类和统计。[①]现据陈先生的资料并参阅其他史料，制表如下：

姓名	籍贯	姓名	籍贯
许栋	徽州歙县	林碧川	徽州
王直	徽州歙县	沈南山	福建漳州
徐海	徽州歙县	毛烈	浙江鄞县
陈东	（不详）	洪迪珍	福建漳州
叶麻	浙江桐乡	许朝光	广东
何亚八	广东东莞	严山老	福建海澄
林国显	广东饶平	张琏	广东饶平
肖显	南直隶	吴平	福建绍安
邓文俊	（不详）	曾一本	福建绍安

在以上十八名主要倭寇首领中，有十六人可查到出生籍贯，均是东南沿海福建、广东、浙江、安徽人，陈东、邓文俊两人虽然一时材料不足，不能指出其确切的出生地，但从姓名上看，应是中国人无疑。

对于其他的倭寇首领，我们也列举如下[②]：

李光头：即李七，与许栋从福建逸狱入海勾倭，巢双屿港。

---

① 陈懋恒：《明代倭寇考略》，人民出版社1957年版。
② 陈懋恒：《明代倭寇考略》第4章。

徐惟学：许栋党，栋败，惟学与王直收余舟遁。

叶宗满、谢如、方廷助：皆许栋党。

许六、姚大总：许栋党。

许社武：许栋弟。

稽天新四郎：许栋党。

陈思盼：广东贼首，自为一艅。

李哪哒：王忬擒之。

郑宗兴：嘉靖三十三年与何亚八引倭入寇。

陈老、沈老、王明：与何亚八流劫浙闽。

徐铨、方武、陈时杰：与何亚八流劫闽广。

高赠乌鲁美他郎：与林碧山同俘于大陈山。

周乙：丰州酋。

徐洪：徐海弟。

陈秀山、王信、郭乔恕：王直部下。

吴四：陈东党。

王七、胡四、戴二、董一、董大、王亚六：后被胡宗宪所擒。

叶碧川：王直党。

毛勋、彭老、王澈、王清溪：皆王直党。

辛五郎：徐海党。

洪东岗、董侃：皆王亚六党。

二罗表乃：被副使许东望擒之于福山洋。

徐元亮、李华山、洪朝坚：皆王直党。

马二郎：入寇淮扬。

尚乾：日本头目，嘉靖三十九年巢月港，出洋。

唤沙士、机尾安哒等七人：谭维鼎俘获。

萧雪峰：嘉靖三十九年与张琏引倭攻平和。

徐老、王老：嘉靖三十九年巢月港，出洋。

谢某：嘉靖三十九年，寇广东。

陈思达：嘉靖四十年，倭攻诏安，潜入城为内应。

薛柴门三不郎等：被李淑所擒。

在这五十三名倭寇首领中，能比较断定是日本人的有：稽天新四郎、高赠乌鲁美他郎、尚乾、薛柴门三不郎等，约占百分之七，其他如李哪哒、二罗表乃、唤沙士、机尾安哒，国籍不明。而其中比较确定为中国人的有四十四人，约占百分之八十三。从中也可以看出，当时倭寇的首领大多数是中国人。

由于倭寇的首领及基本成员大部分是中国人，故明代征倭士兵往往因与倭寇是同乡邻里关系而互相勾结，通风报信。

嘉靖三十三年（1554）四月五日，倭船双桅大船一只在盐邑靠岸，五百六十六名倭寇登陆围攻县城，情况十分危急，县令郑茂要求卢参戎、丁总戎率师救援，当晚"卢宿徽商舍，一漳兵窃银杯，卢令斩于桥以徇，士卒皆不悦。军中有漳兵，遂怨卢，乃阴与贼通，令先设伏，临阵佯溃，且助贼击杀"。第二天官兵至孟家堰，"贼诱我军入伏内"，漳兵与倭寇同时并起，内外夹攻，"四面攻杀"，掌印指挥李元律、处州薛千户及千总刘大仲"皆立战死"。卢因有马能渡江，"一家丁控马，卢附马而渡"，才幸免一死。这一仗明朝官兵战溺死者共一千四百七十五人，事后，

"议者谓孟家堰之役,非战之罪,由漳兵卖己,缘倭党中多有漳人故也"①。

同年五月又发生一起漳兵通倭事件,当月二十七日,明朝官兵包围石城的倭寇,第二天凌晨发起攻城,"飞石如雨,又命射火药筒,百矢齐发,贼不能支,城遂下,围之数重,刀戟森列如猬","倭贼"退入巡司后堂困守,张参戎派遣四千漳兵"入与打话",他们"遂私与贼约,佯为溃走",使倭寇突围而出。过后丁总戎"缚四漳兵,送当道验,果得贼贿"。

为什么屡次发生漳兵"阴与贼通"呢?因"倭党中多有漳人也"。当时有的将领明确说:"贼中故多漳人,用漳兵剿之,焉得不偾事乎?"正因为大部分倭寇是中国人,不仅与漳兵勾结,而且与其他地区沿海居民的关系也很密切,许多沿海居民自动"为之向导",因此,"凡我之动静曲折,无不知之","间阎贫富,彼无不知,上之府库虚实,彼无不悉"。在广大群众的掩护下,他们平时"或披蓑顶笠,沮溺于田亩;或云巾缎履,荡游于都市"②,往往"千人四布无一人知,鸣号而起须臾毕集,击左左应,击右右应,声东而击西,东西无不应"。由于倭寇"进有贼之实,退无贼之形,贼未至皆良民,贼已至皆奸民",所以"兵入其地询贼情形,问我道路,悉为所误……闽广事体,大约相同"。③我们设想,如果倭寇都是日本人,怎么能出现这种倭与民融为一体的现象呢?从倭寇装扮农夫、游僧,散布各地潜伏民间

---

① [明]采九德:《倭变事略》卷2。
② [明]郑若曾:《郑开阳杂著》卷4。
③ [明]谢杰:《虔台倭纂》上卷《倭原》。

的情况也可证明：倭寇绝大部分是中国人，而非日本人。

此外，所谓的"倭船"，实际上也是中国船舶。唐枢在《复胡默林论处王直》疏中指出："倭国王畿，所部并东海道十四州，南海道六州，北陆道六州，东山道八州，山阳道八州，山阴道八州，及西北三岛，皆不易发，惟西海道之西二三岛，掼构内地人交易，彼亦不自制舟，舟造于闽广，事起于我人。"[1]有一年冬天，屠仲律在福建漳泉沿海一带看到"滨海居民，各造巨舟"，有人对他说这些都是倭船，明春"倭必大至"，他还不相信呢。第二年春天，果然倭寇大举侵犯。在事实面前，他才悟到："向来所传倭国造船千百只，皆虚诳耳。"[2]由此可见，当时游弋于沿海的倭船，大部分不是日本船，而是"沿海奸民，买舟于外海，贴造重底，渡之而来，其船底尖，能破浪，不畏横风斗风，行使便易，数日即至也"[3]。

总之，无论从"倭寇"的基本队伍，还是从"倭寇"的首领，或者从"倭船"看，"倭寇乃中国海盗"是毋庸置疑的了。所以，过去即有人指出："嘉靖中所谓倭寇，彼邦固不自承，明人记载亦谓真倭无几，第由萧显、王直、徐海等诱其驵贩无赖，假幡帜以骇内地耳"[4]。

---

[1] [明]唐枢：《御倭杂著·复胡默林论处王直》，见《明经世文编》卷270。
[2] 《古今图书集成·方舆汇编·边裔典》卷40。
[3] [明]郑若曾：《郑开阳杂著》卷4。
[4] [明]徐学聚：《嘉靖东南平倭通录》柳诒徵跋，《国学图书馆第六年刊》1933年版。

二、真倭的地位和作用

虽然说倭寇的基本队伍及首领大部分是中国人，但其中也确实有一部分是真正的"倭寇"，即由日本南朝失败的政客、武士、浪人和日本走私商人结合形成的海盗。这就使我们不能不对这场战争的性质作进一步深入的分析：是不是由于倭寇中有一部分"真倭"，就可以据此论断说这是一场民族战争呢？当然不能。只有把日本人在倭寇中的地位与作用先弄清楚，才能对这场战争性质作出正确的判断。

我们知道，日本海盗侵犯我国沿海，早在元朝就已开始。元成宗大德六年（1302），日本博高海滨"海船往来，皆奸利小民……久之遂流为海寇"①。元末明初，日本进入战乱时期，南北对峙，连年战争，以致生产破坏，庄园解体，失业的饥民与战败的武士、军卒，相率入海为盗。自此"北自辽海、山东，南抵闽浙、东粤，滨海之区，无岁不被其害"②。现将洪武年间，倭寇寇掠沿海的情况如下③：

时间	寇掠情形	史料出处
洪武二年（1369）正月	寇山东滨海郡县，掠民男女而归。	《明太祖实录》卷38《筹海图编》卷3
四月	寇苏州、崇明杀伤居民，劫夺财货。	《明太祖实录》卷4
五月	剽掠温州、中界山、永嘉、玉环等处。	嘉靖《宁波府志》卷22
六月	寇淮安。	《明太祖实录》卷44

---

① ［清］黄遵宪：《日本国志》卷5。
② ［清］谷应泰：《明史纪事本末》卷55《沿海倭乱》。
③ 陈文石：《明洪武嘉靖间的海禁政策》第1章，台湾大学文学院1966年版。

续表

时间	寇掠情形	史料出处
洪武三年六月	寇山东,转掠温、台、明诸州傍海之民及福建沿海。	《明太祖实录》卷53
洪武四年	倭船二百艘寇海宴、下川等地。	《筹海图编》卷3
洪武五年五月	寇海盐、澉浦,杀掠居民。	《明太祖实录》卷73
	船二百艘寇温州永嘉、乐清等县。	《日本考略》
六月	寇福州宁德县,苏、松、温、台濒海诸郡。	《明太祖实录》卷74
八月	寇福州福宁县杀掠居民三百五十余人,焚烧庐舍千余家。	《明太祖实录》卷75
洪武六年七月	寇即墨、诸城、莱阳等县,杀掠居民。掠浙江滨海州县。	《明太祖实录》卷83《筹海图编》卷5
洪武七年七月	寇胶州,官军击败之。寇海州,官军击之,寇大住海口。	《明太祖实录》卷91
洪武十三年七八月	寇广州东莞县,寇海丰县,杀掠居民。	《明太祖实录》卷132《明太祖实录》卷133
洪武十六年六月	倭船十八艘,寇金乡卫,杀官军二十二人。	《日本考略》
洪武十七年十月	寇台州,杀巡检。	《明太祖实录》卷167
洪武二十年七月	寇台州,杀掠居民。	《明太祖实录》卷183
洪武二十二年十二月	倭船十三艘,由城山洋艾子口登岸劫掠。	《明太祖实录》卷198
洪武二十三年一月	由穿山浦登岸,杀掳军士七十余人,掠其财物。	《明太祖实录》卷199
洪武二十四年九月	寇雷州遂溪县,官军不敌,百户李玉、镇抚陶鼎战死。	《明太祖实录》卷212
洪武二十六年四月	掠潮州南澳各地。	《明太祖实录》卷227

续表

时间	寇掠情形	史料出处
洪武二十七年二月、十月	船九只寇小尖亭。寇辽东金州,入新市,烧屯营粮饷,杀掠军士。	《日本考略》《明太祖实录》卷235
洪武二十九年七月	掠惠州、潮州等地。	《明太祖实录》卷246
洪武三十一年二月	寇山东宁海,劫掠居民。倭贼二千余人,船三十余艘,入寇澳寨楚门。	《明太祖实录》卷256《明太祖实录》卷256

从表中可以看出,洪武年间倭寇入侵十分频繁,骚乱遍及沿海各地。明成祖虽然放宽海禁政策,准许日本入贡,"然海寇犹不绝"。如永乐二年(1404)"时对马、壹岐诸岛贼,掠滨海居民",死伤惨重。永乐九年(1411)夏五月"倭寇浙东",永乐十五年(1417)"倭寇浙江松门、金乡、平阳"。一直到永乐十七年(1419)辽东总兵都督大破倭寇于望海埚,才使日本海盗"敛迹,不敢大为寇",然而"沿海稍稍侵盗,亦不能竟绝"。英宗正统四年(1439)"倭船四十艘,连破台州之桃渚、宁波大嵩二千户所,又陷昌国卫,大肆杀掠"。当时日本贡船装载武器弹药,"得间则张其戎器而肆侵掠,不得则陈其方物而称朝贡,东南海滨患之"。如景泰四年(1453)"入贡,至临清,掠居民货"。[①]成化三年(1467)以后,日本进入战国时期,各地封建主为了满足自己的贪欲,积极支持浪人和商人,渡海进行抢劫。可见,嘉靖以前,主要是日本海盗剽掠中国沿海。

---

① 《明史》卷322《日本传》。

到嘉靖时，由于中国海商及沿海居民的大量参与，倭寇的成分发生了根本性的变化。"倭寇事体，今昔不同。国初倭患，虽遍于沿海一带，然止倭耳。今也华人习知海外金宝之饶，夷亦知吾海畔之人，奸阑出傀，易以为市。"这时不仅真倭在人数上已为少数，"仅十之一二"，而且在整个倭寇中降为从属、附庸地位，"倭寇"的主要控制权已操控在中国海盗手中。"倭之来，在海或仗我中国人为舶主；比登陆，则又仗我中国人为地主，盖倭以剽劫我中国人为利，而我中国奸人则往往以得主倭为利，浙直皆然，闽为甚，闽之泉漳尤甚。"① 比如广东的曾一本、黄朝太"无不引倭为助"；浙江的叶宗满、谢和、王清溪等，"各挟倭寇为雄"。② 特别是王直在倭寇中的组织和领导作用更为显著。王直"以内地不得逞，悉逸海岛为主谋，倭听指挥，诱之入寇"，甚至在日本本土的"三十六岛之夷，皆其指使"。③ 他既"哄带日本各岛贫穷倭寇借其强悍以为羽翼"，同时亦"纠合富实倭奴出本附搭买卖者，互为雄长"。④ 嘉靖三十四年（1555）九月，胡宗宪为了招抚倭寇，派鄞县生员蒋洲、陈可愿为正、副使，出使日本。十一月，蒋、陈两使者到日本王岛，碰到王直的干儿子王㵀，王㵀对他们说："无为见国王也，此间有徽王者，岛夷所宗，令渠传谕足矣，见国王无益也。"⑤ 徽王即指王直，可见王直在倭寇中

---

① ［明］姜宝：《姜凤阿集》，见《明经世文编》卷383。
② 《明史》卷322《日本传》。
③ 《明史》卷322《日本传》。
④ ［明］范表：《海寇议前》，见《玄览堂丛书续集》第15册。
⑤ 《古今图书集成·方舆汇编·边裔典》卷37。

有何等重要的地位。所以章焕说："倭患之炽，其原不在于外，中原之雄咸为之谋主也。"①王世贞在《倭志》中也指出，由于"倭勇而戆，不甚别死生，每战辄赤体，提三尺刀舞而前，无敢捍者"，故"中国亡命者，多跳海聚众为舶主"，往往"以财物役属勇悍倭奴自卫"。②唐枢讲得更具体："今彼避荒之说，盖非假辞，去年山道苦旱，我人久蓄之奸，日俟其衅，乘其饥而引之，而其畿王，固不知之。然则兹役也，我人为主，而彼则为宾。"③大量的史料证明，嘉靖年间的倭寇中虽有一部分是真倭，但他们人数少，又不占主导地位，左右不了倭寇的活动，占支配地位的实际上是中国海盗。

三、真假倭寇混同的原因

既然倭寇的主要成分是中国沿海居民，中国海盗又在其中占支配地位，为什么长期以来人们把他们完全看作"倭人"呢？这是由许多原因造成的。

一方面，王直等海商有意制造混乱，使人不易识别其庐山真面目。他们"每残破处，必诡云某岛夷所为也，以故诸司奏乱，止言倭寇"。《浙江倭变纪》说："频岁入寇皆直之谋，其党倚其方略，辄以倭人借口，故海上之寇概以倭子目之，而不知其为直遣也。"④为什么他们要打着倭寇的旗号，以假乱真呢？首先，他

---

① ［明］章焕：《章中丞奏疏》，见《明经世文编》卷272。
② ［明］王世贞：《王弇州文集》。
③ ［明］唐枢：《御倭杂著·简分守公》。
④ ［明］郑若曾：《筹海图编》卷5。

第二章 千里海防同告警:新兴海商逆反海禁

们是海商集团,梦寐以求的是明朝开放海禁,让他们自由贸易,进行反抗斗争是迫不得已的,所以假称倭寇可为将来开市贸易留一条后路。其次,这是利用明朝官兵的恐倭心理,吓唬他们。明军很腐败,闻倭色变。有一次某男子飞奔入城,有人问他为什么急急忙忙,他随口应道:"我来了。"别人误听为"倭来了",于是一传十,十传百,"举城鼎沸,守城兵皆弃戈而走"。① 所以每次战斗,王直命"倭夷为前锋","以威胁我官兵"。② 最后,这也是他们为保存自己、掩护家属的一种斗争策略,因他们的家属仍留在陆地上,随时有遭受明朝政府迫害的危险,"惟以倭名,则彼得以藏匿掩覆,而室家族戚,可得无虞"。因此每当他们攻破一个地方,就大力宣扬"今兹之寇是倭也,我无预也"。从实际情况看,这种做法也确实收到一定效果。当时王直潜居日本,每次入寇,"其党承奉方略,辄以倭人借口,故海上之寇,概以倭子目之,而不知其为直遣也"。直到胡宗宪出任浙江巡抚御史时,才"首发其奸"。然而,"人初未之信","及贼首董二老被擒,译供与胡公所料不爽毫发,人始服其明鉴"。③

所以薛应旂大声疾呼,对于"倭寇"一词必须正名,揭露其真相。他说:"今海寇之深入吾境也,杀掠焚荡之惨,自昔所未有者也,彼固以'倭'为名,而我亦以'倭'名之,是堕其计也。"为了揭开这种假象,他认为应该把倭寇的实际情况"昭示于人",也就是说要"指其名播告于上下远迩曰:今兹之寇是某

---

① [明]钟薇:《倭奴遗事》,见《玄览堂丛书续集》第19册。
② [明]王文禄:《策枢》卷4《寇原》。
③ [明]郑若曾:《筹海图编》卷5。

某也,引倭以为之党也,人自必知之曰,某倭也,是某贼为之主谋也,某倭也是某贼为之乡导也",只有这样,才能做到"庶名彰恶著而人知措手,贼党亦自知畏避,而或有涣散者矣"。①范表也主张把真实情况公之于众,不能再"混言倭寇"了。他在《海寇议》中大声疾呼:"今贼(指王直)屠城掠邑,杀官戕吏,一至于此,而见今四散劫掠,不于余姚则于观海,不于乐清则于瑞安,往来荼毒生灵,无有虚日,而犹混言倭寇,不实上闻,果何待耶?今既曰倭奴,酋长为谁,是乌可隐也。"②

当时有人提出一套辨倭真伪的办法:持刃先驱者真倭,而巧自匿者假倭;看见败絮斗粟亦忻然而负之趋者真倭,其善择金帛而取具精者假倭;其秃而类鲍者真倭,其秃发隐隐类僧者假倭;有跪而耐空、拜而伏者真倭,有坐而觞者假倭;其大掠而去或歼于海中者真倭,其挟金返归而坐享之者假倭;常为役者真倭,常为主者假倭。③然而他们的看法在当时并没有引起多少人的重视。直到清代,许多人仍信旧说。所以吴震方特别指出:"前代倭患,在嘉靖间,不仅被于湖邑,即以湖邑论,倭屯清溪不过沈氏两宅,非有楼橹之设,墉堞之阿,可以坚守而力拒,即如邑志所记,虚张倭势。不过千人,而召集官兵则有七万三千之众,是以七十三人擒一人而不足,是有理哉。况父老相传,真倭止一十八人耳。"④

---

① [明]薛应旂:《薛方山文集》,见《明经世文编》卷288。
② [明]万表:《玩鹿亭稿》卷3。
③ [明]范涞:《两浙海防类考续编》卷上。
④ [清]吴震方:《岭南杂记》卷上。

第二章 千里海防同告警:新兴海商逆反海禁

另一方面,真假倭寇难以区别也是明朝将领为了冒报战功而有意造成的。这首先是由于有的明朝将领作战失利时,为了掩盖败绩,不惜残杀平民,以冒擒获。嘉靖三十三年(1554),参将李逢时、许国率部进攻。因他们二人"皆世胄子,不谙兵法,不识地利",结果中了倭寇的埋伏,全军溃败,"蹂践没溺刺杀而死者二千余人,资粮器械悉为贼有,所丧多矣。二参将惧诛,遂多杀平民之寡发者,以冒擒获"。①同时,也有的将领为了冒报战功而虚张声势。嘉靖三十四年(1555)有一千多名倭寇进攻盐邑,当地的"故阃师"王国贤为盐邑县令郑茂出谋献策说:"贼势乃尔,如此孤城何!即请援幕府,宜张倭声,谍逾万,庶得济也。"②其次,因斩杀真倭与斩杀胁从的赏金不同。按照明政府规定,"擒斩有名真倭贼首一名颗者授三级,不愿升授者赏银一百五十两",而"获汉人胁从贼二名颗者升授署一级,不愿者赏银二十两"。③也就是说擒斩真倭与汉人胁从所得赏银相差十五倍。因此,明朝将领为了多领赏银,往往"多杀平民寡发者"。如王文禄在《策枢》中指出:"官兵利于斩倭而得重赏,明知中国人而称为倭夷,以讹为讹,皆曰倭夷,而不知实中国人也。"在福建有的将领甚至"掘已瘗之尸……截其头颅,墨其面目,焚其腮发,灭除囟痕,以为真倭而市功焉"④。其手段之残忍,做法之卑劣,令人发指。故兵部副使凌云翼愤怒地

---

① 《古今图书集成·方舆汇编·边裔典》卷35。
② [明]朱士迁:《全城志》。
③ [明]郑若曾:《筹海图编》卷11。
④ 嘉庆《云霄厅志》卷8,引万历《漳浦县志》。

指出："今各领兵官员既不能奋勇运谋为地方保障,往往将被掳逃回或穷乡避难之民,杀以报功。故行路者,若非成群,不敢独行,是不能御贼,而反为民贼矣。"①对此,明朝政府也曾作出一些规定,提出辨别真伪倭首级的标准,一再申谕:"官兵有将被掳逃回或渔商平人及避难乡民假称奸细,妄杀报功,深可痛恨,除通行严禁外,今后海上报捷听该道详加勘验。如果顶心腮门无发及皮肉紧缩者方为真倭首级,转送纪验,其诈冒无据者,即究明坐以故杀抵偿。"②然而效果并不大,冒杀平民的事件仍屡有发生。

除了以上两个主要原因外,当时一些"海中巨盗"亦穿着倭寇的服装,打着倭寇的旗号进行抢劫。隆庆元年(1567),广东澄海大家井人陈世荣"同余乾仁、连思恭等乘倭乱纠集二千余人,髡发为假倭肆劫。总兵汤克宽等帅水陆兵讨之,擒斩二百二十余级,世荣就戮"③。还有一些沿海穷民,为生活所迫,也不得不"断发跣足以趋之",再加海盗集团中确实也有一定数量的真倭,所以许多人把真倭与假倭混在一起,误以为当时骚扰东南沿海的都是真正的倭寇,从而掩盖了这场战争的实质。于是长期以来,大家都把这场战争看作是抵抗外国侵略的民族战争。

---

① [明]郑若曾:《筹海图编》卷11。
② [明]范涞:《两浙海防类考续编》卷8。
③ 乾隆《潮州府志》卷38《征抚》。

第二节　海禁严则盗兴：嘉靖"倭患"产生的原因

弄清了倭寇的真相，我们再进一步来考察产生倭患的原因。

一、驳倭患猖獗原因的两种说法

为什么嘉靖时期东南沿海的倭患会突然严重起来呢？许多学者，如陈学文、郝毓楠等作过大量的研究。归纳起来，不外从两个方面找原因。

其一，从日本方面找原因：

谢承仁认为："15世纪后期，足利氏政权名存实亡，日本进入新的群雄割据的时代——战国时代，兼并战争不断发生。各地封建藩侯和寺社（寺院大地主）……支持并且组织自己境内的浪人和商人渡海掠夺物资和财富……这样，倭寇就更加猖獗起来。"①

陈学文也认为："15世纪70年代起到16世纪间，日本正处于纷争的战国时期，1467—1477年发生了'应仁之乱'，1485—1487年又发生了'文明之乱'，二十多年的战祸，使室町幕府已名存实亡，完全失去了对全国的控制权，各地封建领主各自为政……农民大量破产。……失意官员，失业的流民……这些亡命之徒在各地领主支持下，只好向海外谋求出路。"②

郝毓楠认为："就日本来看，此时已进入战国时代（1477—1583）。这一时期藩侯割据，战争不止……大大小小的封建主为

---

① 谢承仁：《戚继光》，上海人民出版社1978年版，第12页。
② 陈学文：《论嘉靖时的倭寇问题》，《文史哲》1983年第5期。

了弥补战争中财力的不足,为了自己的奢侈欲望……竭尽力量支持、资助商人,让商人大批地以中国沿海为主要目标进行走私和掠夺……这样,倭变就更为激烈了。"①

其二,从中国方面找原因:

李光壁认为:"当时土地集中,贵族豪门不仅兼并平民的土地,而且还兼并军卫屯田。军卫制度破坏,海防废弛,也是倭患蔓延与扩大的原因之一。"②

陈学文认为:"首先从中央政权来看,朱厚熜是一个有名的昏君,醉心于斋醮之中,不理政事……次是海防无备……不堪一击,再次,对外政策处置不当。这两个因素结合在一起,就是嘉靖朝倭患猖獗的客观原因。"

郝毓楠认为:"当时的中国,统治集团奢侈腐化,政治黑暗……给倭寇的侵扰活动提供了条件……另外,明朝的土地高度集中,军卫屯田和军卫制度的破坏……也大大地削弱了明朝的军事和海防力量。"

事实果真是这样吗?

关于日本方面的原因,那是不能否定的。日本进入战国时代以后,群雄割据,战争连绵不断,战败的将领、失业的流民在国内无立足之地,需要到国外谋生,而战胜的领主也支持他们出外抢劫。这样做既可以减少日本国内的反对力量,又可以弥补战争中财力的消耗,他们何乐而不为呢?

---

① 郝毓楠:《明代倭变端委考》,《中国史研究》1981年第4期。
② 李光壁:《明代御倭战争》,上海人民出版社1956年,第33页。

第二章　千里海防同告警：新兴海商逆反海禁

但我们认为这是明代倭寇产生的一般原因，而不是嘉靖倭患突然严重起来的特殊原因。因为，不管是应仁之乱，还是文明之乱，均发生在明成化年间，距离嘉靖中期倭患最严重的时期（嘉靖三十一年，1552）还有七八十年时间，为什么弘治（1488—1505）、正德时期（1506—1521）倭寇未大举入侵，而要等到嘉靖中期才大肆入侵呢？陈学文为了回答我提的这个疑问，曾提出："日本历史也有一个演化过程，不是'应仁之乱'后二三十年就形成庞大的倭寇队伍而立即入侵的，单'应仁之乱'就延续了十一年之久，倭寇队伍是随着战国纷争，农民破产而不断扩大起来的。"的确，任何一个事物的发生与发展都要有一个过程。我们并不认为"应仁之乱"后二三十年必须发生严重的倭患，但应看到从应仁之乱到嘉靖中期倭患最严重时毕竟长达八十年啊。如果以三十年为一代人，曾相隔三代之久，也就是说其祖父参加应仁之乱，而要到孙子一代才大举入侵中国沿海，这于常理上讲得通吗？

还有，我曾提出：为什么嘉靖中期倭患最严重的地区不在山东、辽东半岛，而集中在东南沿海一带呢？陈学文认为："一是从日本乘东北风，'多日不变'，利于入侵中国，故多在东南沿海一带，如入侵山东以北，则需南风，不若东北风为便。二是因为东南财富多，掠夺易得，便于逃退，又因为东南一带奸商多为倭寇内应。"但只要我们查看一下明初至嘉靖时倭寇入犯的情况，就会发现倭寇入侵并不都集中在东南沿海一带。如洪武二年（1369）倭寇首先侵扰山东，然后才"转掠温、台、明州旁海民，遂寇福建沿海郡"[①]。洪武七年，"倭寇胶州"。明成祖年间也是

[①] 《明史》卷322《日本传》。

如此。永乐二年"对马、壹岐诸岛贼掠滨海居民"。永乐十七年倭寇入侵规模最大、人数最多的一次,恰恰发生在辽东半岛,而不在江南。据《明史·日本传》记载:"倭船入王家山岛,都督刘荣率精兵疾驰入望海堝。贼数千人分乘二十舟,直抵马雄岛,进围望海堝,荣发伏出战,奇兵断其归路。贼奔樱桃园,荣合兵攻之,斩首七百四十二,生擒八百五十七。"景泰四年(1453)倭寇至山东"临清,掠居民货"①。如果说日本乘东北风利于侵犯东南沿海一带,而入侵山东以北则需南风,难道嘉靖以前就没有东北风,仅刮南风吗?所以用季风来解释嘉靖中期东南沿海倭患的突然严重更是说不通的。

再看明朝方面的原因。实际上,军卫制度破坏、海防废弛的情况也不是从嘉靖才开始的。明朝初年为防倭患,在沿海设立卫所,实行屯田,"洪武年间者谓之旧屯,在永乐间者谓之新屯"。然而"不五十年间,逃亡过半,刀耕火耨,渐属污莱矣"②。宣德时,边将及朝中权贵开始侵夺军卫屯田。正统时,情况已很严重,"典兵官员,既私役正军,又私役余丁,甚至计取月钱,粮不全支,是致军士救饥寒之不暇,尚何操习训练之务哉"③。结果兵士大量逃亡,逃军已达一百二十万人。④孙原贞在《备倭》中指出:"缘比先沿海各卫所,原设战船,各有水寨,并艘官军常川在船哨备,私擅回营者少。正统二年,革散水寨,将船挈

---

① [清]谷应泰:《明史纪事本末》卷55《沿海倭乱》。
② [明]何乔远编:《闽书》卷39《版籍志》。
③ 《明英宗实录》卷186。
④ 《明英宗实录》卷46。

回，各卫所港汊守备官军，回城近便，故多有弃船恋家。船只不修，器械不整。闻知巡海三司官来点闸，随即赴船听点，其远去者雇人应名，点视巡海官去，仍复前弊，是以船只内有朽烂遭风等项数多。"①成化时期，海防卫所破坏更严重，军屯已经"视旧所入不能什一矣"。弘治末年，"倪给事奉命清查，欲得原额，多侵民田，几至激变"。由此可见，武备松弛、卫所破坏、海防无备，并不是嘉靖朝特有的情况，更不是东南沿海特有的现象。这一点，朱纨已经指出："今山东海防已废，海警绝闻，岂真无捕取鱼虾，采打柴木者哉？山东无内叛通番之人耳，使有此辈播弄其间，其为双屿、为石澳等洋者又不知几何矣。"意在说明江南的倭患是因为有内叛通番引起的，并不是卫所破坏导致的。

至于认为明世宗朱厚熜是一个有名的昏君，不理朝政，那么明武宗朱厚照也好不了多少。明武宗的贪婪、残暴和腐败并不亚于明世宗，仅婚礼一项，武宗就花费了黄金八千五百余两，白银五十三万三千八百余两。②他即位以后，又大兴土木"别构院御，筑宫殿数层，而造密室于两厢，勾连栉比，名曰豹房"③，在内日夜淫乐。明武宗在宫内淫乐不足，又北上宣府大同各地，南下徐州、扬州、南京等处，抢掠妇女，勒索财物，结果闹得"市肆萧然，白昼闭户"，鸡犬不宁，人心惶惶。明武宗的暴政，不止于个人的荒淫，他还重用亲信太监刘瑾，实行特务统治。刘瑾既掌握东西厂，又设立内行厂，上至百官，下至平头百姓都在监视

---

① ［明］孙原贞：《孙司马奏议》，见《明经世文编》卷24。
② 《明武宗实录》卷8。
③ ［清］毛奇龄：《明武宗外纪》。

之中，经常"分遣逻卒四出刺民间阴事"，一家犯法，邻里皆坐。"自是四方传闻，远近大怖，偏州下邑见有华衣怒马，作京师语言者，辄相警告局蹐"①，使全国处于一片恐怖之中。刘瑾还卖官鬻爵，广收贿赂，对于地方官吏每人强收千金，甚至五千金者，"不与则贬谪，与之则升擢"②。甚至添设巡盐、巡捕、查盘等官，"四出搜索"，用一切手段私取天下库藏及暴敛民财，"以益其富"③。总之，正德时政治并不见得比嘉靖清明多少。所以用明世宗的个人腐败，也同样无法解释嘉靖时期东南沿海一带倭患突然严重起来的原因。

二、海上商人反海禁的斗争

既然以上两方面都不能解释嘉靖时严重的倭患，那么产生严重"倭患"的根本原因又是什么呢？我们认为只有从明朝嘉靖时东南沿海私人海上贸易的发展，才能解释产生倭患加剧的真正原因。为了说明这个问题，让我们简单地回顾一下明代私人海上贸易的发生和发展过程。

早在明朝初年，东南沿海人民已开始冲破明王朝的海禁，下海通番。洪武年间"两广、浙江、福建愚民无知，往往交通外番，私易货物"④。明成祖即位，在诏书中也指出："缘海军民人等，近年以来，往往私自下番，交通外国。"⑤如广东人梁道明在

---

① 《明武宗实录》卷39。
② ［清］陈鹤：《明纪》卷24。
③ 《明武宗实录》卷65。
④ 《明太祖实录》卷205。
⑤ 《明成祖实录》卷12。

旧港（今印度尼西亚巨港）经商，"广东、福建军民从之者至数千人，推道明为首"①。宣宗时这种私通番国的情况愈益发展："近岁官员军民不知遵守，往往私造海舟，假朝庭干办为名，擅自下番。"②正统年间，明朝政府再次重申禁止沿海居民私通外国，但据福建巡海佥事董应轸言："旧例濒海居民私通外夷贸易番货，漏泄事情，及引海贼劫掠边地者，正犯极刑，家人戍边，知情故纵者罪同，比年民往往嗜利忘禁"③，继续下海通番。正统十三年汀州杜文彬，以贩盐下海。景泰三年又有漳州府郑孔目等通番为寇，"敌杀官军，虏去署都指挥佥事王雄"④。所以明代宗下令刑部出榜禁令："福建沿海居民毋得收贩中国货物，置造军器，驾海，交通琉球国，招引为寇。"⑤然而海禁政策并没有发生多大作用。天顺六年（1462），又发生海寇严启盛寇香山、东莞事件。严启盛是福建人，从"漳州越狱，聚徒下海为患，敌杀官军，至是招引番船，驾至香山沙尾外洋"⑥。到成化、弘治以后，私人海上贸易又有较大发展。福建沿海，"成弘之际，豪门巨室，间有乘巨舰贸易海外者，奸人阴开其利窦，而官人不得显收其利权，初亦渐享奇赢，久乃勾引为乱"。这时，一些出使的官员，也乘机挟带商人，出海贸易。如成化十年（1474）工科给事中陈俊等"使占城不果而返"，"然所赍私货及携带商人数多，

---

① 《明成祖实录》卷10。
② 《明宣宗实录》卷103。
③ 《重纂福建通志》卷270《洋市》。
④ 《明英宗实录》卷220《景奉附录》。
⑤ 《重纂福建通志》卷270《洋市》。
⑥ ［清］顾炎武：《天下郡国利病书》卷104。

遂假遭风为由，越境至麻六甲国交易"。①

总之，嘉靖以前，私人海上贸易虽然屡有发生，且呈现出发展的趋势，但当时的海商尚未形成拥有庞大武装的贸易船团，也未结成朝野相通的走私网。

嘉靖时，由于东南沿海商品经济的高度繁荣，资本主义萌芽的出现，私人海上贸易才得到飞速的发展，主要表现出以下四方面的特点。

第一，规模庞大。福建"素通番船，其贼多谙水道，操舟善斗"，嘉靖时，下海通番之人遍布沿海各地。"漳之诏安有梅岭、龙溪、海沧、月港；泉之晋江有安海、福宁有桐山。各海澳僻还，贼之窝向、船主、喇哈、火头、舵公皆出焉。"②龙溪、嵩屿等处"地险民犷，素以航海通番为生，其间豪右之家，往往藏匿无赖，私造巨舟，接济器食，相倚为利"③。泉州的安海镇"向虽通番，犹有避忌"，到嘉靖时"番舶连翩径至，地近装卸货物皆有所倚也"。当时，福建海上贸易商人纷纷"私造双桅大船，广带违禁军器，收买奇货"④，远航到海外各国，"与番舶夷商贸贩方物"。由于海外贸易牟利很高，即使明朝政府严厉禁止，甚至"重以充军处死之条，尚犹结党成风，造舡出海，私相贸易"⑤。嘉靖十三年（1534）海商林昱等舟五十余艘"冒禁入海"

---

① 《明宪宗实录》卷136。
② ［明］茅元仪：《武备志》卷214《福建事宜》。
③ 《明世宗实录》卷189。
④ ［明］王忬：《王司马奏疏》，见《明经世文编》卷283。
⑤ ［明］冯璋：《冯养虚集》，见《明经世文编》卷280。

"福清冯淑等三百四十人泛海通番"。①嘉靖二十一年（1542）以后，漳泉一带与番舟的夷商贸贩的规模越来越大，出海商船"往来络绎于海上"②。原来私人海上贸易比福建落后的浙江地区，随着民营手工业和商品经济的发展也大踏步地跟上来了。据万表的《玩鹿亭稿》记载："浙东自来海上无寇，每年只有渔船出洋打鱼樵柴，并无敢过海通番者。"后来，虽有一二家海商经营海上贸易，也"止在福建、广东地方买货，陆往船回"，他们"潜泊关外，贿求把关官以小船早夜进货，或投托乡宦说关，我祖宗之法尚未坏也"。但到嘉靖年间，情况大不相同，"前项贪利之徒，勾引番船，纷然往来，而海上寇盗遂亦纷然矣"。③王在晋也指出，当时下海通番的规模发展很快，吴越奸氏甚至"鬻田产，携亲戚，问渡扶桑"，大批出海经商，他们"往则载货扬航以市海为名，归则镕金附身贸原舟而返，甚至远赘异类，持献图略，效中行禽侯之为者"。④

广东的私人海上贸易也很发达，"粤民多挟峨舸入海与夷市"⑤，在广州附近游鱼洲，许多商人都经营海上贸易，每次"番船一到"，他们"则通同濠畔街外省富商，搬磁器、丝绸、私钱，火药违禁等物，满载而去，满载而还，追星趁月，习以为常，官兵无敢谁何"。⑥香山"为海舶出入嗌喉，每一舶至，常持

---

① ［明］董应举：《崇相集》第2册《漫言》。
② ［明］张时彻：《芝园全集》，见《明经世文编》卷243。
③ ［明］万表：《玩鹿亭稿》卷5。
④ ［明］王在晋：《海防纂要》卷5《防倭标本说》。
⑤ ［明］何乔远：《闽书》卷85《英旧志》。
⑥ ［明］霍与瑕：《霍勉斋集》，见《明经世文编》卷368—369。

万金，并海外珍异诸物，多有至数万者"①。此时广东各地已出现"农者以拙业力苦利微，辄弃耒耜而从之"的弃农经商的现象。

当时私人海上贸易不仅规模庞大，而且活动范围也很广。浙江海商"虽极远番国，皆能通之"②，福建海商"皆擅海舶之利，西至欧罗巴，东至日本之吕宋、长岐（崎），每一舶至则钱货充牣"③。海外的贸易据点也不断增多，除原有聚居地之外，又在世界各地如大泥、万丹、马尼拉、平户、长崎等地开辟了贸易点。爪哇新村"中华人客此成聚，遂名新村，约千余家"，在吉兰丹（今马来半岛东岸），"华人流寓甚多，趾相踵也"。④

第二，人数众多。嘉靖时的私人海商比以前大大增多。如吕宋岛的"商贩者至数万人"⑤，其中福建漳州海商占"十之八"。嘉靖二十六年前往日本贸易的福建海商，因遇台风漂到朝鲜的就有一千多人。⑥嘉靖四十一年，"是时倭贼土寇，北自福建福宁沿海，南至漳泉，千里萧条，尽为贼窟，附近居民，反为贼间，始虽畏威而胁从，终则贪利而导引，弥漫盘据"，不可计数。浙江的海商也很多，"大群数千人，小群数百人，比比猬起，而舶主推王直为最雄，徐海次之，又有毛海峰、彭老不下十余师"。一天航行于舟山群岛的商船就达一千三百九十余艘。⑦浙江各阶层

---

① [明]周玄晖:《泾林续记》。
② [明]万表:《玩鹿亭稿》卷5。
③ [清]王胜时:《漫游纪略》卷1。
④ [明]张燮:《东西洋考》卷3。
⑤ 《明史》卷323《吕宋传》。
⑥ 道光《福建通志·通纪九·明二》。
⑦ [明]朱纨:《朱中丞甓余集》，见《明经世文编》卷205—206。

的人纷纷从事海上贸易活动，沿海盐民"舍其本业，竞趋海利，名曰取柴卤，日补盐课，实则与贼为市"①，他们"缓则鬻贩鱼盐以自业，急则剽寇商贾，劫掠村聚以为利"。

沿海渔民也"私造大舡违禁下海，始则取鱼，继则接济，甚则通番"，甚至沿海的武官逻卒也"阳托捕盗之名，而阴资煮海之利，奸弊相通，禁防尽废"。崇明一县"萑蒲为薮，而太仓之民亦多效之，衣冠之族，与贼为婚姻，而甚者则豪奴佃仆往往干没寇攘而至弗禁也"②。广东也出现同样的情况："有司将领……称贼首为翁，相对宴饮欢笑为宾主"。高拱十分感慨地说：广东"何民之不为贼也，而广之遍地皆贼"③。不仅武官出海贸易，宦官内臣也派人下海通番。广东市舶太监韦眷"招集无赖驵侩数百十人，分布郡邑，专鱼盐之利，又私与海外诸番贸易，金缯、宝石、犀象、玳瑁之积，鄢坞不如也"④。嘉靖元年（1522），暹罗占城等国海船货至广东，未行报税，市舶太监牛荣与家人蒋义山、黄麟等私收买苏木、胡椒并乳香、白蜡等货，装至南京，又匿税盘出送官。南京刑部尚书赵鉴等拟问蒋义山等违禁私贩番货例，该入官苏木三十九万九千五百八十九斤，胡椒一万一千七百四十五斤，可值银三万余两。⑤可见当时东南沿海从事海上贸易的人相当普遍，上至朝廷内臣，下至沿海盐民、渔民纷纷出海经商。

---

① ［明］朱纨：《朱中丞甓余集》。
② ［明］袁袠：《袁永之集》，见《明经世文编》卷271。
③ ［明］高拱：《高文襄公文集》，见《明经世文编》卷301—302。
④ 《明史》卷304《梁芳传》。
⑤ ［明］严从简：《殊域周咨录》卷8。

第三，出现了新的私人海上贸易中心。宋元官方朝贡港口主要在宁波、泉州、广州等城市，而明代私人海上贸易，由于初期是非法的、秘密的，为了躲避官兵的追捕，海商不得不在港汊曲折、明朝政府难以管辖的港湾岛屿开辟新的贸易中心。浙江的舟山群岛岛屿众多，港汊交叉，进可以攻，退可以守，是海商走私贸易的天然场所。明代中期，这里已成藏纳逃亡海商的地方，海上私商的双桅大船"连檣往来"，纷至沓来，一片繁忙景象，是国际海盗商人的贸易中心。每年盛夏以后，"大舶数百艘，乘风挂帆，蔽大洋而下，而台温、汀漳诸处海贾往往相追逐"①。福建漳州至广东汕头沿海一带，地处边徼，"封畛退旷"，距离福建、广东的省会都比较遥远，"官司隔远，威命不到"，也是秘密经营走私贸易的理想之地，再加上此地人民素有下海通番的习惯，于是到明代中叶已发展成又一海上贸易的中心地区，如南澳云盖寺、走马溪"乃番船始发之处，惯徒交接之所也"，外浯屿"乃五澳地方，番人之巢窟也"，料罗、乌沙是"番船等候接济之所也"，围头屿上乃"番船停留避风之门户也"。②这一带附近海域每年季风时节，"富商远贾，帆檣如栉，物货浩繁，应无虚日"③。

第四，形成了资本雄厚、船多势大的私人海上贸易集团。明代中叶以前，大多数海商都是零星的、独家经营的小商人，"各船所认所主，承揽货物，装载而还，各自买卖，未尝为群"④。

---

① [明]张邦奇：《张文定甬川集》，见《明经世文编》卷147。
② [明]郑若曾：《筹海图编》卷4。
③ [明]张邦奇：《张文定甬川集》。
④ [明]万表：《玩鹿亭稿》卷5《海寇议》。

后来由于海上贸易的竞争,"强弱相凌,自相劫夺",同时也为了对付明朝官兵的追捕,他们"因各结艚,依附一雄强者,以为船头",到嘉靖时逐渐形成了"或五只,或十只,或十数只,成群分党,纷泊各港"①的私人海上贸易集团。这些贸易集团,不仅大量雇用本国的舡工、水手,而且"又哄带日本各岛贫穷倭奴,借其强悍,以为护翼",有的海商还"纠合富实倭奴,出本附搭买卖"。②他们一方面到日本、暹罗、南洋各地做买卖,一方面又"于沿海兼行劫掠"。嘉靖时期所谓倭奴的首领,如住双屿港的许二、李光头,横港的陈思盼,以及后来的王直、徐海、徐惟学、陈东、叶麻、毛海峰、叶宗满、洪迪珍、张维、吴平、曾一本等,实际上就既是海商,又是海盗,他们都是中国人。而被称为"五峰舡主"的王直,则掌控着海上贸易集团中商船最多、势力最大的一个集团,往来于日本与中国沿海之间,进行海盗式的海上贸易活动。

总之,到嘉靖年间,我国东南沿海的私人海上贸易有很大的发展,规模之大、人数之多、范围之广,远远超过了以前任何一个历史时期。如果这时出现有利的条件,得到明朝政府的支持,它是一定会成长壮大起来的。

然而,历史并没有顺着一条笔直的康庄大道发展下去。私人海上贸易还处在"幼年"时,就遭到封建专制政权的严重摧残,嘉靖二年因在宁波发生"争贡之役",把海禁政策制定得更加严

---

① [明]万表:《玩鹿亭稿》卷5《海寇议》。
② [明]万表:《玩鹿亭稿》卷5《海寇议》。

厉了。嘉靖三年规定，对"私代番夷收买禁物者"，或"揽造违式海舡，私鬻番夷者"，都要处以重刑。①嘉靖四年又规定，凡是双桅海船，统统扣留，即使不是贩卖番物，也"以番物论，俱发戍边卫"②。嘉靖八年明令规定，严禁沿海居民"居积番货，以为窝主"，所有航海大船统统"报官拆毁，以杜后患，违者一体重治"。③嘉靖十二年再次规定："一切违禁大船，尽数毁之"，并实行连坐法，"自后沿海军民，私与市贼，其邻舍不举者连坐"。④从禁止制造航海大船发展到烧毁全部大船，从打击海商发展到实行连坐法，明朝封建政权对私人海上贸易的摧残和打击越来越严重了。到嘉靖中期，这种海禁措施已发展到登峰造极地步。嘉靖二十六年朱纨任浙江巡抚，兼提督福建的福州、兴化、漳州、泉州、建宁五府的海防军务时，不仅禁止一切海外贸易，而且禁止下海捕鱼和沿海交通，断绝一切海上活动。

　　明朝政府严厉的海禁政策，引起私人海上贸易集团的强烈反抗。许多商人因商道不通，"失其生理，于是转而为寇"，走上武装反抗的道路。正如唐枢在《御倭杂著》中指出："嘉靖二十年后，海禁愈严，贼伙愈盛，许栋、李光头辈然后声势蔓衍，祸与岁积，今日之事，造端命意，实系于此。"⑤如经营海上贸易而"致富巨万"的月港商人洪迪珍，"初止通贩"，并"未引倭为寇"，嘉靖三十八年，明政府不仅派兵追捕他本人，还"系其家

---

① 《明世宗实录》卷38。
② 《明世宗实录》卷54。
③ 《明世宗实录》卷108。
④ 《明世宗实录》卷154。
⑤ [明]唐枢：《御倭杂著·复胡默林论处王直》。

属"，完全断其生路，他"始无反顾之期"，不得不与"倭表里为乱"①，进行武装反抗，成为福建沿海"倭寇"的重要首领。又如月港二十四将，先是丁巳年间，九都张维等二十四人共造一大船，接济番船，官府莫能禁，"戊午冬巡海道邵梗差捕道林春领兵三百捕之，二十四将率众拒敌，杀死官兵三名，由是益横，遂各据堡为巢，旬月之间，附近地方效允，各立营垒，各有头目，名号曰二十八宿，曰三十六猛"②。

当时最大的海上贸易集团首领王直，本来也不想造反，后因"乞通互市，官司弗许"，才"遂掠福清、黄岩、昌国、临山、崇德、桐乡等郡县，而近亡命之徒，从附日众，自是倭船遍海为患"。③在他沦为倭寇以后，还多次上疏要求通商。他表示，"诚令中国贷其前罪，得通贡互市，愿杀贼自效"。因此，嘉靖三十六年，当胡宗宪答应"悉释前辈不问，且宽海禁，许东夷市"时，"直等大喜"，立即"传谕各岛""装巨舟"，来做买卖。然而，明朝政府不讲信用，反而乘机逮捕了王直，使王直部下"三千人无所归，盖恚恨，谓我不足信，抚之不复来矣，日散掠闽越淮扬间，为祸更惨"。④

这种商人转寇的情况，许孚远有一段很精辟的论述："看得东南滨海之地，以贩海为生，其来已久，而闽为甚。闽之福兴泉漳，襟山带海，田不足耕作，市舶无以助衣食。其民恬波涛而轻

---

① 乾隆《海澄县志》卷18《灾祥》。
② [清]顾炎武：《天下郡国利病书》卷96。
③ [清]顾炎武：《天下郡国利病书》卷90。
④ [明]徐学聚：《嘉靖东南平倭通录》。

生死，亦其习使然，而漳为甚。先是海禁未通，民业私贩。吴越之豪，渊薮卵翼，横行诸夷，积有岁月，海波渐动。当事者尝为厉禁。然急之而盗兴，盗兴而倭入，嘉靖之季，其祸蔓延，攻略诸省，荼毒生灵。"①他还说，隆庆初年，由于涂泽民"调停贩番，量令纳饷，而漳潮之间，旋即晏然"。我们从嘉靖时海禁严则盗兴，万历时海禁弛则盗消，可以看出嘉靖时所谓倭乱完全是明朝政权实行严厉海禁政策，压制新发展起来的私人海上贸易、迫害海商所引起的。这就是嘉靖倭患剧增的最根本的原因。

三、沿海破产农民反压迫的斗争

东南沿海一带由于统治阶级的残酷剥削，到嘉靖时，社会矛盾已发展到相当尖锐的程度。如苏松地区本来就是有名的重赋区，全国夏税秋粮共收2940多万石，而苏、松、常三府高达732万石，占全国的1/4，其中苏州府七县耕地面积，仅占全国耕地总面积的1.5%，而赋税竟达280万石，其征收的绝对数量与湖广相等。松江府的负担更重，土地面积只有苏州府的四分之一，赋税额则是苏州府的一半。因此，佃种官田成了可怕的负担，贫苦农民不得不把官田诡称民田卖给富豪地主，同时豪强地主又串通里书胥吏，用飞洒、诡寄、移换等手段，把自己的税粮分摊到贫苦农民身上，加重了农民的负担。故嘉靖时，"有田连阡陌而版籍无担石者，有实鬻田而留虚税者"②。苏松地区私田的地租也

---

① [明]许孚远:《敬和堂集·疏通海禁疏》，见《明经世文编》卷400。
② [清]傅维麟:《明书》卷67《土亩志》。

很重,当时佃种一亩田的收成最高只能达到三石,"少者不过一石有余,而私租之重者至一石二三斗,少亦八九斗,佃人竭一岁之力,粪壅工作,一亩之费可一缗,而收之日所得不过数斗,至有今日完租,而明日乞贷者"。由于地租剥削苛重,到明代中叶已出现了"民穷财殚,室如悬磬"的现象。再加官府胥吏"但知肥己",催科不容刻缓,索米岂肯少宽,使农民"称贷无从,典质俱尽,甚至变产佣工,贸妻鬻子,旧逋未完,而新赋复欠"。① 于是"卖屋者有矣,卖田者有矣,卖牛者有矣,卖子女者有矣"②。"田野荒芜,城郭萧条",广大破产农民挣扎在死亡线上,"仅嘉湖苏松之窘于饥殍者,不下数十万户"。③

福建沿海农民负担也很重,嘉靖《龙溪县志》载:"富者骄溢而日奢,官府催科而日蔽,一穷佃而田主二三蚕食之,焉得不为逃徙盗贼也"。许多贫苦农民捐产鬻妻,背井离乡,使沿海地区出现"倾家倾产,十室九空"④,田野荒芜、城郭萧条的景象。福州府"吏索丁钱,急于星火,此所以贫者益贫,富者益富也。又自倭寇以来,军储征求催督,旁午皆出田,瘠土之供竭矣"⑤,广东沿海地区也是这样,"民间生业日荒,正敛日急……知不从贼,将不免于死,于是去而从贼者日益多,而贼党日益盛矣"⑥。如饶平、大埔等县,"僻居山谷,宪臣巡历,罕至其地,为有司

---

① [明]郑若曾:《郑开阳杂著》卷10《苏松浮赋》。
② [明]罗伦:《罗文毅公集》,见《明经世文编》卷84。
③ [明]茅坤:《茅鹿门先生文集》。
④ 光绪《漳州县志》卷14《赋役》。
⑤ [清]顾炎武:《天下郡国利病书》卷91。
⑥ [明]戚继光:《戚少保文集》。

者无意恤民，惟图盈橐。百姓苦其诛求，无计自全，起而为盗，提戈四出，杀人如草，莫敢谁何"①。在这种残酷剥削和压榨下，"海滨之民，疲弊甚矣"。"官司之所困，征役之所穷，富豪之所侵，债负之所折"，使他们"怨入骨髓，有思乱之心久矣"。②此时，整个东南沿海犹如布满一点即燃的干柴，形势已到一触即发的地步了。

因此当海商举起武装斗争的火炬，立即燃成一片燎原的大火，广大"迫于贪酷，苦于役赋，困于饥寒"的破产农民"相率入海为盗"。因海禁而断绝生路的鱼贩、盐民也纷纷起来响应，赵文华也不得不承认"海上居民近来（因）海禁太严，渔樵不通，生理日蹙，转而为盗"③。如通州河之役，"贼兵仅百余人，盐徒及胁从者千余人"④。甚至因克扣军饷而发生叛乱的明朝士兵也"行走海计"⑤。由于广大贫苦群众的大量涌入，使倭寇的队伍由数千人迅速发展到数万人，成为一支严重威胁明王朝生存的武装力量。

明朝政府为了扑灭这场抗争大火，除了在东南沿海征集大量军队之外，不得不从全国调来大量的客兵，有湖广土司兵，四川苗兵，河南毛葫芦兵，田州狼兵，定保、容美司兵，以及京营神枪手、涿州铁棍手、临清操快手，甚至少林僧兵、汉中矿徒等，

---

① [清]顾炎武：《天下郡国利病书》卷91。
② [明]霍与瑕：《霍勉斋集》。
③ [明]赵文华：《嘉靖平倭祗役纪略》卷5。
④ [明]徐学聚：《嘉靖东南平倭通录》。
⑤ [明]郑晓：《郑端简公文集》，见《明经世文编》卷217—218。

数量相当庞大,据采九德估计,"主客兵号二十万"。①但这些客兵的纪律很坏,到处抢劫。"白日剽掠,昏夜则污渎妇女,一或捍拒,则露刃而哗,杀人无忌。"②客兵"所过之地,鸡犬为虚;所止之处,门户为碎"③。狼兵"其贪如狼……所过残扰,村市为空",他们"搂妇女,贪货财,而肆其抄掠"。④在广东一带"玩事日久,观习日非,调发愆期,去留由己,所过卤掠,惨不忍言"⑤。邱兵"则酗酒逞凶,弹丝唱曲,而彻夜淫游"。

客兵的祸害,最典型的莫过于宗臣在《二曾夜谈记》中记载的事实:嘉靖三十七年十二月二十日,曾于拱路过延平,宗臣与分巡颜嘉会一同设夜宴招待。他们边吃边谈,慢慢地把话题转到客兵上面,曾于拱无限感慨地说:有客兵路过江西之洪路,"白日攫市,市人逐之,遂格杀市人数十人,而有司惧乱,至不敢问"。不久,侍御曾承芳,"奉其尊公讳归泉",也从延平经过。宗臣又与颜嘉会前往谒慰,曾君"衰麻悲戚"。问之其他事,一概不谈,"独谈兵"。他十分气愤地说:我到玉山遇到粤兵,听说粤兵在玉山已屯住六日,家掠户残,无恶不作。"会有嫁其女于人者,其夕将遣,而粤兵闻其有女而遣也,却持刀辟门,舁其女以去。"如果稍有反抗,立遭杀害。"舆中人嘤嘤泣,涂之人闻而悲之,不敢问。"他第二天早上赶路时,看到"血盈盈满路,其

---

① [明]采九德:《倭变事略》卷3。
② [明]郑若曾:《筹海图编》卷11。
③ 嘉庆《云霄厅志》卷8。
④ [明]郑若曾:《筹海图编》卷11。
⑤ [明]戚继光:《戚少保文集》。

戎戎若丝而黑者,盖人发也"。①后来,宗臣由省城去长汀,与粤兵同行,也亲眼看到粤兵烧杀抢掠,沿途"鸡鸭、鱼鳖、门屏、庐灶萧然"的惨象,到瑞金时,粤兵"遂益大掠"。宗臣与乡里父老交谈,"父老辄为予泣曰:吾民之苦客兵,甚于盗也"。客兵的烧杀抢劫,给东南沿海群众带来更大的痛苦,所以当时民间广泛流传这样的谚语:"宁遇倭贼,毋遇客兵""倭来犹可,兵来杀我"②,"贼犹梳也,所过犹有所遗;兵犹篦也,过则无遗矣"。明朝将领也不得不承认客兵"狼子野心,终难控驭,沿途剽掠,甚于盗贼"③。

客兵不仅骚扰当地群众,而且所耗费用很大,也增加了东南沿海人民的经济负担。嘉靖三十年,明政府由于"边供费繁","于南畿浙江等州县增赋百二十万,加派于是始"。④嘉靖三十七年,为了增加"客兵"的军饷,再次实行加派,"南畿浙闽多额外提编,江南至四十万"⑤。苏松地区因军饷激增,每年加增几十万石,使农民"终岁耕而不能糠秕自饱,妇终岁织而不能以缯絮自蔽"⑥。浙江盐邑有"客兵数千",每日给饷银五分,每亩田要"出兵饷至一分二厘"。所以唐枢在《御倭杂著》中感慨地说:"东南之民赋役繁重,本府额征四十八万余,漕运当十之九,在浙止嘉湖有内府白粮,又税丝多出湖州,自兵兴以来,诸派增

---

① [明]宗臣:《宗子相文集》,见《明经世文编》卷330。
② 转引自黎光明:《嘉靖御倭江浙主客军考》,哈佛燕京学社出版1933年版。
③ [明]戚继光:《戚少保文集》。
④ 《明史》卷78《食货志》。
⑤ 《明史》卷78《食货志》。
⑥ [明]张治:《张龙湖集》,见《明经世文编》卷242。

第二章 千里海防同告警:新兴海商逆反海禁

半,小民困苦之极"。福建地区本来军饷负担就很重。嘉靖时,戚家军奉调入闽,"汪都御史道昆加派军饷之议兴,丁四粮八,奉旨定赋,而民又增一役也"①。嘉靖中期,因民间搜刮已尽,"无可补处",于是又加增盐税,依照"前时浙江巡盐鄢懋卿小票事例,岁亦可得银数万两",此外,"山泽筦防之利,有可兴者,听军门从宜区处,再照供给军饷"。②总之,明朝政府为了支付军饷,极尽搜刮之能事。再加上"浙直军兴以来,督抚诸臣,侵盗军需,无虑数十万",使"沿海之民膏血为之罄尽"。③如督察尚书赵文华侵盗以十万四千计,总督都御史周珫以二万七千计,总督侍郎胡宗宪以三万二千计,原任浙江巡抚都御史阮鹗以五万八千计,操江都御史褒善以万一千计,巡抚应天都御史赵忻以四千七百计。《明世宗实录》指出,"此皆智虑有所偶遗,弥缝之所未尽,据其败露,十不及其二三。"至于操江都御史高楫,私送江防银二千两贿给赵文华,巡抚应天都御史陈定则檄取军饷银四千两,锱铢无所支费,"此又皆公行贿,攘视为当然者也"④。连胡宗宪也不得不承认:"两浙三吴之地,自用兵以来,连岁荒旱,民多艰食,而军需百务,皆取足焉,劳师费财,贼势益盛,流突之处,荡然一空,强壮散之四方,老稚转乎沟壑,蓄积煨烬,生理萧条,而仓库又复空虚,有司莫能赈恤,兼以去冬,加派叚疋工料等项银两,大约不下二十余万计。而户工两部又复查催节年

---

① [明]何乔远:《闽书》卷39《版籍志》。
② [明]郑若曾:《筹海图编》卷11。
③ [明]采九德:《倭变事略》。
④ 《明世宗实录》卷485。

之逋负,俱欲取盈于一岁,此皆往时之所无者的。"①

在封建统治者的横征暴敛下,许多贫苦农民活活饿死,"其不死者,敝衣枵腹,横被苛敛,皆曰与其守分而瘠死,孰若从寇而幸生"②。正如兵部尚书王守仁指出:"夫平民有冤苦无伸,而盗贼乃无求不遂;为民者困征输之剧,而为盗者获犒赏之勤,则亦何苦而不彼从乎?"因而"叛而从贼者日益众","近贼者为之战守,远贼者为之向导,处城郭者为之交援,在官府者为之间谍"。③这就造成了一个恶性循环,明朝政府调的客兵越多,开支的军饷就越多,对群众的剥削和压迫就越重;人民群众的生活越痛苦,加入倭寇的人数就越多。这就是倭寇队伍迅速扩大的主要原因。

从上可以看出,嘉靖时的御倭战争并不是什么反对外国侵略的民族战争,而是一场海禁与反海禁、压迫与反压迫、剥削与反剥削的斗争。

第三节 始变祖宗"成宪":"倭患"是非两面看

一场轰轰烈烈的反海禁斗争,在明朝专制政府的武装镇压下失败了。对于这场战争,历来史学家都持否定态度。封建文人说"倭寇""杀人如麻""流血成川""朱殷千里",所过之处"焚劫室庐,半为悬罄焦土","百里而内,村落为墟"。④新中国成立之

---

① [明]胡宗宪:《胡少保奏疏》。
② [明]归有光:《震川文集》卷8《上总制书》。
③ [明]郑若曾:《筹海图编》卷12。
④ [明]朱士迁:《全城志》。

第二章 千里海防同告警：新兴海商逆反海禁

后，一些史学家仍然沿袭这种看法，有的认为"倭寇侵扰中国沿海，给中国人带来极大的灾难和痛苦，生命财产遭受不可估量的损失，使农业、工商业遭受惨重的破坏"[1]。有的说倭寇的烧杀抢掠，不仅使这一带人民的生命财产遭到不可估量的损失，而且给正在发展中的东南沿海经济造成了严重的摧残[2]，只有在"倭寇肃清"之后，"中国东南沿海的社会经济，才能得到恢复和发展"。郝毓楠还从"御倭所建之卫所、船只，所调动之兵力，所花之费用等"几个方面考察，认为这场战争"劳师动众，耗费巨大"，他还指出："由于倭寇的侵扰，明朝东南沿海富庶之区，人民的生命财产，农工商业生产，都遭受了极其严重的破坏，对从明初开始的资本主义萌芽的发展起着极大的破坏或阻碍作用。"[3]

这场战争到底是使人民群众的生命财产遭到不可估量的损失，还是沉重地打击了封建官僚地主？是摧毁了东南沿海经济的发展，还是促进了东南沿海经济的发展？这些问题不可不辨清楚。

这场战争的确在财力、人力上使明王朝劳师动众，耗费巨大。但是，这场战争完全是明朝政府挑起的。如果明王朝不逆历史潮流而动，不实行海禁，不严厉弹压海商的海外贸易，迫使海商走上反抗道路的话，会发生这场战争吗？因此，因御倭战争引起的"国穷财匮，支绌困顿"的处境，完全是明朝政府自己造成的，怎么能把这个责任推到被迫反抗的海商和破产农民身上呢？

---

[1] 李光壁：《明代御倭战争》。
[2] 谢承仁：《戚继光》。
[3] 郝毓楠：《明代倭变端委考》，《中国史研究》1981年第4期。

我们还认为,虽然这不是一次农民起义,但由于成千上万农民的加入,就有可能自发地按照农民阶级的要求去斗争。他们在斗争中有时会自觉或不自觉地冲破海商首领的束缚,把矛头对准反动的地主阶级,特别是重点打击一部分恶霸地主。据当时的史籍记载:"间阎贫富,彼无不知",他们每次进攻之前,都要"预籍富室姓名",明确重点打击对象,然后由贫苦农民带路"导至富家""而次第取之"。浙江沿海的倭寇主要抢劫对象是各地殷富大家,他们"体知某处单弱,某家殷富,或冒夜窃发,或乘间突至,肆行劫虏,略无忌惮"[1]。漳州一带,因"贼半为漳州土人,凡有名士大夫及巨室,悉素知之,拘系一大寺中,命以金帛赎身,各限以数,不如数者,腰斩锯介之"。在兴化,"贼既聚城内,因搜促城中仕宦腰金者三十余人,惧以缧绁牵连,排门征贿,不以实告者即杀之"[2]。在莆田,"蒲多缙绅,有四五世科第相承者,古今典籍,比屋连巷,至是俱罗锋镞"[3]。莆田的"黄石巨家"被镇压后,成为一片"煨烬砂砾"。[4]浙江的"海宁大姓,多罹其害"[5]。至于其他被打击的地主就更多了。

　　对于贫苦农民是另一种态度,有一股海寇,所过之处"不杀人,不掠财,不奸妇女"[6],还"恩施附巢之居民""赏丰降掳之工匠"[7]。特别是"凡通番之家,则不相犯,人皆竞趋之","近

---

[1] [明]朱纨:《朱中丞甓余集》。
[2] [明]诸葛元声:《三朝平攘录》卷1《海寇》。
[3] [明]严从简:《殊域周咨录》卷3。
[4] [明]王世懋:《闽部疏》。
[5] [明]采九德:《倭变事略》卷2。
[6] 《古今图书集成·方舆汇编·边裔典》卷40。
[7] [明]郑若曾:《郑开阳杂著》卷4。

地人民自有馈时鲜,馈酒米,献子女者""络绎不绝"。他们甚至把从恶霸地主那里没收来的粮食,低价卖给贫苦群众。嘉靖三十三年(1554),"太仓刘家河寇至约千余,由官塘经昆山,抵仪亭,有谭姓家贮米万石余,贼谕居民,每石价四钱,民往罗如约,由是旬日米卖尽"①。朱纨也承认:"以海为家之徒,安居城郭既无剥床之灾,棹出海洋,且有同舟之济,三尺童子,亦视海贼如衣食父母,视军门如世代仇雠。"②由于海寇打击了鱼肉人民的恶霸地主,得到某些贫穷农民的支持,因此"贫窘者避徭赋,往往喜贼至"③。有的主动为他们当向导;有的为他们探刺军情,搜集情报,充当"内应";有的为他们提供潜伏条件,主动掩护他们;有的为他们搬运军事物资,主动当"挑包",认为这是"子弟之受役父兄"。④

当然,我们这样为倭寇辩解,并不是为了美化他们,因为他们发动的只是由海商领导,广大破产农民参加的一次反海禁斗争。由于海商当首领,必然会把这次反海禁斗争作为掠夺财富的手段;由于大批破产农民参加,必然带有流氓无产者的劣根性,如斗争方向不明确,战略上顺则进,败则逃,甚至盲目地破坏,等等。

尽管有这些缺点和消极因素,但从总的方面看来,御倭战争打击了明朝专制统治,迫使地主阶级在某些方面作了不同程

---

① [明]采九德:《倭变事略》卷2。
② [明]朱纨:《朱中丞甓余集》。
③ [清]傅维麟:《明书》卷166《日本》。
④ [明]张衮:《张水南集·与抚安请兵书》,见《明经世文编》卷195。

度的"退却",采取一些让步政策,从而促进当时社会生产力的发展。

一、暂时减轻赋税和徭役的剥削

统治阶级中的一部分人已看到,自用兵以来,民多艰食,万姓嗷嗷,又加以额外之征,"奈之何民不穷且盗也,是有司者乃为倭贼殴民"的严重性,因而建议实行"抚疲民,蠲逋税,勘荒田"的改良措施。兵部尚书杨博说:"东南有倭患以来,兵荒相继,十室九空,征敛百出,不止提编之苦,剥削万状,诚为激变之由,皮尽而毛无所附,良可痛心。合无备行总督抚按官督同司府州县等,官务将残民多方抚字,一切无名之征以次停罢。"[1]胡宗宪也向明政府提出:"敕下该部将加派本省叚疋等项,一一查议",除供应宫内使用的上等丝织品外,"其余姑照苏松事例,暂宽期限,其节年拖欠钱粮,暂且停征,及以后再有加派,一应钱粮,暂派别省,稍俟年丰寇息,陆续征解,照常出办。如此,则宽一分而民受一分之赐"。[2]御史徐敦也上书朝廷:"东南之民方困,而派常赋之外,海防未已,而继之以提编均徭,提编未已,而又加以民兵工食,臣愚以为军需必不可缺,而民困尤所当苏。"[3]因此,到嘉靖四十二年(1563),明政府不得不下令取消对江南的税收加派,暂时减轻了群众某些负担。

---

[1] [明]郑若曾:《筹海图编》卷12。
[2] [明]胡宗宪:《胡少保奏疏》。
[3] [明]郑若曾:《筹海图编》卷11。

二、为一条鞭法的推行扫除障碍

赋税不均是东南沿海久而未决的难题,早在宣德时,浙江巡抚周忱和苏州知府况钟看到官田与民田赋税不均,提出"令松江官田依民田起科"的做法。户部认为这是"变乱成法",故"宣宗虽不罪,亦不能从"。嘉靖时御史郭弘化等又提出"通行丈量以杜包赔兼并之弊"的改革办法,后因"帝恐纷扰",没有被采纳。到嘉靖十八年应天巡抚欧阳铎和苏州知府王仪再次提出"尽括官民田衰益之,履亩清丈,定为等则",然后"以田母,户为子,经造赋册",后因"豪右多梗其义"没有实行。①一直到隆庆三年(1569),海瑞才在松江实行一条鞭法,他的做法是:"十甲丁粮总于一里,各里丁粮总于一州县,州县总于府,府总于布政司;通计一省丁粮,均派一省徭役,于是均徭,里甲与两税为一。凡一州县丁银悉输于官,官为佥募,以充一岁之役,小民得无扰而事亦易集。"②为什么嘉靖以前及嘉靖初期"履亩清丈"、整顿赋役难以实行,而到隆万时期才能实行呢?除了海瑞的大力推广外,不能不说是与御倭战争对封建专制政府和封建地主的打击分不开的。福建地区的赋税在明朝中期十分混乱而不均,"有户本重则,急作轻则而鬻之者,田去产存,肌骨日侵,则有入钱里胥,飞诡旁射,或以滨溪滨海崩陷为词,或有以新垦收户而浮粮赔贼实起于此。往往有户无浮粮忽然增挂,忍为赔纳,又有实

---

① 《明史》卷78《食货志》。
② 嘉庆《松江府志》卷27《役法》。

浮反行加派,而无浮反暗浮减者,其弊至于嘉靖之季而极"①。里甲之役起初不过催征钱粮、勾摄公事而已,"后乃以支应官府诸费,若祭祀、乡饮、迎春等事,皆其措办。浸淫至于杂供私馈,无名百出。一纸下,征刻不容缓。加以里皂抑索其间,里甲动至破产"。

均徭之役最重莫如库子编排,"库子所以策应心红纸札酒席下程之费",如果官员比较清廉,"尚有为民樽节",负担还可支持;假如碰上"漫无赀省"的贪官污吏,"狼藉乾阑,不复顾惜民役,数日费殆不赀",群众苦不堪言。此外,驿使之役也很重。"民持金入驿,顾募夫脚,策应官府迎送过客",然而当时"仕宦之人往往挟带宾从,行李辎重过当",无形中也加重百姓负担。机兵之役"则坐名与民户对支挟在官之人下乡强索,恒至倍蓰"。②以上种种杂役负担越来越重。

针对这些弊端,正德十五年(1520),御史沈灼曾提出简化赋役的改革办法,"将通县费用分正杂二纲,以丁四粮六法科派",但行不通。嘉靖时,抚按两院又令"各县除正杂之名止称纲银,以一年应用通计实数只据见年丁粮多寡,每户征银若干,审定规则,先一月征收在官,以后月支用"。后来,"又行十段之法以均徭役",本想"以苏民困",然而效果不大。经过御倭战争,打击了恶霸地主,到万历初年都御史庞尚鹏才"始扩之,行之"。他们的做法是:"通府州县十岁中,夏税秋粮存留起运额若

---

① [明]何乔远:《闽书》卷39《版籍志》。
② [明]何乔远:《闽书》卷39《版籍志》。

干，纲（旧之纲银）、徭（旧之均徭）、兵（旧之民壮）、站（旧之驿传之役）加银额若干，通为一条，总征均支。"至此"异时民间征派名色"，才"一切省除"。①

从以上两省的赋役改革过程中可以看出，隆万时期所以能比较顺利地推行一条鞭法，是与御倭战争有一定关系的。赋役改革暂时减轻了贫苦农民的负担，得到了人民群众的欢迎。苏南地区海瑞"革现年之法为条鞭"，"向来丛弊为之一清……民始有乐业之渐矣"。在浙江，庞尚鹏"乃始总核一县名办所费，各役工食之数目，一切照亩分派"，"此杂泛差役变为一条鞭之始，民至今得保有田户妇子者，皆庞公之赐也"。②福建"盖自条鞭之法行而民始知有生之乐"③。

三、迫使明朝政府部分开放海禁

御倭战争后，越来越多的人认识到开放海禁的重要性。早在武宗正德十二年（1517）五月，参议陈伯献主张禁止"私通番货，勾引外夷"时，右布政使吴廷举就"巧辩兴利，请立一切之法"，强烈要求变更祖宗"成宪"，开放海禁。嘉靖八年（1529），两广巡抚林富又从四个方面论述开放海禁的重要性。他认为开放私人海上贸易，一可以"足供御用"，二可以"节充军饷"，三可以支援广西，四可以使群众"展转贸易，于以自肥"。④但是，这

---

① ［明］何乔远：《闽书》卷39《版籍志》。
② ［清］顾炎武：《天下郡国利病书》卷14。
③ ［清］顾炎武：《天下郡国利病书》卷84。
④ ［清］顾炎武：《天下郡国利病书》卷120。

些开放海禁的意见并没有为大多数人所注意,更没有引起明朝政府的重视。

通过这场反海禁的斗争,更多的人逐步认识到"市通则寇转为商,市禁则商转为寇"的道理。唐枢在《复胡默林论处王直》中说:"华夷同体,有无相通,实理势之所必然。中国与夷,各擅土产,故贸易难绝。利之所在,人必趋之。"①像唐枢这种主张开放海禁、发展海上贸易的人,在嘉靖中后期已越来越多了,甚至一部分福建、浙江籍的在京官员也结成集团,群起攻击那些主张墨守祖宗成宪,反对开放海禁的顽固派。明朝政府在事实面前,也不得不承认用强制的办法禁止私人海上贸易是行不通的,"片板不许下海,艨艟巨舰,反蔽江而来;寸货不许入番,子女玉帛,恒满载而去"②。

于是到隆庆初年,即采取右金都御史涂泽民"议开禁例"的建议,"许贩东西诸番",开始取消海禁。但到万历二十年(1592)因日本丰臣秀吉侵略朝鲜,又有人提出要实行海禁,中丞许孚远坚决反对,他用嘉靖时"曾一禁之,民靡所措,渐生邪谋,遂致煽乱",与隆庆以后"商舶之开""安反""杜乱"的正反两方面的经验教训,向最高统治者提出警告;他说如果不接受嘉靖时的教训,再次实行海禁的话,"彼强悍之徒,俯仰无赖,势必私通,继以追捕,急则聚党遁海,据险流突,如昔日之吴、曾、林、何变且中起"。③明朝政府鉴于嘉靖时倭乱的教训,"恐

---

① [明]唐枢:《御倭杂著·复胡默林论处王直》。
② [明]谢杰:《虔台倭纂》上卷《倭原》。
③ [明]许孚远:《敬和堂集·疏通海禁疏》。

复为变如嘉靖时",不敢再次实行"海禁"了。移檄招谕:"凡留贩人船,不论从前有引无引,日远日近,俱许驾回,诣官输饷如故事。凡私通及压冬情罪,一切宥免。"于是"越贩商人胡台、谢楠等二十四船,闻抚绥令,皆驾船回澳"。自此以后,一直到崇祯末年,再也不敢实行严厉的海禁政策了。

由于开放海禁,促进了海上贸易的发展,到万历以后,我国私人海上贸易进入了新的发展阶段,出现一派繁荣景象:私人海上贸易集团的船队在洋面上往来如织,新兴的对外贸易港口日趋繁荣,对外贸易地区日益扩大,销售到世界各国的商品大量增加。所以可以说,如果没有御倭战争,明朝政府就不会放宽海禁,当然也就没有明末清初私人海上贸易的繁荣与发展了。

第三章
乘风破浪，武装走私：海商集团的形成

明代中叶以后，随着商业性农业的发展、民营手工业的发达，私人海上贸易的规模和海商资本的积累都超过了以前所有历史时期，东南沿海出现许多海商集团，其中以江浙皖海商集团、闽广海商集团及郑氏海商集团最著名。他们乘风破浪，远航世界各国，成为16、17世纪国际市场上一支重要的贸易势力。

第一节　海商兴起江浙皖，通商海外逐利还

在东南沿海的海商集团中，江浙皖海商集团形成比较早，他们主要活动于16世纪40年代和50年代。嘉靖时期的一些重要倭寇首领如许栋、王直、徐海，就是江浙皖海商集团的成员。倭寇被明朝政府镇压以后，这个海商集团也就逐渐衰落了。

一、许氏兄弟海商集团

许氏兄弟海商集团包括许一、许二、许三、许四四个兄弟，他们是徽州府歙县人。

明代徽州是一个商业资本汇聚之地。谢肇淛说："富室之称

雄者,江南则推新安(即徽州),江北则推山右。"①徽州从事商业活动的人数很多,祁门一县"服农者十三,服贾者十七",而"休宁百姓,强半经商"。张瀚在《松窗梦语》中说:自安太至宣徽,"其民多仰机利,舍本逐末,唱棹转毂,以游帝王之所都,而握其奇赢,休歙尤夥,故贾人几遍天下。良贾近市利数倍,次倍之,最下无能者逐什一之利"。徽州商人经营的行业十分广泛,有盐业、粮食业、木材业、典当业、墨业、书籍业、布业、丝绸业、茶业、陶瓷业等②,而"盐、典、茶、木为最著"。徽州商人的活动范围也很广阔,南则吴越,中则荆楚,北则燕都,均有徽商活动的踪迹。据《徽州府志》记载:"徽之富民尽家于仪扬、苏松、淮安、芜湖、杭湖诸郡,以及江西之南昌、湖广之汉口,远如北京,亦复挈其家属而去。"③徽州商人不仅活跃在国内市场,而且还经营海外贸易,俞大猷指出:"数年之前有徽州浙江等处番徒,前至浙江之双屿港等处买卖,逃广东市舶之税,及货尽将去之时,每每肆行劫掠。"④许氏兄弟就是徽商中在浙江海面从事走私贸易的代表人物。

关于许氏兄弟下海通番的过程,有各种不同的说法,胡宗宪认为许二是从福建破狱入海,勾引倭奴的。他说:嘉靖十九年(1540)"贼首李光头、许栋引倭聚双屿港为巢,光头者福人李七,许栋歙人许二也,皆以罪系福建狱,逸入海,勾引倭奴,结

---

① [明]谢肇淛:《五杂俎》卷4《地部二》。山右,即山西省。
② 傅衣凌:《明清时代商人及商业资本》,人民出版社1956年版。
③ 康熙《徽州府志》卷2《风俗》。
④ [明]俞大猷:《正气堂集》卷7。

巢于霏霭之双屿……出没诸番，分迹剽掠，而海上始多事矣"[1]。郑舜功《日本一鉴》则说许二、许三先年下海通番是入赘于大宜满剌加（即麻六甲），自后许四与兄许一"尝往通之"。嘉靖十九年，许氏四兄弟"潜从大宜满剌加等国诱引佛郎机国（葡萄牙）夷人，络绎浙海，亦泊双屿、大茅等港，以要大利"[2]。我们认为葡萄牙人早在宣德年间已到东南沿海一带活动，所以许氏兄弟到满剌加经商贸易，再由满剌加潜回浙江海面的可能性会大些。

许氏兄弟回国后，与原在浙江海面上活动的福建海商李光头合为一伙，"寇掠闽浙地方"。嘉靖二十三年，许二又"载货往日本贸易"，在日本经商。第二年"始诱溥多津、倭助、才门三人来市双屿港"。不久，许一被明朝政府捕获，许三丧亡，许氏海商集团受到很大打击，但明朝政府的镇压并不能阻止他们的海上贸易活动。许二、许四为扩大海商集团的势力，"计令伙伴于直隶、苏松等处地方诱人置货，往市双屿，许二、许四阴嗾番人抢夺，阳则宽慰"。这些被抢的商人"自本者舍而去之，借本者不敢归去"，不得不跟从许氏兄弟下海贸易，"图偿货价而归"。从而扩大了许氏海商集团的势力。

嘉靖二十六年，海盗商人林剪自彭亨（马来西亚十三个州之一）"驾船七十余艘至浙海"，与许二、许四合为一伙，使许氏兄弟海商集团力量大大加强。同时，另一个徽州商人王直也"招亡命千人逃入海，推许二为帅"[3]。至此，以许二为首的海商集团

---

[1] ［明］郑若曾：《筹海图编》卷5《浙江倭变纪》。
[2] ［明］郑舜功：《日本一鉴》卷6。
[3] ［明］何乔远：《闽书》卷146《岛夷志》。

终于形成,成为"海上寇最称强者"。

许氏海商集团在东南沿海既从事走私贸易,又攻城略地,"每掳掠海隅富民以索重赎",如明朝军队的指挥吴璋及总旗王雷斋被抓获,用一千二百金才赎回。又如"谢文正公迁第宅也遭其一空"。他们的活动给明朝政府很大的打击和威胁。为了消灭许氏海商集团,嘉靖二十七年,浙江巡抚朱纨调兵遣将,进行围剿。三月,以都司卢镗率兵船泊温州之海门,把总俞亨统领燕山兵船协助防守,以备福宁之北境,海道副使柯乔统领福清兵船泊漳州,专备海战,以遏南逸入广之路。在完成以上的兵力部署以后,四月,朱纨亲自带领备倭指挥刘恩至、张四维、张汉等强攻许氏海商集团的根据地——双屿港。经过激烈的战斗,明朝军队"破其巢穴,焚其舟舰,擒杀殆半",许氏兄弟惨遭失败,同伙李光头、许六、姚大总及"大窝主顾良玉、祝良贵、刘奇十四等,皆就擒"。①许二及许四逃往西洋。虽然许氏海商集团被击溃了,但江浙海商并没有被消灭,不久,又出现了规模更大、人数更多、资本更雄厚的王直、徐海海商贸易集团。

二、王直海商集团

王直,又名汪直,也是徽州歙县人,"少任侠,多略不侵,然若乡中有徭役讼事,常为主辩,诸恶少因倚为囊橐"②。《筹海图编》等书记载:"少落魄,有任侠气,及壮多智略,善施与,

---

① [明]郑若曾:《筹海图编》卷5《浙江倭变纪》。
② [明]王世贞:《倭志》上册,见《玄览堂丛书续集》第15册。

以故人宗信之",从"乡中有徭役讼事,常为主"。可见他从小就有一定的组织能力。"善施与""故人宗信之"表明他可能出身于富有之家,而且在乡里有一定的威望。另据顾炎武《天下郡国利病书》记载,王直年轻时,与徐惟学一起做过盐商,大概在经商中触犯明朝的禁令,曾对叶宗满、徐惟学、谢和、方廷助等同伴说:"国中法制森严,动辄触禁,孰与海外逍遥哉?"嘉靖十九年(1540)王直与叶宗满等人跑到广东"造巨舰,收带硝磺、丝棉等违禁之物抵日本、暹罗、西洋等国,往来互市"①。王直下海初期,因实力不够雄厚,暂时投奔许氏兄弟海商集团,替许二"管库",他出色的管理才能和经商经验很快得到许二的赏识,不久被提拔为"管哨",兼理军事,从而成为许二海商集团的主要头目之一,与许氏兄弟一起,积极参与海上走私活动。

嘉靖二十七年,许氏海上贸易集团被朱纨击溃,"许二逸去,王直原在许二部下管柜,素有沉机勇略,人多服之,乃领其余党",重新组成以王直为首的海商集团,被众商推为舶主。这时王直虽已独立经营海上贸易,但还不能独霸一方。当时浙江洋面上还有一个海商陈思盼,住在横港,与王直相争,王直的船队经过横港时"屡被邀劫"②。王直为了消灭对手,扩大贸易集团势力,一直在寻找机会。嘉靖三十年,有个姓王的海商率领番舡二十只,到浙江沿海,陈思盼想邀为一伙,但被拒绝,陈思盼恼羞成怒,"谋杀王船主,遂夺其船,其党不平,潜与直通,欲害思盼",王

---

① [明]诸葛元声:《三朝平攘录》卷1《海寇》。
② [明]王世贞:《倭志》上册。

第三章 乘风破浪,武装走私:海商集团的形成

直认为时机已到,"潜约慈溪积年通番柴德美,发家丁数百人助己",在陈思盼生日那天晚上,乘其不备,"内外夹击,杀思盼,擒其侄陈四……余党悉归直"。①吞并陈思盼海商势力后,王直集团势力进一步膨胀,完全取得了浙江海面的控制权,"由是海上之寇,非受王直节制者,不得自存,而直之名始振聋海舶矣"②。

王直吞并陈思盼后,成为浙江海面上人数最多、势力最大的贸易集团。在这庞大的海商组织中,既有原徽州海商的本班人马,如叶宗满、徐惟学、谢和、方廷助,又增加了浙江鄞县的海商毛海峰、徐碧溪、徐元亮等人。鄞县也是一个通番之地,当时的许多倭寇首领就是鄞县人。如毛海峰一家以通番下海著称,据万表《玩鹿亭稿》记载,毛海峰的哥哥"毛子明通番,逋欠货物,以父往质,而后以弟(即海峰)代之"。因毛海峰"颇有勇力,善使佛郎机,又善弹射",很得王直的欣赏与重用,"因育为子,托为心腹,就称海峰,父去子来,子去父来,交驰番国"。王直为了扩大海上贸易,乃令毛海峰、徐碧溪、徐元亮等分领船队,满载各种货物,扬帆世界各国,"凡五六年间,致富不赀,夷人信服,皆称'五峰舡主'"。接着,他又招聚徐海、陈东、叶麻等为将领,勾引倭门多郎、次郎、四助、四郎等"威望大著,人共奔之",不仅近地人民、兴贩之徒络绎不绝,甚至"边卫之官,有与柴德美通番往来,五峰素熟者,近则甘为臣仆,为其送货,一呼即往,自以为荣"。③

---

① [清]傅维麟:《明书》卷162《汪直列传》。
② [明]郑若曾:《筹海图编》卷5。
③ [明]万表:《玩鹿亭稿》卷5《九沙草堂》。

王直虽已成为财厚势大、人众船多的海商集团首领，但他并不想与明朝政府相对抗，而以"杀思盼为功，叩关献捷求通市"，一心一意想得到明朝政府的批准，在海上从事合法的贸易活动。但顽固执行闭关政策的封建王朝统治者，不仅不答应王直通商互市的要求，反而派俞大猷"驱舟师数千围之"，王直突围而出，逃往日本，在萨摩州之松浦津建立贸易基地。王直在日本自称"徽王"，部属官属，控制要害，凡"三十六岛之夷，皆其指使"，在中日之间进行海盗式走私贸易，成为中日海盗的总首领。

嘉靖三十一年（1552），王直"纠岛倭及漳泉海盗"，带领巨舰百余艘，"蔽海而至，浙东西、江南北、滨海数千里同时告警"①，这就是著名的壬子之变。从此开始，"比年如是，官军莫敢撄其锋""纵横往来，如入无人之境"，如攻入黄岩府，官军莫之谁何，"直乃绯袍玉带，金顶五檐黄伞，其头目人等，俱大帽袍带，银顶青伞，侍卫五十人，皆金甲银盔，出鞘明刀，坐定海操江亭，称净海王，居数日，如履无人之境"。②嘉靖三十三年四月，王直占据浙江柘林，"连络三百里，如老鹳嘴七八团之间，皆其部落之所屯聚也"。王直由此地分一支自青浦、白鹤港而北，出太仓，又分另一支"自刘家入趋昆山"，八月，又遣吴德宣、徐碧溪自绿绹港率众千余人进攻嘉定县城，接着在师家浜大破参将许国、李逢时，"时二参将所统者皆北兵，不知地利，屯所遇潮，死者甚众"。③

---

① ［明］范表：《海寇议后》，见《玄览堂丛书续集》第15册。
② ［清］傅维麟：《明书》卷162。
③ ［明］郑若曾：《筹海图编》卷6《直隶倭变纪》。

第三章 乘风破浪,武装走私:海商集团的形成

王直战胜明朝官兵以后,再次提出开放海禁、通商互市的要求。嘉靖三十四年他对明朝使者蒋洲、陈可愿说:"我本非为乱,因俞总兵图我,拘我家属,遂绝归路"。并告诉他们:"倭国缺丝绵,必须开市,海患乃平。"接着又派遣毛海峰、叶宗满伴送陈可愿回国,会见胡宗宪,表达了"成功之后,他无所望,惟愿进贡互市而已"的愿望。嘉靖三十六年,王直亲自横渡大洋,回到舟山群岛,向胡宗宪递交要求通商的请求书,希望"胡军门代为疏请通商"。这份《王直上疏》保存在采九德的《倭变事略》里,是研究王直海商集团的重要资料,故不厌繁复,引述全文如下:

> 带罪犯人王直即汪五峰,直隶徽州府歙县民,奏为陈悃报国以靖边疆,以弭群凶事。窃臣直觅利商海,卖货浙福,与人同利,为国捍边,绝无勾引党贼侵扰事情,此天地神人所共知者。夫何屡立微功,蒙蔽不能上达,反攫籍没家产,举家竟坐无辜,臣心实有不甘。前此嘉靖二十九年,海贼首卢七抢掳战船,直犯杭州,江头西兴坝堰,劫掠妇女财货,复出马迹山港停泊,臣即擒贼船一十三只,杀贼千余,生擒贼党七名,被掳妇二口,解送定海卫掌印指挥李寿,送巡按衙门。三十年,大夥贼首陈四在海,官兵不能拒敌,海道衙门委宁波府唐通判张把总托臣剿获,得陈四等一百六十四名,被掳妇女一十二口,烧毁大船七只,小船二十只,解丁海道。三十一年,倭贼攻围舟山所城,军民告急,李海道差把总指挥张四维会臣救解,杀追倭船二只,此皆赤心补报,诸司俱许录功申奏,何反诬引

109

罪逆，及于一家，不惟湮没臣功，亦昧微忠多矣。

连年倭贼犯边，为浙直等处患，皆贼众所掳奸民，反为向导，劫掠满载，致使来贼闻风仿效沓来，遂成中国大患。旧年四月，贼船大小千余，盟誓复行深入，分途抢掳，幸我朝福德格天，海神默祐，反风阻滞，久泊食尽，遂劫本国五岛地方，纵烧庐舍，自相吞噬，但其间先得渡海者，已至中国地方，余党乘风顺流海上，南侵琉球，北掠高丽，后归聚本国菩蘑州者尚众。此臣拊心刻骨，欲插翅上达愚衷，请为游客游说诸国，自相禁治，适督察军务侍郎赵、巡抚浙福都御史胡、差官蒋洲前来，赍文日本各谕，偶遇臣松浦，备道天恩至意，臣不胜感激，愿得涓埃补报，即欲归国效劳，暴白心事。

但日本虽统于一君，近来君弱臣强，不过徒存名号而已，其国尚有六十六国，互相雄长，往年山口主君强力霸伏诸夷，凡事犹得专主，旧年四月，内与邻国争夺境界，堕计自刎，以沿海九州十有二岛，俱用遍历晓谕，方得杜绝诸夷，使臣到日至今，已行五岛、松浦及马肥前岛、博多等处十禁三四。今年夷船殆少至矣，仍恐菩蘑未散之贼，复返浙直，急令养子毛海峰船送副使陈可愿回国通报，使得预防，其马迹志山前港兵船，更番巡哨截来，今春不容省懈也，臣同正使蒋洲抚谕各国事毕方回，我浙直尚有余贼，臣抚谕归岛，必不敢仍前故犯，万一不从，即当征兵剿灭以夷攻夷，此臣之素志，事犹反掌也。如皇上慈仁恩宥，赦臣之罪，得效犬马微劳驱驰，浙江定海外长涂等港，仍如广中事例，通关纳税，又使不失贡期，宣谕诸岛。其主各为禁制，倭奴不得复为跛扈，所谓不战而屈人之兵者也。敢不捐躯报效，赎万死之罪。①

从这份上疏可以看出，王直尽管已沦为海盗，但始终没有放弃开放海禁的要求，他一方面等待明朝政府的答复，一方面在岑港"惟日聚群倭，砺兵刃伐竹木为开互市计"。并对官府使者说："必待奉明旨，许其宽宥，与以都督职使，得稽压海上，开市以息兵。"②对于王直的通商互市要求，明朝政府当然不会答应。他们利用王直急于通商的迫切心情，采用高官厚禄的办法，将王直诱捕入狱。这样，江浙皖又一海商集团也遭到了毁灭性的打击。

三、徐海海商集团

与王直海商集团齐名的还有徐海海商集团。起初，徐海投奔王直集团，是王直部下的大头目。后来，他自拉队伍，独树一帜，与王直海商集团并驾海上，共同出没于江浙海面，进行海盗式的通商贸易活动。

徐海，徽州歙县人，少年时曾到杭州虎跑寺落发为僧，法名普净，称为"明山和尚"，或称"名山和尚"。③徐海出身商人家庭，弟弟徐洪是"在无锡贩芜湖布"④的布商，叔父徐惟学是著

---

① ［明］采九德：《倭变事略·附录》。
② ［明］郑若曾：《筹海图编》卷9。
③ ［清］谈迁：《国榷》卷6。
④ ［明］诸葛元声：《三朝平攘录》卷1《海寇》。

名的海商，因此徐海到杭州不久便"舍佛入贾"，从事海上贸易。关于徐海下海的经过，郑舜功《日本一鉴》记载比较简略："嘉靖辛亥（三十年，1551）海闻叔铨（即徐惟学）诱倭市烈港，往谒之，同行日本。"顾炎武的《天下郡国利病书》有更详细的记述，他说："徐惟学以其侄海质于大隅州夷，贷银使用。惟学至广东南澳，为守备指挥黑孟阳所杀，后夷索故所贷于，海令取偿于寇掠。至是，海乃偕夷酋辛五郎聚舟结党，众至数万。"[1]由此可见，徐海为寇是与其叔父徐惟学负债有关的。

徐海到日本后，"日本之夷，初见徐海，谓同中华僧，敬犹活佛，多施与之，海以所得，随缮大船"[2]，进行海上贸易活动。嘉靖三十一年，徐海第一次渡海东来，"称市于烈港"。当时驻在烈港的还有王直海商集团，王直货船队每次回港都遭抢劫，"贼倭阳若不之觉，阴则尾之，识为海船之倭也，乃告王直"，王直十分气愤，说："我等出港拿贼，岂知贼在港中耶？"随戒海，海怒，欲杀王直。后来，经过徐惟学的调解，这场风波才得平息。

嘉靖三十三年，徐海第二次率领船队回到浙江海面，占领柘林，建立新的贸易基地。第二年正月从柘林出发，犯海宁县，攻平湖，破崇德，杀福建副理问陶一贯、温台守备周奎、清州指挥孙勇等。[3]四月，探知嘉兴、杭州防守空虚，率众数千人、水陆并进，准备先攻嘉兴，次及杭州，占领丝织业的中心城市。徐海在嘉兴附近打败保靖兵，但北走平望时，"浙直乡兵防击之"，因

---

[1] ［清］顾炎武：《天下郡国利病书》卷90。
[2] ［明］郑舜功：《日本一鉴》卷6。
[3] ［明］郑若曾：《筹海图编》卷5。

腹背受敌,退守王江泾。这时"既连疲于奔,又馁且病",又中了明朝官兵的埋伏,永顺兵攻其前,保靖兵断其后,汤尧宽引舟师从中路截击,三面夹攻,大溃不支,被杀二千余人,堕溺水死者不可胜数,徐海不得已退回柘林。另一路历张家庄、小昆山、泖湖而北,在苏州陆泾坝,也被兵备副使任环打败,只好暂时撤回柘林。五月,徐海复由柘林进攻平湖,又被李希贤击败;再攻乍浦,不克。六月,进犯杭州,烧北关市,大战于塘栖,打败张经。①八月,改屯陶宅,冲破了赵文华、胡宗宪的包围,入海扬帆而去。

嘉靖三十五年二月,徐海又率五六万人、大船千余艘东来,本想往广东为他叔父徐惟学报仇,但同行的其他海商认为"浙海市门为其所闭,今夏至广东,我等无生意也",于是暗中商量"伺他去时,合挚送官,免闭市门"。②徐海得知这一消息,担心众叛亲离,"遂不走广东,仍向浙直"。虽然这次途中遭到大风,散失一部分商船,但到达柘林时仍有两万余人,再加上叶明、陈东两个海商集团的加入,徐海的势力仍然很强。

叶明,又名叶麻,"原系桐乡人,黠而悍,专贩私盐,官捕之急,逸而下海",从事走私贸易。嘉靖三十五年驻老鹳嘴,四月并入徐海集团,屯结柘林。陈东是萨摩岛主之弟的书记,在柘林、八团等处"建屋为巢,据之持久不动"。嘉靖三十四年攻南汇所、金山卫,从张村、黎里出牛场泾,期会于苏州,兵备副使

---

① [明]郑若曾:《筹海图编》卷9《大捷考》。
② [明]郑舜功:《日本一鉴》卷6。

113

任环截击于梅堰,乃遁去。不久,又复合兵由大道进至胜墩,因东西两边为水所阻,官兵南北夹击,被击败,转而夜袭崇明县,城破。二月,攻青村所,被翁时奖打败。三月,围上海县,五千余人屯新场、下沙,千余人屯闸港,数千人屯川沙,分三路进逼县城,明朝将领张经调集湖广兵数万人增援,陈东乃突围出海。嘉靖三十五年正月,陈东在松江四桥杀参将尚光绍,复屯新场。二月,自毁新场根据地,投奔徐海集团,屯集柘林。

至此,一个以"徐海为元魁,陈东、叶明为辅"[①]的大海商集团终于形成。

徐海海商集团扩大以后,制订了以柘林、乍浦为根据地,南下进攻杭州,北上苏、常,直捣南京,从而占领物产丰富的整个长江三角洲、扩大海上贸易的战略计划。嘉靖三十五年徐海、陈东自柘林沿海而来,进攻乍浦,明朝兵备副使刘焘疾驰应援,反被包围,经过九天的激战,刘焘破围而逃。四月,浙江总督胡宗宪、提督阮鄂陈兵于杭州城郊,徐海知杭州有备,"不复敢窥杭,于是径路峡石,越皂林,出乌镇以北"。"乌镇者,即海故所犯苏、湖旧路也。"[②]当是时,"胡公获谍度苏、湖之间,惟莺湖为四战地,于是檄河朔兵自嘉兴入驻胜墩,阵而待",提督阮鄂"自崇德闻贼且出乌镇也,即道挟河朔之兵骑而驰及之于皂林"。[③]徐海兵分两路,"以半击其前,以半绕其后",打垮阮鄂的

---

① [明]谢杰:《虔台倭纂》。
② [明]茅坤:《纪剿除徐海本末》,见中国历史研究社编:《中国历史研究资料丛书·倭变事略》,上海古籍出版社1982年版。
③ [明]茅坤:《纪剿除徐海本末》。

围攻,杀死参将宗礼和裨将霍贯道,将阮鄂紧紧地围困在桐乡。胡宗宪引兵到崇德,得知河朔兵溃败,阮鄂被围的消息,十分恐慌,痛哭流涕地说:"河朔之兵既败、东南之事无复可支矣!贼已困桐乡,假令复分兵困崇德以劫我,我两人譬之抱石而自沉也,国家且奈何?"胡宗宪不得不退回杭州,重新布置力量。他一方面调集各路军队进行增援,"遣兵备刘公督同留守王伦,宣抚田九霄勒兵自嘉兴入壁斗门;分守汪公督同知县张冕勒兵自湖州入壁乌镇;防将丁仅勒兵自海盐入壁石门,又令崇德令崔近思收河朔之散卒入城为声援"。当时援兵四集,"远者二三十里,近者十余里而阵",但"各以狙皂林之败,逡巡惶怖不敢逼"。胡宗宪还派遣罗龙文,通事童华用重金收买徐海,离间他与陈东的关系。徐海得书大喜,派人对守城官兵说:"某等听总督胡公约解去矣,城东门故柘林贼陈东党也,桀悍不吾从,若谨备之。"当夜,徐海解桐乡围而去。陈东正用楼橹撞竿以撞城,"城几破……闻海等解去,道远势且孤,亦相与稍稍引去,围始解,而提督阮公出矣"。①从此以后,徐海与陈东产生裂缝,为胡宗宪挑拨离间、各个击破创造了条件,也为徐海集团今后的瓦解,种下了祸根。

四、萧显海商集团

萧显是南直隶的著名海商集团首领,嘉靖三十二年(1553)"叛结倭夷,连防入寇,首犯直隶之上海,盘据南沙,劫邑攻城,

---

① [明]郑若曾:《筹海图编》卷9《纪剿徐海本末》。

号称剧寇"①。同年四月,从刘家河登陆,进攻太仓,直逼城下,都御史蔡克廉在郡闻警,连夜赶回,入城防守。萧显"围城凡十七日,烧东、南、西三门及仓中积粟,蔡公躬乘城督战,贼乃去"。五月,又攻上海县,沿途"冲县市,焚治所",所向披靡,打死指挥黎鹏举、武尚文,镇抚胡贤、县丞宗鳌等明朝官员,占领长江与黄浦江的汇合处,迅速扩大了沿海贸易基地,"自是而后,浦东沿海二百余里间,新旧之贼往来络绎无虚日矣"。②

六月,明军守备解道明、同知任环伏兵吴淞口,追至宝山洋,萧显大败,退往崇明南沙,"南沙积粟素多,悉为贼有"。萧显在南河筹备粮食,修理船只,准备撤到浙江普陀山岛,建立新的贸易据点,加强与附近双屿港、横港的其他海商集团的联系。都御史王忬估计到萧显会南下,预令都指挥刘恩至、指挥张四维、百户邓城等分两路防守,"一自观海临山趋乍浦,遏贼来路;一自长途沈家门设伏邀击"。不出王忬所料,"贼果南遁,官兵与遇于普陀落伽山临江海洋,连与战皆胜之"。萧显登上普陀山,"依险为巢,掘堑自卫",二十二日夜晚,参将俞大猷带兵悄悄从石牛港登陆,第二天黎明发起总攻,"邓城由东北浅步沙进,火斌由鹦哥岩进,黎俊民由中路进,刘恩至等统大兵居其后,四面齐进,俘馘无遗"③,使萧显海商集团受到严重的挫伤,不得不退回崇明南沙,"招集各沙新贼以待"。十二月,副总兵汤克宽率邓兵渡海,进剿崇明岛,"克宽藐视萧显不足敌,猝发兵抵沙岸,

---

① [明]郑若曾:《筹海图编》卷5《浙江倭变纪》。
② [明]郑若曾:《筹海图编》卷6《直隶兵防官考》。
③ 《古今图书集成·方舆汇编·边裔典》卷35。

天未明竟进,萧显多智,预于沙岸设伏,俟汤兵半至伏起,汤兵大惊,前后不相顾,溃乱而败,死者千余人"①,又一次打败明朝官军的围剿,取得了很大的胜利,巩固了崇明贸易基地。

嘉靖三十三年,萧显进攻嘉定,分兵南翔等镇,被汤克宽击败,循海而南,围攻上海。这时上海县城墙"初筑未固,势且陷,官民汹汹",兵备佥事任环统民兵三百、僧兵八十往援,追袭到五里桥,御史王忬又派遣卢镗夹击,萧显不得不解除对上海的包围,撤回崇明南沙;二月,萧显占领史家浜,"巢镗进捣,大败之,贼死者无算,乃遁往浙江海宁县,镗复追败之"。②四月,萧显又突入刘家河,绕过太仓,直趋昆山,因"昆山为苏郡州县适中之地,得此为巢,则沿海诸邑声援俱绝,进可以蚕食苏、常,退可以拒援兵也"。昆山知县祝乾寿十分恐慌,连夜"募死士持蜡书浮水而行",往苏州求援。巡抚屠大山、巡按孙慎派遣都指挥梁凤应援,梁凤畏惧不前,后在龚良相的一再催督下,才到九里桥,但"望贼即溃而西,遗火器二船于贼……贼得火器,攻城益急";祝乾寿竭力抵抗,萧显攻城不下,率精部循海而南,至二十里亭,遭到王忬的伏击,损失很重。接着,王忬跟踪追击,"刲于龙山,困于定海,困于慈谿,分道夹击"③,最终将萧显集团击溃。

---

① 《古今图书集成·方舆汇编·边裔典》卷35。
② [明]郑若曾:《筹海图编》卷6《直隶兵防官考》。
③ [明]郑若曾:《筹海图编》卷5《浙江倭变纪》。

五、邓文俊、林碧川海商集团

林碧川，徽州商人。沈南山，漳州海商，与邓文俊都是王直同党①，初屯日本杨哥，经营中日间的贸易。嘉靖三十一年（1552）四月，寇浙江，攻游仙寨，百户秦彪战死。五月，复攻瑞安县，自江口登犯岭门、屿头等处，入破南汇，至瞭高山下，杀百户李潮、高良，乘胜攻县城，"把总夏光，知县刘畿率官兵击却之，贼乃退泊东山港"②。为了扩大贸易基地，不久，邓文俊带领二千余人攻陷黄岩县，焚毁县治，接着又攻打余姚、山阴等处。六月二十日，进攻霩䕸所，"乘雷雨先以草人用竹揭试，遂入城，懋急督兵力战，死之，时守御指挥魏英督兵夜战至天明，贼从北门而出"。十一月，参将汤克宽统兵追击于下马海洋，邓文俊大败而逃。

嘉靖三十二年，林碧川、沈南山屯驻柘林大本营，十月归日本扬哥。第二年正月，又从日本回柘林，分掠金山、松江、上海、青村、嘉定、太仓、常熟、昆山、苏州等地。五月，再攻苏州、杭州。六月，浙直官兵围攻于平望，林碧川败回柘林。九月，出击浙江萧山、临山、沥海、上虞等地。③嘉靖三十四年八月，林碧川从柘林出海，为飓风所阻，回泊台州之螺门，副使刘宏轼与兵备许东望、参将卢镗、知府宋治、都司王霈等"督舟师追之，贼败登山，官兵围之月余，碧川与高赠乌鲁美他郎等一百

---

① ［明］谢杰:《虔台倭纂》。
② ［明］郑若曾:《筹海图编》卷5《浙江倭变纪》。
③ ［明］郑若曾:《筹海图编》卷8《寇踪分合始末图谱》。

五十人俱俘斩无遗"①。林碧川、沈南山海商集团也遭到了致命的打击。

第二节　依仗市舶助衣食，闽广居民多通番

福建、广东历来是海外贸易活动比较发达的省份，特别是闽广交界的漳州、潮州地区更是海商辈出的地方。这里人多地少，"田尽斥卤，耕者无所望岁"，沿海居民纷纷下海通番，从事海上贸易活动。到明代中叶，这一地区相继出现规模较大的何亚八、林国显、许西池、洪迪珍、张维、张琏、吴平、林道乾、曾一本、林凤等海上贸易集团。

一、何亚八海商集团

何亚八，广东东莞人，与郑宗兴等人潜入大泥国等地经商贸易。嘉靖时"纠合番船前来广东外洋及沿海乡村"②，进行走私贸易，因受到明朝官兵的追捕，逃往福建、浙江海面，联合陈老、沈老、王明、王直、徐铨、方武等海商集团，聚众数千人，分道劫掠浙江的嘉、杭、宁、绍、台、温一带。不久，何亚八等人又撤回广东海面，进行杀掠，"柘林指挥马骧、东路指挥张夫杰，畏葸不前，贼发大炮击破乌艚船，官兵悉溃，自是焚柘林，劫大港，攻下湾、下砶，又攻大埕"③，给明朝官兵以很大打击。嘉靖三十二年（《筹海图编》卷3及《虔台倭纂》下册均作嘉靖

---

① [明]郑若曾:《筹海图编》卷5《浙江倭变纪》。
② [清]严如熤:《洋防辑要》卷15《广东防海略》。
③ 乾隆《潮州府志》卷38《征抚》。

三十三年），明朝提督鲍象贤派遣巡海副使汪柏、指挥王沛、黑孟阳等统兵分东西两路剿捕，"及于广海三州环，生擒亚八等贼一百一十九名，斩首二十六级，余党脱逃"。不久，徐铨、方武等海商又自福建流窜潮州海面活动，亦为黑孟阳所破，"徐铨授首，分巡兵备等官兵于潮州柘林等海洋，擒斩一千二百有奇，亚八、宗兴、武与陈时杰等俱斩于市，海岛遂平"①。

二、许栋、许西池海商集团

许栋，广东饶平黄岗人，"幼黠悍，为盗数十年，流毒沿海"。陈懋恒认为这个许栋与江浙许氏海商集团的许栋（即许二）是同一个人②，这是错误的。因为谢杰在《虔台倭纂》中明确指出："贼中有二许栋，其一歙人，王直旧主，此饶平之黄岗人"，两个许栋不仅出生地点不同，而且结局也不一样。江浙许氏海商集团被朱纨击溃以后，许栋逃往西洋。嘉靖三十三年（1554），又"诱引番夷犯广东"，第二年，许栋自广东海上与王濡（即汝贤，王直之侄）、徐洪（徐海之弟）往日本，会王直、徐海、沈门等人。许栋船到达日本，泊于京泊津，乃送王濡以会王直，徐洪以会徐海，自会沈门于高洲。从日本回航时"历小琉球，盗岛木植，岛夷杀之"。③由此看来，徽州许栋死于嘉靖三十四年，是在小琉球被岛夷杀掉的。而广东的许栋，据乾隆《潮州府志》《虔台倭纂》等书记载是在嘉靖三十七年被其养子谢朝光杀死的。

---

① ［明］谢杰：《虔台倭纂》。
② 陈懋恒：《明代倭寇考略》。
③ ［明］郑舜功：《日本一鉴》卷6。

《潮州府志》云:"嘉靖三十七年戊午春,栋自往日本将纠合倭奴谋大举,及还,朝光迎栋于石碑澳,伏兵舟中杀之。"《虔台倭纂》也说许栋"老而无子,养谢氏子为己子,名曰朝光,栋往外洋,辄留朝光领其众,久之怀二心,候栋还,迎之石碑澳,因杀栋而自立"①。因此,我们认为除江浙许氏海商集团的许栋外,在广东海面上的确还有另一个海商许栋。

许朝光,"本姓谢,栋杀其父,掳其母,遂以朝光为子",乃改姓许。日本学者佐久间重男认为许朝光可能就是许西池。②我们同意这种说法,因为《筹海图编》说许西池又称"许老",而《海澄县志》明确指出"许老即许朝光",所以许西池与许朝光是同一个人。许朝光杀掉许栋以后,"尽有其众,号为澳长,势益炽,踞海阳之辟望村,潮阳之牛田洋,揭阳之鮀浦,计舟榷税,商船来往,皆给票抽分,名曰买水"③,严密控制着广东海域,所有来往的商船都必须向他们纳税,方可通行。同时,他自己也以南澳为据点,大肆进行走私贸易活动。郑舜功在《日本一鉴》中说:"南澳戊午岁前皆海市者,戊午岁后乃成贼窝,而许朝光等负固其间,屡寇闽广则归此澳,掠得财货、人口,许朝光等则预备大船市之,同贼众将载而归,劫得金银同赴伱市而去。"④《筹海图编》指出:许朝光又是"月港通番巨寇,连年犯广东而不懈也"。他经常活动于月港和南澳之间,进行走私贸易。嘉靖

---

① 乾隆《潮州府志》卷38《征抚》。
② [日]佐久间重男:《中国岭南の海寇と月港二十四将の反乱》。
③ 乾隆《潮州府志》卷38《征抚》。
④ [明]郑舜功:《日本一鉴》卷6《海市》。

三十七年正月，许朝光进攻揭阳，攻入落州所，杀百户李日芳，后被副使林懋举、佥事经彦审击败，退回月港。七月，犯饶平，攻黄岗民镇，又被经彦审击败。嘉靖三十八年三月，再入广东，围揭阳，"官军败之"。十一月，许朝光等三百余人，引倭千余，自磊门登陆，攻海门所，为官兵所败，死伤甚多，退还月港。不久，许朝光三入广东，进攻潮阳，被县丞范南卿等击败，改由分水关攻黄岗镇，至南洋湾。指挥冯良佐、土目莫直、莫善等分二路夹击，"大破其众、贼奔聚辟望港口"①。嘉靖三十九年，因官军追击，又移屯潮阳贵山都，接着攻营古埕，遁往南洋湾，被"典膳秦金与官兵合击大败之，斩首三百七十，贼溃渡河，官兵邀之，复大捷，戊子，贼祭江而来，誓复南洋湾之仇，尚文等官兵又大败之，甲午，古埕营贼出掠，官兵又败之"②。二月，复退回月港。五月，官兵围攻月港，许朝光"遁出海洋"，参将王麟追及于古浪东砗镇，把总邓一挂追及于剌屿尾，五战皆胜，首领徐老、许西池"所部三千余徒，悉溺水无遗"。③许朝光海商集团虽然受到重大损失，丧失了月港贸易基地，但没有完全被消灭，嘉靖四十年又攻大埕所，第二年攻玄钟所。嘉靖四十二年，自铜山登陆，围番安十堡，杀掳六百余人，"复下海屯聚南澳"，最后为其部下所杀。

---

① ［明］郑若曾：《筹海图编》卷3《广东倭变纪》。
② ［明］郑若曾：《筹海图编》卷3《广东倭变纪》。
③ ［明］郑若曾：《筹海图编》卷4《福建倭变纪》。

三、谢老、严山老海商集团

谢老名谢策，又名谢和，与"王清溪皆漳州人，悉节年贩海通番为奸利者"[①]。他们以浯屿岛为贸易基地，联合其他海商集团在闽广海面进行亦商亦盗的海上贸易活动。嘉靖三十六年，他与许朝光海商集团"犯月港，义士张季夏奋拒死之，贼焚十余家，掳千余人而去"。嘉靖三十七年冬，又与洪迪珍海商集团"三千余人船泊浯屿"。次年春正月，"由岛浮渡浮宫直抵月港，夺民舟，劫八九都，珠浦、寇山等处，复归浯屿"，三月，由东厝岭劫月港八九都，转至石码、福河、舟州、水头等地方。嘉靖三十九年七月，突入诏安梅岭走马溪，"势极猖獗，把总徐濂沉其数艘，贼大败遁去，官兵乘胜追至广东南澳外洋而回"。[②]随后入安溪、同安、长泰、宁化、诏安等县。嘉靖四十年（1561）复回南澳港。

严山老"亦月港积年通番巨寇"[③]。嘉靖三十七年，进攻福州、福宁州等地，被巡按都御史阮鹗击败于连江、福清、海口等处。四月，转攻安平港，又被佥事盛唐、参将黎鹏举等分兵包围；严山老从水涵出海，又被官兵击败。不久，严山老海商集团卷土重来，攻打闽安镇，为参将尹凤所败，转攻福清，占领城门外的小山头，用炮乘高攻城，城陷，执知县叶宗文；接着再攻兴

[①] 《明世宗实录》卷452。
[②] [明]郑若曾：《筹海图编》卷4《福建倭变纪》。
[③] [明]郑若曾：《筹海图编》卷8。

化府,"越翌日不退,广兵及鸟铳手殪其乘马衣红贼首一人,从贼四十余人,各兵出城追之,贼遂败走",又转攻惠安县城,"有自水涵潜入者,官兵觉而杀之,于是连攻五昼夜",不克而去;五月,又转攻泉州府,入南安县,官兵追击,乃遁往晋江海边,掳船出海,继续从事海上贸易活动;为了在陆上建立贸易据点,不久又纠合三千余人自松下海口澳登陆,攻镇东卫,"时闽中、南北海洋皆贼,惟此贼独剧,且逼近会城,陆走合舡,势益滋蔓"。①提督都御史王询"乃多方集兵,设伏扼险,剪其零党,伺惰合攻",密令"水兵布于海外,贼势穷促,乃遁出洋,水兵乘胜逐之,沉二十余艘,斩首四百余级"。②嘉靖三十八年,严山老遁出海洋,参将王麟伏兵海上,大败严山老于垱岛附近,严在逃亡途中,又被都指挥唐修澄、参将尹凤、备倭张乔在野马外洋、梅花洋等地夹攻,"山老就擒,贼舟沉者七十八艘,死者数千人,而洪泽珍之徒,亦自毁其巢遁去"。

四、洪迪珍、张维海商集团

洪迪珍(亦名洪泽珍),福建漳州人,"初与直通番,后直败,其部下残倭乃依迪珍,往来南澳山间"③,洪迪珍原来属于王直海商集团,王直死后,乃进入福建、广东一带,以浯屿为基地,进行走私贸易活动。《筹海图编》在《寇踪图谱》中指出:"此福建积年通番巨寇,漳泉福兴之祸,连绵不已,皆泽珍为之

---

① [明]郑若曾:《筹海图编》卷4《福建倭变纪》。
② [明]徐学聚:《嘉靖东南平倭通录》。
③ [明]徐学聚:《嘉靖东南平倭通录》。

第三章 乘风破浪,武装走私:海商集团的形成

也。"至于洪迪珍是怎样从海商转为海盗的,《海澄县志》有一段很详尽的记载:

> 洪迪珍初止通贩,嘉靖三十四五年载日本富夷泊南澳得利,自是岁率一至,致富巨万,尚未有引倭为寇实迹;或中国人被倭掳掠,辄以物赎之遣还,其人人颇德之。戊午(嘉靖三十七年),复来浯屿,诸恶少群往接济,络绎不绝,官府不能禁,设八桨船追捕,竟无一获。又妄获商船解官,于是迪珍始轻官府,官府又拘系其家属,迪珍始无反顾之期,与倭表里为乱。①

从此,洪迪珍走上亦商亦盗的道路。嘉靖三十八年(1559)三月,攻打福宁州,分守参议顾翀督兵固守,围五昼夜不克,退往福安,"适淋雨,城崩,知县李尚德恐难坚守,督兵出城迎击,贼屯城北山上,窥见守垛兵少,遂分艚拥入"。四月,参将黎鹏举与指挥卢鼎臣大败洪迪珍于屏风屿镇下门及三沙海洋,"沉其四舟,擒斩一百五十有奇,烧溺者无算……贼皆望风遁去"②,余党据海坛山,续攻漳州。

张维,龙溪九都人,嘉靖三十三年,串通二十四人造舟下海通倭,官府莫能禁。嘉靖三十七年,巡海道邵梗派遣捕快林春领兵三百剿捕,张维等二十四将率众拒之,杀官兵三名,各据土堡

---

① 乾隆《海澄县志》卷24。
② [明]郑若曾:《筹海图编》卷4《福建倭变纪》。

为巢,抗击官兵。张维据九都城,吴川据八都草坂城,董隆据港口城,林云据九都草尾城,"旬月之间,附近效尤,各立营垒,八都又有谢仓城,六七都有槐浦九寨,四五都有方田、溪头、浮宫、霞郭四寨,互相犄角,各有头目,号二十八宿,曰三十六猛"①。是年春,邵梗再次发兵围剿,张维"榜示远近各寨,转相要结,同力以待官兵,月港之横益甚,各从谋主指挥迎敌"。张维海商集团乘轻舟入镇门,进攻东山、水头等处,攻破虎渡堡,杀苏族九十余人;又攻田尾、合浦、渐山、南溪等处,给官兵以沉重的打击。为了消灭张维海商集团,邵梗使用挑拨离间、各个击破的策略,用重金收买洪迪珍,由陆路经诏安、漳浦,取道渐山,进击八九都,张维接战于草坂城外,"败死无数",邵梗乘机派遣海防同知邓七元、龙溪县丞金璧前往招抚,"诸反侧稍安"。嘉靖四十三年张维等复叛,"巡海道周贤宣檄同知邓士元擒解军门,斩首枭示,自是地方告宁,设县之议起"。

关于这场斗争的性质,日本学者片山诚二郎认为是中小商人阶层领导的反乡绅的民众反抗运动。他认为张维二十四人共造一大船是合资自立的中小商人阶层经营海外贸易的一个典型,而杀苏族九十余人,则是叛乱队伍对乡绅阶层反抗运动的表现。②日本另一学者佐久间重男不同意这一看法,他认为,中小商人合资经营海外贸易是隆庆开港以后出现的趋势,与嘉靖时情况并不一样。同时,张维等人接济番舶,是指本土居民向游弋沿海地区的

---

① 乾隆《海澄县志》卷24。
② [日]片山诚二郎:《月港廿四将の反乱》,见《明代史论丛:清水博士追悼纪念》,东京大安株式会社1963年版。

第三章 乘风破浪,武装走私:海商集团的形成

番船或海寇船只补给必要的粮食和其他商品,并没有亲自往海外诸国经营秘密贸易,因此,这不是海寇的叛乱,而应该说是土寇的叛乱。①对于佐久间重男的见解,本人不敢完全苟同。我们认为张维二十四将是海寇,而不能说是土寇,虽然据《漳州府志》《海澄县志》所载来看,他们造舟接济过番舶,但这仅是他们活动的一部分。如果从张燮《东西洋考》卷六《外纪考》下海通番所记载的"先是张维等二十四人造船通倭,官府莫能禁"就可以肯定,张维二十四将不仅是在接济番舶和海寇船只,而且也亲自往日本经营海上贸易,所以他们是海商,而不是土寇。在这一点上,片山诚二郎认为张维二十四将是中小商人合资经营海外贸易的看法是比较正确的。但片山诚二郎又认为张维等的行动是对乡绅阶层反抗运动的表现,这也是值得商榷的。尽管张维等二十四将有杀苏族九十余人的记载,但这不是他们主要的打击对象,张维等所反对的,主要还是明朝政府的海禁政策。苏家同族因为协助官府镇压海上走私贸易集团,才成为以张维、林云为首的海寇们的杀掠对象。所以,正如佐久间重男指出的:仅仅依据这条史料,便推断张维二十四将的斗争是反抗乡绅阶层的运动,其结论必定是非常危险的。综上所述,我们认为片山诚二郎及佐久间重男的看法,各有其正确的一面,也各有其可商榷的一面;比较全面的看法应该是:张维二十四将的斗争是中小海商联合起来反对明朝政府海禁政策的斗争。

---

① [日]佐久间重男:《中国岭南の海寇と月港二十四将の反乱》。

五、张琏、萧雪峰、林国显海商集团

张琏,广东饶平乌石村人,"性狡黠,初为库吏,杀人亡命,投窖贼郑八为乱"。为了争夺海商首领的宝座,张琏预先刻制"飞龙传国之宝"石玺投入池中,然后由池底捞上,"诡称泅水得以出,聚视大惊曰:此帝王符也,歃血推为长"。①张琏起事后,联合程乡林朝曦、大埔萧雪峰、罗袍、小靖张公佑、赖赐、白兔、李东津等集团,"各据巢穴,势成犄角","聚众数万,僭称王号,改年设科取士,伪署十三道都督、阁老、翰林等,筑城八十余,占据三县地"。②嘉靖三十九年(1560),张琏"入海为乱",从事亦盗亦商的走私贸易活动。三月,"引倭千余自大埔三饶岭"攻平和县城,"县城官兵出城夹击之,贼遂退屯承坑,攻大金所"。③五月,张琏统带二千余人袭陷云霄城,屯住十余日方去。接着又攻破宁德、福清、永福诸邑,纵掠汀、漳、延、建、连城及宁都、瑞金等地,闽、粤、赣三省震动。为了围剿张琏海商集团,福建巡抚游震德调指挥王豪统三卫军与福州通判彭登瀛领乡兵进讨,均被打败。后调狼兵征讨,亦败。嘉靖四十年,两广巡抚张臬、平江伯陈圭调集三省兵力共七万六千多人围剿,以都督刘显、总兵王宠、参将俞大猷、钟坤秀为统领,参议冯皋谟、佥事皇甫焕、贺泾、张冕为监军,水陆七哨,同时进攻张琏、萧雪峰海商集团兵分四路,且守且御,"官兵逼贼营,望其

---

① 乾隆《潮州府志》卷38《征抚》。
② [明]钟秉文:《乌槎幕府记》。
③ [明]郑若曾:《筹海图编》卷4。

城栅甚丽,旁环以小寨,无虑数百,遂进逼城栅,遣别将以火攻之,风顺火炽,焚贼寨殆尽,贼大溃"①。明朝官军擒杀萧晚(即萧雪峰)、罗袍,又悬赏捕捉张琏。嘉靖四十一年六月,张琏终被"其党郭玉镜缚之以降,磔于市"。

林国显也是广东饶平人,绰号小尾老,与沈门、田浪广都是海盗商人李大用党。李大用被击败后,林国显收拾残部,与沈门等人到浙江海面贸易,以后复回漳州。因其"子被执系狱,当事寻释之,以招国显,显益猖獗"。林国显为了扩大海商队伍,收留徽州商人徐碧溪为义儿,由碧溪导之攻占广东南澳,建立新的贸易基地。嘉靖四十一年"导倭入寇,踞上底林家团,四出抄掠。林凤、林逢阳皆其族孙,吴平其侄婿,株连蔓引,流毒闽广二十余年"②。林国显既是海寇李大用的头目,又收徐碧溪为义儿,还是海商林凤的族公、吴平的叔公,由此可见,他在闽广海商集团中的地位是相当重要的。

六、吴平、曾一本海商集团

吴平,福建诏安四都人,"短小有智略,幼与群儿牧,部署号令皆如法,曾为人奴,其主善遇之,母尝苦平,遂逃去为盗"③。吴平起事时不过数十人,"寻入倭中为别哨,遂肆掠劫,及倭灭,而吴平统有其众"④。"设三城海上,纵横南澳、浯屿

---

① 乾隆《潮州府志》卷38《征抚》。
② 乾隆《潮州府志》卷38《征抚》。
③ 乾隆《潮州府志》卷38《征抚》。
④ [明]林大春:《井丹先生集》卷15《上谷中丞书》。

间"①，独立进行海上贸易活动。嘉靖四十三年（1564），攻占广东沿海惠州、海丰各县，转入潮阳，攻陷神山、古埕诸村，队伍不断扩大，形成初具规模的海商集团。第二年，复攻梅州、诏安等处，杀把总朱日玑、王豪，"贼焰益炽，势力大振"，此时拥有大小商船二百余艘，众近万人，"结巢于海岛深澳，半在寨，半在船"。②同时，其他海商首领，如许朝光、林道乾、曾一本等人"必推平，平亦偃然居群贼上"，从而成为闽广各海商集团的总首领。吴平海商集团的迅速发展，引起明朝政府恐惧，为了扑灭吴平海商集团，明朝政府通令福建、广东两省会剿，戚继光与俞大猷从间道夹击，"遣参将汤克宽于万桥山下，会暮大风，火焚其舟，贼大败，多赴水死，俘斩万五千人，平遁去，都司傅应嘉追至交趾界而还，其后曾一本继啸聚，皆平余孽也"③。也有书记载，吴平并没有逃亡海外，而是变换姓名，浪游江湖，"间有亲见平鲜衣怒马，在京、浙间为富商大贾，平已炙其面，面皆炙疮，人无有识者，尝乘肩舆过故友处，掘取金银诸宝物，后不知所之"④。

曾一本，福建诏安人，"吴平把目也，平死，一本乘之合党，集奴戕人，夺舶海上"⑤，继续进行海上走私贸易。隆庆元年（1567），聚众数万，攻掠闽广，突入海丰、惠阳等地。三月，突至雷州海面，击破参将魏宗瀚、王如澄的围剿。隆庆二年，"分

---

① 乾隆《潮州府志》卷38《征抚》。
② ［明］俞大猷：《正气堂集》卷16《前会剿议》。
③ 乾隆《潮州府志》卷38《征抚》。
④ ［清］严如熤：《洋防辑要》卷13《兵事》。
⑤ ［明］俞大猷：《洗海近事》序。

第三章 乘风破浪,武装走私:海商集团的形成

他酋以劫各州郡部落,而自引部下最鸷悍故常格斗吾人者数千人,突犯城下,以撼广州",使岭南最大的城市广州"城门闭者七日"。①接着,"复引倭夷寇琼、厓、高、雷、碣石、大埕诸卫所"。曾一本所到之处,明朝官兵望风溃逃,曾一本乘机扩充自己的势力。再加上明朝将领廖凤鼓噪叛变,杀雷琼参将耿宗元,"执通判潘槐去与一本合",使曾一本海商集团势力大增,"联舟数十里",众至数万人。据林大春记述:"曾一本自羊城鼓浪还潮,行海数百艘,夜燃灯系帆竿,累累如贯珠,长可数十里。"②隆庆三年,明政府命令兵部侍郎刘涛为福建、两广军务总督,会同广东巡抚熊桴、福建巡抚涂泽民进行围剿,曾一本原想突围北上,或到澎湖小琉球建立新的贸易基地,或去日本经商③,均未成功。福建水军在俞大猷的率领下,"初击之于柘林澳,又击于马耳澳,五月十二日战于铜山洋,六月十二日战于鸡母澳,二十三日战于广洋澳,大胜之",广东总兵官郭成也率领水师赶到,于是"合击于莱芜澳,以大炮破其舟,一本赴水死,戮尸枭示,许瑞收余党而遁"。④许瑞是曾一本的外甥,"一本死,瑞收其余党,沿海剽略,西至惠广",继承曾一本的事业,继续经营海上贸易。

---

① [明]俞大猷:《洗海近事》卷上。
② [明]林大春:《井丹先生集》卷15。
③ [明]涂泽民:《涂中丞军务集录》,见《明经世文编》卷353—355。
④ 乾隆《潮州府志》卷38《征抚》。

七、林道乾海商集团

林道乾，广东"惠来人，少为县吏，机变险诈，智虑超于诸寇"①。原来与曾一本同属吴平海商集团，"后平窜海外，莫知所往，党羽溃散，于是道乾、一本复纠合之，林、曾两贼，其焰大炽，势不相下，互相雄长，为岭东连年大患"②。嘉靖四十五年（1566），林道乾攻诏安、山南、廊下等村，都督俞大猷追逐之，遁入北港（在今台湾北部），俞大猷率军追至澎湖，因水道纡曲，不敢冒进，留偏师驻守澎湖。林道乾在台湾停留一段时间，"从者数百人，以兵劫土番，役之若奴，土番愤，议杀之。道乾知其谋，乃夜袭杀番，以血衅舟，埋巨金于打鼓山，逸之大年"③。不久，又从大年"复回潮州，掳掠如故，既而就抚"，被安插在潮阳下尾乡，与曾一本互相应援。但"乾自谓不能居人下，居恒欲收招海上精兵，发动举事"。可见他被招安是暂时的。

林道乾为了扩大队伍，积蓄力量，用重金招募船员，凡招募一人，给银一两，招募十人，给银三两，他自为统领。于是"四方亡命""闻风响应，远近无赖相继入贼者不止数百千人"。④林道乾"乃深沟高垒，日夜以丝绵为甲，治战舰，使使者飞刍挽粟至海上"⑤，积极筹办从事海外贸易的一切物资。万历元年

---

① 乾隆《潮州府志》卷38；[明]瞿九思的《万历武功录》则认为其是海澄人。
② [明]林大春：《井丹先生集》卷15《上谷中丞书》。
③ 连横：《台湾通史》卷1《开辟纪》。
④ [明]林大春：《井丹先生集》卷16《与谢凤池论城守》。
⑤ [明]瞿九思：《万历武功录》卷3《林道乾列传》。

（1573），总督殷正茂荡平山寇，想一举消灭林道乾。道乾势促，奔投倭寨，复下海为盗。这时有众五千余人，白艚船一百余只，不久，在彭亨国为都夷使的侄儿林茂约他前往海外贸易，于是林道乾"既行至甘埔寨（柬埔寨），乃出橐中装五百金，帛五十纯，因杨四送奉寨主，乃以乾属把水使，翁十、苏老、林十六等所部，而四亦得蒲履绤绨诸物"①。

杨四是广东澄海人，从小跟随父亲杨君瓒下海通番，乘舟至柬埔寨，因父亲病故，寨长怜其少失父，孤养以为己子，长大后立为把水使。"会邑中子道乾至，两人遂相与为刎颈交。"林道乾在柬埔寨"用杨四计策，乞寨主发唐兵一百人，番兵二千人，舳舻二十，大铜铳一门，令陈国顺并攻暹罗，不克还"。万历六年，林道乾自柬埔寨还潮州，"居月余，发橐所藏银穴，募潮一百余人与俱南行，至琼崖，遇闽中转谷舳舻，乾乃略其金银，及男妇二百人而去"。万历八年，据暹罗使者握坤哪喇说："乾，今更名曰林浯梁，所居在臣国海湾中，专务剽劫商贾，声欲会大泥国，称兵犯臣国。"第二年，制置使刘尧诲派遣使者周宗睦、王文彬两人去柬埔寨，"令其与暹罗并攻林道乾"，于是暹罗王授计郭六观，"令擒乾，乾觉，乃格杀番众，略其舳舻往佛丑海屿而去，竟莫知所终"。②

---

① ［明］瞿九思：《万历武功录》卷3《林道乾列传》。
② ［明］瞿九思：《万历武功录》卷3。

八、林凤海商集团

林凤，广东饶平人，出身于海商家族，其族祖林国显是嘉靖时著名的海商首领。林凤十九岁开始参加海上贸易活动，隆庆二年（1568）攻陷神泉镇，隆庆六年，在白沙湖一带活动，"拥有白艚等船三十八只，鸟船五只"①。万历元年与诸良宝（或称朱良宝）海商集团"互为伴侣"。

诸良宝，潮州人，嘉靖末年与魏朝义、莫应敷等"纠党入海，行劫海上，与道乾相应"，隆庆中，"良宝踞南洋寨，朝义踞大家井，应敷踞东湖寨，杀掠如故"。②万历元年，总督殷正茂带兵征讨，林道乾逃入海，"宝亦接踵去，与林凤合兵为寇乱"③。

万历二年二月，林凤进攻惠来县，兵部咨文福建巡抚及两广总督会剿。四月，林凤"以船百余艘，突入清澜港"，兵部再次咨文闽粤督抚，严令"克斯剿灭"。④六月，诸良宝被广东总兵张之勋剿灭，"林凤拥其党万人，东走福建"⑤，被福建总兵胡守仁打败，暂时撤至澎湖。十月，林凤自澎湖转往东番（台湾）魍港，在台湾短暂休整后，立即西渡台湾海峡至福建、广东沿海各地，继续进行走私贸易活动。明朝政府暂停征服"猺獞之役"，集中兵力，"并力于凤"，使林凤受到很大损失，不得不退回魍港。为了开拓新的贸易场所，这一年冬，林凤率领六十二艘大

---

① ［明］俞大猷：《正气堂集·镇闽议稿》。
② 乾隆《潮州府志》卷38《征抚》。
③ ［明］瞿九思：《万历武功录》卷3《诸良宝列传》。
④ 《明神宗实录》卷24。
⑤ 《明神宗实录》卷26。

船,在日本人庄公(Sioco)的带领下向吕宋进军,十一月二十九日,进入马尼拉湾,第二天凌晨在帕拉纳圭(Paranaque)登陆,打死了西班牙驻菲律宾总指挥戈伊特(Maltin Gotti)。十二月二日,林凤再次向马尼拉发起攻击,因西班牙人已做好充分的防守准备,久攻不下,只好向北撤到班诗施兰(Pangasinan),在那里筑寨建堡,建立自己的居留地。次年三月,西班牙派出二千多兵士忽然包围了林凤的营寨,林凤坚守四个多月,于1575年8月4日冲破西班牙人的包围,率领三十七只海船,扬帆而去。① 万历三年,林凤又回到潮州附近,进攻柘林、靖海、碣石等地,势力发展很快,船只又增加到一百五十余艘。提督凌云翼乃檄广东总兵张之勋、监军副使赵可怀追剿之,福建巡抚刘尧海亦令福建总兵胡守仁率兵与之合剿,明朝官兵"追至碣石,获贼徒男妇八十余人,复追至淡水洋,贼船飘遁,官兵尾击之,沉其船二十余只,凤走逃外夷"②。

第三节 海商海路连海权,郑氏集团控东南

在东南沿海相继出现的一系列海商集团中,以郑氏海商集团最著名,其资本之厚、贸易范围之广、活动时间之久、影响之大,都超过了其他各海商集团。郑氏海商在中国商业史上占有很重要的地位③,它的兴衰隆替,一定程度上反映了中国海商发展

---

① Blair & Robertson, *The Philippine Islands*, 1493-1898, Vol 4.
② [明]谢杰:《虔台倭纂》。
③ 林仁川:《试论著名海商郑氏的兴衰》,见《郑成功研究论文选》续集,福建人民出版社1984年版。

的道路。

为了进一步探讨私人海上贸易集团的形成,我们在这一节里专门论述郑氏海商集团的发生及发展过程,同时也兼述李旦、颜思齐、李魁奇、钟斌、杨六、杨七、刘香等海商集团。

一、郑氏海商集团的形成

郑氏海商的起源可追溯到安平商人。泉州安平镇自古以来多出海商。早在唐代,安平商人已航行海外,经商贸易。唐开元八年(720),"东石林知祥之子林銮,字安车,(循)曾祖林知惠航海群蛮海路,试航至勃泥,往来有利,沿海畲家人俱从之往,引来蕃舟,蛮人喜彩绣,武陵多女红,故以香料易彩衣,晋海舟人竞相率航海"[①]。其子林光复"在清源经商,寓城邑"。到唐乾符年间,林銮九世孙林灵又"经商航海台湾、甘棠、真腊诸国,建造百艘大舟,在鳌江家资万贯"[②]。到明代,安平海商活动更为频繁,尤其是隆庆万历以后,安平人出海贸易已达鼎盛时期,他们泛海扬帆,争利于世界各地,其势力足与徽州商人相匹敌。何乔远在《闽书》中说:"安平一镇尽海头,经商行贾,力于徽歙,入海而贸夷,差强赀用。"他在另一著作中也指出:"吾郡安平镇之为俗,大类徽州,其地少而人稠,则衣食四方者十家而七,故今两京、临清、苏杭间多徽州安平之人。"[③]此外,在《泉州府志》及李光缙的《景璧集》中也留下许多关于安平海商的记载,

---

① [清]蔡永蒹:《西山杂志》(手稿本)。
② [清]蔡永蒹:《西山杂志》。
③ [明]何乔远:《镜山全集》卷48。

第三章　乘风破浪，武装走私：海商集团的形成

"石湖、安平，番舶去处，大半市易上国及诸岛夷""民无所徵贵贱唯滨海为岛夷之贩，安平镇其最著矣"①，"安平人好贾，坐者列市肆，行者浮湖海"②。从以上记载看出，明代安平海商的活动十分活跃。

郑芝龙就是出生在这个海商辈出的地方，郑氏家族与安平海商有密切的关系。郑芝龙的母舅黄程"行贾香山澳"，经常来往于日本、广东之间，是著名的对外贸易商人。郑芝龙的母亲黄氏也是一个很有经商才能的妇女。郑成功起兵时，曾"往围头接太夫人，澄济伯洋船二只，助洋银十余万"③。《兵部残题本》记载："福建商人李楚、杨奎告投，于去年十二月内，奉同安侯府太夫人差往暹罗换货。"④

郑芝龙的续妻颜氏家族也是安平有名的海商，据《石井本宗族谱》记载，郑芝龙"继娶日本翁氏一品夫人，后娶颜氏，侧室陈氏、李氏、黄氏，生男五"，他第二个儿子郑恩就是颜氏生的。颜氏家族是五大商之一，《刑部残题本》云："潘一使口供，旭远字货是集官卖，昨问颜精官，我只见有集官，故说颜文娘就是颜精官，旧年九月里回去，换他孙集官来，货在我家，人在陈家，集官来了，文娘方回去……颜家人多，旭远是总名。"⑤南安县生员董元龙密奏中也指出："颜克璟系伪五商颜端男。"⑥

---

① 乾隆《泉州府志》卷20。
② [明]李光缙：《景璧集》卷13《处士柯治宇先生传》。
③ [清]杨英：《先王实录》永历四年十月条。
④ 《明清史料》已编第5本《兵部残题本》，中华书局1987年影印版。
⑤ 《明清史料》已编第3本《刑部残题本》。
⑥ 台湾银行经济研究室编：《郑氏关系文书》，台湾银行发行1960年版。

在安平商贾成风的影响下，天启元年（1621），"性情荡逸，不喜读书，有膂力，好拳棒"的郑芝龙潜往广东香山澳寻母舅黄程。黄程见到芝龙十分高兴，但责其"当此年富，正宜潜心，无故远游，擅离父母"，芝龙诡答以"思慕甚殷，特候起居，非敢浪游"，"程留之"。[①]香山澳是当时中外贸易的中心，此地"聚海外杂番"，市面"高栋飞甍，栉比相望"，非常繁荣。郑芝龙到香山澳后，积极参加海上贸易活动，"他从澳门往马尼拉，而在这两个地方都受雇为仆役，有人说他还在台湾替荷兰人做事"[②]。郑芝龙在香山澳期间广泛接触一些中外商人，学会了葡萄牙语，学习一些从事海上贸易的实际知识，并积累了一些海商资本，这一切都为他今后广泛开展海上贸易活动打下了基础。

天启三年，黄程有一批白糖、奇楠、麝香、鹿皮欲附李旭船赴日本，派遣郑芝龙押送，郑芝龙到日本后，很快与李旦海商集团建立了亲密关系。（"旭"与"旦"同义，李旭可能就是李旦或李旦之弟。）

李旦，泉州人，曾在马尼拉经商。后到日本，住在平户，是当地华商的领袖，拥有大批船舶，从事台湾、福建沿海与日本之间的贸易活动。据《厦门志》记载，天启二年，"红毛夷据澎湖犯中左所、逼圭屿……泊舟风柜仔尾，出没浯屿、白坑、东碇、莆头、古雷、洪屿、沙洲、甲洲间，海贼李旦复助之，滨海郡邑戒严"[③]。《诏安县志》也有同样的记载，沈𨰻在《上南抚台移檄

---

① ［清］江日升：《台湾外纪》卷1。
② 霍尔特：《台湾岛的历史与地理》，转引自廖汉臣：《郑芝龙考》。
③ 道光《厦门志》卷16。

第三章 乘风破浪,武装走私:海商集团的形成

暹罗宣谕红裔书》中说:"游棍李旦,乃通夷许心素之流,夙通日本,近结红夷,兹以讨私债而来,且以祭祖为名目,突入厦门,岂有好意?不过乘官禁贩,密置丝绸,装载发卖诸夷,并为番夷打听消息者,宜留之为质,俾赍书诸番勿扰我边海可也,径听其逸去,何为也哉!"[①]

郑芝龙依附李旦,很快得到李旦的信任,过继为义子。李旦死后,大部分资财和部众归芝龙所有,这构成郑氏海商资本的一个重要组成部分。至于李旦的资财是怎样落到芝龙手中,各书记载不同:有的说是"投瓯于海,不没者为雄"就可继承李旦的资财,如谈迁的《枣林杂俎》云:"郑芝龙,少亡赖,走日本,小名凤姐,年二十一,从李旦还闽,航海行劫,啸聚颇众,同辈二十余人,莫适为长,各约投瓯于海,不没者为雄,独郑芝龙投瓯不没,众因推戴。"有的则认为是郑芝龙"干没"李旦寄给他妻子的银两而发财致富的,如黄宗羲的《赐姓始末》说:"有李习(即李旦)者,往来日本,以商舶为事,芝龙以父事之,习授芝龙万金,寄其妻子,会习死,芝龙干没之。遂召募无赖,为盗于海中,久之,而所得不赀。"还有的说是郑芝龙以继承权直接取得的,如沈云《台湾郑氏始末》记载:"有李习者商贩日本,致累巨万,无子,子芝龙,又为取日本长崎王族女,多载珍奇还东石,富甲八闽。"尽管各书的记载有所不同,但李旦的资财最后落入郑芝龙手中是无疑的。

郑芝龙海商资本的另一个来源是接收颜思齐海商集团的财

[①] 嘉庆《诏安县志》卷12。

产。"思齐，海澄人，为势家所凌，殴其仆致毙，虑罪逃入日本，久之，积蓄颇饶"①，也是当时一个重要海商首领。然而日本学者岩生成一怀疑颜思齐的存在，他认为李旦的活动方式、活动地区、死亡时间与后代文献中对颜思齐的记载极为相似，所以颜思齐即李旦。②台湾学者毛一波也说："我们认为颜、李的事迹，显然同为一人的事迹。"黄权进一步提出颜思齐是李旦的假名，他说："颜思齐在某处要叫李旦，李旦在某处要叫颜思齐，则看他的需要，这跟今人之用笔名一样，虽出发点不同，但情况还有相似处。"③从各种中外文献资料来看，关于李旦与颜思齐的记载确有许多相似之处，但他们的籍贯不同，李旦是泉州人，颜思齐是海澄人，死亡的地区也有异，一在日本的平户，一在台湾。因此，在没有发现确凿材料之前，不能只凭推测来轻易否定颜思齐其人其事。

那么郑芝龙是如何投靠颜思齐海商集团并继承其财产的呢？生活于明末清初的彭孙贻（生于万历四十三年，卒于康熙三年）所撰写的《靖海志》有较详细的记载：有一次，郑芝龙航行于海上，"至中途为海盗所劫夺，芝龙只身随船货作千金分与主寨之首领颜振泉（颜思齐）"。当时"海有十寨，寨各为主，芝龙之主又主中主也，九主为之疗祭，芝龙乃泣而求其主曰：明日祭后必会饮，意欲求众力为我放一洋，获之有无多寡，系我之命。时缓言恳之，

---

① 《重纂福建通志》卷267。
② ［日］岩生成一：《明末侨寓日本支那人甲必丹李旦考》，《东洋学报》1936年第23卷第9期。
③ 毛一波：《郑芝龙史料中的李旦和颜思奇》，《台湾文献》1963年第14卷第1期。

主如言，众情允乐，劫得四船货物，皆自暹罗来，每艘分其半，九主重信义，尽畀之，富逾十主矣。海中以富为尊。主亦就殂，芝龙升为十寨中之一，时则通家耗辇金还家，置苏杭两京细软宝玩，兴贩琉球外国等物，沿海州县抢掠一空，官兵莫能抗"。①

从上面这些记载中，我们可以看出，由于继承、接纳李旦、颜思齐海商集团的资财，郑氏海商资本已初具规模。天启五年以后，郑芝龙独立活动于福建沿海一带，招兵置船，继续扩大自己的实力。天启六年，郑芝龙"劫掠闽广间，至袭漳浦旧镇，泊金厦树旗招兵，旬日之间，从者数千人，勒富民助饷，谓之报水"②。天启七年，郑芝龙又攻闽山、铜山、中左（今厦门）等处，巡抚朱一贵、都司洪先春率舟师迎击，又以把总许心素、陈文廉为策应，鏖战一日，胜负未决。当夜，许心素、陈文廉的兵船被潮水漂走，郑芝龙派一支部队绕到洪元春的背后，使他腹背受敌，大败而逃。郑芝龙乘胜从漳浦旧镇进至中左所，"中左人开城门求不杀，芝龙约束麾下，竟不侵扰"③。

由于郑芝龙采取与其他"海寇"不同的做法，"所到地方，但令报水，而未尝杀人，有彻贫者且以钱米与之"④，"遇诸生则馈以赆，遇贫民则给以钱，重偿以招接济，厚糈以饵间谍，使鬼通神，人人乐为之用"，"于是求食者争往投之"，使郑芝龙海商集团发展很快，人数剧增。所以，董应举无限感慨地说："芝龙

---

① ［清］彭孙贻：《靖海志》卷1。
② 道光《厦门志》卷16。
③ ［清］谷应泰：《明史纪事本末》卷76《郑芝龙受抚》。
④ ［明］曹履泰：《靖海纪略》卷1。

之初起也不过数十船耳,至丙寅(天启六年)而一百二十只,丁卯(天启七年)遂至七百,今(崇祯初年)并诸种贼计之,船且千矣。""此莫非吾民,何以从贼如是之多,我弃之彼收之,我驱之彼用之,我兵非兵,船非船,将非将,彼善用我人,取我船,掳我将,乘我遏籴饥荒,而以济贫为名,故归之如流水也。"①崇祯元年(1628),工科给事中颜继祖在疏参俞咨皋时也说:

>郑芝龙生长泉州,凡我内地之虚实,了然于胸。加以岁月所招徕,金钱所诱饵,聚艇数百,聚徒数万。城社之鼠狐,甘为爪牙;郡县之胥役,尽属腹心。乡绅偶有条陈,事未行而机先泄;官府才一告示,甲造谤而乙讹言。复以小惠济其大奸,礼贤而下士,劫富而施贫,来者不拒而去者不追,故官不忧盗而忧民,民不畏官而畏贼,贼不任怨而任德,一人作贼,一家自喜无恙,一姓从贼,一方可保无虞。族属亲故,击楫相访,虚往皆得实归,恍若向现任官抽丰,偶或上岸买货讨水,则间阎市里牵羊载酒,承筐束帛,惟恐后也。真耳目未经之奇变,古今旷见之元凶也。②

可以看出,郑氏海商集团经过郑芝龙的苦心经营,到崇祯初年,已经很有影响了。

---

① [明]董应举:《崇相集》第2册《福海事》。
② [清]江日升:《台湾外纪》卷1。

二、郑氏海商集团的发展

郑氏海商集团虽早已形成，然而其飞速发展，却是在郑芝龙时期依靠明朝封建政府的庇护取得的。

为什么明朝政府要招抚郑芝龙海商集团，而郑芝龙海商集团也乐于接受明政府的招抚呢？这是由当时特定的社会历史条件决定的。明朝末年，由于封建王朝日趋对全国人民实行疯狂的掠夺，国内矛盾十分尖锐。天启二年，山东郓城一带爆发了徐鸿儒领导的农民起义；天启七年，陕西澄城农民白水人王二，率领饥民冲进澄县，杀死县令张斗耀，揭开明末农民大起义的序幕。崇祯元年，陕北各地的起义风起云涌，府谷王嘉胤、宜川王左挂、安塞高迎祥等先后起兵，陕北、陕中地区皆为起义军所有。[1] 不久，张献忠也在延安起兵，称八大王。接着，各路农民军纷纷向山西扩展，号称三十六营，部众至二十余万，并拥立王自用、高迎祥为盟主。农民军攻城杀将，势如破竹，震撼着明王朝的统治。

与此同时，东北方边境上后金政权也不断向腐朽的明王朝发动军事进攻。万历四十六年（1618），努尔哈赤借口报"七大恨"[2]之仇，大举入侵，烧毁了抚顺城。万历四十七年，明朝以杨镐为经略，四路出兵，但由于中路军杜松轻敌，在萨尔浒遇到伏击，全军覆灭，其他两路也被击败，从此后金军队冲破了明朝辽东的防御线。天启二年，努尔哈赤率军渡过辽河，明朝防河士兵不战

---

[1] 《明史》卷309。
[2] 《重译满文老档（太祖朝）》第1分册第6卷。

而逃，广宁失守，王化贞、熊廷弼退入山海关。天启七年和崇祯二年，皇太极先后两次出兵攻明，直逼北京，明廷形势岌岌可危。

东南沿海，西方海盗、日本海盗与中国海盗同时出现在海面上，攻城略地，骚扰海边，也给明王朝造成了很大的威胁。总之，当时的形势是"东南海氛之炽，与西北之虏，中原之寇，称方今三大患焉"①。面对这种严峻局势，为了集中力量镇压国内农民起义和对付后金军队的进攻，明朝政府不得不对郑芝龙实行招抚政策，以期借郑氏海商集团的力量去平定东南沿海海盗的骚扰，解除后顾之忧。所以，邵廷寀在《东南纪事》中指出："崇祯元年九月，因巡抚熊文灿请降，时方征天下兵聚辽东，不能讨芝龙，用抚羁縻之。"②

对于郑芝龙来说，当时海上还有刘六、刘七、李魁奇、钟斌、刘香等海商集团。他们同郑氏时合时离，是郑氏海商集团主要的竞争对手。郑芝龙也想借助明朝政府的力量消灭这些竞争对手，以达到垄断海上贸易的目的。因此就乐于接受明政府的招抚。在这种互相利用的情况下，双方达成默契。天启六年冬，金门游击卢毓英率兵围剿郑芝龙，兵败被执，"芝龙亲释其缚，厚礼之，且告曰：某非敢拒官军，不得已耳，苟得一爵相加，当为朝庭效死力，东南半壁可高枕矣"③。天启七年，都督俞咨皋率舟师讨郑芝龙，大败而逃，芝龙又"辄止兵"不追击，并一再表示："愿充辕门犬马报效，所有福建以及浙粤海上诸盗，一力担

---

① 《明清史料》已编第8本《海寇刘香残稿》。
② ［清］邵廷寀:《东南纪事》卷11。
③ 《重纂福建通志》卷267。

当平靖。"明朝官员心领神会郑芝龙的求抚要求，当俞咨皋战败的消息传到泉州时，知府王猷"知其详，乃曰：芝龙之势如此，而不追、不杀、不焚掠，似有归罪之萌，今剿难猝灭，抚或可行，不若遣人往谕退舟海外，仍许立功赎罪，有功之日，优以爵秩"①。新到任的福建巡抚很快采纳了王猷的建议，七月派卢毓英下海招抚。九月，郑芝龙举其众降，差其弟芝燕、芝凤带金银布帛，同毓英入泉州城，先见王猷，次见邓良知，"代芝龙陈始末，愿拜门下，缴上厚礼，各大喜"②。泉州知府王猷即行文本府沿海卫所，允芝龙军士登岸采买，又代申请军门，"内称，芝龙倾心向化，情愿自新立功赎罪，从此沿海地方得以宁靖等语，交毓英上省"。卢毓英到福州拜见熊文灿，文灿大喜，立即通行全省，准芝龙就抚，候旨定夺，授郑芝龙为海上游击。

郑芝龙受抚之后，一方面保持一定的独立性，"督抚檄之不来，惟日夜要挟请饷，又坐拥数十万金钱，不恤其属"③。如辽东松山明军败退，大学士蒋德深欲令芝龙以海师援辽，"而芝龙亦恋闽惮行"，不愿离闽远去，"复辇金京师，议遂寝"。④另一方面，郑芝龙借助明朝政府的庇护与支持，竭力扩大自己的势力，从崇祯元年至八年，展开一场消灭异己、控制东南制海权的斗争。

崇祯二年，发起了消灭李魁奇海商集团的战争。

李魁奇，泉州府惠安县人，"从幼出入湄州沿海，深识水性，

---

① ［清］谷应泰：《明史纪事本末》卷76《郑芝龙受抚》。
② ［清］江日升：《台湾外纪》卷1。
③ 《明清史料》戊编第1本《福建巡抚熊残揭帖》。
④ ［清］邵廷寀：《东南纪事》卷11《郑芝龙》。

身藏水底半日不起，口能转气，眼见诸物，年二十九，两臂有七百斤之力，纠合诸渔船，劫掠商艘"①。李魁奇本是郑芝龙海商集团的"同伙同党"，在澎湖一带载吕宋洋船，进行走私贸易。崇祯元年，因分赃不均，魁奇叛去，招纳亡命，"有大小船百只，住泊中左外校场，招聚贼伙三千余人"，与郑芝龙集团作对。十二月初九，魁奇连结陈盛宁、钟六、周三诸伙，集四百余艘入浯屿挑战。郑芝龙到刘五店、石井一带招募乡兵，同安知县曹履泰也助以渔舟五十余只，惯海壮丁千余人，协同芝龙迎敌，自初九至十八日，连战皆捷，李魁奇"落魄而逃，竟下惠潮"。②

李魁奇到了广东，得到当地海商集团的资助，建造起一批坚固的乌尾大船，"船有外护四层，一破网，一生牛皮，一湿絮被，一周回悬挂水瓮，铳不能入，火不能烧，且比芝龙船高丈余，自上击下，更易为力"③。崇祯二年四月，李魁奇回师厦门，包围停泊在高崎的郑芝龙船队，认定芝龙坐船，合众围攻，芝龙焚己之舟，登陆逃走，凭城自守。一时间，厦门海面成为李魁奇纵横驰突的场所。然而李魁奇恃胜而骄，曹履泰与郑芝龙采用离间计，唆使钟斌叛李魁奇而去，削弱了李魁奇的势力。崇祯二年十月二十八日，郑芝龙统领渔兵，纠合钟斌，扬帆直攻中左，曹履泰也调发渔兵千人相助。当时正遇顺风，百余里之程，不移时而至，李魁奇毫无准备，仓促应战，虽然"船尚百余只，贼不下三千"，但在郑芝龙的突然袭击下，手忙脚乱，全军溃败，李魁奇

---

① ［清］江日升：《台湾外纪》卷1。
② ［明］曹履泰：《靖海纪略》卷2。
③ ［明］曹履泰：《靖海纪略》卷3。

落荒而逃，转入海澄港，钟斌穷追猛打，"追急下小艇，欲上岸，即被生擒矣"。①至此，郑芝龙消灭了李魁奇集团，取得制海权之争的第一次胜利。

消灭李魁奇集团之后，郑芝龙乘胜前进，同年六月，又击溃了杨六（杨禄）、杨七（杨策）海商集团。杨六、杨七"原系郑芝龙伙党，禄等领龙银、备器械为贼具"②，横行海上。天启六年"撇出芝龙"，接受俞咨皋招抚，芝龙怀恨在心。杨六、杨七受抚以后，明朝政府原令杀贼自赎，今非惟"不能杀贼自赎，又且与贼相通"③，天启七年，芝龙进犯厦门，福建巡抚朱之恁令杨六出击，杨不听命，后再叛去。郑芝龙受抚后，明朝政府立即借用郑的力量打击杨六、杨七。崇祯二年六月，"芝龙斩叛贼杨六、杨七于浯洲港，收其众"④。

接着，郑芝龙又一鼓作气，消灭褚綵老。褚綵老是广东的海商集团，据乾隆《潮州府志》记载，万历四十八年二月，海寇褚綵老"连艘分南北二队，犯揭阳，焚劫无算，县令冯元飚御之，四月复至，七月又至，九月犯澄海县，县事程乡、县主簿冉良翰御之，贼退"，天启元年，复犯揭阳，被元飚打败而遁走。崇祯二年八月，褚綵老掠闽安，熊文灿檄芝龙围剿，"龙追于南日，灭之"⑤。

郑芝龙消灭褚綵老以后，在明朝政府支持下，再战钟斌集团。本来"魁奇之擒，多钟六（钟斌）力，抚之酬功"，但钟斌

---

① [明]曹履泰：《靖海纪略》卷3。
② [明]曹履泰：《靖海纪略》卷1。
③ 《明清史料》戊编第1本《兵部题行稿》。
④ [清]江日升：《台湾外纪》卷1。
⑤ [清]江日升：《台湾外纪》卷1。

不想久居郑芝龙之下，不久再叛去，"钟斌复领船南矣，据称追擒叛党，恐犹是假说之词，此贼狡诈百端，终不肯为我用也"①，于是曹履泰为郑芝龙资以火药、大炮、坚船，"船既迅而易于抢风，铳又大，火药又好，易于及远，所以钟船数百，一破立散"②。崇祯三年，熊文灿诱钟斌往泉州，令芝龙设伏大洋，钟斌大败而逃，"投海死"③。

经过两年的战斗，郑芝龙逐个消灭了李魁奇、杨六、杨七、褚䌽老、钟斌等海商集团，吞并了他们的船只和财物，收集其残部，进一步扩大了郑氏海商集团的势力。

这时，在海上能与郑氏相抗衡的只剩下刘香海商集团。刘香是"漳之海澄人，五短身材，性极骁勇，勾引无赖，驾小船出金门，劫掠商船，突起猖獗，聚众数千，有船大小百余号，杀伤官军，横行粤东，碣石、南澳一带地方"④。《潮州府志》卷七《刘香之变》中说："闽盗刘香聚众万人，驾舟百余艘横行海上"。外文资料中也有关于刘香海商集团的记载，如《巴达维亚城日志》1632年5月21日条载："中国沿海岸新出现海贼Jang Laew（刘香），有船六七十只，大部分是小帆船，将海贼Lapzihon逐出南方，兵力骤增，袭击厦门郊外，焚杀劫掠，夺取停泊该港帆船多只而去"⑤。尽管各书对刘香海商集团的船只、人数记载不一，但这个海商集团的规模相当庞大却是无疑的。面对这个强大的对

---

① ［明］曹履泰：《靖海纪略》卷3。
② ［明］董应举：《崇相集》第2册《与马还初书》。
③ 《明史》卷260《熊文灿传》。
④ ［清］江日升：《台湾外纪》卷1。
⑤ ［日］中村孝志：《バタヴィア城日誌》，村上直次郎日译，平凡社1975年版。

手，郑芝龙在明朝政府的支持下，经过六次激烈战斗，才逐步削弱刘香海商集团的力量。

崇祯八年郑芝龙大战田尾洋，向刘香集团发动了最后的总攻击。郑芝龙和明朝军队为了打好这次战役做了充分准备，明军水师"船则大桅高至十丈，皆采自深山，每一舟料，价费至四五百金。器则甲仗山积，一铳之重二三千斤，火力发可六七里"。郑芝龙自己也"捐资自募渔丁，自雇洋船，周详筹算，计定后发"①。一切就绪以后，四月初一自福建出发，"联络舟师南下"，经过七昼夜航行，初八日把刘香包围在田尾洋，"芝龙遂亲登船楼，号召部将，奋力齐击，指定香寇大船，令备总陈鹏等四面攻敌，香寇惊忙，计难逸脱，遂举火焚船，已为灰烬"②。刘香一死，军中无主，全线崩败，郑芝龙乘胜追击，共夺大船一只，小哨船十只，犁焚小哨船二十余只，生擒贼目、贼党共147名，斩首622颗，救回被掳129人。

郑芝龙击溃了刘香海商集团后，"卷其资蓄""并其众"，不仅再次扩大了郑氏海商集团的力量，而且已完全占有了东南沿海的制海权，从此以后，郑芝龙兄弟"雄踞海上""独有南海之利"，"海舶不得郑氏令旗，不能往来，每一舶列（例）入三千金，岁入千万计，芝龙以此富敌国，自筑城于安平，海梢直通卧内，可泊船径达海，其守城兵自给饷，不取于官，旗帜鲜明，戈甲坚利，凡贼遁入海者，檄付芝龙，取之如寄，故八闽以郑氏为长城"。③

---

① 《明清史料》乙编第7本《海寇刘香残稿》。
② 《明清史料》乙编第7本《海寇刘香残稿》。
③ [清]邹漪：《明季遗闻》卷4。

郑芝龙消灭其他海商集团的战斗，既扩大了自己的势力，又为明朝立下了军功，这就为郑氏家族开辟了一条坦途，使郑氏家族有更多的人跻入官场。郑芝龙因平刘香有功，崇祯五年升参将职衔，二弟芝虎授南日寨守备。在广河之役中，芝虎战死，追赠参将，荫袭总旗。此后，郑芝龙官运亨通，步步高升，从副总兵到总兵，又从总兵升南安伯，再进封平虏侯，最后封为平国公。四弟郑鸿逵（芝凤）也从副总兵升为靖虏伯，再晋定虏侯，直到定国公。五弟郑芝豹本是国子监太学生，以军功钦授太师澄济伯，族弟郑芝莞任光禄大夫、上柱国太子太保，赐坐蟒玉带，军都督府左都督。族侄郑彩封为水师副将，进永胜伯加副元帅，再封建威侯。族侄郑联封定远伯。郑氏家族"一门声势，赫奕东南"，特别是郑芝龙"任益尊，权益重，全闽兵马钱粮皆领于芝龙兄弟，是芝龙以虚名奉召，而君以全闽予芝龙也"。[①]

隆武二年（1646），清军夺关入闽，形势发生了急剧的变化，朱聿键被俘，唐王小朝廷迅速覆灭，郑芝龙退保安平。这时尚有楼船五六百艘，"军容烜赫，战舰齐备，炮声不绝，响震天地"[②]。郑芝龙为了猎取王爵的桂冠，决意投清，虽然郑鸿逵、郑成功痛哭苦谏，郑芝龙仍然一意孤行。十一月，带随从五百余人，北上福州，拜见贝勒，与贝勒"握手甚欢，折箭为誓，芝龙赂遗不可胜计，忽一夜，拔营起，遂挟之北去"，软禁在京，至顺治十八年（1661）终被清朝斩首。

---

① ［清］彭孙贻：《靖海志》卷1。
② ［清］计六奇：《明季南略》卷11。

第三章 乘风破浪,武装走私:海商集团的形成

虽然郑氏海商集团的头号人物郑芝龙被清政府挟持而去,但对郑氏海商集团的影响不大,因为郑成功不仅继承家业,保存郑芝龙原来的海商资本,而且还千方百计地加以扩大和发展。

郑成功起兵之后,为了扩大势力,接连并吞了郑彩、郑联的海商集团。郑彩,"郑芝龙之族侄也,剑眉长髯,仪状魁硕,有智略,与诸将异,鸿逵奉命守江,彩亦以总兵官守采石。隆武立,遣守杉关,封永胜伯"[①]。郑芝龙北上降清时,郑彩、郑联退居厦门,独霸一方,与郑成功分庭抗礼。"成功密与部下计曰:两岛,吾家卧榻之侧,岂容人鼾睡。"于是从揭阳潜回厦门,当晚正值中秋,郑彩外出,郑联在万石岩饮酒作乐,第二天一早,郑成功登岸拜见,对郑联说:"师屡败绩,赧颜相见,倘吾兄见怜,以一旅相助,得片土栖身,终不敢忘大德。"郑联十分高兴,他说:"吾弟何出此言?军旅相助,分所当然",并留成功随意小酌,终日不倦。郑成功见郑联毫无戒备,于是密令诸船陆续进港,紧靠郑联船旁。一切部署停当,郑成功设宴于虎坑岩,邀请郑联赴宴,两人投壶角胜,酣畅倍常。到傍晚,郑联掌灯回营,走到半山塘,被预先埋伏在此地的杜辉伏刺死,事后飞报成功。郑成功立即于岩顶放炮,施琅、洪政、甘辉等人将郑联船队团团围住。郑联将领杨朝栋、王胜、杨权、蔡新等被迫率全队舟师投降。接着,郑成功又出招郑彩,郑彩见大势已去,不得不将全部船队交给郑成功,郑成功的实力因而大大增强。[②]

---

① [清]温睿临:《南疆逸史》卷53。
② [清]江日升:《台湾外纪》卷6。

郑成功不仅并吞郑彩、郑联海商集团，而且自己发展海外贸易也十分重视。1650年，郑成功占领厦门后，立即采纳部将冯澄世的建议，委派富有经商经验的郑泰和洪旭专管对外贸易，并下令采办木材，建造航海大船，通贩日本、吕宋、暹罗、交趾各国。另一方面，又专设山海两路五大商，派人到大陆秘密收购和转运各种出口货物。由于郑成功的大力经营，郑氏海商资本发展很快，成为军队粮饷和其他费用支出的主要财源。难怪清初郁永河感叹地说："成功以海外弹丸之地，养兵十余万，甲胄戈矢，罔不坚利，郑舰以数千计，又交通内地，遍买人心，而财用不匮者，以有通洋之利也。"①

从以上这些材料看出，郑氏海商活动相当活跃，海商资本相当雄厚。那么，郑氏海商资本到底有多大呢？要用精确的统计数字来说明自然是困难的，但我们从一些零星材料中可以获得一个粗略的估计。《台湾外纪》等书记载："凡海舶不得郑氏令旗，不能来往，每舶例入三千金，岁入以千万计，以此富敌国。"德国学者Aldree he Wiltn在《国姓爷》中指出：郑芝龙"除靠那一项强暴的营业税收外（指每舶例入二千金），又靠本身的投机生意，而终于积攒起一笔莫大的资产，他的船只计有三千，他令其船主们巡航到暹罗、马尼拉、马六甲等地，就豪华以及财富而论，他几乎凌驾他主君的唐王，而的确地他已瞩目到帝位了"。到郑成功时代，郑氏海商资本又有了进一步发展，顺治十四年七月，永历帝接见郑成功使臣杨廷世与刘九皋时，"问成功兵船钱粮，二

---

① ［清］郁永河：《海上纪略》。

人对以舳舻千艘，战将数百员，雄兵二十余万，粮饷虽就地设取，尚有吕宋、日本、暹罗、咬𠺕吧、东京、交趾等国洋船，可以充继"。①除了郑氏父子之外，郑氏家族其他成员也积累了一笔相当可观的海商资本，如户官郑泰"守金门，赀以百万计"②。"富至千万""少者百万"，这似乎可以被看作当时郑氏海商资本的一个概貌。所以连横在《台湾通史》中说："是台湾省农业之国，而亦商务之国也。"③

根据以上情况看，郑氏家族的确是东南沿海最大的海商集团，财雄势大，显赫一时，如果能顺利发展下去，进一步扩大经营规模，更多地积累财富，就有可能成为一个垄断性的海商大财阀。但是，历史的进程并非这样，如果说从郑芝龙到郑成功时代，郑氏家族在经济上、政治上走着一条发展的道路，成为新崛起的海商之家，那么从郑经以后，由于许多条件的变化，郑氏海商集团开始从极盛走向衰败了。

三、郑氏海商集团的衰败

郑氏海商集团的第三代郑经，是一个"无权略果断"的人，由于他"不能任人，致左右窃权，各树其党"④，使对外贸易每况愈下，海贸收入日益减少，政府财政发生困难。康熙十三年（1674），因"兵多粮少"，乃以"六官、督比、绅士、富民以充

---

① ［清］江日升：《台湾外纪》卷4。
② ［清］夏琳：《海纪辑要》卷2。
③ 连横：《台湾通史》卷25《商务志》。
④ ［清］江日升：《台湾外纪》卷24。

之",而且规定"百姓年十六以上,六十以下,每人月纳银五分,名曰'毛丁',船计丈尺纳税,名曰'梁头',及设各府盐引,分管盐场,以给兵食"。①康熙十八年,为了筹集军饷,甚至"渡载、猪牙、酒税、铁、炭、油灰诸类,虽孤寡亦不免,又令思明知府李景,附会其说,倍加派输,百姓怨声载道,欲逃无门"②。面对这种衰败局面,陈永华为了摆脱困境,谋取转机,曾采取了一系列措施,如"教民种庶,制糖之利,贩运国外,岁得数十万金"③。但是无论陈永华如何苦心经营,已无法挽回郑氏海商集团江河日下的趋势。特别是郑经第二次退守台湾以后,整日纵情花酒,把大权交给冯锡范,而冯又以诱骗的方法,逼使陈永华自动辞职,使政治更加腐败。郑经死后,内部又发生争位的派系斗争,混乱已极。康熙二十二年,清政府大举进攻台湾,郑克塽战败投降,郑氏家族被迁入内地。"十月,世子与冯、刘、何并眷口登舟,十一月初六日至泉州,初七日从省进京。"④自此以后,曾经显赫一时的郑氏海商集团就完全湮没无闻了。《荷闸丛谈》的作者林时对感慨地说:"盖自天启丁卯,至今癸亥,垂五十余载,郑氏父子祖孙,三世雄踞闽粤海岛,今始殄灭无遗。"⑤

郑氏海商资本为什么不能像西方海商资本那样得到充分发展,而是衰败下去了呢?这是多种原因造成的。

---

① [明]阮旻锡:《海上见闻录》卷2。
② [清]江日升:《台湾外纪》卷8。
③ 连横:《台湾通史》卷29《列传》。
④ [清]阮旻锡:《海上见闻录》卷2。
⑤ [明]林时对:《荷闸丛谈》卷4。

首先，郑氏海商是伴随着与封建政权的结合及军事斗争的胜利发展起来的，但同时，频繁的战争又严重地影响了郑氏海商资本的集中和积累。

郑氏海商集团为了维持一支庞大的军队，把大量资本消耗在军饷和购买军火上。郑芝龙虽然被明朝招抚，授予总兵之职，但"十余年养兵，不费公家一粒"①，军饷都是自己解决的。再加上他每次募兵，"不惜厚饷以养之"，必然要消耗大量资本。到了郑成功、郑经时代，部队编制进一步扩大，郑成功有雄兵二十余万，郑经有"水陆官兵计四十一万二千五百名，大小战舰，约计五千余号"②。要养活这支庞大军队，就要筹集大量的粮饷。虽然当时向沿海各府征派粮饷，解决了一部分经费，但据杨英《从征实录》说："四府地方粮饷仅足以养一万之兵。"其余几十万军队的粮饷就只能靠海上贸易盈利来支付了。同时，购买军火也花很多钱。在与各国的贸易中，军火是主要的进口商品，如与荷兰贸易，每年购买箭杆十万支，从日本买来的铜、铅等金属品，也主要用来制造盔甲、器械等装备。在与英国的贸易中，郑经要求英国东印度公司来台的每一条船，都必须有火药二百桶，火弹枪二百支。1670年英船实验号、归航号首次到台湾，运来了大批步枪与火药，每支步枪的售价是5.5比索（pesos，菲律宾币），每桶火药18.125比索。1675年英船飞鹰号又运来一批军火，因途中枪支被海水浸蚀，英国被迫减价，但对火药英人则要求给予较好的

---

① ［明］黄献臣：《武经开宗》，转引自《台湾郑氏纪事》卷上。
② 《郑氏关系文书》。

价钱。同年，陈永华还要求英方"运来黄铜炮六架，其中三架要能装九斤重之炮弹，另三架能装八斤者"①。

其次，为了适应战争的需要，郑氏经常把大批商船转用作兵船，这也严重影响海上贸易的发展。如顺治十八年（1661），郑成功为了东渡收复台湾，"在厦门及其附近集结了超过二百艘的一支舰队，并且正忙于要征召更多的船只。他命令所有在日的帆船立即返航，违者处死，还命令在交趾、柬埔寨、暹罗以及其他地方的航船，不要去日本……直接开往厦门"②。康熙十八年十二月，姚启圣、吴兴祚大集舟师进攻厦门时，郑经也"调各洋船、私船配兵北上"③。康熙二十二年，清政府选练舟师，大举征台，"伪镇国公刘国轩就台笋精壮，调佃丁计二万余人，取洋船及伪文武等官私船改为战船大小二百余号，亲统至澎，屯于风柜尾牛心湾等屿"④。

随着军事斗争的起伏，已经积累起来的海商资本也遭受很大损失。顺治十年（1653），清政府趁郑成功南征广东，袭破郑氏海商集团的根据地——厦门，夺取了贮存在厦门的"黄金九十余万两，珠宝数百镒，米粟数十万斛；其余将士之财帛，百姓之钱谷，何可胜计"，使郑氏海商资本受到很大的损失，正如朱希祖先生指出："中左之所失，为成功全部之家资，芝龙一生所积

---

① 《十七世纪台湾英国贸易史料》，赖永祥、曹永和译，台湾银行1959年版。
② ［日］中村孝志：《バタヴィア城日誌》1661年6月13日条。
③ ［清］彭孙贻：《靖海志》卷4。
④ ［清］李元春辑：《台湾志略》卷2。

第三章 乘风破浪,武装走私:海商集团的形成

蓄。"①又如海澄是郑氏海商集团的"关中河内,故诸凡尽积之"。顺治十三年,因防守海澄县城的前冲镇黄梧叛变,使城中的贮粮二十五万石及许多的军器、衣甲丧失殆尽。再如康熙二年,郑泰的弟弟郑鸣骏及其子缵绪"统所部文武各官四百余号,水陆官兵七千三百余名,各带家眷驾战舰一百八十余号",投降清政府,其中就包括了一些从前曾经替郑成功从事国内外贸易的王商,这使郑氏海商受到一次沉重的打击。

第三,郑氏海商集团的贿赂及贪污浪费也消耗大量的海商资本。郑芝龙认为"世无君子,天下皆可货取耳!陈平之闲项也,黄金胜百战矣"②。为了跻身官场、猎取功名,他实行"以贿求抚"的策略。崇祯元年(1628),"差芝燕、芝凤带金银币帛,同毓英入泉州城,先见王猷,次见邓良知,代芝龙陈始末,愿拜门下,缴上厚礼,各大喜",接着又带上重礼进贿熊文灿,"文灿大喜,收入,立即通行全省,准芝龙招安"。③崇祯十三年,明朝中央政府下令各省抚按举将才,芝龙派芝鹏带大批珍贵礼物进京,"先赂本省势权缙绅,如吏部丁启浚者,然后关通阁部,相互会于崇祯之前,准授郑芝龙南澳副总兵"④。崇祯末年,郑芝龙"欲得福闽全省正总兵",又"赍银十万,至京师",后因农民军攻破北京城,明朝很快灭亡,目的才没有达到。据《明季北略》记载"此银为流贼所得"。所以林时对在《荷闸丛谈》中指出郑

---

① [清]杨英:《从征实录》。
② [清]沈云:《台湾郑氏始末》。
③ [清]江日升:《台湾外纪》卷1。
④ [清]江日升:《台湾外纪》卷2。

芝龙"又以洋利交通朝贵，寝以大显"。

郑氏海商集团还把大量财富耗费于穷奢极欲的糜烂生活，也是影响郑氏海商资本积聚的原因之一。郑芝龙因经营海上贸易发财致富以后，花了巨款在家乡安平镇建造宏丽的住宅，"第宅壮丽，绵亘数里，朱栏锦幄，金玉充牣"，甚至"开通海道，直至其内，可通洋船，亭榭楼台，工巧雕琢，以至石洞花木，甲于泉郡"，对于郑芝龙日常起居的豪奢，沈云的《台湾郑氏始末》作了淋漓尽致的描述："每出游，从人数百，衣服丽都若一，莫辨畴孰芝龙者。"福建巡抚沈犹龙母亲生日，郑芝龙"进珊瑚高尺余，饰珠龙金碗，为犹龙母寿，犹龙叹啧啧，则复进一树，如前高，制生犀，黄金为甲"，郑芝龙为了显示豪侈，取媚邀宠，真是挥金如土。到了郑经，这种穷奢极欲的浪荡生活达到登峰造极的地步。《台湾割据志》云："经之入岛也，委政克塽，退闲居于洲仔尾，筑游观之地，峻宇雕墙，茂林嘉卉，极岛中之华丽，优游其间"，后则以此亭园为家居，"移诸嬖幸于内，纵情花酒"。康熙二十年（1681），台湾内部经济拮据，财政已十分困难，外部清军压境，但郑经仍然"终日驰射，酣饮达旦"，正月十五日还要全岛居民"大放元宵"，张日曜即传令"街市民，构结花灯竹马故事，烟火笙歌，以供游玩"。克塽知道后，上疏劝阻："偏僻海外，地窄民穷，屡年征战……人心汹涌，何必以数夕之欢而费民间一月之食，伏乞崇俭，以培元气，以永国祚"，由于克塽的反对，才没有举行。

此外，主管海外贸易的各级官员的贪污，也很不利郑氏海商资本的集中。顺治十一年（1654）常寿宁揭发黄恺"逆派横行，种种难料,又山海等饷,多征少报,计十余万额"。郑成功调查后,"实有据,令杀之""没家资十余万"。这仅仅是被揭发出来的一案,而没有被揭露的一定更多。如户官郑泰,在掌管东西洋贸易及兵饷银米的出入时,积赀家产"至百余万"。他还瞒着郑成功,把四十多万两银子寄存在日本国,一直到郑经查阅账册时,才发现这笔存款,后经过六次交涉,仅取回二十万两。

由于以上几个原因,郑氏海商集团不能得到充分的发展,最后必然走向衰败的道路。

第四章
贸易的"巢穴":自由商港雏形初具

随着私人海上贸易的发展,海上贸易集团的出现,东南沿海迅速兴起一批新的贸易港口,成为私人海上贸易商人的活动中心。这些港口一般具有交通方便、远离政治军事中心、港汊纵横、岛屿星布,又便于隐蔽等共同特点。由于各地区社会经济条件的差别,每个港口又呈现出不同的情况,因此有必要对各港口的发展情况分别加以叙述。

第一节 浙江商港,内外相结

浙江面临东海,东与日本隔海相望,南可通航西洋各国,海上交通比较发达。到了明代,由于商品经济的繁荣、私人海上贸易的发展,在浙江舟山群岛附近出现了许多私商云集的新商港,包括双屿港、烈港、岑港等,其中最著名的是双屿港。

一、双屿港

双屿港位于宁波府霩䨇所对面的海上,在距舟山城东南一百里处,是明代浙江沿海地区的海外交通中心,也是我国东南主要私人海上贸易港口。虽然双屿港繁荣的时间不长,前后不过二十多年，但在浙江海上交通史上占有一定的地位。

（一）双屿港的兴起

双屿港的兴盛是与浙江地区商品经济的繁荣分不开的。明代中叶以后，浙江的经济作物发展很快，桑树种植面积不断扩大，集约化程度大大提高，每亩种植株数由唐宋时的五十株左右增加到二百多株。棉花种植也有显著发展，"浙花出余姚，中纺织，棉稍重，二十而得七"[①]，棉花的产量普遍提高，"亩得二三百斤"。经济作物的发展促进了手工业的发达，丝织业和棉纺织业，遍及城乡各地，"机杼声轧轧相闻，日出锦帛千计"[②]，手工工场生产的大批纺织品，源源不断地供应市场。在市镇上，四方商贾云集，有的商人从数千里外挟万金而来，摩肩连袂，往来不绝。江浙地区商品经济的繁荣，要求进一步扩大国内贸易和海外市场，但是明朝政府出于政治上的需要，一直对海外贸易加以限制。为了冲破这种障碍，私人海上贸易商人必然要在明朝统治势力比较薄弱，或者海禁政策执行得比较不力的地方开辟新的港口，作为他们进行私人贸易的基地。

双屿港的地理位置十分适合私人海上贸易的需要。双屿港在"城东南百里，为倭夷贡寇必由之路"[③]，离对岸的霩𩇕所也有一定的距离，是卫所官兵难以控制的地方。双屿港离浙江省会杭州更加遥远，明政府鞭长莫及。同时，港口的地形也十分险要，"东西两山对峙，南北俱有水口相通，亦有小山如门障蔽，中间

---

① ［明］徐光启：《农政全书》卷35。
② ［清］金准：《濮川所闻记》卷4。
③ 天启《舟山志》卷2《山川》。

空阔约二十余里，藏风聚气，巢颇宽"①，是一个进可以攻、退可以守的从事私人海上贸易的理想场所。

　　明朝中叶，一些海商为了逃避广东市舶司的重税，"福人导之改泊海仓月港，浙人又导之改泊双屿，每岁夏季而来，望冬而去"②。嘉靖五年（1526），福建海商"诱引番夷，私市浙海双屿港，投托合澳之人卢黄四等私通交易"③。嘉靖十九年，江浙许氏海商集团也"结巢于霩䨇之双屿港，其党有王直、徐惟学、叶宗满、谢和、方廷助等"，他们"纠集党类甚众，连年盘踞双屿，以为巢，每年秋高风老之时，南来之寇，悉皆解散，惟此中贼党不散"。这些海盗商人以双屿港为中心，对内"却以奸党于直隶苏松等处，诱骗良民，收买财货到港"，对外派出船队，"出没诸番，分迹剽掠"。浙江沿海附近的商民也纷纷到双屿港进行经商活动。对这种内外勾结的走私贸易，朱纨有一段很详细的记载："浙江定海双屿港，乃海洋天险，叛贼纠引外夷，深结巢，名则市贩，实则劫掳，有等嗜利无耻之徒，交通接济，有力者自出赀本，无力者转展称贷，有谋者诓领官银，无谋者质当人口，有势者扬旗出入，无势者投托假借，双桅三桅，连樯往来，愚下之民，一叶之艇，送一瓜，运一樽，率得厚利，驯致三尺童子，亦知双屿之为衣食父母，远近同风，不复知华俗之变于夷矣。"④从朱纨的描绘中，我们可以看到，双屿港的走私贸易十分活跃，海

---

① ［明］朱纨：《朱中丞甓余集》。
② ［明］郑若曾：《筹海图编》卷12。
③ ［明］郑舜功：《日本一鉴》卷6《海市》。
④ ［明］朱纨：《朱中丞甓余集》。

上商船连樯往来，内地商人交通接济，甚至平民百姓也运送蔬菜、粮食，博取厚利。嘉靖年间，双屿港已成为浙江海上贸易的基地。

（二）双屿港的发展

双屿港不仅是国内海商云集的港口，而且还是国际海盗商人的集散中心，每当南风汛时，"日本诸岛，佛郎机、彭亨、暹罗诸夷，前来宁波双屿港内停泊"。他们与"内地奸人交通接济，习以为常，因而四散流劫，年甚一年，日甚一日"[1]。如日本海盗商人经常出入双屿港。嘉靖十九年，"倭巢双屿港"，嘉靖二十四年，王直往市日本，后"诱溥多津、倭助、才门等三人来市双屿"。嘉靖三十六年，海商胡霖等"诱引倭夷，来市双屿"[2]。可见双屿港是日本海盗商人在我国东南沿海的主要据点之一。

盘踞双屿港的另一主要海盗商人是葡萄牙人。嘉靖年间，葡萄牙海盗商人在广东遭到沉重打击以后，开始北窜福建、浙江海面，勾结中国海盗商人，进行走私贸易活动。但他们何时占据双屿港，中外记载不一。《明史·朱纨传》说："初明祖定制，片板不许入海，承平久，奸民阑出入，勾倭人及佛郎机诸国入互市。闽人李光头、歙人许栋踞宁波之双屿，为之主司。"[3]这里虽指出葡萄牙人到双屿港是福建海盗李光头及许氏海商集团勾引来的，但没有指明在哪一年。克鲁斯（Gaspar da Cruz）则认为葡萄牙海盗商人是16世纪初到双屿港的："葡萄牙人于1519年以前就在中

---

[1] ［明］朱纨：《朱中丞甓余集》。
[2] ［明］郑舜功：《日本一鉴》卷6《海市》。
[3] 《明史》卷205《朱纨传》。

国商人的带领下，通过贿赂，而在双屿港牢固地定居下来，在此地十分自由，除去一副绞刑架和一根佩洛林奥（即象征市政权的石柱）而外，什么东西都有。"①1519年以前，即明正德年间。我们认为克鲁斯把葡萄牙人进驻双屿港的时间确定在正德年间，可能太早一些。因为正德十三年（1518）安德烈（Fernao Peres de Andrade）的确派遣马斯卡伦阿斯（Capt. Jorge Masgarenhaso）向北航行，准备到闽浙沿海及琉球，调查当地的风土人情，但到泉州，因气候恶劣，被迫返航。可见这一次没有到达浙江沿海，当然也就没有可能于此时占据双屿港。而郑舜功认为"嘉靖庚子（嘉靖十九年），继之许一松、许二楠、许三栋、许四梓勾引佛郎机国夷人，络绎浙海，亦市双屿、大茅等港，自兹东南衅门开矣"②。郑舜功认为16世纪40年代葡萄牙人才到双屿港，这可能把时间推定得太晚。直接指挥摧毁双屿港战斗的朱纨在《哨报夷船事》中指出："今据前因，为照海寇勾引各夷，占据双屿，相传二十余年，劫掳人财，无虑数千百家。"③参加了平倭战争的胡宗宪在《浙江倭变记》中也说：朱纨捣毁双屿港，使"二十年盗贼渊薮之区，至是始空矣"④。朱纨摧毁双屿港是在嘉靖二十七年，向前推二十余年，即嘉靖三四年间，而广东西草湾战役发生在嘉靖二年，葡萄牙人战败以后，向北发展，至嘉靖三四年间到

---

① C.R.Boxer, tr.&cd. *South China in the Sixteenth Century*, 1956, p.192. 本书已出版有中文译本［美］C.R.博克舍编：《十六世纪中国南部行纪》，何高济译，中华书局2019年版。
② ［明］郑舜功：《日本一鉴》卷6《海市》。
③ ［明］朱纨：《朱中丞甓余集》。
④ ［明］郑若曾：《筹海图编》卷5《浙江倭变纪》。

第四章 贸易的"巢穴":自由商港雏形初具

浙江海面的可能性最大。所以我们认为,葡萄牙人进驻双屿港,应是嘉靖三四年间,也就是16世纪20年代。

葡萄牙人占据双屿港后,与其他各国海盗商人一起在浙江沿海进行频繁的走私贸易活动。有一次上虞县知县陈大宾在双屿港附近捕获三个"黑鬼番",一名叫沙哩马喇,年三十五岁,满剌加人,善驶船观星象,葡萄牙人每年以银八两雇用他驾船。一名叫法哩须,年二十六,哈眉须人,十岁时被葡萄牙人买来,在海上长大。一名叫嘛哩牛,三十岁,咖吠哩人,被葡萄牙人自幼买来。①据这三名"黑鬼番"供称,"佛郎机十人与伊一十三人,共漳州、宁波大小七十余人,驾船在海,将胡椒、银子换米、布、绸缎,买卖往来日本,漳州、宁波之间,乘机在海打劫",他们还供称:"今失记的日,在双屿被不知名客人撑小南船载麦一石,进入番船,说有绵布、丝绸、湖丝,骗去银三百两,坐等不来。又宁波客人林老魁先与番人将银二百两,买缎子、绵布、丝绸,后将伊男留在番船,骗去银一十八两。又有不知名宁波客人哄称有湖丝十担,欲卖与番人,骗去银三百两。"②从这份审讯记录可以看出,双屿港的葡萄牙人是通过中国商人收购大量的绵布、丝绸、湖丝,再雇用各国船员贩运到日本销售的,双屿港已成为名副其实的国际贸易中转站。

由于进行频繁的走私贸易活动,双屿港岛上集结了大批国际

---

① 据廖大珂考证,满剌加即今马六甲,哈眉须即今霍尔木兹,斯瓦希里人称东非的班图人为咖吠哩人。廖大珂:《明代"佛郎机黑番"籍贯考》,《世界民族》2008年第1期。
② [明]朱纨:《甓余杂集》卷2。

海盗商人。他们在此地筑码头，建仓库，设商店，铺道路，双屿港便成为货物云集、人口众多、市面繁荣的国际贸易港。当时曾到过中国沿海活动的葡萄牙海盗宾托（Fernao Mendez Pinto）在《游记》中写道："双屿港总人口有三千多人，其中葡萄牙人占一半以上，还有房屋一千余幢，有的房屋建筑费达三四千金，还有教堂三十七所、医院二所。每一年进出口贸易额达三百多万葡币（Cruzado），其中很大一部分是用日本银锭作货币的……由于二年前发现与日本的交易，贸易发展更快，这是葡萄牙在东方最富庶的殖民地港口。"[1]虽然宾托的描绘可能有某些夸大之处，但当时双屿港的繁荣却是无可置疑的。

（三）双屿港的衰落

双屿港的走私劫掠活动，引起了明朝政府严重的不安和恐惧。为了荡平该地，嘉靖二十七年，明朝政府派重兵进剿双屿港，与盘踞此岛的海商集团进行激烈战斗。对于这场战争的直接起因，有各种不同的说法。

《曼里克游记》说，有一个葡萄牙人潘来拉（Lancarot Pereira）借了一笔钱给一个中国商人，这个商人破产了，无法偿还，潘来拉十分气愤，于是纠集一批海盗，乘夜抢劫了一个离双屿港不远的村庄，毁去十户农家，残杀了十个农民，潘来拉的暴行激起附近农民的愤慨，他们纷纷到巡抚府告状，要求缉拿暴徒，明正典刑。巡抚下令海道，带领六万大军、数百艘船舰围攻双屿港，经

---

[1] 张天泽，*Sino-Portuguese Trade From 1514 to 1644：A Synthesis of Portuguese and Chinese Sources*，EJ Briu，Leydem. 本书已出版有中文译本：张天泽：《中葡早期通商史》，姚楠、钱江译，中华书局1988年版。

过五个小时的战斗，使昔日繁华之港口成为废墟。[①]

有的则认为是居住在双屿港的葡萄牙人到南京盗窃了明孝陵的宝物，引起明世宗的暴怒。嘉靖二十一年，明世宗下令讨伐，福建及浙江军队两面夹攻，烧毁停留在双屿港的船只三十五艘，杀死外国商人及基督教士一万两千多人，其中有葡萄牙人八百名。[②]

以上二说，均有不实之处。双屿岛是浙江海面上一个弹丸之地，不可能有一万两千多外国商人和传教士。还是《筹海图编》记载比较可靠。据胡宗宪说，嘉靖二十七年四月，浙江巡视都御史朱纨派遣都指挥卢镗及海道副使魏一恭带领备倭指挥刘恩至，先"与贼战于九山大洋……大败贼众，俘斩稽天新四郎等"，接着，张四维、张汉等部署兵船包围了双屿港，断绝岛内外一切交通，"贼初坚壁不动，迨夜，风雨昏黑，海雾迷目，贼乃逸巢而出，官兵奋勇夹攻，大胜之，俘斩溺死者数百人，贼酋许六、姚大总与大窝主顾良玉、祝良贵、刘奇十四等皆就擒"，卢镗带兵进入港内，烧毁"贼所建天妃宫及营房、战舰。贼巢自此荡平，余党遁往福建之浯屿"。[③]

战斗结束以后，朱纨也亲自上岛巡视，他于五月十七日渡海入港登山，"凡逾三岭，直见东洋中有宽平古路，四十余日，寸草不生，贼徒占据之久，人货往来之多，不言可见"[④]。为了彻

[①] C.E.Luard, tr.&ed, *The Travels of Fray Sebastion Manrigue, 1629–1643*, London, 1927, Vol.1.
[②] 张星烺:《欧化东渐史》，商务印书馆1934年版。
[③] [明]郑若曾:《筹海图编》卷5《浙江倭变纪》。
[④] [明]朱纨:《朱中丞甓余集》。

底摧毁海盗商人的根据地,朱纨本想在双屿港驻兵立营戍守,"为一劳永逸之计"。然而这种建议遭到很多人的反对,特别是"平时以海为生之徒,邪议蜂起,摇惑人心,沮丧士气"。同时,"福兵亦称不便",不愿在这远离大陆的孤岛上驻守。朱纨不得不放弃驻兵防守的计划,采取聚木石填塞港口办法,使"贼舟不得复入,而二十年盗贼渊薮之区,至是始空矣"。①经过朱纨的破坏,双屿港已完全失去作为贸易港口的条件。

二、其他贸易商港

浙江沿海除了双屿港外,还有许多避风良港。据茅元仪《武备志》的统计,能避四面飓风的上等港口有二十四处:马迹、两头洞、长涂、高丁港、沈家门、舟山前港、浔江、烈港、定海港、黄屿港、梅港、湖头渡、石浦港、猪头澳、海门港、松门港、苍山澳、玉环山、梁澳、楚门港、黄华水寨、江口水寨、大澳、女儿澳。能避两面飓风的中等港口有一十八处:马木港、长白港、蒲门、观门、竹齐港、石牛港、乌沙门、棰花门、海闸门、九山、爵溪澳、牛栏矶、旦门、大陈山、大床头、凤凰山、南鹿山、霓礐。可避一面飓风的如三孤山、衢山港之类不可胜数。②我们选几个比较主要的分述如下:

(一) 烈港

烈港位于舟山与大陆之间的海面上,在定海县西北五十里,

---

① [明]朱纨:《朱中丞甓余集》。
② [明]茅元仪:《武备志》卷215《浙江事宜》。

第四章 贸易的"巢穴":自由商港雏形初具

"东出海,近金塘山"①,位于舟山城北一百一十五里②,港内地形复杂,东西有两个出口,"潮涨则东流,夕则西流,东西两头,我船皆可进,彼船皆可遁"③,是浙江沿海又一私人海上贸易良港。嘉靖二十七年双屿港被朱纨捣毁填塞后,"王直收合许二余党尽巢烈港",以烈港作为新的走私贸易港口,特别是王直并杀陈思盼、柴德美以后,进出烈港的海船更多,贸易活动更加频繁。王直在烈港"令毛海峰、徐碧溪、徐元亮分领之,因而海上番船出入关无盘阻,而兴贩之徒纷错于苏杭,近地之人民至有馈时鲜,馈酒米,献女子者"。烈港成为王直海商集团的贸易中心,附近"亡命之徒,日益附之,由是边海郡邑无处无贼矣"④。

烈港繁荣的海上贸易,又引起了明朝政府的恐慌,嘉靖三十二年(1553),都御史王忬亲临前线,"阅图审形",制订围剿计划。同年四月,王忬令参将俞大猷、汤克宽分为二哨,"大猷由列表门进以当其前,克宽由西后门进以防其逸,谓贼一出则一哨,可以追剿,不动亦可以全制也"。同时分遣张四维屯驻龙山,黎秀屯驻霩䨥,遥为声援。俞大猷又派熟悉烈港地形的奸细"潜入贼营,举火为号"。四月十一日晚,天空一片漆黑,四鼓时分,突然,烈港上空烟焰蔽天,埋伏在四周的明朝官兵同时发起总攻,"贼惊奔争舟,死者无算,乃大败走"。⑤王直率领一部分船队突围而出,改泊马迹岛。浙江海面的又一个贸易港口被明朝政府摧毁了。

---

① [清]顾祖禹:《读史方舆纪要》卷92。
② 天启《舟山志》卷2。
③ [明]俞大猷:《正气堂集》卷5。
④ [明]郑若曾:《筹海图编》卷11。
⑤ [明]郑若曾:《筹海图编》卷5《浙江倭变纪》。

（二）舟山岑港

舟山岛在定海"东北二百里中"①，四面环海，东接普陀、桃花，南连崎头横水，西接长白、马墓，北连长涂剑山，地理位置十分重要，"其中为里者四，为岙者八十三，五谷之饶，鱼盐之利，可以食数万众，不待取给于外，乃倭寇贡道之所必由。寇至浙洋，未有不念此为可巢者"②。明朝初年在此曾设昌国县。洪武十七年（1384），信国公汤和巡视海上，以"其民孤悬，徙之内地"，撤销县的建制，改设二所，隶属于象山县。到明代中叶，卫所兵士"逃亡且大半矣，重以城垣低薄不足为固"③，防守力量大大削弱，而成为海商活动的场地。如舟山东边圹头，螺门一带"地势达阔，圹头极险，逐利者常于此处勾引海艘"，北边的柯梅一带"倭夷蟠踞为巢穴"④，特别是北边的岑港，更是海商活动的中心。

岑港位于舟山城东四十五里，"四山峭立，海环其外，入口仅容一舟，别无他道"⑤，港道十分优良，历来是舟山的出入门户。"相传六国港口，南北舟航鳞集聆此。"⑥嘉靖三十六年，王直率领庞大的船队，从日本渡海而来，驻扎在岑港，要求明朝政府开市贸易，最后被胡宗宪诱捕。王直死后，其义子毛烈"倚险列栅"，继续固守岑港，与明政府对抗。嘉靖三十七年，胡宗宪命总兵俞

---

① ［清］顾祖禹：《读史方舆纪要》卷92。
② ［明］胡宗宪：《胡少保海防论》，见《明经世文编》卷267。
③ 嘉靖《定海县志》卷7。
④ 天启《舟山志》卷1。
⑤ ［明］郑若曾：《筹海图编》卷9《平倭录》。
⑥ 天启《舟山志》卷2。

大猷，参将戚继光、张四维等四面包围岑港，把总任锦、指挥甘述宗等进泊港口之南部。指挥李泾、张天杰等驻泊港口之北部，俞大猷自己率领福船及喇叭船，往来策应。陆路以指挥周官、士官彭志显领大剌士兵由中路小河岭攻入，指挥杨伯乔、唐莹领镇溪麻寮兵由右路碇硈攻入，参将戚继光率兵由左路小岭攻入，指挥杨永昌、卢锜等分道策应。水陆两路约期并进，直趋岑港。但毛烈海商集团拼死抵抗，"敛营固守""为守益坚"，使明朝官兵久攻不下，胡宗宪认为"贼所以负固死斗者，盖春汛已及，计有新倭可以应援"，于是派张四维率领舟师伏击于韭山洋，又派出另一支部队驻扎朱家澳，切断岑港与外界的联系，"自是岑港之贼绝援矣"。[1]同年六月，胡宗宪亲莅定海，坐镇指挥，分遣将领，各与信地，福船由岑港南口，广船由岑港北口，同时夹击，又"令夷僧辈招之私语，贼遂互相猜疑，至持刀自击"[2]，明朝官兵乘隙进攻，贼众大乱，夜分纵火焚其舟，死者无算。

（三）普陀山

普陀山在定海县之东，距县百余里，"孤峙海中，蜿蜒绵亘纵横各十里许，周遭四十余里，或三百里也，东控日本，北接登莱，南亘瓯闽，西通吴会"[3]，实海中之巨障，海上交通之要道，"往时日本、高丽、新罗诸国皆由此取道以候风信"[4]。洪武年间，汤和烧毁殿宇三百余间，迁居民入内地，仅留铁瓦殿一所，

---

[1] 嘉靖《定海县志》卷22《海防》。
[2] [清]谢顾：《纪舟山之捷》，见《古今图书集成·方舆汇编·边裔典》卷37。
[3] 道光《南海普陀山志》卷1。
[4] [清]顾祖禹：《读史方舆纪要》卷92《浙江》。

从此普陀山成为海商船舶停靠的场所。正德十年（1515），僧淡斋募铸铁瓦二万片、砖一万块，建正殿五间、方丈二十间，于是香火逐渐兴旺，香客不断增多，一些沿海商人利用明朝政府香船例不税验的规定，"奸贩托名进香，尽多私载以普陀为寄寓"①，使普陀山的走私贸易日趋活跃。明朝政府为了打击普陀山的贸易活动，嘉靖三十二年，派遣俞大猷督兵进攻普陀山，围剿海商集团。第二年三月，再次包围普陀山，正好其他海商集团赶到，内外夹击，官兵腹背受敌，大败而逃，"贼以先所得货蒲新舟，令其半先归，而留其枭悍者入掠"②，普陀山仍为走私贸易基地。

（四）洋山

洋山在两头洞西，南去定海，北往吴淞，皆一潮之隔，正处于浙直海上交通之中点。岛内"北高十余丈，周围约七八十里，形如圈树，其中有十八澳，如一大湖，可藏舟数百艘"③，是良好的避风港口。岛上还"有一池泉，淡可汲"。因此海商从日本渡海而来都要在此停靠，补充淡水。嘉靖四十四年四月十六日，由洋山出发向西航行的商船有七十余艘，可见平时来往于洋山港的商船很多。洋山的确是中日航线上一个中转港口。

（五）柘林

柘林位于奉贤南面的海边，"虽一小镇，然滩近而易于泊舟，路径而通无阻绝"，陆路向北可至闵行渡浦直抵松江，水路从上

---

① ［明］王在晋：《海防纂要》卷8《禁通番》。
② ［明］郑若曾：《筹海图编》卷5。
③ ［明］茅元仪：《武备志》卷209《洋山记》。

横泾而西直抵嘉兴，南可达湖州、杭州，北可达苏、常、镇江，直抵南京，"实为七郡之门户，南都之喉舌也"。[①]由于柘林水陆交通非常方便，嘉靖时成为海盗商人的大本营，肖显、王直、徐海等著名海商集团均以此为根据地，他们经常在此地聚集数万人，进行亦商亦盗的海上贸易活动。

第二节　福建商港，官民勾连

福建西依武夷山，东临大海，海岸线曲折，岛屿众多，有许多优良的港湾。明代中叶以后，随着私人海上贸易的发展，出现了一批新兴的私人海上贸易商港，如"漳之诏安有梅岭、龙溪、海沧、月港，泉之晋江有安海，福宁有桐山"[②]等。在这些海港中，以漳州月港和晋江安平港最为著名。

一、漳州月港

月港，又名月泉港，在漳州城东南五十里，"外通海潮，内接淡水，其形如月，故名"[③]。月港于明代中叶迅速兴起，到万历年间，已发展成为我国主要对外贸易商港，是东南地区海外交通的中心，在世界海上交通史和国际贸易史上都占有重要地位。

（一）月港兴起的经济背景及地理条件

月港的兴起是与漳州经济发展分不开的。明代中叶，随着东南沿海地区商品经济的繁荣，漳州经济区已经形成，并进入黄金

---

① ［明］何良俊：《何翰林集》，见《明经世文编》卷204。
② 乾隆《福建通志》卷74《艺文》。
③ 乾隆《海澄县志》卷1。

时代。早在明朝初年，漳州人民已大力开山填海，兴修水利，扩大农作物的种植面积，"虽高丘悬崖，可辟田亩"，仅南靖苎后山一带，洪熙元年（1425）已开垦"良田数千顷"。漳州人不仅开发山地，还充分利用沿海的自然环境，围垦海滩，向海要地，"四封之内，陆与海往往争夺"。他们利用"堤师战波，堰而土之"的办法，将大面积的"海堘""疏筑成田"。据不完全统计，仅龙溪、漳浦两县傍海处，筑有围海长堤一百八十六处，如龙溪县的"六八二都，堰海以田，计三万亩有奇，地固斥卤，磁畚之下，与海争权"①。由于漳州地区"面海多卤，抱山多礧田"，当地人民还因地制宜，兴修各种水利工程，"大而溪、为潭、为洋、为港、为浦、为渠，小而为沟、为圳。有利用潴者，大而为湖，小而为塘，其壅而积之，使不泄者为坡为坝，其筑而障之，使不浸者为埭为岸，其因时启闭，使潦有归，而旱有备者为闸"②。如成化年间知府姜谅在龙溪县修施墩上圳"溉田六十余顷"。邹塘"溉田百余亩"，官港"在县东西十里，上通柳营江，下通石美港，长二十余里，溉田二百余顷，两旁带渠"。新埭"二所俱濒海，所以障卤水使不害稼也，岁久崩坏，知府姜谅重修，复增建斗门，以时蓄泄，自是无卤水之害"③。南靖县"芝山僧之辅于亭后山，伐石数万为沟渠闸，使里人开凿田亩……立成良田数千顷"④。农田水利的兴修，促进了农业生产的发展，当时"种

---

① 光绪《漳州府志》卷45《艺文》。
② 乾隆《龙溪县志》卷6《水利》。
③ 乾隆《龙溪县志》卷6《水利》。
④ 乾隆《福建通志》卷36《水利》。

蔗煮糖，利较田倍，多夺五谷之地以植之"①。"果贵荔枝，红柑次之，俗多种，家比千户侯。"茶叶则"漳中以龙山产者为佳"。这些经济作物的种植与生产，为漳州月港的出口贸易提供了丰厚的物质基础。

在粮食与经济作物生产繁荣的基础上，手工业亦迅速发展起来。漳州的纺织业最为发达，家庭手工业遍及乡村闾里，其产品有天鹅绒、土绸、绮罗、缎、吉贝布（即棉布）、苎麻布、蕉布、葛布等。其中漳纱、漳缎，为国内外市场的畅销品。天鹅绒"机制云蒸，殆夺天工"。漳纱"为海内所推"②，"纱绒之利，不胫而走，机杼轧轧之声相闻"。漳州的冶铸业也相当发达。"漳铜炉、铜佛、铜仙之属，铲锤颇工"③，龙溪地方私铸的钱币饰品运贩日本，很受日本人民欢迎。漳绣、纱灯、竹枕等手工业品，在国内外市场亦是不可多得的艺术珍品。

社会经济的发展推动了漳州地区交通文化的发展。正统、成化、正德年间数次重修扩建"漳南桥梁，虎渡第一"的江东大桥，此桥"梁长十八尺，方五尺，酾水有五道，一道之梁，疏之以广其道，以板石横弥其缝，广二十尺，长二千尺，翼以扶栏"，是漳州地区与外界交通运输的大动脉。货物行旅"夕发闽南，朝趋交广，沛然可至"。④此外，诏安洋尾桥"长百余丈，广九尺，酾水为九十九道""为闽广往来络绎之津"⑤，洋尾桥的修建加强

---

① 乾隆《福建通志》卷21《风俗》。
② 乾隆《龙溪县志》卷19《物产》。
③ 乾隆《龙溪县志》卷10《风俗》。
④ 乾隆《龙溪县志》卷24《艺文》。
⑤ 乾隆《福建通志》卷29《津梁》。

了漳州地区与广东潮汕地区的联系。众多桥梁道路的修建,形成了以月港为中心的陆地交通网;工农业的发展和交通的便利,又促进了漳州地区社会文化的繁荣。《东西洋考》的作者张燮,与郑怀魁、将孟育、林茂桂、高克正、王远志、陈翼飞等,"号漳七子,文名大噪"[1]。每年开科取士,漳州府人才辈出,"业文者柏葩而吐藻,几埒三吴"[2],享有"海滨邹鲁"之美誉。总之,到明代中叶,漳州经济区已进入全盛时期,无论农业、手工业、交通、文化事业均已十分发达。当时九龙江两岸"烟火丛稠,人事耕学,楼堡相望,滨江比庐""列尾成市",甚至本来比较落后的山区也出现繁荣景象。如华安潭口镇"上下游舟次鳞集,溪北熙攘者,以此为最",华安沙建"鸡鸣桑树,笛响陇门,村落繁庶"。[3]

漳州经济区的形成与繁荣,迫切要求有一个通商港口来扩大与国内外市场的联系。然而在宋元时期极其繁荣昌盛,号称与埃及亚历山大港齐名的"世界两大贸易港之一"的泉州港,这时已衰落了。由于宋代以来晋江流域不断地挖掘矿藏,开荒拓地,砍伐森林,使地表植被受到严重破坏,加上元末泉州地区长期的战乱纷争,水利年久失修,造成严重的水土流失,使泉州的后渚港日渐淤塞。

正当泉州衰落,而漳州经济区又迫切需要一个进出港口之时,地处本区的月港,以其独特的优良地理条件取代了泉州港。

---

[1] 光绪《漳州府志》卷29《人物》。
[2] [明]王世懋:《闽部疏》序。
[3] 乾隆《龙溪县志》卷24《艺文》。

第四章 贸易的"巢穴":自由商港雏形初具

月港位于今龙海海澄镇西南部九龙江下游的江海汇合处,是从海澄港口沿南港顺流往东直至海门的"外通海潮,内接山涧"①的一段优良港道。为了考察这一段古航道,笔者曾于1982年乘船从石码出发,沿南港航行至海门岛,只见港内河床开阔,水面平稳,两岸有许多凹陷处,状如天然的小船坞,可能就是当年私人海商停船的地方。

月港所处的漳州平原,腹地开阔,东面濒临大海,西北向闽西山区延伸,通过九龙江的北溪,由华安直至闽西的漳平、龙岩、宁洋等地,舍舟陆行,一路可从龙岩直抵汀州(今福建长汀),另一路从"宁洋北有坑源道出永安",由永安逆溪而上,经清流到宁化,再由宁化向南陆行,也可抵汀州。汀州是福建通江西的要冲,西可到赣州,北则趋抚州。漳州平原东北与泉州平原毗邻,经过龙溪虎渡大桥、晋江的五里桥、泉州的洛阳桥直抵省会福州,西南和广东潮汕地区接壤,是闽粤两省交通的枢纽,正如顾炎武在《天下郡国利病书》中指出:"漳南负山枕海,介于闽粤间一都会也。"②四通八达的位置和广阔的腹地,是月港凭以发展的良好地理环境。

就月港的海域而言,隔海与台湾琉球对峙,附近海域是我国与"东西二洋"诸国进行海上贸易的传统航道。商船从月港出发,一潮可抵中左所,在此地略作休整,"候风开驾",至担门分航东西二洋各个国家和地区。

---

① 乾隆《海澄县志》卷1。
② [清]顾炎武:《天下郡国利病书》卷93。

月港还有一个有利的自然地理条件，就是位于九龙江上游的南靖、华安、龙岩等地，"深山大麓，实生材木"①，有着大面积的亚热带雨林，大批被砍伐的杉松木材，沿着九龙江顺流而下，这给月港地区修造船舶提供了十分有利的条件。

除了地处九龙江出海口的优越地理位置外，最重要的是隆庆元年（1567）之前，月港尚未设县，地处边徼，"封畛遐旷""官司隔远，威命不到"②，虽然地方官员屡次上书建议在海澄设县，以加强对该地区的统治，但均未被明朝中央政府所采纳，如嘉靖二十七年（1548），巡海道柯乔"议设县于月港，未果"，巡抚汪道昆、都御史朱纨奏请设县的建议也没有实现。专司海禁的机构——巡海道又远在数百里外的省城，嘉靖九年虽一度移到漳州，不久又撤回省城。明成化以前的泉州港，是主持琉球贡市贸易的官商港口，设有专司督察之职的市舶司，民间私商与海外私舶不可能在此自由贸易。地处福建政治中心的福州港，要从事违禁的海外贸易活动更非易事。在这种情况下，远离封建统治中心的月港，自然受到了民间私商的重视，再加上月港附近港汊曲折，港外又有众多的岛屿便于海商活动，如海门岛"居民多负海为盗"③，浯屿"积年通番"，是海商的"老穴"④，港口北边有"大泥诸险，又自圭屿以西有紫泥州，西接鸟礁、许茂诸州"，皆为"海舟登舶最易之所"。⑤这些岛屿港湾都是从事违禁走私贸易的天然场所。

---

① 光绪《漳州府志》卷44。
② 乾隆《海澄县志》卷20。
③ 道光《厦门志》卷4。
④ 道光《厦门志》卷16。
⑤ ［清］顾祖禹：《读史方舆纪要》卷99。

由于以上种种有利条件，在泉州港衰落，而港阔水深的厦门港还地旷人稀的情况下，月港就自然地发展成为私商贸易的新港口了。

（二）月港海外贸易的兴盛

月港的发展以隆庆元年海澄县治的设立及明穆宗开放海禁、设置督饷馆为界，大致可分为前后两个时期。月港前期是我国东南沿海主要的走私贸易港口，后期则是官方许可的民间私商海外贸易的商港。

1. 月港的前期

月港兴起的年代，一般都认为在成化年间，其实这种看法是错误的。从史籍记载上看，在宣德年间（1426—1435），漳州海商无视明王朝的禁令，泛海通番，其规模之大，已引起统治者的恐慌，于是宣德八年皇帝专门下敕，命令漳州卫同知石宣等人"严通番之禁"①。正统二年（1437），离月港不远的海门岛"居民多涉海为盗"，明朝统治者认为"不可胜诛"，干脆"虚其地"，而将岛民尽迁内地。②由此可见，宣德、正统时期，月港一带的海外贸易已相当发达。再从《海澄县志》正统十一年四月十九日"饶寇千余焚掠月港"的记载，亦可看出正统年间（1436—1449）的月港已具有一定程度的繁荣，否则怎么会吸引广东的海寇前来骚扰呢？此外，史籍还记载，至成化弘治年间（1465—1505），月港已是"货物通行旅，资财聚富商"③的闽南巨镇。尽管海外贸易活动

---

① 乾隆《福建通志》卷270《洋市》。
② 光绪《漳州府志》卷25《宦绩》。
③ 乾隆《海澄县志》卷22《艺文》。

盈利甚多，财富增殖速度比较迅速，但至少需要二三十年的时间，才有可能形成一定程度的社会繁荣，如果月港在成化时才刚刚兴起，怎么有可能立即出现这种景象呢？故此，将月港兴起时间的上限定于宣德、正统之际，较为妥当。

月港从兴起到繁荣，经历了近一个世纪的时间，月港地区"地多斥卤，平野可耕者十之二三而已"①，一些无地可耕的农民为了获得衣食之给，只好向大海发展，他们"走洋如适市，朝夕皆海供，多逐末利，以末为生"②。而当地的富户豪门、势家望族，为了财富的增加，"以一倍博百倍之息"，亦十分重视海外贸易，"盖富家以财，贫人以躯，输中华之产，驰异域之邦，易方物，利可十倍，故民乐轻生，鼓枻相续，谓生崖无逾此者"。③景泰年间（1450—1456），月港的海上贸易继续发展，直接参加航海贸易的人越来越多，据《漳州府志》记载："月港海沧居民多货番为盗。"④至成化弘治时（1465—1505），月港已出现"风回帆转，实贿填舟，家家赛神，钟鼓响答，东北巨贾，竞鹜争持，以舶主上中之产，转盼逢辰，容致巨万"⑤的繁荣景象，享有"天下小苏杭"的盛誉。

正德、嘉靖之际（1506—1566），月港对外贸易又进一步发展，各国海商联翩而至，正德十二年，葡萄牙商船在广东被驱逐，转到月港附近停泊，不久，西班牙、日本商人也前来互市。

---

① 乾隆《海澄县志》卷20《赋役》。
② 乾隆《海澄县志》卷22《艺文》。
③ 乾隆《海澄县志》卷15《风俗》。
④ 光绪《漳州府志》卷25。
⑤ 乾隆《海澄县志》卷15《风俗》。

嘉靖二十年（1541），葡萄牙商人留居漳州的达五百多人。①嘉靖二十六年，"有佛郎机船载货泊浯屿，漳泉贾人往贸易焉，巡海使者柯乔发兵攻夷船，而贩者不止"②。至此，月港已成为中外海商互市的贸易中心，附近海域"每岁孟夏以后，大舶数百艘，乘风挂帆，蔽大洋而下"，"闽漳之人与番舶夷商贸贩番物，往往络绎于海上"。③月港已发展出"方物之珍，家贮户藏，而东连日本，西接暹球，南通佛郎、彭亨诸国，其民无不曳绣蹑球"的繁荣情景，号称"闽南一大都会"。

月港前期贸易虽然很发达，但其主要形式是从事违禁走私贸易。嘉靖之前，月港是海禁政策实施薄弱的地区，漳州人民不断地"揽造违式大船""载货通番"，进行海上走私贸易活动。对海外前来的"私舶"，沿海居民亦"公然放船出海，名为接济，内外合为一家"。中外民间贸易接触极为频繁。除此之外，在陆上无法立足的亡命之徒，亦"多跳海聚众为舶主，往来行贾闽浙之间"④。如天顺二年，广东海寇严启盛因犯法"坐死"而在漳州府越狱，"聚徒下海为患，敌杀官军，至是招引番船，驾至香山、内尾外洋"⑤等地进行走私贸易。这一时期的月港，中外私舶聚集，不仅在此吞吐装卸货物，甚至将船舶出水"公然修理"。娶亲入赘，联姻通婚，建造戏台，唱戏宴乐。明王朝统治者对这一

---

① ［日］小叶田淳:《中世南岛交通贸易史研究》,转引自傅衣凌:《明清时代商人及商业资本》。
② ［明］张燮:《东西洋考》卷7。
③ ［明］张邦奇:《张文定甬川集》。
④ ［明］谢杰:《虔台倭纂》。
⑤ ［清］顾炎武:《天下郡国利病书》卷104。

地区的私商活动极为恐惧而又束手无策，称之为"大坏极弊，可骇可忧"的"盗薮"。为了消灭最忌讳的与日本"通倭"贸易，明王朝采取了极为严厉的海禁措施。然而，月港海商"嗜利通番，今虽重以充军处死之条，尚犹结党成风，造舡出海私相贸易"①，"广带违禁军器，收买奇货，诱博诸夷"。月港海商先后组织了十数个海上武装集团，采用武装走私的方式，同统治者的"海禁政策"相抗衡。当时比较著名的海商武装集团就有洪迪珍、张维二十四将及许西池、谢和、王清溪等。月港海商反海禁的斗争，虽对东南沿海造成了一定的骚扰，但打开了中国民间对外贸易的道路，动摇了统治者的"海禁政策"，使明王朝认识到海禁的弊病，最后不得不解除海禁，准许民间泛海通商。

由于月港的私商贸易已成为既定事实，明王朝不得不对此加以承认；同时，月港的繁荣也引起了统治者的重视。隆庆元年，福建巡抚涂泽民"议开禁例"的上疏得到采纳，明穆宗解除了海禁，"准贩东西二洋"②，并从龙溪和漳浦两县分出部分地区，在月港设立了县治，因希冀"海疆澄静"而命名为"海澄"。海澄县设立后，大兴土木，修筑县城、官署、学宫、仓库和街坊店肆。海禁的解除和海澄县治的建立，标志着月港已由走私贸易港口转变为合法的民间私商对海外贸易的商港。

2. 月港的后期

隆万时期（1567—1619），由于开放海禁，月港进入全盛。

---

① [明]冯璋：《冯养虚集·通番舶议》。
② [明]张燮：《东西洋考》卷7。

周起元在《东西洋考》序中写道："穆庙（即穆宗）时除贩夷之律，于是四方之贾，熙熙水国，刳舻艘，分市东西路，其捆载珍奇，故异物不足述，而所贸金钱，岁无虑数十万，公私并赖，其殆天子之南库也。"当时，每年从月港进出的远洋大船多达二百余只，在月港经营海上贸易的"富商巨贾，捐亿万，驾艨艟，植参天之高桅，悬迷日之大篷，约十寻之修缆"①，他们的商船队航行于东西两洋，遍历四十七个国家和地区。月港的繁荣反映在商税的激增上，万历三年才六千两，万历二十年猛增至二万九千多两，月港已是"万宝攒罗，列隧百里"的闻名商港。《海澄县志》在描述当年月港盛况时写道："寸光尺土，埒比金钱，水犀火浣之珍，琥珀龙涎之异，香尘载道，玉屑盈衢，画鹢迷江，炙星不夜，风流轹于晋室，俗尚轹乎吴越。"

由于月港海上贸易的急速发展，城内居民大量增加，原来兴建的城区已经容纳不下众多的工商人口。隆庆四年，郡守罗青霄扩建东边城区，扩建后的新城周围长五百二十二丈，高二丈一尺，"辟门四，东曰清波，西曰环桥，南曰扬威，北曰拱极，月城三"②。万历十年（1582），县令瞿寅又在县治东北跨城筑晏海楼，"以障海谷之虚"③。晏海楼"东望汪洋，西揖岊崿，南瞰演武，北俯飞航，实为城隅巨观"。万历二十三年，县令毛文鸣又"议再扩城"。月港经过数次的扩建，成为"商贾辐辏""居民数万家"商业城市，城内百工麟集，商店如林，十分繁华。

---

① 乾隆《龙溪县志》卷22《艺文》。
② 乾隆《海澄县志》卷2《规制》。
③ 乾隆《海澄县志》卷2《规制》。

笔者在1982年到月港实地调查时，还能发现许多显示当年盛况的遗迹，如海澄镇上保留有箍行（豆饼行）、铸鼎行、鱼市、十三行等旧地名。月港的十三行与广东的十三行有什么联系，是很值得我们重视的。由于月港的商业异常发达，沿岸码头星罗棋布，在溪口溪尾不到一千米的海岸，至今尚留有七个古码头：饷馆码头、阿哥伯码头、路头尾码头、箍行码头、容川码头、店仔码头、溪尾码头。虽然我们在附近找不到有关碑记证明七个码头全是明代修建的，但其中的饷馆码头与容川码头，在文献中留有记载。《东西洋考》说，月港设有督饷馆，一切船只"完饷而后听其转运"①，可见饷馆码头是当年督饷馆的专用码头。容川码头是月港海商蔡志发捐资所建，《海澄县志》记载："蔡志发，生平孝义，辛勤经商，所得尽归其父，不入私囊，尝捐资累石砌容川码渡头，往来便之。"②此外，在月港港道及附近海湾曾多次发现大船桅、大铁锚，其中一个铁锚长二米多，铁环直径半米余。月港的古建筑经过四百多年的沧桑巨变，受到了很大的破坏，但从现存的许多遗物遗迹中仍然可以窥见当时船桅如林、人烟稠密的盛况。

（三）月港的衰落

月港从成化到万历年间十分繁荣，是我国东南沿海的主要对外贸易港口，在明代的中外贸易史上起过很重要的作用。但天启以后，月港已不再景气，到了明末清初，更是衰败不振，不久便

---

① ［明］张燮：《东西洋考》卷7《饷税考》。
② 乾隆《海澄县志》卷12《人物》。

第四章 贸易的"巢穴":自由商港雏形初具

完全冷落萧条了。月港为什么会衰落下去呢?

西方殖民者的破坏是月港衰败的主要原因。嘉靖年间,有西班牙人在扰乱;天启、万历年间,荷兰进行破坏;接着,英国人也来到月港附近,"英荷商船决不与中国帆船在贸易上作竞争的,他们所盘算的是如何在海面上抢劫中国帆船"。万历三十七年(1609),海商唐元鲸由月港所发船,被荷兰殖民者抢劫一空。①天启二年(1622),"红毛寇澄(即月港),沿海居民望风逃窜"②。对于荷兰殖民者的暴行,曾参与抢劫的荷兰船长威廉·庞德古(Willem Bontekoe)在航行日记中作了坦白的招供:"(1622年)十月十八日,我们三只大船和五只战船奉命开往漳州港和中国海岸去,看看能否使他们由于惧怕我们的敌意而不得不和我们通商,我们的船开到离目标十浬③的地方,有三条船离开了,剩下五条船在一个海湾内停泊,利用快艇烧毁了六七十只大大小小的中国帆船。""(十一月)廿五日,我们一齐来到漳州港(即月港)前,停泊在一个靠近城镇的小岛,镇里的居民都逃走了,我们带走了四十头牲畜,其中有几头猪,还有很多鸡。"十一月廿九日,"熊号领着一只海船绕到岛的另一边去,发现那里有两个大村庄,在第一个村庄的旁边,有两只还未完工的大帆船,我们决定进行袭击,便于三十日带领七十名火枪手进击这些村庄。居民都跑到一个碉堡里,我们也追到那里去,他们冲出来两次,那种可怕的哭声和喊声,真像世界末日来临似的。他们拼命想冲出

---

① [明]王在晋:《越镌》卷10《通番》。
② 光绪《漳州府志》卷49。
③ 浬,即海里,海程长度单位,一海里合1852米。

来，但被我们挡住了，我们用力砍他们的头，把他们全部杀死在那里"①。崇祯二年，"红夷据澎湖，犯漳州海澄"。殖民者的烧、杀、抢，不仅使月港地区遭到严重的破坏，而且还使月港由于海船"格于红夷，内不敢出，外不敢入"，以致"洋贩不通，海运梗塞"，与外界的联系中断了，外商也畏难却步，到月港的海船越来越少，昔日生气勃勃的对外贸易，已呈衰败景象。

明末清初的战乱是月港衰败的另一个主要原因。天启年间，明朝军队多次与郑芝龙争夺月港，给月港造成一定的破坏。清朝初年，清军与郑成功又在此地争斗了几十年，使这一地区的社会经济遭到毁灭性的打击。顺治四年（1647），郑成功与郑彩带兵入澄，与镇守海澄的清朝军队展开争夺战，因清军死守而没有攻破。顺治九年，郑成功再次包围海澄，清军守将赫文兴开城投降，郑军在月港一带安营扎寨。顺治十二年，清军又攻占海澄县。连年的战乱，清军的恣意掳掠烧杀，使月港"室家俱破""郭外坏为平地"。特别是顺治十八年，清政府为了困死郑成功，实行"坚壁清野"和迁界政策，对月港的破坏更大，清政府将漳州府"四邑沿海居民迁移内地"②，使月港所在的九龙江口直至江东方圆数十里内皆成"弃土"。月港在这延续数十年的战乱中，人口大量死亡，房屋被烧，交通受阻，商旅不通，原来热闹的市区，变成了凄草寒烟的废墟。

另外，从地理条件看，月港地处九龙江口，水陆交通方便，

---

① Willen Bontekoe, *Memorablc Description of the East Indian Voyage 1618-1625*，见厦门大学郑成功历史调查研究组编：《郑成功收复台湾史料选编》。
② 光绪《漳州府志》卷14。

有其有利的一面。但由于九龙江不断地把上游的泥沙带到港口，使港口附近逐渐淤塞，"商人发船，必用数小舟曳之，舶乃得行"①，港道水浅，大船不能直接靠岸，给货物的装卸造成很大的困难，再加上清代造船业的发展，泛海商船越造越大，而月港港道水浅，已越来越不适应这个情况。这时，位于月港外侧，港阔水深的厦门港应时而兴起，取代了月港。

二、晋江安平港

安平港（宋元时称安海港）位于泉州南部围头湾内，距泉州约六十里，入港处有石井、白沙两澳东西对峙。港内海面开阔，东海岸曲折多湾，是天然的避风良港，每当"晴明时，登高一眺，千里平湖，水天相接，浮光跃金，静影沉璧，焕萃文章，诚一大观也"②。港内海水西入西安，可至大盈，东入内市，以达甘棠，两道港汊，环流回抱，一座半岛伸入港湾，形如上弦之月，故有"半月沉江"的雅称。陆路北上泉州，"驱车则半日可到"，来往堪称近便，向南直通漳州地区，安海是闽南水陆交通的枢纽之一。

由于水陆交通方便，宋元时期，安海港已很兴盛，成为泉州港的重要组成部分，港内辟有东西两市。东市在东港一带，笔者于1985年到安海调查，听当地同志介绍，在庄头村后埭澳发现一条东西走向一里多长的古街遗迹，同时还看到有古码头标志的神

---

① ［明］张燮：《东西洋考》卷9。
② 新编《安海志》卷36《诗咏》，1983年版。

庙"妈祖宫",以及从地下挖掘出来的压载古船舶的青石块、缆绳和船板等的残片。西市在今龙山寺后的曹店一带,这里也发现过船桅、船绳等的残片,以后西市又向外近海发展,逐渐形成现在的镇区。据《安平志》记载,东西二市有"店肆千余座,盖四方射利者所必趋,随处成交,惟直街为最盛"[1]。为了加强对安海港的管理,宋元祐二年(1087),泉州市舶司派遣榷税官来到安海建立榷税津卡,号"石井津"。建炎四年(1130),因东西两市商人争夺码头,发生械斗,榷税官难于控制,于是"州请于朝,差官监临,始置'石井镇'"[2],著名理学家朱熹之父朱松就是安海的首任镇官。

安海港在宋元时虽已兴起,并成为泉州港的主要外港,但当时还是官方控制的港口,到了明代才真正变成民间自由贸易商港。

(一)安平自由港的形成

安平民间贸易港的形成有其深刻的社会历史根源,是特定的历史条件下的产物。

安平自由港的形成是明代海禁政策促成的。洪武年间朱元璋"仍禁濒海民不得私出海",以后又一再下令"禁止民间使用番香番货",如果"敢有私下诸番互市者,必置之重法"。[3]明朝中叶,最高统治者颁布一套更为严厉的海禁政策,使海上贸易受到很大的限制,然而"海,闽人之田也"[4],泉州人民历来以海为生。

---

[1] 明《安平志》。
[2] 新编《安海志》卷5《公署》。
[3] 《明太祖实录》卷70。
[4] [清]顾炎武:《天下郡国利病书》卷96。

第四章 贸易的"巢穴":自由商港雏形初具

到明代中叶,随着商品经济的发展,必然要冲破海禁的束缚而贩海贸易,于是出现了日益频繁的走私贸易。在这种情况下,原来由政府控制的泉州后渚港已不适应民间贸易的需要,私人海商便纷纷转移到官方控制比较薄弱的安平港。

安平港虽处于泉州附近,但与后渚港相比,对民间贸易更为方便。第一,安平离郡之统制比较遥远。南宋虽在安海设立监镇,但到元朝至正年间已经废除。明朝初年,安平未设镇官,巡检司也移驻浯州屿水寨,其防御事务由同安陈坑巡检司兼守,"随时以指挥、检校、县丞、千户等官委镇"①。万历十五年(1587),有人建议划晋江、同安、南安三县交界的部分地方设立安平县,也没有实现。因此,官府对安平港的控制比较薄弱。正如明人黄堪在《海患呈》中指出,安平离"县治去远,刁豪便于为奸;政教未流,愚民易于梗化"②。第二,安海在围头湾内,一出海门,便归外海,最利于私人海商的贩海活动。第三,港内水道弯曲,多偏僻港澳,也利于私舶的隐蔽活动。所以朱纨认为"泉州之安海,漳州之月港、海沧,诏安之梅岭,皆沿海而居,负海而固,繁聚反侧,沦染骄容,缓之则宁家,急之则下海,尾大不掉之势也"③。

安平海商有优良的经商传统,也为安平港的发展奠定了基础,安平港与月港不同,月港是一个新兴的私人海上贸易港口,安平港则是在原来的基础上发展起来的私人海上贸易港口。因

---

① 新编《安海志·沿革》。
② 新编《安海志》卷12《海港》。
③ [明]朱纨:《甓余杂集》卷5。

此，安平商人有丰富的经商经验，安平人"皆善于贾贸之术，谋营巧取而得"。安平洪钱峰"治贾有三策，无财时作力，少有财时斗智，既饶则争时"。①由于洪钱峰充分施展"作力""斗智""争时"治贾三策，很快发展成为家资万贯的富商大贾。陈斗岩"其初斗智，最后争时，行财币如流水，若猛兽鸷鸟之发，人虽与共用事，终不如之矣，故人或折阅，而处士收息反倍之"②，也成为著名的大海商。曾友泉，"自垂髫时，业已从兄伯贾闽广间"，学会一套经营本领，其后独立经商，贩卖珠玑、犀象、香药、丝枲、果布等物，"转贷荆湘，从业吴越，北极燕赵"，"盖不数年，公成大贾矣"。③

安平人不仅善于经商，而且活动范围十分广阔。他们"北贾燕，南贾吴，东贾粤，西贾巴蜀"，"贾行遍郡国"。大江南北，长城内外，到处都有他们经商的足迹。郡人何乔远自豪地说："安平一镇在郡东南，濒于海上，人户且十余万，诗书冠绅等一大邑，其民啬，力耕织，多服贾两京都、齐、汴、吴、越岭以外，航海贸诸夷，致其财力相生泉一郡人。"④

安平海商在进行国内外贸易时，把从国外采购回来的"胡椒、木香、象牙、明珠，翡翠等货"源源不断地运往"两京、苏杭、临清、川陕、江广等处发卖"，然后在当地收购"其地所出如丝绵、锦绮、膻布、靴袜"等货品，经安平港输往国外。为了

---

① ［明］李光缙：《景璧集》卷13《钱峰洪公传》。
② ［明］李光缙：《景璧集》卷14《处士陈斗岩公传》。
③ ［明］李光缙：《景璧集》卷18《祭曾友泉文》。
④ ［明］何乔远：《镜山全集》卷52《杨郡丞安平镇海汛碑》。

提高商品出口能力，他们甚至在安平建立出口加工业，把从各地采办回来的原材料，加工成产品再输往海外。棉布每年安平海商"有可射利者，从河南、太仓、温台等处有棉之处，岁买数千包"，在安平织成布匹，再运销"交趾、吕宋等国货利"。[①]苎也是从"永春、德化而来，织缕成布"，再销售海外各国。

由于安平海商积极经营进出口贸易，安平港成为明代后期国内外商品的集散地，中外经济交流的中心，当时"四方土产货，如月港新线、石尾棉布、湖丝、川芎，各处逐利商民云集于市"[②]。明《安平志》的作者说："凡人间之所有者，无所不有，是以一入市，俄顷皆备矣。"虽然这种说法不无夸张之处，但中外商品之丰富，安平市面之繁荣，是无可怀疑的。同安林希元也承认："泉南之安平镇，民居万户，其地濒海，山川气之所钟，文物衣冠之所都，不特财宝之所聚而已也。"[③]

（二）安平港的兴盛

隆万时期，安平港与漳州月港并驾齐驱，是明代福建最大的两个海上贸易商港。到天启年间，漳州月港由于封建统治阶级的横征暴敛，地方官吏的恣意妄为，船主、"主商"的盘剥索求，开始衰落了；而安平港因有郑氏海商集团的着力经营，反而发展更快，并进入了它的全盛时期，成为当时福建最大的私人海上贸易商港。

安平港是郑芝龙海商集团的总部所在地。郑芝龙为了发展对

---

① 明《安平志·物类》。
② ［明］黄堪:《海患呈》，见新编《安海志》卷12。
③ ［明］林希元:《安海城记》，见新编《安海志》卷4。

外贸易，对安平商人给予特别的优惠和保护，尤其是崇祯元年受抚以后，郑芝龙逐渐控制了东南沿海的制海权，所有船队没有郑芝龙令旗，不得出航，只有缴纳二千金，才允出海贸易。虽然这是一种敲诈行为，但是得其令旗者，即能得到郑氏武装力量的保护，因此许多商船还是愿意到安平港的。郑芝龙为了进一步发展安平港的海外贸易，还开辟了一条由安平直通日本长崎的航路，把中国的丝绸及其他商品直接从安平运销日本，从而加强了安平港与日本长崎的直接联系，促进了安平港的繁荣。

随着郑氏海商资本积累的扩大，郑芝龙又动用大批人力、物力，在安平镇及安平港进行大规模的建设。首先，修筑安平城池，"龙筑城，开府其间"[①]。其次，建筑长达数里的豪华府第。[②]最后，整治安平港，使之与外界的联系更为密切。郑芝龙建设安平港及私人府第虽然耗费了大量海商资本，但也使安平港成为东南巨镇。

顺治三年（1646），郑芝龙北上福州，投降清朝政府，郑成功仍然以安平港为基地，大力开展海外贸易，筹集抗清的经费，因此对安平港的影响不大。顺治八年，郑成功"委黄恺于安平镇措饷"[③]，加强对安平港的管理与建设，使安平港继续保持繁荣的景象。当时四方商人仍云集于此，从江浙及内陆运来大批土特产，每年从安平港开往台湾，以及外国的日本、吕宋的商船络绎不绝，所以在郑成功抗清前期的十年中（1646—1655），安平港

---

① ［明］林时对:《荷闸丛谈》卷4。
② ［清］江日升:《台湾外纪》卷4。
③ ［明］阮旻锡:《海上见闻录》卷1。

仍是郑氏海商集团进行海外贸易的重要港口,也是郑氏联结内地、输送军需的主要基地。

(三) 安平港的毁灭

安平港既是郑氏海商集团军事上、经济上的大本营,必然引起清政府的窥视。顺治四年二月,韩代奉贝勒世子命,统领满汉步骑突至安平,郑芝豹、郑芝鹏不战而逃,"敛其众,挈家资、子女于巨舰,弃城出泊外海",清兵攻入安平港,在城内大肆淫掠,郑成功生母自杀,郑成功闻报回师求援,韩代见"船只塞海,亦不敢守,弃之回泉"。[①]郑成功收复安海,重修城池,"与芝豹、芝鹏等守之"。这一次虽然清兵与郑成功军队没有正面交锋,但安平港已遭到清兵的破坏。顺治十一年二月,清政府派郑、贾两使节与李德南下,到安平港与郑成功谈判,郑成功接受"靖海将军"和"海澄公"的印敕,但不肯开读诏书,并提出"兵马繁多,非数省不足安插"的要求,谈判没有结果。七月,清政府又派遣内院学士叶成格、理事官阿山再次南下谈判。九月,叶成格、阿山到达安平港,住报恩寺[②],郑成功也从厦门调集甘辉、王秀奇、陈尧策、万礼、苏茂、黄梧、周全斌等水师诸将前往安平。清廷使者要郑成功先剃发,然后接诏。郑成功坚持先开读诏书酌议,后剃发,双方各持己见,争持不下。叶、阿两人不辞而回泉州。这一次谈判又破裂了。

清朝中央政府接到叶、阿的回报,立即在北京召开议政王、

---

① [清]江日升:《台湾外纪》卷3。
② 新编《安海志》卷35《纪事》。

193

贝勒、大臣会议，一致认为："郑成功屡经宽宥，遣官招抚，并无剃发投诚之意，且寄伊父芝龙家书，语词悖妄，肆无忌惮，不降之心已决，请敕该督、抚、镇整顿军营，固守汛界，勿令逆众登岸，骚扰生民，遇有乘间上岸者，即时发兵扑剿"①，决定改抚为剿。顺治十一年十二月，命令世子为定远大将军，统率满汉军队三万人入闽，直趋安平。霎时间，安平港上空战云密布，一场恶战即将爆发。

为了抵抗清军的进攻，顺治十二年四月，郑鸿逵拆安平城墙的石料，修筑东石、大盈、前浦、大安等要塞及白沙城，作为郑成功退守金厦的前垒。六月，清军前锋已达安平附近，郑成功召集诸提镇商量对策，左提督赫文兴挺身而出，慷慨激昂地说："自古道，水到土压，兵来将挡，此不易之理，今贝勒师来，焉可坐视？兴虽不才，愿为先锋，前去破敌。"冯澄世却说清军"弓马娴熟，若欲陆战，人马驰驱，诚恐胜负未卜，况彼粮饷充足，四方云集，万一失其锐气，不特人心摇动，而且军威难振，以世管见，不如全师暂退厦门，坚守各岛，养精蓄锐，修备战舰，南北巡视，以待彼军"。郑成功最后采纳冯澄世的建议，命令全师退守厦门，撤退时"飞檄与兄泰，先将安平家资尽移过金门安顿，毁其居第，坠其镇城"，并传令当地居民"有愿相从者，悉渡金、厦两岛居住，令黄昭拨船接应。如不愿从者，速远避山中，恐遭兵马蹂躏"。②清军进入安平后，放火焚毁安平市镇及型

---

① 《清世祖实录》顺治十一年条。
② ［清］江日升：《台湾外纪》卷4。

厝、西安、皇恩、后库等附近村庄，使安平港再次受到严重破坏。顺治十八年，清朝政府又实行迁界令，安平之民居、寺观、宫室、官廨，扫数毁平，损失更为惨重。陈梦弼在《安海清丈记》中写道："丙申焚毁，化为灰烬；辛丑迁界，鞠为茂草。无屋可居，无田可耕，老者转死沟壑，壮者散居外乡，杼空南国，霜拈雪窖之魂；泪洒西郊，露冷迁民之骨。"①经过1656年的"丙申焚毁"和1661年的"辛丑迁界"，市镇成为废墟，海港梗塞闭绝，昔日繁荣昌盛的安平港，完全被毁灭了。

三、诏安梅岭港

梅岭在诏安县悬钟山北面，从凤山大围逶迤而出，因山的形状像一枝倒挂梅花，故名梅岭。梅岭附近港湾统称梅岭港。梅岭港内岛屿星列，港湾曲折，是私商活动的好场所。俞大猷在《正气堂集》中写道："漳州诏安五都走马溪，两山如门，四时风不为患，去县及各水寨颇远，接济者夕旦往来无所忌避，诚天与猾贼一逋薮也。"②由于地理位置比较优越，梅岭历来是东西洋私人海上商船的中继站，"诸番自彭亨而上者可数十日程，水米俱竭，必泊此储备而后敢去日本，自宁波而下者亦可数十日程，其须泊而取备亦如之，故此澳乃海寇必经之处"③。到了嘉靖年间，梅岭的海商活动更加频繁，当地有"林、田、傅三大姓，共一千余家。男不耕作而食必粱肉；女不蚕织而衣皆锦绮，莫非自通番接

---

① 新编《安海志》卷10《户籍》。
② ［明］俞大猷:《正气堂集》卷2。
③ ［明］俞大猷:《正气堂集》卷2。

济为盗行劫中得来"[1]。如果把整个梅岭地区算在内，当时从事海上贸易活动的海商已超过一万家。梅岭不仅是中国海商活动的中心，而且也是国际海盗商人的据点，特别是嘉靖二十七年（1548），双屿港被朱纨捣毁以后，盘踞双屿的国际海盗商人大批流窜到福建沿海，集结在浯屿、梅岭等地。

梅岭海商集团的大量增加，引起明朝政府的不安。嘉靖二十八年，朱纨指挥副使柯乔、都司卢镗进攻梅岭，这就是著名的走马溪之役。对于这场战斗，中外文献均有记载，据克鲁斯所记，当时葡萄牙人把尚未出售的货物留在两只船上，派三十个葡萄牙人留守。这两只船上的葡萄牙人及中国商人被中国水师引诱上岸，随即被俘，中国指挥官把俘虏中的四个葡萄牙人打扮成马六甲国王，扛在轿上招摇过市，显示战功。因惧怕被俘的中国人说出真相，只留下一个大人和三四个小孩，其余九十余人均被杀害。[2]朱纨的《甓余杂集》有更详细的记载："本月二十日，兵船发走马溪，次日贼夷各持鸟铳上山，被梅岭伏兵乱石打伤，跑走下船，卢镗亲自挝鼓督阵，将夷船、王船二只，哨船一只，叭喇唬船四只围住，贼夷对敌不过，除铳镖矢石落水，及连船漂沉不计外，生擒佛郎机国王三名，一名倭王，审名浪沙罗的哔唎，系麻六甲国王子，一名小王，审名佛南波二者，系麻六甲国王孙，一名二王，审名兀亮唎唎，系麻六甲国王嫡弟，白番鹅必牛……共十六名，黑番亦石……共四十六名。"[3]走马溪之役，使梅岭的

---

[1] ［明］俞大猷：《正气堂集》卷2。
[2] C.R.Boxer, tr.&cd. *South China in the Sixteenth Century*, 1956, p.195.
[3] ［明］朱纨：《甓余杂集》卷5。

中外海盗商人集团受到沉重的打击。为了彻底赶走海商，捣毁梅岭港，不久俞大猷又提出用松木打桩法封闭此港："其澳狭广不能二里许，合乞依仿吴之法，于诏安县诸山中所产松林，择其小而长者伐而置植于其中，令潮上则没其表，汐时只离水尺许，约所费不过万余株，足以防贼舟之抛泊。又令铜山、元钟二水寨，时出舟师巡逻，以防逆徒窃取，如此可支十余年之利者也。"①尽管明政府想尽办法摧毁梅岭港，但梅岭海商活动仍然阻止不了，"私番船只，寒往暑来，官军虽捕，未尝断绝"，连走马溪战役的指挥者朱纨也不得不承认"月港、云霄、诏安梅岭等处，素称难制"。②特别是隆庆元年，月港开放以后，梅岭的私人海上贸易又逐渐活跃起来，"商船浮海攘利"，航行到海外各国，继续进行各种贩海活动。

第三节　广东商港，中外共管

广东地处我国最南方，临南海，历来海上交通比较发达。宋元时期，广州曾是我国最大的海外贸易港口之一，进入明代，又在香山县的澳门及饶平县的南澳岛形成两个新的私商贸易中心。

一、澳门港

澳门，又称濠镜澳，位于香山县东南一百二十里的半岛上，因其向南的海面上有舵尾、鸡迳、横琴、九澳四个小岛对峙，

---

① ［明］俞大猷：《正气堂集》卷2。
② ［明］朱纨：《甓余杂集》卷2《阅视海防事》。

"海水纵横其中，成十字，曰十字门，故合称澳门"①。也有人说因"澳有南台、北台两山，相对如门"②，故曰澳门。澳门原是一个小海港，到嘉靖年间，逐渐发展成为著名的对外贸易商港。

（一）澳门港的开辟

澳门港的开辟是与葡萄牙人的东来分不开的。因此，我们在叙述葡萄牙人正式占据澳门之前，首先要看看他们是怎样在广东沿海活动，并一步步向澳门逼近的。正德六年（1511），葡萄牙人占领马六甲，紧接着把矛头指向中国沿海。正德八年，一个以阿尔佛来斯（Jorge Aloares）为首的所谓旅行团到达广东珠江口外的Tamao③，他们在岛上建立一条刻有葡萄牙国王标志的石柱，并把同船商人带来的货物卖出去，获得一笔可观的收入。正德十二年，另两个葡萄牙人安得烈（Fernao Peres de Andrade）与比来斯（Tome Peras）率领一支舰队也到达屯门岛，经过几次交涉，九月进入广州城。安得烈在广州大做生意，获得很高的利润。第二年初，比来斯留在广州，安德烈回到澳门。正德十四年，西蒙（Simao de Andrade）也来到屯门。他们在岛上筑起寨栅，架上大炮，并以此为基地，进行走私贸易，不仅拒绝向中国交纳关税，甚至殴打中国官吏。④

西蒙的暴行引起广东官兵的激愤。正德十六年，广东海道副使汪铉带兵驱逐占据屯门的葡萄牙殖民者。嘉靖元年（1522），

---

① ［清］印光任、［清］张汝霖:《澳门纪略》上卷。
② 万历《南海县志》卷12。
③ 据日本学者藤田丰八考证，Tamao即东莞屯门岛。［日］藤田丰八:《中国南海古代交通丛考·葡萄牙人占据澳门考》，何建民译，商务印书馆1936年版。
④ Montalto de Jesus, *Historic Macao*, Oxford University Press, 1984.

第四章 贸易的"巢穴":自由商港雏形初具

末儿丁甫多灭儿(即 Martin Alfonso de Mello Coutinho)又带领一支舰队到广东沿海,妄图重新占领屯门岛,明朝指挥柯荣、百户王应恩在新会西草湾截击了他们,"转战至稍州,向化人潘丁苟先登,众齐进,生擒别都卢、疏世利等四十二人,斩首三十五级,获其二舟,余贼复率三舟接战,应恩阵亡,贼亦败遁"①。

葡萄牙人虽在西草湾受到沉重打击,但并没有放弃侵略中国的计划,一部分人沿海岸北上,侵扰福建、浙江沿海;另一部分人继续留在广东沿海寻找新的贸易据点。他们在屯门岛无法立足,就改住台山县的上川岛(西人称圣约翰岛 St. Johns)。每到贸易季节,在岛上搭建茅屋,张搭天幕,建立临时商场,进行走私贸易。但是上川岛离珠江口太远,与中国商人贸易不太方便,又逐渐移到靠近澳门的浪白澳。

浪白澳在"香山澳西南九十里"②,是海盗商人汇集之地。嘉靖三十九年,常住在这里的葡萄牙人已达五六百名③,但葡萄牙人认为浪白澳的地理条件仍不够理想,此澳"限隔海洋,水土甚恶,难于久驻"。于是再向前推进一步,"始入濠镜澳(即澳门)筑室以便交易"。

澳门与大陆相连,三面临海,从陆路能取得内地粮食、蔬菜的供应;水路交通四通八达,地理位置比浪白澳优越。据《澳门纪略》记载,澳北为莲花茎,"茎以一沙堤亘其间,径十里,广

---

① 《明史》卷325《佛郎机传》。
② 光绪《香山县志》卷4《海防采访册》。
③ [日]矢野仁一:《支那近代外国关系研究:ポルトガルを中心とせる明清外交贸易》,弘文堂书房1928年版,第301页。

五六丈",直接与大陆前山相连。澳东为东澳山,又东为九星洲山,"九峰分峙,多岩穴,奇葩异草,泉尤甘,商舶往来必汲之,曰天塘水"。澳西有北山,下为北山村、沙尾村,西为灯笼洲,"其与秋风角对峙者,曰南野角,旁为桂楦山,船可寄椗"。澳之南经过内外十字门,直通大海。总之,"东澳可泊西南风船,西澳则东北风船泊之"。①海船进出和停靠均十分方便,是发展海外贸易的理想场所。

澳门由于地理条件比较优越,早就成为各国海商瞩目的地方。嘉靖十四年,暹罗、吕宋、爪哇、琉球、浡泥诸国商人要求到澳门经商,"指挥黄庆纳贿,请于上官,移之壕镜"②。嘉靖三十二年,葡萄牙人也开始移居澳门,他们一登上澳门的土地,就以蚕食的方法,逐渐扩大势力范围。最初只搭茅屋暂住,复就筑庐而处,既而室庐完固,又"增缮周垣,加以统治,隐然敌国"③。一位曾在澳门传教的哇里郭拿尼神父写道:"1563年,我们派两个会员到中国港口澳门,这时澳门还是一个僻静的地方,但在不久前,葡人已得中国的允许,开船到此地通商,因此,很多葡人在这里建筑房子,以求能够过冬及购买中国货物。"④与此同时,福建、广东的海商也纷纷到这里贸易。随着对外贸易的发展,澳门的人口不断增加,进出澳门的船舶也日益增多,据庞尚鹏说:"每年夏秋间,夷舶乘风而至,往止二三艘而止,近增至

---

① [清]印光任、[清]张汝霖:《澳门纪略》上卷《形势编》。
② 《明史》卷325《佛郎机传》。
③ [明]郭尚宾:《郭给谏疏稿》卷1。
④ 转引自[日]冈本良知:《十六世纪日歐交通史的研究》,六甲书房1942年版,第250页。

二十余艘，或倍增焉，往年俱泊浪白等澳……近数年来，始入蚝镜澳筑室，以便交易。不逾年多至数百区，今殆千区以上，日与华人相接济，岁规厚利，所获不赀，故举国而来，负老携幼，更相接踵，今筑室又不知其几许，而夷众殆万人矣。"①庞尚鹏说葡萄牙人"举国而来"，当然有夸大之词，但葡萄牙人在澳门的势力发展很快确是事实。

（二）澳门的地位

如果说浙江的双屿港是中外海盗商人共管的国际贸易港的话，那么澳门基本上是葡萄牙殖民者独家控制的私人贸易港口。葡萄牙人在澳门强行设民政长官，管理居住区之行政。万历八年（1580）设立治安判事（Ouvidor），接着成立由行政长官、治安判事、舰队司令及澳门公民会所共同组成的行政会议。自葡萄牙合并于西班牙以后，仿照其国内各市的自治制度，于万历十一年确定由判事二人、长老三人、检事一人组成元老院，管理港内各种政事。②

澳门虽然被葡萄牙殖民者强行占领，设立非法的行政部门、元老院等管理机构，但与当时印度殖民地城市不同，与鸦片战争后的澳门也有区别。首先，葡萄牙人每年要向中国政府缴纳一定的地租。陈沣的《香山县志》记载："澳地岁租银五百两，则自香山县征之，国朝载入《赋役全书》。《全书》故以万历刊书为准，然则澳有地租，大约不离乎万历中者近是。"③万历的《赋役全书》已失传，地租始于万历何年已不可考。但郭尚宾在万

---

① ［明］庞尚鹏：《百可亭摘稿》卷1。
② 周景濂：《中葡外交史》第9章，商务印书馆1936年版。
③ 光绪《香山县志》卷22。

历四十年写的疏稿中只说"每年括饷金二万于夷货",而未谈及地租事。据此,可以推测大概是万历四十一年至四十八年之间实行的。虽然具体年月已无法查考,但葡人每年必须向明朝政府缴纳五百两地租是事实,直到清朝仍未中断。只是在鸦片战争以后,道光二十九年(1849)澳门知事阿麻留尔(Amaral)才拒绝缴纳地租。

其次,葡萄牙商人要向中国政府缴纳一定的关税,每当"洋船到澳,该管澳官见报香山县通详布政司并海道俱批",然后由市舶司会同香山县"诣船丈抽,照例算饷,详报司道批回该司,照征饷银"。郭尚宾在万历四十一年六月二十七日写的奏疏中说:"每年括饷金二万于夷货。"① 《明史》也记载:"岁输课二万金。"到了清初,继续缴纳关税。清顺治九年的《广东赋役全书》载:"彝舶饷原额银二万六千两,续因缺额太多,万历三十四年,该司道议详两院会议,准允减银四千两,尚实额银二万二千两。"② 由此可见,自万历三十四年开始,葡萄牙人每年向中国政府缴纳二万余金的关税,从不中断。直到道光二十九年澳门知事阿麻留尔强行关闭我国的税收机关,澳门成为自由港。

最后,中国政府对澳门还有一定的司法权和管理权。万历三十六年,香山知县蔡善继"甫履任,即条议制澳十则上之"。不久,"澳弁以法绳夷目,夷华将为变,善继单车驰往,片言解,得悍夷至堂下,痛笞之……善继素廉介,夷人慑之,故帖息"。

---

① [明]郭尚宾:《郭给谏疏稿》卷1。
② [清]印光任、[清]张汝霖:《澳门纪略》上卷《官守篇》。

蔡善继能到澳门办案,并将违反中国法规的夷人严加惩处,说明当时澳门的司法权是掌握在中国官员手中的。

万历四十二年,广东地方官员为了加强对澳门葡萄牙人的管理,订立四条规程:(1)不得蓄养日本人为奴仆;(2)不准收买中国人口,如已收买,必须剃发,改穿葡人装束;(3)未得中国官员许可,不得再建新屋;(4)未娶妻的葡萄牙人不得上陆,宜留船中。后来又加以修改,并增补一条,勒石于澳门议事堂中,要求在澳门的葡萄牙人及其他外国商人共同遵守。这五条规定是:(1)禁止畜养倭奴。凡新旧澳商敢有畜养倭奴,顺搭洋船贸易者,许当年历事之人,前报严拿,处以军法。若不举报,一并重治。(2)禁买人口。凡新旧夷商,不许收买唐人子女,倘有故违,举觉而占吝不法者,按名究追,仍治以罪。(3)禁兵船编饷。凡番船到澳,许即进港,听候丈抽,如有抛泊大调环、马骝洲等处外洋,即系奸刁,定将本船人货焚戮。(4)禁止接买私货。凡贸易之物,俱赴省城公卖输饷,如有奸徒潜运到澳与夷,执送提调司、报道,将所获之货,尽行给赏首报者,船器没官,敢有违禁接买,一并究治。(5)禁止擅自兴作。凡澳中夷寮,除已落成之屋遇有坏烂,准照旧式修葺,此后敢有新建房屋,添造亭舍,擅兴一土一木,定行拆毁焚烧,仍加重罪。[①]

到了清代,澳门的行政管理权及司法权仍属于香山县。雍正九年(1731),清政府移香山县丞于澳门北面的前山寨,"专理澳夷事务"。乾隆九年(1744)又把县丞从前山寨移入澳门内的望

[①] [清]印光任、[清]张汝霖:《澳门纪略》上卷《官守篇》。

厦村，"专司稽查民番一切词讼"。同时，把肇庆府同知移驻前山寨，以海防同知之名，专管海防及查验澳门进出口的海船。[①]

对于中国政府的以上规定，葡萄牙殖民者当然不会切实遵守，他们千方百计地加以对抗和破坏。比如，我方设立官澳，"彼设小艇于澳门海口，护我私济之船以入澳，其不容官兵盘诘若此"；我方设提调司，"以稍示临驭，彼纵夷丑于提调衙门，明为玩弄之态以自恣，其不服职官约束如此"。[②]对于关税，"往岁丈抽之际，有执其抗丈之端"，甚至于拐卖人口、走私鸦片，等等。

葡萄牙殖民者固然不服从明清政府的管理，走私抗税，但在鸦片战争之前，特别是在明代，中国政府对澳门毕竟还有一定的主权，这种情况与近代澳门完全被葡萄牙控制是有所不同的。

（三）澳门港的衰落

澳门港是葡萄牙东西洋贸易的中继站，它的发展与繁荣与葡萄牙在东方的贸易情况息息相关。明代万历、天启年间，葡萄牙人以澳门为据点，大肆进行与东洋、中国、西洋的三角贸易。东洋方面，他们把从中国内地收购的丝织品及瓷器，以及从西洋运来的胡椒、檀香、苏木、象牙运往日本及马尼拉，换回日本银子和墨西哥白银。在西洋方面，他们同样把大宗的中国生丝、绢织品、瓷器、运到马六甲、果阿（印度的一个邦），销往西洋各国，贩回各种香料和白银。

到明朝末年，即崇祯十三年（1640）左右，东西洋及中国三

---

① 周景濂：《中葡外交史》第9章。
② ［明］郭尚宾：《郭给谏疏稿》卷1。

个方面同时发生了一系列变化，严重地影响了葡萄牙在东方的贸易，使繁荣一时的澳门港开始衰落下去。

中国方面，由于葡萄牙殖民者长期以来走私抗税，掠卖人口，"潜匿倭贼，敌杀官军"，引起明朝政府的强烈不满。崇祯四年，中国军队封锁了广州港，不允许葡萄牙人进出贸易。崇祯十年，澳门元老院派遣委员六人到广州，请求恢复葡萄牙在广州的贸易，但被拒绝。广东官员上奏朝廷，说在澳门的葡萄牙人贪得无厌，不仅走私贸易，而且私建城墙，俨然敌国，建议除了供应必要的粮食、柴薪之外，禁止葡人在广州一切贸易。朝廷批准了这一奏请。崇祯十三年，禁止葡人在广州贸易的谕旨到达澳门，从而切断了广州与澳门的联系，使澳门失去了最广大、最富有的经济腹地，这对葡萄牙人在澳门的贸易无疑是一个严重的打击。

东洋方面，随着长崎与澳门、菲律宾贸易的增长，到日本的天主教士逐渐多起来。元和年间①全日本天主教徒达七十多万人。天主教的迅速发展引起日本幕府的恐惧，1623年，日本政府禁止日本船开往菲律宾或从菲律宾到日本；1635年，又把葡萄牙人从平户迁到长崎港内的人造小岛——出岛。除指定的商人和妓女外，不准葡萄牙人和任何人接触。特别是1637年岛原天主教徒的武装暴动，使日本政府加速了禁教和锁国的步伐。岛原之乱的第二年，日本政府禁止葡萄牙人前来日本，从而完全断绝了澳门与

---

① 1615—1624年后水尾天皇在位期间，江户幕府的将军是德川秀忠、德川家光。

长崎的贸易。[①]与此同时，由于葡萄牙与西班牙的分治，原来由葡萄牙人垄断的澳门与马尼拉的贸易，到1640年也被取消。至此，澳门葡萄牙人与东洋的贸易也宣告结束。

西洋方面，荷兰人在英国人的帮助支持下，给予了葡萄牙人一系列致命的打击，这两个新教国家袭击了葡萄牙的整个东方帝国——莫桑比克、锡兰、马六甲、澳门和马鲁古群岛。英国人在畀他群岛设防，控制了马六甲海峡，使葡萄牙人对这个具有战略意义的航路失去了控制。在印度，英国取得了离第乌不远的苏拉特，并在印度斯坦的那一部分夺取了商业霸权。荷兰人也扩张到苏门答腊，后来又夺取了马鲁古群岛。1619年，他们已在爪哇建立了巴达维亚城，成为新的东方香料贸易中心，不久就超过了果阿[②]，特别是到1641年，荷兰人攻占马六甲，完全切断了澳门葡萄牙人与印度洋的贸易往来，使澳门对西洋的贸易也受到了沉重的打击。

葡萄牙人几乎在同一时间失去以上三个贸易对象，作为它东西洋贸易中继站的澳门，其衰落是不可避免了。进入清代，情况也没有多大的改变。顺治四年（1647），经两广总督佟养甲的奏请，清政府准许澳门的葡萄牙人与广东商人贸易，但不能进入广州。顺治十七年，清政府为了困死郑氏海商政权，瓦解其抗清斗争，实行迁海令，虽经德国传教士汤若望在北京的多方活动，澳门方免受迁界之害。然而其贸易仍受很大的限制。康熙二十三年

[①] ［日］井上清：《日本的历史》十六《锁国和封建制度》，岩波新书1963年版。
[②] ［美］查·爱·诺埃尔：《葡萄牙史》第10章。

(1684)，清政府解除禁海令，但葡萄牙人为了独占澳门贸易，禁止其他国家船舶进入澳门，故其他国家商船直赴广州，更加速了澳门的衰落。

二、南澳港

南澳港位于闽粤交界的南澳岛上，水路交通十分方便，北离厦门三十海里，向北航行可到日本、朝鲜各国，向东可达菲律宾群岛，南距广州二百九十海里，越过南海，直达爪哇等南洋国家。南澳港又处于韩江口外，与粤东、赣南、闽西联系十分密切。闽西汀州府各县虽属福建，但山路崎岖，难于转运。因此自古以来，闽西出产的木材、纸都是经过汀江、韩江而从广东潮州出口的。《大埔县志》云："韩江纵贯，闽汀、杭、永之出产，必经邑境后而可水运"①，《长汀县志》也说："盖潮州虽隶广南东路，于汀实一水之便，福漳虽与汀同隶福建省，而滩流险峻，山路崎岖，实艰于转运。"②江西南部各县的货物也是经过八尺、平远到达广东梅县，再从梅江、韩江顺流而下从潮州出口。由此可见，潮州南澳水陆交通很方便，又是闽、粤、赣三省交界各县的物资集散中心，这对于发展海上贸易是十分有利的。

同时，南澳港湾交错，岛屿众多，是海商活动的理想场所。南澳岛在广东饶平县西南二百里的海中，"形如笔架，周二百余里"，"其山四面蔽风，大潭居中，可以藏舟"。除南澳本岛外，

---

① 民国《大埔县志》卷10。
② 民国《长汀县志》卷9。

在它的周围还有青澳、深澳、隆澳等岛屿。青澳在南澳岛东边，"番舡多凑泊于此"。深澳"内宽外险，蜡屿、赤屿环处其外，一门通舟，中容千艘，番舶寇舟多泊焉"。嘉靖时，明朝官兵"尝用木石填塞澳口"，不久海商"使善水者捞起木石，澳口复通"。隆澳"则轴轳往来门户也"。此外还有辞郎州、宰猪澳、后泽澳"皆宽衍，海寇尝据于此"。①

另外，南澳处于闽粤交界处，介于福建诏安县与广东饶平县之间，两县"相距百余里，中隔大海，偶遇风阻，即难飞渡，县令实有鞭长莫及之虞"②。更重要的是因地处边界，两省"分疆而守，分将而营，彼此推诿"，南澳处于明朝政府统治势力薄弱的地区，对海商活动十分有利。"福建捕急则奔广东，广东捕急则奔福建。"③

由于南澳港在经济上有粤东、闽西、赣南广阔的经济腹地；在地理位置上，交通十分方便；在政治上，处于两省统治势力的裂缝之中。因此在明末清初成为广东、福建私人海商活动的又一基地。

南澳港在嘉靖时已成为海商云集之地，但当时还没有建立固定的交易场所，每年"定期于四月终至，五月终去，不论货之尽与不尽也，其交易乃搭棚于地，铺板而陈所置之货，甚为清雅，刀枪之类，悉在舟中"④。可见当时贸易时间较短，每年约一个月

---

① ［清］顾祖禹：《读史方舆纪要》卷103《广东》。
② 乾隆《潮州府志》卷40。
③ ［明］茅元仪：《武备志》卷213。
④ ［明］茅元仪：《武备志》卷213。

第四章　贸易的"巢穴"：自由商港雏形初具

左右，交易的场地也较简陋，只有木栅草棚之类。情况到嘉靖末年已有所发展，"倭自福建之浯屿，移泊南澳，建屋而居"，海商已建立固定的住所和商店，进行经常性的贸易活动。特别到吴平、许朝光、曾一本等海商集团占据南澳以后，南澳港发展更快。吴平在岛上"造居室，起敌楼于娘娘宫澳口之前后，泊蒙艟巨舰于澳前深处"。①这时不仅沿海人民和商人冲破海禁的束缚，纷纷到南澳港贩卖货物，而且"四方异客"也相继来到南澳港进行贸易活动。每当风汛季节，往返南澳的商船相望于道，南澳港的交易盛况空前，南澳已成为中外商人接触最密集的港口之一。所以茅元仪在《武备志》中写道："广福人以四方客货预藏于民家，倭至售之，倭人但有银置货，不似西洋人载货而来换货而去也。故中国欲知倭寇消息，但令人往南澳，饰为商人，与之交易，即廉得其来与不来，与来数之多寡，而一年之内，事情无不知矣。"②

南澳港走私贸易的发展，引起明朝政府的注意。嘉靖四十四年（1565），戚继光带兵围攻南澳岛，"剿斩万五千人"。隆庆五年（1571），海商杨志等大船三十余只停泊南澳港，广东佥事梁士楚督同海防同知罗拱辰"统发兵船追杀之"。万历年间，罗拱辰在深水澳、云盖寺、龙眼沙筑城三座，立墩瞭望，互相联络。为了加强对南澳的控制，明朝政府还在南澳设漳潮副总兵一员，"漳潮近地兵将戍所悉听指挥，寇至出舟师追逐，寇在闽毋得以走广，在广毋得以走闽"③，以此改变互相推诿的局面，使闽广

---

① ［明］姜宝：《姜凤阿集》。
② ［明］茅元仪：《武备志》卷213。
③ ［明］何乔远：《闽书》卷40《扞圉志》。

两省的军队统一指挥，共同防守，给南澳岛海商的活动造成很大的困难。

第四节　台湾商港，隔海而望

台湾屹立在我国东南海上，与福建、广东隔海相望。早在隋唐时期，大陆与台湾已存在一定的联系；宋元以来，民间的交通贸易又得到进一步发展；到了明代，更成为东南沿海商人的活动场所。

一、澎湖港

澎湖港东离台湾安平港52海里，西距福建金门76海里，北至基隆190多海里，南去高雄70海里。北上可到日本、琉球，南下可至菲律宾等南洋各国，地理位置十分重要，是台湾海峡之咽喉，东西交通之要道。

澎湖群岛，南北长60余千米，东西宽40余千米，由大小64个岛屿组成。各岛屿海岸线曲折，内湾发达，有不少优良港湾。澎湖本岛南北倾斜，山脉亘于岛之东西，向南渐次缓斜，西部有著名的妈宫港，"内波平如镜，可容千艘"[1]。北部岛屿是无人居住的小岛，"水底皆大石参错，其北曰垸，舟触之必破，故舟行，惟从西屿头入"[2]。西屿内有一著名的内海，名澎湖海。南北各有出口，北部出口由白沙礁和流连礁紧锁海面，中有水线一道，称"吼门水道"，南边有岛屿重重屏障，实为天然避风良港。

---

[1]　光绪《澎湖厅志》卷1《形势》。
[2]　周凯：《厦门志》卷4《台澎海道考》。

第四章 贸易的"巢穴":自由商港雏形初具

澎湖土地贫瘠,不宜禾稼,产胡麻、绿豆、山羊,居民以"煮海为盐,酿秫为酒,采鱼、虾、螺、蛤以佐食,土商兴贩以广其利,贸易至者岁常数十艘"[①]。元朝至元年间,曾在此设巡检司。明初洪武五年(1372),汤和经略海上,以岛民叛服难于统治,"议徙之于近郭,二十年后徙屿民,废巡司,而墟其地,继而不逞者,潜聚其中"[②],从此成为私人海上贸易商人活动的场所。嘉靖年间,林道乾海商集团以澎湖为根据地,"导倭人,掠近海地"。隆庆时,林凤海商集团又盘踞在澎湖港,攻掠福建沿海,万历二年(1574),林凤由此率战舰南下,进攻菲律宾的西班牙殖民者。天启初年,海商林辛老屯据澎湖、大员各港,"占候风汛,扬帆入犯,沿海数千里无不受害"[③]。此外,李旦海商集团、颜思齐海商集团,均以澎湖、大员为据点,在台湾海峡进行走私贸易活动。

澎湖港的优越地理位置也引起国际海盗商人集团的窥视。万历三十一年荷兰殖民者在福建海商李锦、潘秀、郭震的带领下,"驾三十艘,直抵澎湖""伐木筑舍,为久居计"。[④]沿海的私商"潜载货物往市,酋益观望不肯去",明朝政府一方面拘禁潘秀等人,一方面派遣都司沈有容率舟师驱逐,荷兰人因兵力单薄,不得不退出澎湖,澎湖岛上至今还有一座"沈有容谕退红毛番韦麻郎等碑"。天启二年(1622),荷兰驻巴达维亚总督命令雷尔生

---

① [清]顾祖禹:《读史方舆纪要》卷99。
② 光绪《澎湖厅志》卷5。
③ 《明熹宗实录》卷15。
④ 《明史》卷325《和兰传》。

(Cornelis Reyersen)率领一千余人再次进占澎湖,在风柜尾建城据守。天启四年,福建巡抚南居益派遣王梦熊率领三千名水兵,从澎湖白沙岛登陆,建立城堡,封锁海面,并包围风柜尾的红毛城。荷兰人孤立无援,不得不接受中国政府的条件,拆城退出澎湖。

二、大员港

大员,又名大圆、台员、大湾,郑成功时改称安平。大员港位于台湾西边的海岸上,与澎湖岛对峙,是台湾岛进出之门户,也是海商活动的据点。嘉靖四十一年(1562),林道乾从大陆沿海退据大员港。万历二年,林凤也由澎湖港"逃往东番魍港,总兵胡守仁、参将呼良朋追击之"[①],天启元年,海澄海商颜思齐"率其党入居台湾",在大员港聚落成村,来者愈众。天启二年七月,荷兰人雷尔生带领两艘船到台湾沿岸寻找良港时,发现大员港已有许多中国商人经商贸易。每年有三艘日本船到大员港购买中国商人的丝织品。

荷兰殖民者对台湾垂涎已久,在雷尔生出发时,荷印公司第四任长官库恩(Jan Pieterszoan Coen)指令他的船队主力开到澎湖后,"不论澳门是否占领,都应立即派出几只帆船开往小琉球(即台湾)及附近各岛,寻找最好的港口和最适于筑城及集中的地方。如发现有这种地方,应立即加以占领并派兵驻守"[②]。雷尔生发现大员是一个优良的港口后,第二年三月,荷兰商务人员

---

① 康熙《台湾府志》卷1《诸罗县水道》。
② [日]村上直次郎:《热兰遮筑城史话》。

立即到大员调查情况,试行贸易。十月,又派"荷兰兵十六人,班达土人三十四人,到台窝湾(大员)港口筑寨"[①]。这次因遭到当地人民的袭击,被迫撤离。天启四年,荷兰人从澎湖退出,移住大员。在大员湾外侧名为鲲身山的小沙上建立城堡。据《巴达维亚城日志》1625年4月的记载:荷兰人在台窝湾(安平)港湾之南建造一城,四隅之棱堡用砂充实、中堤以板料围住,城东北侧,用澎湖之材料建筑石墙,并在附近修建街道,开设商馆。1625年,命名为奥伦治城(Orange);1627年,又易名为热兰遮城(Zeelandia)。一直到永历十五年(1662),大员港才被郑成功收回,改名安平港。

三、鸡笼淡水港

鸡笼位于台湾北部,"其港三面皆山,独北面瀚海,然西北有鸡笼头线,东北有鸡笼鼻山,港口又有鸡笼屿、桶盘屿,周围甚密,内可泊巨艘"[②],是台湾北部又一天然良港。

具有良好条件的鸡笼港成为另一个西方海盗商人侵犯的目标。天启六年,西班牙殖民者派出军曹长巴尔德斯(Antonio Carreno de Valdes)带领十四只船、三百多人,循台湾东部海岸向北行驶,他们绕过三貂角,进入鸡笼港,发现这是一个可容五百只船的理想港口,于是在港内一个小岛上建立寨堡,同时在八尺门岸边的小山上建立炮台,从而完全占领了鸡笼港。天启九年,他

---

① [日]中村孝志:《バタヴィア城日誌》村上直次郎序。
② 康熙《台湾府志》卷1《封域》。

们又强占西北部的淡水港,在那里也筑起了一个碉堡,取名圣多米尼哥城(St. Dominic)。西班牙人以鸡笼、淡水为中继港,积极从事与日本和吕宋的贸易,据说最盛时有满载货物的西班牙商船二十二艘同时入港。[①]但是到1639年,由于日本实行锁国政策,经过鸡笼、淡水港的船只大大减少,再加上淡水人民的强烈反抗,崇祯十一年(1638),西班牙人不得不放弃圣多米尼哥城,同时也缩小了鸡笼港的据点,撤退了一部分驻军,防守力量大大削弱。1641年,盘踞在大员港的荷兰殖民者乘机进攻鸡笼港,遇到了西班牙人的抵抗,未能得逞。1642年8月,荷兰军队卷土重来,派遣强大的舰队,再次包围鸡笼港,经过五昼夜的轮番进攻,西班牙人终因寡不敌众,宣告投降。从此,鸡笼港落入荷兰殖民者的手中。

---

① 陈碧笙:《台湾地方史》第6章,中国社会科学出版社1982年版。

第五章
通达五洲：贸易的国家和地区

明末清初，我国私人海上贸易的范围不断扩大，贸易的国家和地区越来越多，东起日本、朝鲜，中经菲律宾群岛和南洋群岛，西达阿拉伯半岛，甚至非洲东海岸，到处都有中国海商活动的足迹。他们经常航行于太平洋和印度洋之中，出没于沿岸各个港口，从事各种海上贸易活动。有的中国海商还定居国外，建立海外贸易据点。据张燮《东西洋考》记载，仅与漳州月港进行贸易的就有东西两洋四十多个国家和地区，下面分别叙述之。

第一节 通贸日朝，一衣带水

一、与日本的通商贸易

日本与中国是一衣带水的邻邦，两国之间早就有频繁的贸易往来。在明代中叶以前，主要是官方的勘合贸易；明中叶以后，我国私人海商才大量到日本经商，成为中日贸易的主体。

（一）嘉靖时期的对日贸易

嘉靖时期中日民间贸易发展很快。嘉靖以前到日本经商的中国商人并不太多，"嘉靖甲辰，忽有漳商通西洋番舶为风飘至彼岛（指日本），回易得利，归告其党，转相传走"，于是出现大量通倭现象。嘉万时期同安人洪朝选写道："异时贩西洋，类恶少无赖，不事生业，今虽富家子及良民靡不奔走；异时维漳缘海居民，习奸阑出物，虽往仅什二三得返，犹几幸少利；今虽山居谷汲，闻风争至，农亩之夫，缀耒不耕，赍贷子母钱往市者，握筹而算，可坐致富也。"①嘉靖时期中国商人在日本经商已蔚然成风。当时中国商人在日本丰后、肥前平户及萨摩等地方活动最为频繁。

关于中国商船到达丰后的情况，日本的《丰萨军记·一宗麟政务并唐船渡海之事》记载较详细：天文十年（嘉靖二十年）七月二十七日，唐船开到丰后神宫寺，有明人二百八十人。天文十二年，又有五艘唐船驶到丰后，十五年有唐船在佐伯之浦靠岸。永禄年间，又驶来数次。天正三年乙亥（万历三年），停泊在四杆之浦。②肥前的平户也是中国海商云集的地方，王直海商集团在平户活动达十五年之久，据日本《大曲记》记载："道可（平户领主松浦隆信）是福气和武功都很大的人，有个名叫五峰的从大唐来到平户津，住在现在的印山邸址修建的中国式房屋，他利用了五峰，于是大唐商船来往不绝，甚至南蛮的黑船也开始驶来平户津，大唐和南蛮的珍品年年充斥，因而京都、堺港等各地商人，云集此地，人们称作西都"③。这里的五峰，就是大海盗商人王直的别称。嘉靖年间，曾到过平户的陈舜功在《日本一鉴》中也指出："平户岛，昔鲜人居，今居商众，二十年来为番舶之渊薮，中国流逋移家受廛错综盘固，而今屡众，王直向潜住此

---

① ［明］洪朝选：《洪芳洲先生摘稿》卷4。
② ［日］木宫泰彦：《日中文化交流史》，胡锡年译，商务印书馆1980年版。
③ 转引自［日］木宫泰彦：《日中文化交流史》四。

岛。"①此外，朝鲜的《李朝实录》中也有关于王直在日本平户经商活动的记载，明宗十一年（嘉靖三十五年）四月，礼曹启与倭人调久问答之辞，有中原人称五峰，将领倭入寇大明，问曰："汝见五峰乎？"曰："于平户岛见之，率三百余人乘一大船，著缎衣，大概其类二千余人。"又问："彼因见擒而在彼乎？抑自投贼中乎？"曰："始以买卖来日本，仍结贼倭，来往作贼。"②

与丰后、平户相同，当时的萨摩也有不少中国海商，"萨摩之夷居商者多，今为寇者众，土夷扫部，嘉靖丙辰胁从徐海入寇矣。又交州地方二十年来流逋潜处其间，本州民居约百家，我民之被驱房为夷奴者约二三百人，多是福兴泉漳边氓也"。所以王忬在《倭夷容留叛逆纠结入寇疏》中指出："自嘉靖二年，宋素卿入扰之后，边事日隳，遗祸愈重，闽、广、徽、浙无赖亡命，潜匿倭国者，不下千数，居成里巷，街名大唐。"③

（二）隆庆万历时期的对日贸易

隆庆元年（1567），由于海商的反海禁斗争，迫使明朝政府不得不采纳右金都御史涂泽民"议开禁例"的建议，部分取消海禁，准贩东西两洋。然而，对日贸易仍然没有开放，尽管明朝政府规定"不得往日本倭国"，但"民情趋利如水赴壑，决之甚易，塞之甚难"，明朝政府的一纸法令无法断绝中日之间民间贸易的往来。中国海商采取各种对策，避开明政府的检查，继续扬帆日

---

① ［明］郑舜功：《日本一鉴》卷4《风土》。
② 吴晗：《朝鲜李朝实录中的中国史料》第4册，中华书局1980年版，第145页。
③ ［明］王忬：《王司马奏疏》。

本，如福建"同安、海澄、龙溪、漳浦、诏安等处奸徒，每年于四五月间，告给文引，驾驶鸟船，称往福宁，御载北港捕鱼及贩鸡笼淡水者，往往私装铅硝等货，潜去倭国"[①]。有的海商"借言潮惠、广高等处籴买粮食，径从大洋入倭，无贩番之名，有通倭之实"[②]，还有的海商"借饷船而私至日本者，或始以日本，而终以西洋，莫可辨诘"[③]。值得注意的是，不仅漳泉商民通倭，甚至福州沿海的人民也纷纷到日本经商，董应举在《崇相集》中指出："海贼乱闽，十有三年矣，初皆漳泉百姓惯通日本者聚众劫船，掳人取赎，得利既多，效尤者众，连村满海，尽为盗区，而莫可御止……今则福州府属县，沿海奸民及省城内外奸徒出海行劫，辇金归而人不敢问，浸成大患。"[④]

与此同时，日本政府也很希望中国商船到彼国贸易，特别是德川家康执政初年，采取各种措施，鼓励中国海商到日本经商。因此中国商人更加络绎不绝地前往日本。庆长十二年（万历三十五年），泉州海商许丽寰到萨摩经商，在日本停留一年多，次年才从久志浦（在坊津北）回国。后来萨摩的岛津义久致书许丽寰，约他明年再来，如果不幸被风漂流到别处，也希望他等待萨摩派去官员，评定货物价格。岛津义久在信中与许丽寰约定："其盟之坚者，金石胶漆，物莫能间。"正因为有过这样的约定，次年七月，有明朝商船十艘，舳舻相接开到萨摩，停泊在鹿儿岛

---

① ［明］许孚远：《敬和堂集·疏通海禁疏》。
② ［明］许孚远：《敬和堂集·疏通海禁疏》。
③ 嘉庆《云霄厅志》卷8，引万历《漳浦县志》。
④ ［明］董应举：《崇相集》第2册《闽海事宜》。

和坊津。①庆长十五年（万历三十八年），当广东商船开到长崎时，德川家康特意发给了朱印状，加以保护："广东商船来到日本，虽任何郡县岛屿，商至均可随意交易，如奸谋之徒，枉行不义，可据商主控诉，立处斩刑，日本人其各周知勿违，时庆长十五年庚戌孟秋日。"同年，应天府商人周性如到达肥前五岛，十二月到骏府，晋谒德川家康，又发给如下的朱印状：

> 应天府周性如商船驶来日本时，到处应予保护，迅速开入长崎，其一体周知，若背此旨行不义，可处罪科。
> 庆长十五年庚戌十二月十六日。②

朱印状是日本政府发给海商出海贸易的凭证，因盖有红色官印，故名朱印状。朱印状一般只发给日本海商，德川家康同时也发给中国海商，说明他对中日贸易特别重视。

由于德川家康的鼓励和支持，中国海商驶往长崎经营贸易的人逐年增加，日本《罗山文集》十二中说："勘合不成，然南京、福建商舶，每岁渡长崎，自此（指庆长十五年海商周性如到日本事）逐年多多。"庆长十六年八月，长崎奉行长谷川藤广来到江户向德川家康报告，这年开到长崎的外国船只，共有八十余艘，其中不少是中国商船。同年十一月二十八日，又有明朝商人到骏府，晋谒家康，请求准许在长崎贸易，获得批准，并由长崎奉行

---

① ［日］木宫泰彦：《日中文化交流史》四。
② ［日］木宫泰彦：《日中文化交流史》四。

发给执照。庆长十七年七月二十五日，明朝商船和从吕宋返航的日本商船共二十六艘，舳舻相接，同时开进长崎港，载来白丝二十余万斤。庆长十八年六月五日，长崎奉行向骏府报告，有漳州商船六艘，开到长崎；同月二十六日，又报告有明朝商船数艘开到长崎。元和元年（万历四十三年），有漳州商船载着大量砂糖开到纪伊的浦津。

随着中日民间贸易的发展，到日本定居的中国海商也越来越多。福建巡抚南居益指出："闻闽越三吴之人，住于倭岛者不知几千百家，与倭婚媾长子孙，名曰唐市，此数千百家之宗族姻识，潜与之通者，踪踪姓名，实繁有徒，不可按核。其往来之船，名曰唐船，大都载汉物以市于倭，而结连萑苻，出没泽中，官兵不得过问焉。"[①]朱国祯在《涌幢小品》中也指出："无赖有刘凤岐者言，自（嘉靖）三十六年至长崎岛明商不上二三十人，今不及十年，且二三千人，合诸岛计之，约有二三万人。"

（三）天启、崇祯时郑芝龙的对日贸易

天启三年（1623），郑芝龙押送母舅黄程的货船，跟随李旦到达日本。从此开启了郑氏海商集团对日贸易的时期。郑芝龙到日本，起先居住在长崎，以后迁居到平户的河内浦。平户是当时日本对外贸易的中心，葡萄牙、荷兰、英国均在此设立商馆，港内商船云集，岸上商店鳞次栉比，货物堆积如山，商业十分繁荣。据幸田成友的《日欧交通史》记载："平户岛南北十里，东西二里半，隔濑户与松浦半岛相对，平户港位于海峡最狭之处，

---

① 《明熹宗实录》卷53。

第五章 通达五洲：贸易的国家和地区

市街自港北岸沿南岸而成，港口有一小岛曰黑子岛，港之西南一里半有河内浦，便于大船之停泊及修理，浦之东端至丸山之砂滩曰千里滨，相传国姓爷（即郑成功），乃在此海岸诞生者。"①

郑芝龙初到日本，以"卖履为业"，生活比较清苦。但由于他有较丰富的经商知识和才能，很快得到平户藩主松浦氏的厚遇，"赐宅地于河内浦，称为平户老一官，就藩士之门，学园明流双刀法，屡乘商船往来于明国"②，积极经营中日之间的通商贸易。郑芝龙还在日本娶田川七左卫门之女田川氏为妻，田川氏也就是中国史书上记载的翁氏，《石井郑氏宗族谱》记载郑芝龙"继娶日本翁氏一品夫人"。田川氏于天启四年生郑成功。由于郑芝龙与日本有姻亲关系，日本特别关注郑氏海商集团势力的发展，郑氏后代也把日本作为主要的贸易对象。

郑芝龙从日本入居台湾，"其徒入山开山开垦，伐樟熬脑……配售日本"③，郑芝龙回福建后，与日本仍保持密切的商业往来，"每年有商船来长崎"④。为了加强与日本的联系，郑芝龙还特意开辟一条由泉州安平直抵长崎的直达航线，把中国的丝绸和其他货物直接运销日本，"自是往返于日本，漳泉之间之货船，月不停舶"⑤。1641 年六月二十六日傍晚，郑芝龙的一艘帆船到达长

---

① [日]幸田成友：《日欧交通史》，转引自廖汉臣：《郑芝龙考》，《台湾文献》1959 年第 10 卷第 4 期。
② [日]丸山正彦：《台湾开创郑成功》，转引自黄玉斋：《郑成功时代与日本德川幕府》，《台湾文献》1962 年第 13 卷第 1 期。
③ 连横：《台湾通史》卷 18《榷卖志》。
④ [日]林春胜、[日]林信笃：《华夷变态》。
⑤ 《台湾省通志》卷 3。

崎，运来白生丝、黄生丝、纶子、红白绉绸、缎子、天鹅绒、麝香、土茯苓等货物。同年七月，郑芝龙再派遣十二只糖船前往长崎，运来大量的白砂糖、黑砂糖、冰糖，以及各种纺织品和药品。①1642年八月，有三艘中国商船到达长崎，一艘从广东开来，另两艘从泉州开来，运来大量生丝、绢织物、粗杂货和药材，最大的一艘是郑芝龙的船。1643年八月十一日，又有四艘中国帆船入港，都是郑芝龙的船，运来多种绢织物。第二天，郑芝龙的另三艘帆船也到达长崎，满载生丝和绢织物。由上可见，崇祯年间，郑芝龙海商集团到日本贸易相当频繁。

（四）清初郑成功、郑经的对日贸易

郑芝龙投降清朝以后，郑成功率部入海抗清。虽然起初有郑氏"贾舶自日本来"，得资十万，招兵制械，解决一时的困难。但随着军队的扩编，军饷支出的剧增，财政已十分困难。为了摆脱经济上的困境，郑成功召集参军潘庚钟、冯澄世、蔡鸣雷、林俞卿等商量解决办法。冯澄世提出："方今粮饷充足，铅铜广多，莫如日本，故日本每垂涎中国。前者翁太夫人，国王既认为女，则其意厚，与之通好，彼必从。藩主何不修书，竟以甥礼自待，国王必大喜，且借彼地彼粮以济吾用。然后下贩吕宋、暹罗、交趾等国，源源不绝，则粮饷足而进取易矣。"郑成功接受冯澄世的建议，命令郑泰建造大船，洪旭佐之，以甥礼遣使通日本，日本"国王果大悦，相助铅铜，令官协理，铸铜熕、永历钱、盔甲、器械等物"。②从此郑氏与日本之间建立更密切的贸易关系，

---

① ［日］永积洋子：《長崎オランダ商館の日記》第1辑，岩波书店1970年版。
② ［清］江日升：《台湾外纪》卷3。

第五章 通达五洲：贸易的国家和地区

郑成功的商队经常出入日本长崎港，运去了大批的货物。据《荷兰长崎商馆日记》记载：

> 1648年9月27日，安海帆船一只入港，运来白生丝、麻布、明矾等货物。
>
> 1649年6月30日，安海帆船一只到达长崎。7月17日，一官儿子（即郑成功）的帆船一只从安海开来，进入长崎港，听说装载白生丝五千斤、绢丝五千斤以及其他织物等。据说，近日属于同一船主的船还有三四艘要到这里来。
>
> 1650年6月21日，今年季风期从安海来的第一只船入港，运来绢丝、织物和黑砂糖。7月8日、9日、11日、13日、17日，8月21日，均有从安海、漳州来的郑成功船入港，装载生丝，绉绸，药材等货物，又有四只船运载很多货品也要开来。
>
> 1651年8月4日傍晚，一官儿子所属的船只一只，从广州装载纱绫、纶子等货，估计值银四十箱的货物入港。
>
> 1652年7月12日，通词说，一官儿子的帆船已从安海港出发，预计有十二只到达长崎。7月17日傍晚一艘大型中国帆船入港，鸣炮二十四响，九时半靠岸，可能是从安海来的。8月13日、23日、27日，均有从安海来的船到达长崎。9月4日正午，中国帆船一只入港，是一官兄弟派遣来的，有很多的绢丝和绢织物。9月18日、19日、20日，均有从安海来船，运来大量的生丝，绢织物和砂糖等货物。
>
> 1853年7月27日，从安海、厦门、柬埔寨来的三只帆船

入港，8月20日，从安海、广南、东京等地来的七只帆船入港，8月23日从本港出发的帆船同国姓爷的帆船一同入港。①

仅举以上几例，可知每年都有郑成功的许多船只到日本贸易。

日本史书认为，郑成功"屡屡遣商船到我长崎贸易，购我国的铅和铜等，到吕宋、安南、暹罗等南方诸国出卖，以补军费的不足"②。

郑经继承郑成功的事业，"仍用永历年号，益桀骜，筑城造舰，番舶往来，恣其贸易"③，积极进行对日本的贸易活动。永历二十年（1666），郑经"又遣商船前往各港，多价购船料，载到台湾，兴造洋艘、鸟船，装白糖、鹿皮等物，上通日本"④，永历二十八年又派遣兵都事李德"驾船往日本，铸永历钱，并铜煩，腰刀器械以资兵用"⑤。当时每年航行日本的郑氏商船是很多的。据英国船长克利斯布（Ellis Crisp）估计："台湾有大小船舶二百艘，今年（1670）有十八艘开往日本，其中大半为国王所有。"⑥此时日本政府已开始实行锁国政策，但仍有不少日本商人到台湾贸易，郑经对"日人之居台者皆礼之，别以鸡笼为商埠，许其侨住"⑦，《台湾府志》亦说："大鸡笼城与乡村皆在于西，

---

① ［日］永积洋子：《長崎オランダ商館の日記》第1辑、第2辑。
② ［日］木宫泰彦：《参考新日本史》第4编第3章，转引自黄玉斋：《郑成功时代与日本德川幕府》，《台湾文献》1962年第13卷第1期。
③ ［明］林时对：《荷闸丛谈》卷4。
④ ［清］江日升：《台湾外纪》卷13。
⑤ ［清］江日升：《台湾外纪》卷16。
⑥ 《十七世纪台湾英国贸易史料》，第27页。
⑦ 连横：《台湾通史》卷25《商务志》。

该地又有福州街之旧址,均为郑氏当时与日本交易之所。"由此可见,郑氏与日本对日贸易十分重视,郑氏与日本之间的贸易往来是很频繁的。

除郑氏海商集团直接与日本贸易之外,大陆的商人也冲破清政府的海禁政策,通过各种途径到日本经商贸易,康熙元年(1662),清朝政府捕获一批去日本贸易的商人,其中有:

> (吴跃)处州府庆元县人,去年八月到杭州有白笋十担,买毡五十条,正月初五日到平阳下船,月尽到东洋。
>
> (王旺)福建漳州府海澄县人,住苏州,正月到瑞安上船,正月尽到长崎,卖银二百两。
>
> (魏久)福建福州府闽县人,住本处,在杭州买药材,同王旺正月初五日到平阳下船,船主王自成就开船到长崎,卖银一百两。
>
> (王贵)四川龙安府武平县人,住本处,贩贝母、川芎到苏州卖,拆本,又买药材三担,同翁采共船,正月到干隔下船,开船,月尽到长崎。
>
> (李茂)系杭州人,苏州南厫街原买轻䌷一百匹,到东洋,卖银二百一十两。①

康熙十三年,又有一批商人从香山澳出发到日本贸易,回国时因遇大风,船搁浅被清军抓捕。据当时的审问记录云:

---

① 《明清史料》丁编第3本《刑部等衙门尚书觉罗雅布□等残题本》。

张相如供："小的是浙江绍兴府山阴人，家离萧山五十里，在小路港边，小的因房产卖尽了，没得倚靠，有刘君甫约小的往广内作些生意，不期后刘君甫约有多人，从香山澳出洋，日本回来被风暴将船打到着浅处。"

熊奉新供："小的被刘君甫骗上船去作生意，买药材，到日本国卖得银子回来。"

傅文彩供："小的因王云挂欠银子，说叫我同往香山澳作生意，后还了些银子与他，搭买药材并墨等货，骗到日本去卖。"①

从以上二起通倭事件来看，当时到日本贸易的商船有从浙江直接开往日本，也有从广东香山澳去日本的。参加贸易的商人有浙江杭州、处州、绍兴府的商人，也有福建漳州府、福州府的商人，甚至有四川龙安府的商人。由此可见，大陆商人与日本也有较多的贸易往来。

二、与朝鲜的通商贸易

（一）明代海商的对朝贸易

朝鲜位于我国东北方，隔朝鲜海峡与日本相望，是我国海商到日本的必经之地，特别是位于朝鲜半岛与日本岛之间的济州岛，更是中国海商停靠的地方。朝鲜《李朝实录》称："济州岛，遮据南海之中，凡汉船行商，而往来海外诸国者，率多过济而去，遇风泊岸，淹迟数日者，比比有之。"②朝鲜中宗三十九年

---

① 《明清史料》己编第7本《江宁巡抚残件》。
② 吴晗辑：《朝鲜李朝实录中的中国史料》第9册，第3857页。

第五章 通达五洲：贸易的国家和地区

（嘉靖二十三年，1544），福建海商李王乞乘坐大船一只，在蓝浦地黄竹岛近处停泊，被朝鲜官兵捕获。与李王乞同船的商人共一百五十多人，其中有姓名可考的有高贤、李章、魏祈等"头人十名"。黄大、陈阿五、黄三等"客公六十人"，并水夫十名。[①]所谓"头人十名"很可能是资本较大的船商，"客公六十人"似应为资本较少而搭乘别人商船的散商。"头人十人"之一的李章上书于朝鲜政院称：

> 章僻处退陬，生居同安，人民稠密，寸土如寸金之贵，家室悬磬，炊甑有旧染之尘，兼以往年十月大旱，越春夏不雨，田坼龟文，野草自焚，饥饿辗转于沟壑，流殍乞丐于道傍，有父子不相顾者矣，有妻子离散矣，菽水之欢，其能几何。无奈买卖造船，经商于外国，营求微利，庶一家朝夕之欢，驾一叶之轻舟，凌万顷之茫然。鲸波浴日，易死而不顾；汪涛浸天，轻生而突犯。[②]

从李章的上书可看出这批海商是福建泉州府同安县人，因当地人多地少，无以为生，再加上天旱，为求生计而下海贸易。

嘉靖二十四年，朝鲜王仁宗病故，明宗即位。七月十八日，有"荒唐船一只，自东洋中来泊于大静县界"，朝鲜济州牧使金胤宗带兵重围急捕，"凡降者三百二十六名"。十九日，又有"荒

[①] 吴晗辑：《朝鲜李朝实录中的中国史料》第9册，第1368页。
[②] 吴晗辑：《朝鲜李朝实录中的中国史料》第4册，第1369页。

唐船三只自大洋中逢风致败，泊于兴阳县境"，兴阳县监苏连以为倭人，且追且斩，"前后斩获并一百八级"。二十二日，"唐船依泊于鹿岛外面"，船上有四百余人。七月份到朝鲜的中国商船共三批，总人数达八百余人①，可见当时去朝鲜贸易的中国海商人数很多。

明宗元年（嘉靖二十五年）七月，朝鲜庆尚道监司状上书称："唐倭未辨船来泊洒岛。"上传曰："遣译官问之，若唐朝，则给粮给水而送。"当认定是中国商船以后，他对中国海商说："初不知尔等之为何人，则为边将者当即捕擒，而尔等以唐人称之，故不即捕虏耳，但汝迷路而偶至乎？此则不必擒也，汝宜即还。"②从这里可看出朝鲜政府对中国海商还是比较宽容的。

（二）清代海商的对朝贸易

清朝初年，中国海商继续到朝鲜经商，仁祖二十五年（顺治四年）七月，朝鲜统制使金应海抓获福建商贾漂流者五十一人，其中有个名叫徐胜的海商说："我是船主，福建泉州府晋江县人，中原大乱，两京皆没，崇祯皇帝既崩，福王亦以乙酉五月继陷，郑芝龙、芝凤等奉唐王以七月初一日即皇帝位，定都于福建，改元隆武……芝龙以经用不足，请于皇帝，令我等领官银贸贩，以助军饷，我等于今年二月驾船于东浦察向日本，七月七日漂到贵国。"③同月，福建安海商人林发荣自福京向日本，遇风漂到朝鲜，得泊于庆尚左水营龙堂附近。显宗八年（康熙六年），朝鲜

---

① 吴晗辑：《朝鲜李朝实录中的中国史料》第4册，第1385页。
② 吴晗辑：《朝鲜李朝实录中的中国史料》第4册，第1394页。
③ 吴晗辑：《朝鲜李朝实录中的中国史料》第9册，第3766页。

第五章　通达五洲：贸易的国家和地区

济州牧使洪宇亮谍报："唐船一只，漂泊州境"，漂到人九十五名，俱不剃头，招致其中为首者林寅观，"书问其居住及漂到之由，则以大明福建省官商人，将向日本商贩，洋中遇风，以至于此"。①从这些漂流来此之人俱不剃头，又自称大明看来，他们应是属于郑氏海商集团的商人。

显宗九年（康熙七年），有福建省漳州府人漂到庆尚道曲浦前洋，索柴水以去。六天后，第二艘唐船漂到防踏地境安岛前埔，"船制大如我国战船，船人皆不剃头，剪须着黑衣，约三四十人，取柴汲水，旋即发船而去"②。

显宗十一年，据济州牧使卢锭报告，五月二十五日，漂汉人沈三、郭十、蔡龙、柏仁等到旌义境，其中剃头者二十二人，不剃头者四十三人，所穿衣服，或华制，或胡制，或倭制，他们自言"本以大明广东、福建、浙江等地人，清人既得南京之后，广东等诸省服属于清，故逃出海外香山岛，兴贩资生，五月初一日，自香山登船，将向日本长崎，遇风漂到此"③。

显宗十二年，中国商船停泊富平境内，贩卖砂器，收买笠帽，朝鲜故相李浣领舟师经过此地，看见浙江砂器，十分惊讶："此浙江所造，何以来此？"其后使臣归言："锦（郑经）与胡战，一军以笠帽，效我人服色，故清人疑我云，始知为砂器所易。"④

肃宗二年（康熙十五年），领议政许积说："济州乃郑锦舍船

---

① 吴晗辑：《朝鲜李朝实录中的中国史料》第9册，第3944页。
② 吴晗辑：《朝鲜李朝实录中的中国史料》第9册，第3954页。
③ 吴晗辑：《朝鲜李朝实录中的中国史料》第9册，第3968页。
④ 吴晗辑：《朝鲜李朝实录中的中国史料》第10册，第4017页。

往来日本之路也，瞭望之事，不可不着实。三邑守令之黜陟，必须严明，意外有他船漂泊着之时，则不必执捉，使之任归，即捉汉人，则不可入送北京。"①

肃宗七年，中国商舶因大风漂到罗州智岛等处，所带佛经、佛器等物，漂泛海潮，为全罗、忠清等道沿海诸镇所得，通计千余卷。八月，朝鲜政府差都总府都事李谞，译官李庆和等，管押漂海清人高子英等二十六人入送清国。②

从以上所引的各条材料看来，清朝初年，中国商船到朝鲜仍然十分频繁，其中有去日本贸易漂浮到朝鲜境内的，亦有专程到朝鲜做买卖的。有从福建、广东出发的，也有从台湾航行到朝鲜的。有郑氏海商集团的商船，也有大陆的走私商船，总之他们成群结伙地到朝鲜经商，加强了中朝之间的通商贸易关系。

第二节 亚洲东南，喜恶交加

一、与菲律宾群岛的通商贸易

菲律宾群岛位于亚洲东南部，与我国东南各省隔海相望，是我国一水之隔的邻邦。两地人民很早就开始友好往来，建立了密切的通商贸易关系。早在宋代，我国海商已航行到麻逸（今菲律宾民都洛岛），"用瓷器、货金、铁鼎、乌铅、五色琉璃珠、铁针等博易"当地的黄蜡、吉贝、珍珠、玳瑁、槟榔等土产。每当中国商船入港，"蛮贾丛至，随皮篙搬取物货而去"，然后再转运到

---

① 吴晗辑：《朝鲜李朝实录中的中国史料》第10册，第4026页。
② 吴晗辑：《朝鲜李朝实录中的中国史料》第10册，第4075页。

其他各岛出卖，"至八九月始归，以其所得准偿舶商，亦有过期不归者，故贩麻逸，船回最晚"。①麻逸附近的三屿（今菲律宾卡拉绵岛、巴拉望岛一带）也与中国有贸易关系，中国商船到达该地，"驻舟中流，鸣鼓以招之，蛮贾争棹小舟，持吉贝、黄蜡、番布、椰心簟等至与之贸易"②。元代，中国继续同菲律宾的麻逸、三岛（即三屿）等地区保持密切的贸易关系，三岛的"男子尝附舶至泉州经纪"，他们规定，凡到过中国从事"经纪"的人，回国后"则国人以尊长之礼待之，延之上坐，虽父老亦不得与争焉"。从这种"以其至唐，故贵之也"③的风俗习惯，反映出当地人民十分重视对中国的通商贸易。

入明以来，我国与菲律宾的贸易关系又得到进一步发展。不仅与菲律宾北部的吕宋，中部的民都洛、巴拉望等地继续保持贸易关系，而且扩展到南部的苏禄、宿务、棉兰老等各岛，尤其是苏禄，与中国的贸易发展更快，中国商船运去了大量的中国陶瓷、丝绸等日用商品。每当中国商船到达彼国，当地商人立即"将货尽数取去""携入彼国深处售之，或别贩旁国，归乃以夷货偿我"④。由于"土人以珠与华人市易，大者利数十倍"，所以迫切希望中国商船经常来此地贸易。为了争取华商的到来，甚至采取挽留人质的做法，"夷人虑我舟之不往也，每返棹，辄留数人为质，以冀后日之重来"⑤。猫里雾（又称合猫里，今菲律宾布

---

① ［宋］赵汝适：《诸蕃志》卷上《麻逸国》。
② ［宋］赵汝适：《诸蕃志》卷上《三屿国》。
③ ［元］汪大渊：《岛夷志略·三岛》。
④ ［明］张燮：《东西洋考》卷5《苏禄》。
⑤ ［明］张燮：《东西洋考》卷5《苏禄》。

里亚斯岛）也是中国海商经常出没之地,当地商人"见华人舟,跫然以喜,不敢凌厉相加,故市法最平"①。中国海商也乐意前往贸易,当时在中国海商中曾流行"若要富,须往猫里雾"的谚语。网巾礁老（今菲律宾棉兰老岛南部哥达巴都一带）虽然"数为盗海上"。但他们海上行劫,主要是"欲人之诣彼土也",如果有"舟往贩者,每善待,盖自藏其杀机焉"。②

明代到菲律宾群岛的中国海商大量增加,《明史》记载:"吕宋居南海中,去漳州甚近……先是闽人以其地近且饶富,商贩者至数万人,往往久居不返,至长子孙。"③隆庆元年明朝政府部分开放海禁以后,去吕宋的海商更多,当时去菲律宾各岛经商的不仅有大量漳泉海商,而且江浙一带的商人也跟踪而来,入海贸易。明代李绍文在《云间杂识》中称:"近来中国人都从海外商贩至吕宋地方,获利不赀,松人亦往往从之。"由于到菲的中国海商日益增多,在吕宋出现了华商集中居住区。何乔远说:"其地迩闽,闽漳人多往焉,率居其地曰涧内者。其久贾以数万,间有削发长子孙者。"④张燮在《东西洋考》中也指出:"华人既多诣吕宋,往往久住不归,名为压冬,聚居涧内为生活,渐至数万,间有削发长子孙者。"⑤所谓"涧内"就是华人街区,内有华人商店数百间和数千华侨。中国商船到马尼拉港,先把货物运入涧内的华人商店,然后卖给菲律宾和西班牙人。所以每天有许多

---

① ［明］张燮:《东西洋考》卷5《猫里务》。
② 《明史》卷323《吕宋传》。
③ ［明］何乔远:《名山藏》卷107《王享记三·吕宋》。
④ ［明］何乔远:《名山藏》卷107《王享记三·吕宋》。
⑤ ［明］张燮:《东西洋考》卷5《吕宋》。

第五章　通达五洲：贸易的国家和地区

马尼拉市民到这里采购各种食品和日用品，涧内实际上已成为马尼拉的交易中心。西班牙驻菲律宾主教多明戈·德·萨拉萨尔写给西班牙国王的信中承认："巴利昂（Parian，即涧内）点缀这个城市，所以我毫不迟疑地向陛下断言：在西班牙或这一带在我们所知的城市中没有一个能像这里有这样多值得看的东西，因为这里可以看到中国的全部商务。"①

中国商人不仅在涧内经商，而且还从事马尼拉与菲内地的贩运贸易，他们把中国商品运销到其内地，又从内地收购当地的土特产，沟通了城乡的经济交流，对于繁荣菲律宾的经济起了积极作用。

中国商人在菲律宾的经商活动引起了当地西班牙殖民者的恐惧和不安。为了阻止华商势力的增长，他们故意制造事端，对华商加以迫害和排挤。西班牙人的残暴行为严重地影响了中菲贸易的正常开展，对此郑氏海商集团十分不满，郑成功收复台湾以后，决定用先礼后兵的办法，打通郑氏与菲律宾的贸易通道。1662年4月，派遣意大利传教士李科罗为特使，向吕宋总督呈递《郑成功致菲律宾总督之国书》，控诉迫害华商的罪行，要求进行正常的通商贸易，该国书写道：

> 大明总统使国姓爷寄马尼拉总督曼利克·特·喇喇之宣谕：
> 　　承天命而立之君，万邦咸宜效顺朝贡，此古今不易之理也。可恶荷夷不知天则，竟敢虐我百姓，劫夺商船，形

---

① G. F. Zaide, *The Republic of the Philippines*, Manila, 1963, p.99.

同盗贼,本当早勒水师讨伐。然仰体天朝柔远之仁,故屡寄谕示以期彼悔罪过,而彼等愚顽成性,执迷不悟,邀予震怒,遂于辛丑四月率师亲讨,兵抵台湾,捕杀不计其数。荷夷奔逃,无路脱衣乞降。顷刻之间,城池库藏尽归我有,倘彼等早知负罪屈服,岂有如此之祸哉。

你小国与荷夷无别,凌迫我商船,开争乱之基。予今平定台湾,拥精兵数十万,战舰数千艘,原拟率师亲伐。况自台至你国,水路近捷,朝发夕至。惟念你等迩来稍有悔意,遣使前来乞商贸易条款,是则较之荷夷已不可等视,决意姑赦尔等之罪,暂留师台湾,先遣神甫奉致宣谕。倘尔及早醒悟,每年俯首来朝纳贡,则交由神甫覆命,予当示恩于尔,赦你旧罚,保你王位威严,并命我商民至你邦贸易。倘或你仍一味狡诈,则我舰立至,凡你城池库藏与金宝立焚无遗,彼时悔莫及矣。荷夷可为前车之鉴,而此时神甫亦无庸返台,福祸利害,惟择其一,幸望慎思速决,毋迟延而后悔,此谕,永历十六年三月七日。国姓爷。①

菲律宾统治者接到此书,不仅不改邪归正,立即停止对华商的迫害,与郑氏政权建立正常的贸易关系,反而变本加厉,决定将华商全部驱逐出境,并加以杀害,一时间全城黑云翻滚,华商纷纷出逃。有的逃入山中,有的自杀而死,有的乘小船冒险出海逃命。六月六日,菲律宾统治者开始大屠杀,一天之内被杀的有

---

① 转引自赖永祥:《明郑征菲企图》,《台湾风物》1954年第4卷第1期。

一千五百多人,还有一千三百多人被遣送回国。郑成功得知中国商人在菲律宾惨遭屠杀,非常气愤,决定派兵征菲,但不幸于这年六月病故,远征中途而止。

永历二十年(1666),吕宋总督"遣使贡方物,且请传教"①,巴礼僧(Fadre)到达台湾,陈永华命以中国礼入觐,郑经当面"申通商之约":"凡洋船到尔地交易,不许生端勒扰,年当纳船进贡,或舵或桅一,苟背约,立遣师问罪",巴礼僧"叩首唯唯,不敢提设教事,遣之归"。②从此"修好往来",恢复了正常的通商贸易关系,每年都有郑氏海商的船队开往马尼拉。英国东印度公司班丹分公司的《商行记录》说:"台湾与日本及马尼拉均有贸易。"所以他们认为如能与台湾通商,就犹如直接与中国大陆,以及日本和马尼拉通商了。③

二、与南洋群岛各国的通商贸易

南洋群岛各国早就与中国产生了密切的贸易关系,宋元时期的三佛齐(今苏门答腊岛东部占碑一带)、阇婆(今爪哇岛中部北岸一带)、兰无里(今苏门答腊岛西北角的亚齐特区一带)、凌牙斯加(今苏门答腊岛以东的林加群岛)、浡泥(今西加里曼丹岛)均与中国有较多的贸易往来。南宋初,泉州纲首(负责纲运的商人首脑)朱纺"舟至三佛齐国""往返不期年,获利百

---

① 连横:《台湾通史》卷14《外交志》。
② [清]江日升:《台湾外纪》卷12。
③ 《十七世纪台湾英国贸易史料》,第13页。

倍"①，三佛齐本地的商人也常来中国。北宋初期，福建建溪的"主舶大商"毛旭，多次到阇婆贸易。明末清初，这种贸易往来更加频繁。如美洛居（今印度尼西亚马鲁古群岛）盛产丁香，元代"每岁望唐舶贩其地"②，但还没有发现海商侨居于此的记载。明代以后，不仅"华人多市易"，而且已有华商流寓其地，据当时在该地传教的传教士塞巴斯蒂安·丹克尔特（Sebastian Danckert）报告："在当地城寨附近，还有若干中国人居住。他们当中，有的用帆船或其他船只从事贸易，有的为销售商品从事航行。其中也有一二船只，驶向中国本国和其他地方，但大多数都定居在安汶岛，或经营商业，或拖运木材，或作石工，或烧砖瓦，或捕鱼以及其他等等工作。"③从1559年起在菲律宾寄居三年的黑祀教团传教士加布里耶·德·桑·安多尼奥（Fr. Gabriel Quiroga de San Antonio），在其1604年出版的《柬埔寨王国国情纪实》一书中也写道："在摩洛加群岛中的帝多列岛（Tidore），中国船只以及东西方各国船只云集，他们是为着购买沉香而来的。"④

由于中国商人薄利经商，生意昌隆，严重地影响了荷兰人的利益，荷兰商人通过自己的殖民政府颁布各种法令，千方百计地抑制华商人口，限制华商经营各种贸易活动。但是中国商人的经商活动，已成为该岛居民生活中不可缺少的组成部分，因此这些

---

① 《福建莆田祥应庙记》，《文物参考资料》1957年第9期。
② ［元］汪大渊：《岛夷志略·文老古》。
③ 转引自［日］岩生成一：《论安汶岛初期的华人街》，《南洋问题资料译丛》1963年第1期。
④ 转引自［日］岩生成一：《论安汶岛初期的华人街》，《南洋问题资料译丛》1963年第1期。

规定很难实行。荷兰人承认："如果完全禁绝中国人的衣料买卖，那么士兵和水手按习惯以预付月薪来向中国人购买衣料，势将无法进行……如果对他们和士兵间的衣料买卖，不得已略予放宽，也将非常不方便。如果他们真的全部移住巴达维亚，则对比玛（Bima）和爪哇的粮食交易，也将失去买卖的对手。"因此他们认为："与其使土人做这些事，勿宁使中国人保持其航线，更为合宜。"①可以看出中国海商在当地经济生活中占有何等重要的地位。

爪哇岛也是中国海商涉足之地。明代初期，广东南海商人梁道明"贸易爪哇国，久而情熟，絜家住居，积有年岁，闽广军民，弃乡里为商，从之者至数千人"②。正统九年（1444），广东潮州府的海商"纠诱傍郡亡赖五十五人私下海通货爪哇国，因而叛附爪哇者二十二人"③。自此之后，到爪哇岛经商贸易的中国商人日益增多。仅东爪哇杜板一地已有数千家华商，"二酋主之，皆广东漳泉人"。从杜板往东行半日路程的厮村一带，中国海商"客此成聚落，遂名新村，约千余家，村主广东人，番舶至此互市"；由厮村向南，水行半日到淡水港，再换乘小船，沿河上行二十余里，至苏鲁马，这里"亦有千余家，半中国人"。④何乔远在《名山藏》中说："其国四乡富饶澹足，闽、粤、西番人至久贾，长子孙，地广人稠，为东洋诸番冠。"

与此同时，西爪哇的下港（今印尼万丹）也逐渐成为中国海

---

① 转引自［日］岩生成一：《论安汶岛初期的华人街》，《南洋问题资料译丛》1963年第1期。
② ［明］严从简：《殊域周咨录》卷8《爪哇》。
③ 《明英宗实录》卷54。
④ ［明］严从简：《殊域周咨录》卷8《爪哇》。

商的另一聚集地。每年都有不少的漳州船来到此地，每当中国商船开到而其他国家的船舶尚未到达时，中国"商人但将本货兑换银钱、铅钱，迨他国货到，然后以银铅钱转买货物"。"华船开驾有早晚者，以延待他国故也。"①中国商船归航时，又有一部分商人留在本港经商贸易，他们在城外面海的地方，设立铺舍，"凌晨各上涧贸易，至午而罢。王日征其税。又有红毛番来下港者起土库，在大涧东，佛郎机起土库，在大涧西，二夷俱哈板船，年年来往贸易"②。可见，中国商人在下港的活动是很活跃的。万历三十七年（1609），一位到过下港的德国人约翰·威尔铿（Johan Ueriken）写道："在万丹的中国人，在全印度也没有见过经营这样盛大的贸易，他们每年两次乘着自备的中国帆船来航，带来中国出产的珍异物品和高价商货。中国人在万丹也有几千人住居，其中大部分是富裕的。"③

此外，西爪哇的加留吧（今印度尼西亚雅加达，又名巴达维亚，华侨称吧城）与中国也有贸易往来。1400年至1500年，加留吧还没有成为一个著名港口时，中国人的胡椒船就驶至此地。1569年，荷兰船只第一次到达加留吧，看到"中国人已在那里定居，设坊酿制亚力酒"④。清初，郑氏海商集团的船队继续航行到加留吧，据《热兰遮城日志》1655年3月9日条记载：属于国

---

① ［明］张燮：《东西洋考》卷3。
② ［明］张燮：《东西洋考》卷3。
③ 转引自［日］岩生成一：《下港（万丹）唐人街盛衰变迁考》，刘聘业译，《南洋问题资料译丛》1957年第2期。
④ De Haan, *Oud Batavia*. 转引自黄文鹰、陈曾唯、陈安尼：《荷属东印度公司统治时期吧城华侨人口分析》，厦门大学南洋研究所1981年版。

姓爷的船只二十四艘自中国沿岸开去各地贸易,其中开向巴达维亚七艘。同年8月17日条记载:有消息说,国姓爷船八艘自巴达维亚回归台湾。

爪哇西边的苏门答腊岛的三佛齐,地处马六甲海峡,是中西海上交通的必经之道。宋元时期,从三佛齐到中国已经有比较固定的航线,"泛海便风二十日到广州。如泉州,舟行顺风,月余亦可到"①。各国海商"东自阇婆诸国,西自大食,故临诸国,无不由其境而入中国者"②。北宋太平兴国五年(980),番商李甫海满载香料、象牙、犀角到泉州,中途被风漂至潮州。雍熙二年(985),三佛齐商人金花茶"以方物来献",到中国经商。

与此同时,中国海商也经常到三佛齐进行贸易活动。到了明代,两国贸易更为频繁。明初,广东海商梁道明到三佛齐国经商,"久居其地,闽粤军民,泛海从之者数千家,推道明为长,雄视一方"③,嘉靖末年,张琏海商集团被明军追赶,也退居旧港④。万历五年(1577),"商人诣旧港者,见琏列肆为番舶长,漳泉人多附之,犹中国市舶官云"。苏门答腊岛西北角的亚齐(即哑齐)是中国海商活动较多的又一地区,因地处交通要道,"至者得利倍于他国",所以很多海商到此贸易。海盗出身的威廉·丹匹尔曾在亚齐看到许多中国商人,他在书中写道:"所有来该城贸易的商人中,最著名的是中国人。他们中有些人终年住

---

① [宋]马端临:《文献通考》卷332《三佛齐》。
② [宋]周去非:《岭外代答》卷2《三佛齐》。
③ 《明史》卷324《三佛齐传》。
④ 1397年三佛齐国为爪哇所灭,改称旧港。

在这里，有些人是每年自中国航行来此。来的时间约在六月，船只约有十或二十艘满载大米和若干种其他商品，他们都住在城市尽头海边叫作华人区的地方……如果船上货物尚未卖完，他们可以希望有小贩要买他们的船，只要有人买，他们也愿意出卖，至少卖出其中的一部分，因为中国人就是要把什么都卖掉的人。船卖掉以后，他们就作为乘客乘搭别人船只回国。"[1]浡泥与中国也有较多的贸易往来，"在文莱城居有许多中国商人，这些商人从事文莱和华南之间以及文莱与北大年之间的商货贩运"[2]。《明史》记载："华船到，进王方物，其贸易则有大库、二库、大判、二判，秤官等酋主其事"，嘉靖末年"闽粤海寇遗孽，逋逃至此，积二千余人"。万历年间，国王病死，无嗣，族人争立，国中大乱，不复朝贡，但两国"商人往来不绝"，仍然保持通商贸易关系。

三、与中南半岛各国的通商贸易

明末清初，中南半岛上的主要国家有安南（今越南北部一带）、占城（今越南中部及南部部分地区）、真腊（今柬埔寨及越南南部的部分地区）、暹罗（今泰国）、满剌加（今马六甲一带）、大泥，彭亨（今马来西亚彭亨州）等。这些国家是中国海商传统的通商贸易地区。

---

[1] ［英］布赛尔：《东南亚的中国人》卷7，徐平译，《南洋问题资料译丛》1958年第2期。
[2] N. J. 赖安：《十六世纪的马来亚》，桂光华译，《南洋问题资料译丛》1983年第2期。

第五章 通达五洲：贸易的国家和地区

宋代已有许多中国商人到占城贸易。庆历元年（1041），中国"商人邵保至占城国"，绍兴二十五年（1155），来中国的占城使节说："纲首陈惟安递年兴贩本番。"[①]乾道三年（1167），福建"纲首陈应等，昨至占城番"[②]。元代，交趾"其俗以商贩为生也，饮食衣服皆仰北客（中国商人）"[③]。中国海商李用就"航海历交趾诸国，货入优裕"。

明代，这一地区仍与中国保持密切的贸易往来，每当中国海商到达安南国时，"酋为商人设食，乃给木牌于廛舍，听民贸易"。商舶到新州，提夷者，"广南酋亦遥给木牌"。在顺化"多女人来市，女人散发而飞，旁带如大士状。入门，以槟榔贻我，通殷勤"。[④]清初，郑成功继续派船到此地贸易，1655年，有两艘船开到东京，四艘船去广南。由于中国海商到安南经商的人数不断增加，在南方的主要对外贸易港口会安出现了中国商人聚居的唐人街，当时到过会安的释大汕说："盖会安各国客货码头，沿河直街长三四里，名大唐街，夹道行肆，比栉而居，悉闽人，仍先朝服饰，妇人贸易，凡客此者必娶一妇以便交易。"[⑤]有人估计，17世纪中叶，在这里经商的中国商人已达五千余人。[⑥]安南商人也到我国贸易，万历三十九年（1611）裴暴、裴福宁、黎光

---

① 《宋会要辑稿》蕃夷4之70。
② 《宋会要辑稿》蕃夷7之49。
③ 《大越史记全书》卷上，转引自陈高华、吴泰：《宋元时期的海外贸易》，天津人民出版社1981年版。
④ [明]张燮：《东西洋考》卷1。
⑤ [清]释大汕：《海外纪事》，转引自陈荆和：《承天明乡社陈氏正谱》，香港中文大学新亚研究所1964年版。
⑥ 张文和：《越南华侨史话》，黎明文化事业公司1975年版。

武、杨文仁等七十三人到温州海面，被温州参将沈有容抓获，不久又"再获武文才等二十五名"①，他们自供是"阿南国升华府河东县人"，阿南即安南。

真腊与中国海商联系也比较密切，当地"交易皆妇人为主"，故华商"到彼必先纳妇者兼利其买卖故也"，此地人民对中国商人十分尊重，甚至把中国货物作为交换的手段，据《殊域周咨录》记载，真腊"每日一墟自卯至午即罢，无居铺，但以蓬席铺地，亦纳官司赁地钱，小交关用米谷及唐货，次用布，大交关则用金银，颇敬唐人，呼之为佛"。

暹罗与中国的海上贸易更加密切，特别是暹罗大城王那莱（1656—1688年在位）时代，两国贸易关系发展快，那莱曾经组织船队与中国通商，有一个时期，他的海船达四百多艘。同时，他很欢迎中国海商到暹罗贸易，对去暹罗贸易的华商"甚挚，倍于他夷"，并给中国海商提供种种方便和优待，"贾舶入港，约三日程至第三关，舟至，则侦者飞报于王，又三日至第二关，又三日至佛郎日本关，所至关，辄听与其近地交易，不必先诣王也"。②

由于暹罗政府的鼓励和支持，中国商人到暹罗极为频繁。嘉靖年间，"漳州月港家造过洋大船，往来暹罗诸国通易货物"。江浙王直海商集团也"造海舶，置硝磺、丝绵等违禁货物抵……暹罗"诸国"来往贸易"。隆庆开放海禁以后，明朝政府规定前往西洋各国的船数，暹罗与下港均定为四只，居西洋各国第一位。

---

① ［明］王在晋：《海防纂要》卷10。
② ［明］张燮：《东西洋考》卷5。

凡·弗列（Van Viet）曾指出："当时来自闽南的华人，每年都运载相当大批的各种中国货物到该国（暹罗），然后运回大宗苏木、铅及其他货物。"①

到了郑氏海商时期，两国贸易又有进一步发展，《热兰遮城日志》记载：1655年3月9日，有消息说国姓爷的船只二十四只自中国沿岸开去各地贸易，其中开往暹罗达十艘，占百分之四十。又据《巴达维亚城日志》1661年6月13日记载，这季节中，有属于国姓爷的中国戎克船（即中国帆船）三艘来到暹罗，即一艘来自日本，另两艘系自中国来的。中国史料中也有通商贸易记载：顺治十一年十二月，福建商人李楚、杨奎"奉太夫人差，冒领同安侯郑府令牌各一张，牌内俱有备写本府商船一只，仰本官即便督驾，装载夏布、瓷器、鼎铫、密料等项，前往暹罗通商贸易"②。

马来半岛各国与中国也有较频繁的海上贸易关系。麻六甲"直占城极南，自爪哇旧港顺风八昼夜至"③，相传"汉时已通中国"。明末清初时与中国联系仍很密切，每年十一月至第二年四月，中国海商乘东北季风到达麻六甲与阿拉伯商人交换货物，五月至十月，又乘西南季风回国。成化七年（1471），福建龙溪海商丘弘敏等人私下通番，航行到麻六甲；成化十年，工科右给事中陈俊等出使占婆（占城），"然其所赍载私货及挟带商人数多，遂假以遭风为由，越境至满剌加国交易"④。谢肇淛在《五杂俎》

---

① ［美］G.威廉·史金纳：《古代的暹罗华侨》，王云翔译，《南洋问题资料译丛》1962年第2期。
② 《明清史料》已编第5本《兵部残题本》。
③ ［明］茅瑞徵：《皇明象胥录》卷5。
④ 《明宪宗实录》卷97、卷136。

中指出，当时中国商船到麻六甲贸易"夏去秋来，率以为常"。1509年葡萄牙人塞克拉（Diego Lopes Segueira）到达麻六甲时，在港口看到四艘中国帆船。1511年，另一个葡萄牙人阿尔布克尔克在进攻麻六甲时，也有五艘中国帆船停泊在港口。

随着两国贸易的发展，到麻六甲定居的中国商人也越来越多，据鲍特总督于1678年的调查，在麻六甲共有砖屋137座、亚答屋583座，总人口4884人，在城市中，中国人有砖屋81座、亚答屋51座，男性127人，女性140人，儿童159人。……城北郊区中国人有324人，北郊海边24人，通往三宝山的路上78人，再加上其他一些小地方人数，麻六甲城堡以外所有地区的中国人总数为852人还多。① 由于到麻六甲贸易的商人日益增多，麻六甲国王素丹专门设立四个沙班达（即港务官员）负责港口的具体事务，其中一个沙班达由中国人担任，负责管理从中国、印度支那和暹罗来的商人。华人港务官的设置，说明当时居留在麻六甲的中国商人为数不少。同时，麻六甲的商船也经常到中国沿海，停泊在广东濠镜（澳门）、东莞屯门和福建的浯屿附近，与中国商人进行贸易活动。

大泥在《东西洋考》《明史》等书中误与浡泥相混，也是中国海商在马来半岛活动的一个据点，"华人流寓甚多，趾相踵也"。大泥与中国有较密切的贸易关系，"舶至，献果币如他国。初亦设食待我，后来此礼渐废矣。货卖彼国，不敢征税，惟与红

---

① ［英］布赛尔:《东南亚的中国人》卷5,《南洋问题资料译丛》1958年第2期。

毛售货，则湖丝百斤，税红毛五斤，华人银钱三枚，他说称是，若华人买彼国货下船，则税如故"①。万历年间，中国海商林道乾到此活动，传说被北大年公主招为女婿，并赐给他海滨一块地方。林道乾以此为据点，辟建海港，开展对外贸易，号称道乾港。吉兰丹（今马来半岛东岸吉兰丹河下游哥打巴鲁）是大泥的码头。"嘉靖末，海寇余众遁归于此，生聚至二千余人。"彭亨"东南岛中之国也，山旁多平原，草树繁茂"，中国海"舟抵海岸，国有常献"。彭亨国王为了接待中国海商，还专门"筑铺舍数间"，让中国商人"随意广狭，输其税而托宿焉。即就铺中，以与国人为市，铺去舟产亦不甚远，舶上夜可更，在铺中卧者，音响辄相闻"。②彭亨商人也曾来中国澳门，《皇明象胥录》记载："彭亨地产片脑诸香花、锡，今附舶香山濠镜贸易。"③柔佛地近彭亨，一名乌丁礁林，"我舟至止，都有常输，贸易只在舟中，无复铺舍"④，万历时"其酋好构兵邻国，丁机宜、彭亨屡被其患，华人贩他国者，多就之贸易"⑤。

第三节　偏远贸易，日渐式微

一、与南亚的通商贸易

南亚即今天印度次大陆地区，当时的主要国家和地区有榜葛

---

① ［明］张燮:《东西洋考》卷3。
② ［明］张燮:《东西洋考》卷4。
③ ［明］茅瑞徵:《皇明象胥录》卷4。
④ ［明］张燮:《东西洋考》卷4。
⑤ 《明史》卷325。

刺国（今孟加拉国）、西洋锁里（今南印度科里伦河口）、加异勒（今印度南部科里伦河口南岸）、甘巴里（今印度半岛最南之科摩林角）、锡兰山（今斯里兰卡）、溜山国（今马尔代夫）、小葛兰（今印度西海岸奎隆一带）、柯枝（今印度西海岸科钦）、古里（今印度西海岸）等。这个地区与中国交往已久，宋代有不少商人来中国贸易，当时到泉州经商的罗巴智力干父子，就是南毗国人。① 元代，中国商船常往"忻都地里"（即印度次大陆），马可·波罗回国时在俱兰（今奎隆）看到中国商船在该地贸易的情况，摩洛哥旅行家伊本·拔图塔从印度来中国也是搭乘中国商船。入明以来，与南亚各国继续保持这种贸易关系，如锡兰山"自苏门答剌顺风十二昼夜可达"，"其国地广人稠，货物各聚，亚于爪哇"。② 古里（南毗）"西洋大国西滨大海，南距柯枝国，北距狼奴儿国，东七百里距坎巴国，自柯枝舟行三日可至，自锡兰山十日可至"。古里是西方交通的要道，各国商人皆汇集于此，中国商船也经常到此贸易。到16世纪，葡萄牙殖民者越过好望角，窜入印度洋，占领了科钦、锡兰山、马六甲等地，控制印度洋的制海权，自此以后，中国商船很少再到马六甲以西的印度次大陆去了。

二、与西亚及非洲的通商贸易

中国同西亚、非洲各国很早就有贸易往来。唐代中国的商船已远航到阿曼、波斯沿海一带，大食商舶直接航行到广州、泉州

---

① ［宋］赵汝适：《诸蕃志》卷上《南毗国》。南毗国在今印度西部马拉巴尔海岸一带。
② 《明史》卷326。

第五章　通达五洲：贸易的国家和地区

等地。宋代从大食诸国来朝的使节"贡赋不绝"，其中有许多使节就是大食商人。宋高宗绍兴六年（1136），大食番客浦罗辛运载价值三十万贯的乳香一船来中国贸易。宋朝与非洲也有直接或间接的贸易。据《诸番志》记载，当时与泉州进行贸易的国家有勿里斯（今埃及）、默加猎国（今摩洛哥）、毗喏耶（今突尼斯）、层拔（今桑给巴尔）等。① 元代与西亚，非洲各国的贸易关系又前进了一步，《岛夷志略》的作者汪大渊可能是个从事海外贸易的商人，他曾两次"附舶以浮海"，先后航行到西亚的波斯离（今伊拉克的巴士拉）、天堂（今沙特阿拉伯的麦加）以及非洲的层拔罗国（今东非桑给巴尔）。当时的阿拉伯商人，甚至于埃及人和摩洛哥人也曾来华通商。到明代，与西亚非洲的贸易往来没有中断，如天方国（在今沙特阿拉伯半岛）有陆路及海路可通中国，海路"自古里国开船，投西南申位，船行三个月方到本国码头"，成化二十三年（1487），"其国中回回阿力以兄纳的游中土四十余载，欲往云南访求"，于是"乃携宝物巨万，至满剌加附行人左辅舟"，航行抵广东。② 正德时，天方"番使多贾人，来辄挟重资与中国市"③。默德那国（今沙特阿拉伯麦地那）"地接天方，有城池、宫室、田园、市肆，五谷繁滋，大类江淮间"。万历时"国人多附舶香山濠镜贸易"，因"其人善鉴识，每于贾海市中，廉得奇琛，故称识宝曰回回"。④ 祖法儿（今阿曼佐法儿）

---

① ［宋］赵汝适：《诸蕃志》卷上。
② 《明史》卷332《西域传》。
③ 《明史》卷332《西域传》。
④ ［明］陈仁锡：《皇明世法录》卷81。

"自古里西北放舟，顺风十昼夜可至"，是阿拉伯半岛重要商埠，各国商贾云集，当地人民"尽出乳香、血竭、芦荟、没药、苏合油、安息香诸物，与华人交易"。①

非洲与中国也有较多贸易往来，当时的中非贸易分间接和直接两方面。间接的是通过阿拉伯商人和亲自到马六甲的东非商人进行的。据16世纪曾到过印度、马来西亚并在中国住过二十年的帕尔斯说，开罗商人把非洲及意大利、希腊的货物运到亚丁，然后亚丁商人又把这些货物运到坎贝，换取马六甲的商品。由于坎贝与马六甲有这种贸易关系，一些国家的商人如马加里人、阿拉伯人、马林迪人等随船到达马六甲，与中国商人交换货物，带回中国出产的贵重商品，这就是中非的间接贸易。另一种是直接贸易，即中国商人直接乘船到非洲经商。巴布萨说过，16世纪初从亚丁湾入红海的船舶，是来自印度的许多地方，甚至更远的国家，如斯里兰卡、马六甲、苏门答腊、缅甸和中国。②在东非海岸一些国家，不断发现中国钱币和瓷器，经考证其中有一部分是明代的，这也说明中国商人曾到东非进行民间贸易，所以有的西方史学家认为中国与东非的贸易到了明代格外兴隆。③但到16世纪以后，由于西方殖民者入侵东非，使我国与东非蒸蒸日上的通商贸易一落千丈，至1500年以后，中国商船已基本上停止横渡印度洋的航行，中国与非洲的贸易关系被迫中断了。

---

① 《明史》卷326。
② 潘克胡斯特：《埃塞俄比亚经济史入门》，转引自张铁生：《中非交通史初探》，生活·读书·新知三联书店1965年版。
③ 罗戚：《东非史》，转引自张铁生：《中非交通史初探》。

第四节　通商欧洲，殖民贸易

中国与欧洲各国通商贸易的历史也很悠久，戴维逊说："中国货早在公元初的确运到了红海和地中海，麦罗埃的铁匠大概在这个时期模仿的铜壶，可能是从海上来的。还有中国、罗马的交易。不过，这些交易同大多数的贸易一样，其货物都要经过多次的驳运。"①东汉末年，欧洲商人已打通印度洋上的航路，大秦（今罗马）商船越过印度洋，直接同中国通商。《后汉书·西域传》说：延熹九年（166），大秦王遣使到中国，"始乃一通焉"②。《后汉书·大秦传》也说："大秦国一名犁靬……与安息，天竺交市于海中，利有十倍。"三国吴黄武五年（226），又"有大秦贾人，字秦论"③到达东吴、孙权"以男女各十人差吏会稽刘咸送论，咸于道物故，论乃径还本国"。可见三国时期中国与欧洲已有直接的通商贸易。然而明代以前，这种直接的联系并不太多，大部分贸易是通过埃及间接进行的，中国商船将货物运到西拉夫（波斯湾地区的重要港口），换船通过红海运到埃及，意大利商人再到亚历山大港及开罗采购中国商品，埃及是当时中国货物运往欧洲的枢纽。

然而到15世纪以后，情况发生变化，土耳其人征服近东，占领了欧洲通往东方的商业据点，开始进行海上抢劫活动，东部地

---

①　[英]巴兹尔·戴维逊：《古老非洲的再发现》，转引自张铁生：《中非交通史初探》。
②　《后汉书》卷88《西域传》。
③　《梁书》卷54《中天竺国传》。

中海的贸易受到阻碍。同时，由埃及、红海通往印度洋的航路又完全为阿拉伯人所独占，西欧商人为了打破阿拉伯人的商业垄断地位，力图建立与东方的直接贸易。1497年至1498年，葡萄牙贵族瓦斯科·达·伽马绕过好望角开辟通往印度的新航路。1519年至1522年，葡萄牙贵族斐迪南·麦哲伦率领舰队在西班牙国王支持下，穿过大西洋，沿南美洲东岸绕过美洲大陆，然后横渡太平洋到达菲律宾群岛。从此，开始了西欧殖民者对中国直接的掠夺性贸易时期。

一、与葡萄牙的通商贸易

葡萄牙人一跨入东方，就把中国作为他们的主要贸易对象。1508年，当塞克拉占领太平洋与印度间的交通要道马六甲时，葡萄牙国王命令他详细调查有关中国商人的一切贸易情况：中国商人何时到马六甲经商？马六甲到中国路途多远？他们运来什么货物？每年有多少船只？式样如何？船体多大？是否当年回国？在马六甲有否中国商馆？资产多少？有没有武装？中国商人是否很勇敢？等等。[①]1514年1月6日，安德鲁·葛沙列斯（Andrew Corsalis）在给洛伦佐·德·美第奇（Duke Lorenzo de Medici）的信中写道："中国商人亦涉大海湾，载运麝香、大黄、珍珠、锡、磁器、生丝及各种纺织品如花绫、绸缎、锦襕等甚多，至满剌加贸易，其人多才巧，不亚吾辈……其人信异端，然有言其亦信基督教者，不知确否？去年葡萄牙人有航海至中国者，其国官吏禁

---

① 张天泽：《中葡通商研究》，第33页。

第五章　通达五洲：贸易的国家和地区

止上岸，说是许多外国人居其国，违背其风俗常例，但诸商人皆得售出其货，获大利而归。据说带香料、胡椒、肉桂、生姜、丁香等至中国，获利同于葡萄牙。"①1515年，另一个葡萄牙人巴尔博萨（Duaste Basfosa）也在从马六甲发出的信中说：向中国贩卖胡椒，可获利三倍。可见当时葡萄牙人想与中国通商贸易的心情是多么迫切。所以他们到达中国沿海以后，就千方百计想打开中国古老的大门，取得对华贸易的特权。

1517年（正德十二年），比来斯和安德烈率领八只海船满载商品到达屯门，要求进入广州。他们上岸以后，住在怀远驿，一方面做生意，一方面争取北上，直接与中央政府接触。然而明政府以其来自非朝贡国而加以拒绝，后来他们用贿赂手段，"夤缘镇守中贵"，才被批准入京。1520年元月（正德十五年），比来斯等人从广州出发，五月到达南京，这时正好明武宗"南巡"，他们通过内廷太监江彬朝见了武宗。同年武宗回朝，比来斯等"从驾入都，居会同馆"。由于他们巴结宦官，依"恃彬势"，在京城骄横跋扈，胡作非为。使团成员火者亚三，"或驰马于市，或享大官之馔于刑部，或从乘舆而馂珍膳，享于会同馆"②，别人无可奈何，甚至他会见提督梁焯时也不肯下跪，"焯怒挞之，彬大诟曰：'彼尝与天子嬉戏，肯跪汝小官耶？'"③比来斯等人的胡作非为引起在朝官员的强烈不满。第二年，武宗病故，世宗嗣

---

① [英]亨利·裕尔：《古代中国闻见录》第1卷，转引自张星烺编注：《中西交通史料汇编》第1册。
② [明]何乔远：《名山藏·王享记》。
③ 《明史》卷325。

立,事态立即发生了变化,不久江彬伏诛,亚三处斩,比来斯也被驱逐出京,"礼部已议,绝佛郎机,还其贡使"。又云:"佛郎机非朝贡之国,又侵夺邻封,犷悍违法,挟货通市,假以接济为名,且夷情叵测,屯驻日久,疑有窥伺,宜敕镇巡等官亟逐之,毋令入境。"①拒绝了葡萄牙人的通商要求。虽然葡萄牙人的愿望没有达到,但不甘心,接着采用暴力与欺骗的手段,相继占领浙江双屿港与广东澳门作为对华走私贸易的据点。(关于这两个港口的贸易情况,上一章已讲过,兹不赘述。)

二、与西班牙的通商贸易

1567年,西班牙的黎牙实备远征队占领宿务,1571年,又占领马尼拉城,开始了西班牙在菲律宾的殖民统治时代。从此的中菲贸易,实际上已是中国与西班牙的贸易关系。西班牙人一到菲律宾,就急于打开中国市场,1567年,黎牙实备的脚跟还没有立稳,便急急忙忙向西班牙王报告:中国商人每年都运生丝、毛织品、瓷器、香料等到菲律宾出售,他强烈建议派船到中国沿海去,看看那里是什么样子。同时他还从其他国家商船的船员那里打听到中国与菲律宾、爪哇、马六甲、印度等国之间贸易关系的情报。②1571年他征服马尼拉后,立即装备船只,准备远征中国。可是正当他整装待发时,突然病亡,这一计划暂时搁浅。

接替他担任菲律宾省督的拉韦萨雷斯(Guido de Lavazares)

---

① 《明世宗实录》卷6。
② Blair & Robertson, *The Philippine Islands*, *1493-1898*, Vol.2.

继续策划打开中国大门的计划。1575年，明朝政府把总王望高追捕海商林凤到马尼拉，拉韦萨雷斯派遣拉达（Rada）跟随王望高前来福建，并令拉达向中国政府提出要求：像葡萄牙人在澳门那样，在福建开辟一个港口，让西班牙人自由通商。还训令他乘机收集中国大陆的商业情报。1575年，拉达等人到达厦门，从厦门经过同安，再到漳州，在漳州住了一段时间，又去福州，谒见福建巡抚刘尧诲，要求指定一个地方，让他们住下来，进行传教和通商贸易。拉达所到之处，虽然受到福建政府的热情招待，但对他们提出的通商要求，即以通商事项，非请示北京皇帝不可，省府无权决定的理由，而加以拒绝。

西班牙殖民者想打开中国通商大门的阴谋不能得逞，菲律宾本土又十分贫瘠，"既无香料，又无金银"，连日用品的供应都十分缺乏，不得不同意中国商人直接到菲律宾贸易。因此在西班牙人占领菲律宾的最初一段时间里，中菲之间贸易不仅没有衰退，而且还略有增长，据1571年刊于赛维礼（Seuille）的一文献记载：

> 西班牙军营驻扎在吕宋岛及马尼拉城已经一年，马尼拉是建造在马尼拉河的旁边，那时候，从中国来了三只船，船上满载货物，这是华人原有的习惯，每年总要来到这儿做生意。华人到达目的地，尚未上岸前，先派人请求西班牙总督发给通商执照，已得执照，乃受保护。华商运来的货物，有些是杂碎的零星日用品。其中有菲律宾的摩尔人常用的中国大陶瓷，此外尚有粗瓷，铜铁什器，另有精细瓷器以及丝织品，乃供应官员者，这是不足为奇的。他们

> 还运来一些精美的陶器。所有货物销路都很好，我们居留期间，只有财富可得，而无货物交易，而他们却为利诱，允于七八个月之后，再来贸易，运来大宗宝贵货物。他们带来各种货样，俾便探知售价，例如水银、火药、胡椒、肉桂、丁香、糖、铁、锡、铜、纹丝、丝织品、面粉等等货品，都是别国商人未曾用过，而且也未曾运售过的。[1]

关于早期的中国商人与西班牙人的贸易情况，另一位在吕宋住了十八年的神父也作详细的描述："马尼拉城共有西班牙人二千名（军队在内），东印度人为数约倍余，但华人则有二万名，他们多数是商人和手工艺者，每人每年纳居留税里亚尔（real）九元六角。"他在列举了西班牙人与东印度诸岛、日本及澳门的葡萄牙人的通商贸易后指出：

> 海上的交通，重要的仍在华人之手。每年的十二月杪或正月杪，他们结集二十或三十的船只，载上果子及各种有价值的货物来到吕宋。这些中国商船，多数来自福建漳州及厦门。福建滨海与菲岛遥遥相望，他们运售各种果品，如柑、花生、葡萄干及柿仔。柿仔略如苹果，是圆形透明的，成熟时，其色致有如琥珀。他们也运来各种布匹……普通瓷器也有运售，但非常精美的则因被禁止而不能出口。他们也运来珠、金、铁、麝香、雨伞、假宝石（极其精美，不

---

[1] ［美］菲律・乔治：《西班牙与漳州之初期通商》，薛澄清译，《南洋问题资料译丛》1957年第4期。

易辨别真伪)、硝石、面粉、各色纸张以及其他雕刻油漆极为精美的木器……中国商船每年三月间由吕宋归国，他们带回用货物换来的西班牙银币，他们也运回用为染料的一种木料。中国商人运售某货，今年若得利，明年必续办。"①

中国海商运去的大批货物，不仅保证了菲律宾本土的需要，而且为西班牙人与南美洲殖民地之间的大帆船贸易提供了充足的货源。当时从马尼拉运往墨西哥阿卡普尔科港的船货，品种繁多，除大宗丝织品和陶瓷品之外，还有各种金银器皿、香料药材、箱子家具等。这些商品只有少部分是东南亚各国产品及菲律宾本土产品，绝大部分是中国货物。清代张荫桓在《三洲日记》中写道："查墨国记载，明万历三年，即西历一千五百七十五年，曾通中国，岁有飘船数艘，贩运中国丝绸、瓷器、漆器等物，至太平洋之亚冀巴路商埠（即阿卡普尔科港）分运西班牙各岛（指加勒比海西属殖民地各岛），其时墨隶西班牙，中国概名之为大西洋。"②

由此可见，中国商品对于西班牙殖民地的繁荣起了很大的作用，西班牙人也承认，"没有华人的贸易和商务，这些领土就不会存在到今天"。

然而好景不长，中西贸易的发展，尤其是中国商品大量倾销南美洲各国，冲击了西班牙本土的工业和商业，引起宗主国塞维

---

① ［美］菲律·乔治：《西班牙与漳州之初期通商》，《南洋问题资料译丛》1957年第4期。
② ［清］张阴桓：《三洲日记》卷5。

尔—加的斯出口商的嫉忌和不安,他们不断敦促西班牙国王下令限制中国商品输入拉丁美洲,从而大大地限制了中西贸易的进一步发展。

三、与荷兰的通商贸易

荷兰人占领澎湖、台湾以后,千方百计地与中国海商集团建立贸易关系。1633年,荷兰驻台湾长官普杜曼派遣两只船去联络刘香海商集团,要求一起进攻福建沿海,并带去四千荷币收买刘香海商的货物。第二年,又派遣商务官员及翻译携带一千荷币收购刘香的掠夺品。①

荷兰与郑芝龙关系更加密切。郑芝龙就抚之前,已与"夷人(指荷兰人)往来如故"②,就抚之后,在商务上仍保持联系。崇祯元年(1628),台湾荷兰长官与郑芝龙订立为期三年的购货合同,议定郑芝龙每年向荷兰交付生丝一千四百担、糖五千担、糖姜一千担、绢绫五千担,荷兰人支付二十九万九千七百元,这项合同后因荷兰东印度公司缺乏现金而作罢。崇祯三年,郑芝龙又与当时荷兰长官普特曼斯(Hans Putmans)缔结条约,约定荷兰人要对郑氏船只加以保护。崇祯十三年,郑荷第三次签订关于对日贸易的互惠协定。郑芝龙虽然与荷兰人屡订条约,但荷兰殖民者并不遵守这些协定,他们一方面与郑氏海商进行贸易活动,另一方面又继续抢劫郑氏商船。荷兰殖民者的这种海盗行为,使郑

---

① [日]中村孝志:《バタヴィア城日誌》第1册。
② [明]曹履泰:《靖海纪略》卷1。

第五章 通达五洲：贸易的国家和地区

氏海商受到很大损失，引起郑成功的极大愤慨，1655年，郑成功"传令各港澳并东西夷国州府，不准到台湾通商，由是禁绝二年，船只不通"①。郑成功的禁运给荷兰人很大的打击，据樊·瞿思说："在台湾方面，像是上帝亲自通过各种不同的事件来惩罚我们的。"1657年6月，台湾荷兰长官揆一不得不"遣通事何斌馈送外国宝物来求通商，愿年输饷银五千两，箭桿十万枝，硫黄一千担"②，郑成功才答应恢复与荷兰人的通商关系。

荷兰殖民者一方面在台湾海峡与郑氏海商集团开展贸易，另一方面千方百计地招徕中国商船直接到巴达维亚城，力求使荷兰东印度公司的据点成为中国商品的集散地。1619年12月28日，东印度公司总督燕·彼得逊·昆（Jan Pieterszoon Coen）在给前往占碑的船长的命令中说：你们此去的任务不只是装运胡椒，还要留意从中国来的船只，要会同当地商馆制订一个完善的计划，使所有的中国船只都驶来吧城，以便繁荣吧城的贸易，1620年5月3日，东印度公司又指示北大年商馆：你们必须劝诱北大年、宋卡、那空、博他仑等地的华船下年载运大批美丽的生丝、绢绸以及其他中国货物前来雅加达，向他们保证，我们不缺乏现款，也不缺乏檀木、胡椒，而且他们前来可以不必交纳任何税款，一切捐税全部豁免。③1620年5月30日，公司以相同的指示发给暹罗商馆：要求他们尽力劝诱中国商船把货物载运来雅加达，不要驶

---

① ［清］杨英：《先王实录》。
② ［明］阮旻锡：《海上见闻录》卷1。
③ H.T.Colenbrander ed., Jan Pietersz. *Coen : Bescheidenomtrent Zijn Bedrijfin Indië*（《燕·彼得逊·昆东印度商务文件集》第2卷），转引自黄文鹰、陈曾唯、陈安尼：《荷属东印度公司统治时期吧城华侨人口分析》。

257

往其他地方。

为了争取更多的中国商船到来，甚至用威胁的手段，强迫华船驶入雅加达。1621年，公司指示远征舰队司令Reyersz说："上次训令中告诉你，可以允许少数中国船只前往暹罗和高棉，现在看来这是不适宜的。你应当禁止一切中国船只前往这些地方，命令他们只能航驶吧城，你要尽力把这件事情做好，因为公司十分关心要把吧城变成一个贸易中心。……再次明确地告诉他们：你不能容忍任何船只驶往吧城以外的地区，违者船货充公，人员拘捕。"由于荷兰东印度公司千方百计地招徕中国商船，前往雅加达的中国船只日益增多。17世纪20年代，每年平均五只；30及40年代，每年平均增加到六至十只。

1662年，郑成功驱逐荷兰殖民者，收复台湾，郑氏与荷兰的贸易基本中断，代之而起的是荷兰与清朝的贸易。清朝政府想用自由通商的手段勾结荷兰人，派兵夹攻郑成功。荷兰殖民者也希望借助清朝政府的力量，既可以对郑成功实行报复行为，又能达到通商的目的，于是各怀鬼胎，相互勾结。

1662年7月，荷印总督麦祖伊凯派遣博特率领八只快艇和四只货船，向中国沿海出发，训令博特伺机袭击郑氏的要塞和船只，如果可能的话，应该联合清政府的军队攻击厦门和金门等地。但要求清朝政府以开展贸易和取得在中国可以设防和驻军的港口作为报酬。靖南王耿继茂和李率泰虽然对荷舰的到来和他们可能提供的海军力量表示高兴，但并不准备达成任何协议，而且总是以等候皇上的旨意而拖延时间。博特达不到目的，不辞而别，返回巴达维亚。第二年，博特又率领一支由十六艘船组成的

第五章 通达五洲：贸易的国家和地区

舰队出发，有海军中将和少将各一人，兵士一千二百余人，以及价值十六万余荷盾的商品，这是荷兰东印度公司派往中国海面最大的一支舰队和商船队。博特到中国后，几经周折，于10月21日在泉州城向耿继茂提交东印度公司的信件，信中呼吁荷兰人和清朝建立"牢不可破的友谊"，商讨如何联合攻击厦门和金门的郑成功部队，要求在全中国进行自由贸易并在厦门和金门地区建立荷兰人设防的贸易站。耿继茂表示只能按北京中央政府授权的范围来考虑荷兰人的要求，即使在攻占厦门及金门后也只允许荷兰人在福州一地的贸易。不久，李率泰还告诉荷兰人，皇朝政府认为从来没有给外人以永久居留、设立贸易站和经常来华贸易的惯例。按过去办法，荷兰人只能隔几年贸易一次。荷兰人抱怨说，我们在其他地方的贸易都有国王玺书的批准，全国凛遵无违，而且足迹遍及全世界，也从来不受时间限制。李率泰回答道：各国有各国的风俗，不能强求一律，如果你们不乐意隔年一次贸易，你们可以不来嘛。总的看来，这次双方并没有达成什么协议，荷兰人的愿望并没有达到。

1665年，荷印公司改派诺伯耳为队长，率领船队来华，清政府对荷兰人没有派战舰来助战感到很失望，对以诺伯耳替换博特也十分恼火。7月12日，李率泰贴出告示，禁止与荷兰人一切交易。北京朝廷也通知荷兰人，以后来华只能走广州一路，并且申明不进贡便不许贸易，所以这一时期荷兰人对华贸易不太顺利。以福州地区贸易计算，从1662年到1666年，荷兰人总共才售出货物七十五万荷盾，购进货物一百万荷盾。由于贸易量不大，许多生意被经纪人所操纵，因此贸易盈利甚为微薄。加之北京的文

259

牍往返旷日费时，荷兰人认为贸易前景不容乐观，所以他们只打算把1679年派往福州的船只当作最后一次尝试，准备在这次贸易季节结束时关闭商栈并撤回侨民。①

四、与英国的通商贸易

1600年，英国成立了东印度公司，积极推进向东方扩展的计划，然而在17世纪前叶，由于葡萄牙人的阻挡，英国人数次到广州澳门进行贸易均未获得成功。正当他们无计可施的时候，获悉郑氏海商集团欢迎各国来台贸易，于是立即派船前去洽谈，1670年4月7日，班丹分公司（Bamtam）寄给Madras的函件中指出：大约一个月后，准备派小尾帆船（Pink）及单桅帆船（Sloop）各一艘赴台湾，其主要任务为装运布料及胡椒；英国东印度公司曾嘱托班丹自行选定在东亚哪些场所设立商行，而班丹分公司认为选在台湾比较适当，因有一个中国将军Coppin（国姓，即郑成功）大约在七八年前率领一批舰队夺取荷兰人所占领之台湾，现在Coppin已死，其子Irguow（即郑经）继立为该岛之酋长，Irguow函请外国人赴该处贸易，相约给予优待，故班丹此次派Pink及Sloope前往试探，如果货运主任（Supercargo）之报告认为有希望，则明年将在台湾设立商行。②同时，英国人还认为台湾地理位置十分重要，"因台湾的地理特点，为中国海边之一岛，有东京、澳门、马尼拉及日本环绕之"，只要在台湾建立了商业据点，

---

① ［英］约翰·E. 韦尔斯：《胡椒，枪炮及战场谈判》，许敏译，《中国史研究动态》1980年第4期。
② 《十七世纪台湾英国贸易史料》，第78页。

第五章 通达五洲:贸易的国家和地区

就可与中国大陆、日本及马尼拉等处经常通商。[①]基于以上原因,英国殖民者对台湾极为重视,1670年6月23日,由班丹派出两艘船开赴台湾,携带班丹经理寄呈台湾王之公函。公函云:

> 我英格兰、法兰西及爱尔兰之王查理陛下已准若干商人与全世界凡可住人之一切地方通商,特任汤姆逊·威廉(William Thompson)卿及数名其他商人为东方地区之商务长官,并任本员为经理,以指导及监督班丹及其邻近地区之商务。因此本员代表汤姆逊卿敬向陛下奉函问候。因接阅陛下之御函,邀请各国商人前往陛下所统治之地区通商,兹特派遣克利斯布(Ellis Grisp)为船长。率领小船及若干艘单桅帆船前来,以考察贵国之土壤风俗是否适于商人之侨居,有何商品可以输入及输出,敬请俞允贸易,使双方建立亲善之关系,俟该员呈复后,本员即将呈请汤姆逊卿再向陛下垦商,请准我方在贵国设立居留地。[②]

郑经对英国东印度公司派来的贸易代表十分欢迎,当班丹分公司的两艘船到达大员港外时,立即派人领航进港,并给予热情接待。据从台湾寄呈班丹之经理报告说:"国王所知我等来访,甚为欣悦,因此克利斯布即欲上去,但在停在城堡对面之单桅船中接到通知,对方预定为我等之寓所之房子尚未布置妥当。又次日早晨,国王派一官员来领我等上去,有一位通译在码头迎接、

---

① 《十七世纪台湾英国贸易史料》,第13页。
② 《十七世纪台湾英国贸易史料》,第24页。

引导我等至寓所,乃一座堂皇之大厦,即以前荷兰之市政厅也。有一官员陪我等进去,以国王之名义表示欢迎,以后且以公费作盛大之款待,约一星期之久。"①经过这一次成功的交涉,第二年,英国东印度公司在台湾设立商行,正式开始郑氏与英国之间的贸易往来。

1673年(康熙十二年)底,大陆发生三藩之乱,郑经应耿、吴之约,率军西渡,乘虚攻闽南,粤东之泉、漳、兴、潮、惠和闽西北一部分地区,势力发展很快。但好景不长,只经过三年时间。形势急转直下。1676年(康熙十五年)10月,清康亲王率军入闽,耿精忠转而降清,郑经屡战屡败,七府重新失陷,不得不退守金门、厦门。郑经为了争取外援,固守金、厦,以不收三年关税及本年度房租的优惠条件,邀请各国船只前来贸易。英国东印度公司认为,厦门位于大陆沿岸,与中国的直接贸易可能性更大,于是,由新设立的东印度股份公司所任命之经理Edward Barwell及商务官乘坐忠告号船,携带日本铜及日本银开往厦门港,不久在厦门设立新的商馆。自此以后,郑氏与英国之间又在厦门进行频繁的贸易活动,如1676年10月,台湾号载2690磅货物经苏拉特到厦门,购买丝绢12000匹及大量生丝。1679年,归航号满载各种货物驶往苏拉特。1681年,直接从伦敦派出四艘船去厦门。英国人对此抱极大希望,还准备派大批船只,载运大量货物到厦门贸易。后来由于郑经失败,厦门失陷,这一计划才没有实现。

---

① 《从台湾寄呈Bantam之经理及会议》,见《十七世纪台湾英国贸易史料》,第25页。

综上所述，明清时期私人海上贸易呈现了前所未有的盛况，与我国贸易的地区和国家相当广泛，中国海商不仅活跃在太平洋、印度洋各沿岸国家和地区，甚至与西欧各国也发生了直接的贸易关系。

第六章
手工帝国的余晖：海路上的商品

由于中外贸易商人的往来，加深了中国与世界各国的经济交流，我国的手工业品和农产品，如生丝、纺织品、瓷器、蔗糖等大宗货物，从浙江、福建、广东等各个贸易商港，远销到日本、东南亚及世界各国。国外的大量商品也通过中外海商源源不断地输入我国。因此，研究进出口商品的构成，估算商品的数量、贸易额和利润率，是私人海上贸易研究的一个重要方面。

第一节　出口商品，多输亚欧

明末清初，随着私人海上贸易的繁荣和发展，我国输往国外的商品大量增加，从传统的丝绸、瓷器等到新增加的各种日常生活用品，种类繁多，品种齐全。据不完全统计，达二百三十多种。这些商品大致可分为手工业品、矿产品、水产品、农副产品、动物和肉制品、干鲜果品、文化用品及中草药品等八大类。

手工业品及原材料	原材料	纺织原料	白生丝、黄生丝、绢捻丝、绯绢、捻缝丝、红缝丝、金丝、真绵、木棉、蚕茧皮
		皮革原料	水牛皮、鹿皮、鲛鱼皮、虎皮、獐皮、山羊皮、羚羊皮
		染料	蓝靛、红染料、绿矾
	成品及半成品	纺织品	白纶子、红纶子、黑纶子、白纱绫、红纱绫、黑纱绫、花绫、金锦缎、粗锦缎、黑绸子、红绸子、白绉绸、厚绸、花边绸、彩绸、纺绸、黑天鹅线、羽二重、薄绢、粗缟绢、素绢、波纹绢、双线绢、花纹绢、白缩缅、红缩缅、麻布、夏布、棉布、金线棉布、斜纹棉布、丝绵皮棉布、葛布、罗纱、毛毡、帽子、红线、毡毯、窗帘、被单、挂毡、台布、椅垫、地毯、男女丝袜、花缎阳伞面、头巾、长袍、披肩
		陶瓷器	茶壶、茶瓶、茶碗、药壶、粗陶器、香炉、青花白瓷器、瓷观音、大陶缸、瓦器、釉陶
		工艺品	堆朱、描金、屈轮、沈金（以上皆雕花嵌金漆器）人造花、纸制偶人、角制工艺品、革制文卷匣、屏风、青玉、水晶、红宝石、蓝宝石
		其他	木梳、铜镜、纸扇、雨伞、针、栉笼、牛筋、帆网、藤箱、小食笋、粉、蜡、草席、脂粉、木拖、渔网、绳子、椅子、木床石磨、方砖、花砖、石条
矿产品及金属制品	锡、铅、水银、明矾、白蜡、硝、钢、铁板、铁钉、铁盒、铜条、铜炮、铜壶、铜缸、铁缸、铁条、铁锅、锡品、锣、钱、火药、消石		
水产品	鱼胶、紫菜、鹿角菜、鲍鱼、鱿鱼、鲨鱼翅、海参、鱼干、虾米、目鱼干		
农产品	黑砂糖、白砂糖、冰糖、各种茶叶、茶种、蜂蜜、花生、藕粉、冬笋、菜油、花生油、小麦、面粉、香蕈、生姜、米粉、米酒、烟叶		
动物及肉制品	水牛、黄牛、马、骡、驴、鹅、鸡、鸭、兔、生猪、咸肉、阉鸡、火腿、黄油		

265

续表

干鲜果品	龙眼、荔枝、橄榄、佛子柑、菠萝蜜、椰子、橘子、桃子、梨子、胡桃、青果、橙、栗子、葡萄干、枣子、凤梨、无花果、石榴、西瓜、香蕉、各种蜜饯
文化用品	笔、墨、砚台、竹纸、中国画、书籍、尺子、笔筒
中草药品	红豆、芡实、槟榔、檀香、芍药、黄精、何首乌、白术、石斛、甘草、海螵蛸、柴金锭、蜡药、丹桂、南枣、附子、珍珠、眼茄、土茯苓、蚺蛇胆、天门冬、降真香、茴香、肉桂、樟脑、犀角、川芎、生地、当归

明末清初，我国输出商品大致有以上各种，为了更详细地阐述当时商品的出口情况，我们再举丝织品、瓷器、食糖等三大主要出口商品及销售地区详述：

一、生丝及纺织品

生丝及纺织品是中国传统的出口商品，早在秦汉时期，中国丝绸已通过河西走廊，源源不断地输往中亚各国，甚至远销欧洲，形成了"丝绸之路"。到唐代末期，由于与中亚的交通阻塞，陆上的"丝绸之路"逐渐衰落，丝绸出口由陆路逐渐转向海路。宋元时期，丝绸已成为海上贸易的主要出口货物，到了明代中叶以后，由于东南地区种桑植棉业的发展，民间纺织业的普及，纺织品的出口大量增加，物美价廉、色彩鲜艳的各种丝绸及其他纺织品畅销世界各个国家和地区。

（一）向东洋各国输出情况

日本是中国生丝及各种纺织品的主要市场，徐光启说："彼中百货，取资于我，最多者无若丝，次则磁，最急者无如药，通

第六章 手工帝国的余晖:海路上的商品

国所用,展转灌输,即南北并通,不厌多也。"①另一位曾在日本长期经商的中国海商童华也说:"大抵日本所须,皆产自中国。如室必布席,杭之长安织也;妇女须脂粉,扇漆诸工须金银箔,悉武林造也。他如饶之瓷器,湖之丝绵,漳之纱绢,松之绵布,尤为彼国所重。"②中国的生丝及纺织品深受日本各阶层人民的欢迎,成为他们必不可少的日常生活必需品。丝"所以为织绢纻之用也……若番舶不通则无丝可织,每百斤值银五六百两,取去者其价十倍";丝绵因日本人"髡首裸裎,不能耐寒,冬月非此不暖,常因匮乏,每百斤价银至二百两";棉布成为日本人的"常服,无绵花故也";绵绸"染彼国花样作正衣服之用";锦绣"优人剧戏用之";红线"编之以缀盔甲,以束腰腹,以为刀带、书带、画带之用"。③所以中国海商去日本贸易总是带去大批的生丝及各种纺织品。

万历三十七年(1609),唐船主陈振宇、陈德运到日本坊津澳的货物有缎、绫、青绸、光素、素绫、丝绸、绸帽料、素绸,蓝绸,合计603匹,此外还有大量的天鹅绒、胡丝、毛毡、扣线等纺织品。④

郑氏海商送去的丝及纺织品更多。1641年6月26日的傍晚,郑芝龙的一只帆船到达长崎,运载的货物有白生丝5700斤、黄生丝1050斤、捻丝50斤、白纱绫15000匹、红纱绫400匹、白绉绸

---

① [明]徐光启:《徐文定公集》,见《明经世文编》卷488—493。
② [明]姚士麟:《见只编》卷上。
③ [明]郑若曾:《筹海图编》卷2《倭奴》。
④ [日]木宫泰彦:《日中文化交流史》五。

7000匹、花绸子80匹、麻布7700匹等。7月1日傍晚,郑芝龙的第二艘帆船从安海到达长崎港,又运来了白生丝6000斤、黄生丝1000斤、白绸16700匹、纱绫800匹、纶子4500匹、麻布3300匹、天鹅绒625匹。7月4日,郑芝龙的第三艘船从安海到达长崎,运来白生丝14000斤、黄生丝13500斤、红绸10000匹、白麻布2000匹、白绸4300匹、缎子2700匹、生麻布1500匹、天鹅绒475匹、白纱绫21300匹、绢丝250斤、素绸40匹。①从上可以看出,仅1641年6、7两个月内,郑芝龙运往日本长崎的货物中有白生丝25700斤、黄生丝15550斤、各种纺织品140760匹,可见中国生丝及纺织品对日本出口量是相当大的。

菲律宾群岛是中国生丝和纺织品在东洋销售的另一个主要市场。西班牙人刚到菲律宾不久,已开始与中国商人进行生丝和丝绸贸易。1521年,麦哲伦在侯蒙洪岛上看到中国的丝织品,在宿务岛上看到黄色丝织头巾;1570年,戈第在巴都洛岛附近抢劫两艘中国商船,发现底舱有成捆的生丝和乱丝头。西班牙人占领菲岛以后,由于菲律宾与美洲大帆船贸易的开展,我国生丝和丝织品输入菲岛的数量迅速增长,每年许多中国商船满载各种生丝和丝绸驶往马尼拉。当时一位目击者说,中国商船运来各种布匹中"有几种质地好的,较诸法荷的出品并无逊色;有几种黑色的布,东印度人用以缝制衣服。还有粗或细的丝货、地毯、琵琶线、花边、化妆品、床帷、椅垫等……从中国运来的各种丝货,以白色最受欢迎,其白如雪,欧洲没有一种出品能够比得上中国的

---

① [日]永积洋子:《長崎オランダ商館の日記》第1辑。

丝货"①。

由于生丝贸易的迅速发展，丝及纺织品已成为输入菲岛的中国货物中最大宗的商品，在菲岛华货输入总值中，每年都占有很大的比例。1588年及以前，马尼拉每年从中国输入总值二十二万比索的货物中，各种食物如面粉、糖、饼干、奶油、香橙、胡桃、板栗、菠萝、无花果、李子、石榴、梨、其他水果、咸猪肉及火腿等，一共只值一万比索，其余绝大部分为丝货，其中包括花缎、黑色及带有彩色的缎子、金银线织成的浮花锦缎，以及其他丝织品。②

中国丝和纺织品运到马尼拉后，除一部分在当地销售以外，绝大部分转售世界各地。徐光启说："有西洋番舶者，市我湖丝诸物，走诸国贸易，若吕宋者其大都会也，而我闽、浙、直商人乃皆走吕宋诸国，倭所欲得于我者，悉转市之吕宋诸国矣。"③吕宋成为中国生丝的转售中心，有转售日本的，但其中大部分是由西班牙大帆船运到美洲出售，从马尼拉开往墨西哥阿卡普尔科的大帆船，每艘都装满丝绸，少者有三四百箱，最多的达1200箱。如1636年出发的船，其中一艘登记载运的丝织品超过1000箱，另一艘则多至1200箱，每箱的容量以1774年启航的大帆船为例，内有珠色广州光缎250匹，深红色的纱72匹，共重约250磅，另

---

① ［美］菲律·乔治：《西班牙与漳州之初期通商》，《南洋问题资料译丛》1957年第4期。
② 全汉昇：《自明季至清中叶西属美洲的中国丝货贸易》，《中国文化研究所学报》1971年第4卷第2期。
③ ［明］徐光启：《徐文定公集》。

外有些箱子专门装载长筒丝袜,每箱1140双,重230磅。[①]所以人们称这些船为"丝绸之船"。

中国丝织品精致美观,价廉物美,深受各阶层人们欢迎,迅速占领了墨西哥市场,"以致墨西哥境内除中国丝织品外,不复消费其他丝织品。结果,西班牙的所有丝织工场全部倒闭,连经营美西贸易的商人也因损失巨大而破产"[②]。运抵阿卡普尔科的中国丝绸不仅在墨西哥销售,还继续销往秘鲁各地,使秘鲁成为中国丝绸的又一市场。1602年秘鲁总督报告说:"这里(利马)的西班牙人都过着非常奢侈的生活,他们穿着质量最好、价钱最贵的绸缎,节日盛装和妇女衣着之华丽,是世界上其他国家都找不到的。"大约在17世纪40年代的一份文件中说:"中国绸缎在秘鲁的售价只抵得上西班牙制品的三分之一。"18世纪初,一些旅行家发现,利马的西班牙人的"衣服和装饰品非常豪华,热衷于穿着最昂贵的衣料"。此外,又有不少丝货运销智利、阿根廷及西印度群岛,"从智利到巴拿马,而西班牙人穿着的衣服,无论是僧侣的法衣,或是利马居民的斗篷和长筒丝袜,都是用中国的丝绸来缝制,或用生丝来织造的"[③]。中国丝绸畅销整个拉美市场,夺取了西班牙丝绸在美洲的销路,甚至越过大西洋,运销到西班牙本土,直接冲击了西班牙的丝绸工业,使其国内的丝绸工业出现不景气甚至衰落的现象。[④]

[①] 全汉昇:《自明季至清中叶西属美洲的中国丝货贸易》,《中国文化研究所学报》1971年第4卷第2期。
[②] Blair & Robertson, *The Philippine Islands, 1493–1898*, Vol.43.
[③] William Lytle Schurz, *The Maniia Galleon*, New York, 1959, p.365.
[④] 严中平:《老殖民主义史话选》第2编。

（二）向西洋各国的输出情况

西洋也是中国丝货的传统市场。宋元时期，中国丝织品已广泛销售到西洋各国，深得当地人民的欢迎。到了明代，西洋仍然是中国纺织品主要销售地区。1596年（万历二十四年），当荷兰人到达下港时，发现中国人的店铺排成两列，贩卖各种丝布，各种生丝、缎子、天鹅绒、纱子、金丝、金襕等中国丝货。1614年11月10日，荷兰总督康（Coen）由下港发给东印度公司的报告中也说："今年中国帆船到达本港有六只，而且都满载着丰富的货物。中国人带来了……好多的衣件，比以前更多的丝织品，生丝五六千斤，以及各色各样的商品。"① 《巴达维亚城日志》有关丝及丝织品运到巴城的记载更是俯拾皆是。当时的中国文献也有这方面的记载，现根据明末清初的各种资料，将丝及纺织品运销到西洋各国的情况列表如下：

国名(地名)	今名	品种	出处
三佛齐	印度尼西亚巨港	五色布绢色缎	《殊域周咨录》
苏门答刺	印度尼西亚苏门答腊	色绢	《殊域周咨录》
满刺加	马来西亚马六甲	色绢	《殊域周咨录》
爪哇	印度尼西亚爪哇	印花布、色绢、色缎	《殊域周咨录》
安南	越南	织金文绮纱罗	《明史·外国传》
暹罗	泰国	彩帛、锦绮、色绢、缎匹、夏布	《明史·外国传》《明清史料》已编
急兰丹	马来西亚吉兰丹	锦绮、纱罗、彩帛	《明史·外国传》

---

① ［日］岩生成一：《下港（万丹）唐人街盛衰变迁考》，《南洋问题资料译丛》1957年第2期。

续表

国名(地名)	今名	品种	出处
渤泥	印度尼西亚加里曼丹	锦绮、彩帛、缯帛	《明史·外国传》
大泥	泰国北大年	湖丝	《东西洋考》
西洋琐里	南印度	文绮绒锦、纱罗	《明史·外国传》
加异勒	南印度	锦绮、纱罗	《明史·外国传》
锡兰山	斯里兰卡	色缎、色绢	《殊域周咨录》
榜葛剌	孟加拉	缎绢	《殊域周咨录》
柯枝	印度西海岸	织金文绮彩帛	《明史·外国传》
古里	印度西海岸	文绮彩帛	《明史·外国传》
阿丹	亚丁	缎帛	《皇明世法录》
剌撒国	波斯湾南岸	缎绢	《明史·外国传》
祖法儿	阿曼	苎丝	《皇明象胥录》
天方	沙特阿拉伯、麦加	缎匹色绢	《殊域周咨录》
忽鲁谟斯	伊朗	锦绮彩帛纱罗	《明史·外国传》
米昔儿	埃及	纱绺色绢	《明史·外国传》
木骨都束	索马里	彩帛	《明史·外国传》

从上表可以看出，无论是南洋各国还是印度洋沿岸国家抑或非洲东海岸，中国商船到达哪里，哪里就留下丝绸交易的记载，这些资料说明丝货是明末清初私人海上贸易中的主要出口商品。

（三）向西欧各国的输出情况

明清时期，中国丝绸不仅遍销东西两洋，而且远销欧洲各国，除了上面讲的通过菲律宾的西班牙航船，经过西半球的新大陆流向西欧之外，还有一条航路，即通过葡萄牙人、荷兰人的商船队，绕过非洲的好望角，直接输入欧洲。1605年，荷兰海军大将西巴斯丁斯在北大年附近俘虏一条准备开往欧洲的葡萄牙商船圣·安东尼号，劫获该船所载的货物有生丝二百包，次黄丝七十五包、绸缎、天鹅绒及丝织品等一百五十筐。①把这些丝货运回欧洲出售，可以获取很高的利润。从此，荷兰东印度公司对于中国生丝的贸易十分重视。1608年，公司董事会发出指示说："我们必须用一切可能来增进对华贸易，首要目的是取得生丝，因为生丝利润优厚，大宗贩运能够为我们带来更多的收入和繁荣。如果我们的船只无法直接同中国进行贸易，那么公司驻各地商馆就必须前往中国船只经常往来的地区（如北大年等地）购买中国生丝，公司应当调动更多的现金来购买生丝，生丝比胡椒来得更有利。"②遵照公司指示，设在北大年、暹罗、宋卡等地的荷兰商馆积极向前来贸易的中国船只购买生丝，然后转贩欧洲，牟取暴利。此外，通过澳门—果亚—里斯本输入欧洲的丝货也很多，葡萄牙商人使用体积庞大的大帆船，把中国的生丝、各种颜色的细丝和各种颜色的绸缎源源不断地从澳门运往果亚，再由果亚运到欧洲各国。据统计，万历八年至十八年（1580—1590）中，每年运至果亚的丝货仅生丝一项达三千余担，价值银二十四万两。崇祯八年（1635）增加到六千担，价值银四十八万两。③可见，通过东半球航路运往欧洲的中国丝绸还是比较多的。

二、瓷器

我国陶瓷制造业历来居世界首位，精美的瓷器早就成为重要

---

① 温思德：《马六甲的围城》，《南洋文摘》第14卷第10期。
② J. H. Glamann, *Dutch-Asiatic Trade*. 转引自黄文鹰、陈曾唯、陈安尼：《荷属东印度公司统治时期吧城华侨人口分析》。
③ 黄启臣、邓开颂：《明嘉靖至崇祯年间澳门对外贸易的发展》，《中山大学学报（社会科学版）》1984年第3期。

的出口商品。到了明代，由于民营瓷窑的发展，陶瓷的产量和质量都有显著的提高，大量价廉物美的陶瓷产品源源不断地销售到世界各地，据T.佛尔克《瓷器与荷兰东印度公司》一书的统计，明末清初，也就是从1602年至1682年的八十年里，经荷兰东印度公司之手，我国瓷器的输出量竟达一千六百万件。①在当时，经营瓷器运销业务的不只是荷兰东印度公司，我国海商也大量输出瓷器，此外还有阿拉伯人、日本人、缅甸人、马来西亚人、印度人和英国人、葡萄牙人。因此明末清初我国瓷器的输出量应当远远超过一千六百万件。

（一）向东洋各国的输出情况

明末清初，我国销售日本最大宗的货物是生丝，其次就是瓷器。②日本人民非常喜爱中国的瓷制品，"磁器，择花样而用之，香炉以小竹节为尚，碗碟以菊花棱为尚，碗亦以葵花棱为尚"③。特别是"饶之瓷器""尤为彼国所重"④。每年都有大量的中国瓷器运入日本，如1635年8月13日至31日，从台湾运往日本的中国瓷器达135005件，其中有青花碗38863件，红绿彩盘540件，青花盘2050件，饭盅和茶盅94350件。1637年，中国商人又运去75万件粗、细瓷器。⑤关于华瓷的输日情况，《长崎荷兰商馆日记》有较详细的记载，从1641—1652年的输日情况如下：

---

① 陈万里：《宋末——清初中国对外贸易中的瓷器》，《文物》1963年第1期。
② ［明］徐光启：《徐文定公集》。
③ ［明］郑若曾：《筹海图编》卷2《倭奴》。
④ ［明］姚士麟：《见只编》卷上。
⑤ 陈万里：《宋末——清初中国对外贸易中的瓷器》，《文物》1963年第1期。

第六章 手工帝国的余晖：海路上的商品

日期	输出地点	品种	数量
1641年6月26日	福建安平	茶碗	1400个
		茶壶	47个
7月1日	福建安平	茶壶	70个
7月4日	福建安平	瓷器	1000个
		茶壶	80个
7月10日	福建福州	瓷器的茶碗	5000个
7月22日	福建福州	茶壶	710个
7月23日	福建福州	茶壶	1127个
7月25日		茶壶	576个
1642年7月1日	福建福州	茶壶	78个
10月16日	中国各港口	瓷器	50000个
		茶壶	130个
		茶道具	20000个
1643年6月8日	江苏南京	瓷器	11包
6月11日	福建福州	茶壶	
9月1日		茶壶	若干
1644年2月15日	福建福州	茶壶	若干
2月16日	福建福州	茶壶	若干
3月15日	江苏南京	粗瓷器	若干
3月19日	北部中国	粗瓷器	
5月20日	福建福州	茶壶、瓷器	
6月26日	福建漳州	粗瓷器	
7月8日	福建漳州	瓷器	若干
7月15日	福建福州	瓷器	
7月29日	江苏南京	瓷器	
8月13日	北部中国	瓷器	
8月19日	福建安平	瓷器	—
8月30日	福建安平	瓷器	
1644年	—	瓷器	6478个
		茶壶	1682个

275

续表

日期	输出地点	品种	数量
1645年	—	瓷制钵	229000个
		茶壶	433个
		大型粗瓷器	40个
1646年4月20日	福建福州	粗瓷器	若干
4月30日	福建福州	茶壶	若干
8月1日	福建泉州	各种瓷器	1020个
8月30日	福建福州	瓷器	若干
1651年	浙江舟山	粗陶器皿	7PS
		土制药壶	若干
1652年3月16日	—	各种粗瓷器	567包

明末清初，中国瓷器销售日本有两个特点。首先由于日本自己也生产各种瓷器，故从17世纪50年代开始输往日本的中国瓷器逐年减少，特别从1658年以后，不仅日本进口中国瓷器的进口大量减少，甚至有少量的粗瓷器向中国及东南亚各地输出。如1658年11月5日至8日，有七艘中国帆船从长崎去厦门，装载了各种很粗的日瓷。11月28日，又有六条船出发，主要装的是粗瓷和狐皮、獾皮。1660年11月，有四条船从出岛运载57173件瓷器去马六甲和印度各地；同年又有11530件日瓷运荷，到1682年的二十三年内，约有19万件日瓷由荷兰东印度公司运荷，有57万件运销亚洲各地。如果把这个数字和17世纪初期我国外销的瓷器数字相比，当然不算高。①但日瓷开始冲击中国瓷器的世界市场，却是一个值得注意的问题。

---

① 陈万里:《宋末——清初中国对外贸易中的瓷器》,《文物》1963年第1期。

第六章　手工帝国的余晖:海路上的商品

其次,民窑生产的各种日常生活用器,如碗、茶壶及各种粗瓷器大量增加,逐渐取代宋元时期官窑生产的精细瓷器的出口。中国瓷器输日的这种变化在日本的考古发掘中也得到证明。从日本山梨县一官町、岛根县富田古墓、石川县小松市濑谷等地出土的瓷器看,大部分是中国16世纪民窑生产的青花瓷、白瓷及华南民窑烧制的粗糙的吴须赤绘①。日本学者长谷部乐尔认为:"这种情况与根据传世的中国陶瓷所想象的内容出现明显的不同,就是说几乎是日用杂器的中国民窑的陶瓷器大量进口而普及于日本,这从16世纪后半叶继续到17世纪,明显地与嘉靖、万历时的各种各样的良窑、青花、五彩等的流入有关,室町时代末一直到江户初期的出土品明显地说明了这一点。"②

明末清初,瓷器是中国输入菲律宾的极为重要的商品,西班牙人入侵菲律宾之前,中国瓷器已经输入菲律宾,成为当地人民的日常生活用品,当麦哲伦到达利马萨瓦岛时,酋长科兰布(Calambu)向远征队赠送水果、蔬菜、烤腊肉等,其中装椰子酒的大瓮和装烧鸡的大缸就是典型的广东带花白瓷制品。后来麦哲伦在宿务岛又看到中国的描花漆碗,并从宿务居民口中得知这个岛和中国有直接的贸易关系。麦哲伦死后,他的远征队又在棉兰老岛看到中国的瓷瓶子和铜锣。1570年,戈第抢劫停泊在民都洛的两只中国商船,除上面说的有成捆的生丝和丝织品外,在甲板上还发现摆满各种坛子、罐子等陶器和瓷瓶、瓷盘、瓷碗、精制

---

① 日本对漳州五彩瓷的称谓。
② [日]长谷部乐尔:《日本出土的中国古陶瓷特别展览》,见《中国古外销陶瓷研究资料》第1辑。

瓷壶等瓷器。①

西班牙人占领菲律宾以后,中国商人继续来此地经商,华商运来的货物中"有菲律宾的摩尔人(moors)常用的中国的大陶瓮,此外尚有粗瓷、铜铁什器,另有精细瓷器"等。1574年,刊于赛维礼的一种文献认为"他们还运来一些精美的陶器,所有货物销路都很好"②。由于中国瓷器大量输入,遍销菲岛各地,至今到处还可以发现明清时期中国瓷器及其残片。据台湾学者陈台民的调查统计,整个菲律宾群岛出土中国古瓷器的遗址有三十一处,其中有关明清的就有二十处。③

出土地点	时代	出土日期	种类
巴布延(卡瓦延)群岛	明	—	蓝和白的碎片
亚巴瑶附省	明	—	壶和瓷片
汶笃	明	—	壶和念珠
孟讫附省	明	1932	瓷器
丹辘	元明	—	瓷片和壶
描沓安	南宋或明	—	瓷片
描东岸(里巴)	明或明前	—	壶
描东岸(里巴)	明	1936	瓷碟
描东岸(仙斐罗)	早明	1936	瓷碟
北目马仁	明	—	瓷器
垠都落	元明	—	青瓷碟
郎仓	明	1927	龙壶
描实描地	元明	1928	碟、龙壶、青瓷碟

---

① 严中平:《老殖民主义史话选》。
② [美]菲律·乔治:《西班牙与漳州之初期通商》,《南洋问题资料译丛》1957年第4期。
③ 陈台民:《菲律宾出土的中国瓷器及其他》,见《中国古外销陶瓷研究资料》第1辑。

续表

出土地点	时代	出土日期	种类
三描	明	—	龙壶、青瓷碟
义玛拉岛(怡郎省)	元明	—	瓷片
亚虞产	15—16世纪	1933	小壶和石盒
葛丹恋尼示	15世纪	1881	瓷碟
武六干(仙扶西)	15—16世纪	1928	瓷片和破壶
波士顿新矿	15世纪	1929	瓷片
武基仑	明	1933	祖传物

从上表可以看出，明清古瓷遗址分布十分广泛，遍布菲律宾群岛各地，说明当时中菲之间的陶瓷贸易是十分活跃的。因此，有人认为西班牙人占领菲律宾群岛后，中国陶瓷贸易衰落的观点是错误的，由于西班牙人治菲的整个时代，对中国陶瓷的需求量仍然很大。首先，西班牙人广泛传播基督，虽然使菲沿海各地区用陶器作陪葬的风俗多已停止，但在内地的许多土著宗教团体依然保持这种风俗。其次，在西班牙殖民后的菲岛，陶器品已不在礼仪上具有重要价值，但在沿海居民家庭生活中仍是重要的日常用具，尤其在菲岛那些未经西人直接统治的地区，使用中国陶器显然还十分普遍，因此在菲岛南部一些孤立的地区——岷兰佬、苏洛及巴佬湾——曾发现了大批明末的陶瓮。到了清初，"龙瓮"对菲贸易十分活跃，因此它继续受到山区居民的极大欢迎，特别是在菲岛南部一带。[①]

[①] 富斯:《菲律宾发掘的中国陶瓷》，许其田译，见《中国古外销陶瓷研究资料》第1辑。

（二）向西洋各国的输出情况

爪哇岛的巴达维亚是中国瓷器在东南亚又一销售中心市场，荷兰东印度公司每年从中国大陆购买大量瓷器运到台湾，再由台湾转运巴达维亚，然后从巴达维亚销往东南亚各地，据《大员商馆日志》记载，从中国大陆驶往台湾安平的商船一般都运载大量瓷器。如1636年至1638年，从沿海各港口运往台湾瓷器的情况如下表。①

时间	输出地	船种	船数	物品
1636年11月7日	福州	—	1	瓷器
12月13日	厦门	—	5	粗瓷器等
12月25日	福州	—	1	各种瓷器
	厦门	—	1	瓷器等
1637年1月15日	厦门	—	1	粗瓷器等
1月20日	厦门	商船	8	瓷器等
	福州	商船	1	瓷器壶
1月21日	厦门	—	1	瓷器
2月5日	厦门	—	1	瓷器
	福州	—	1	瓷器
2月15日	厦门	—	1	瓷器
3月6日	厦门	—	1	瓷器
3月7日	福州	—	1	瓷器
	厦门	—	4	瓷器等
3月10日	厦门	—	8	瓷器等
3月11日	厦门	—	1	瓷器等
3月22日	厦门	—	3	瓷器等
3月25日	厦门	—	3	瓷器等
4月12日	厦门	大商船	4	瓷器等
5月15日	厦门	—	2	瓷器等

---

① 曹永和：《明代台湾渔业志略补说》。

续表

时间	输出地	船种	船数	物品
9月26日	安平	商船	4	瓷器
11月1日	福州	—	1	瓷器
11月28日	厦门	—		瓷器等
1638年1月3日	安平	—	2	瓷器等
1月6日	厦门	—	1	瓷器等
3月9日	安平	—	1	瓷器等
	厦门	商船	1	瓷器等
3月29日	厦门	—	1	瓷器等
	福州	—	1	瓷器
4月7日	安平	—	1	瓷器
4月14日	厦门	—	1	瓷器
5月16日	厦门	—	1	瓷器
5月20日	福州	—	1	瓷器
5月21日	福州	—	1	壶3000只
6月14日	厦门	—	2	瓷器
7月16日	安平	—	1	瓷器

可以看出，每年都有大量的瓷器运到台湾。当时在台湾安平港库存的瓷器达89万件，这些瓷器除一部分运往日本外，大部分转运到荷兰东印度公司的东方总部——巴达维亚。按最保守计算，每年运入巴达维亚的瓷器有15万件，从17世纪初至1682年这八十年间，运入总数达1200万件，其中日瓷仅占190万件（1653—1682），东京瓷器约145万件（1663—1682），其余三分之二以上是中国瓷器。他们再以巴达维亚为据点，销往南洋各地。据记载，每月都有瓷器从巴达维亚运往爪哇的万丹、齐里彭、亚拍拉、弟加尔、贝加龙干和柔丹、巴厘岛、安汶岛，苏门答腊的詹卑、英德拉哥里、西里巴、旧港，苏门答腊西海岸和亚齐，婆

281

罗洲的苏加丹那、马塔甫拉和文那马神等地，全年运往上述地区的总数达379670件。①

除了荷兰东印度公司通过台湾、巴达维亚转运到东南亚各地的瓷器之外，中国海商还直接把瓷器运销到南洋各国。1614年11月10日，荷兰总督科恩（Coen）在由下港发给东印度公司的报告中说："从来，中国船来航一般是二只或三只，最多不过四只，而且都满载着丰富的货物，中国人带来了好坏不齐的陶器。"②据《殊域周咨录》《皇明象胥录》等书记载，货用中国青白瓷器、青花瓷器的有东南亚的满刺加、苏门答腊、三佛齐、占城等国家和地区。考古发掘也证明瓷器在东南亚的销售范围十分广阔。1958年，马来亚大学在马六甲城内发现一个很大的瓷片垃圾堆，其中有15世纪至16世纪的中国瓷片，在槟榔屿也发现少量的明代瓷器。1953年，在旧柔佛的首都（今六甲附近）威廉·亨特等人发掘，发现了大量明朝中后期及清初的青花瓷、青瓷、彩瓷、青色或棕釉印花，雕镶厚胎瓷，还有少量的德化瓷。1954年12月，又发现三十八件中国瓷器，其中七个杯、碗是精品，十二个是景德镇窑产品，其余的大盘、粗瓷碗是华南外销窑的产品。在印度各地都有发现明朝的青花瓷、青瓷和白瓷，尤其是晚明净瓶，造型美观，形式奇特。在婆罗洲山打根博物馆也搜集中国瓷器二百件，其中有一批是明代青瓷。1955年，在婆罗洲中部的巴尔巴拉，哈里逊发掘墓葬，又发现清初华南外销瓷，主要是青花和彩

---

① 陈万里：《宋末——清初中国对外贸易中的瓷器》，《文物》1963年第1期。
② ［日］岩生成一：《下港（万丹）唐人街盛衰变迁考》，《南洋问题资料译丛》1957年第2期。

瓷。再往北去，在哥打峇鲁（哥打巴鲁）海湾地区的拉瓦斯（Lawas）及林邦（Limdang）也大量发现明朝初期、中期的瓷器。①

西亚、非洲也是中国瓷器的重要市场，当地人民十分喜爱中国的精美瓷器。吃力麻儿"得中国雄黄、麝香、磁器甚喜"②；敏真诚"以日中市，诸贾毕见中国磁器，争欲得之"③；祖法儿人用当地出产的沉香、乳香"易中国瓷器"④；天方"货用金银、段绢、青花白瓷器"⑤。不仅中国海商运去大批瓷器，而且荷兰东印度公司也竭力插手瓷货贸易，1636年10月5日，台湾的范德伯格（Van der Burgh）在写给巴达维亚总部的信中说："按照运来桶装的样品为苏拉特、波斯和考罗满达配备的二万考其（cagge）……以及根据您指示的波斯定制一万考其的瓷器，都已经签订了合同，中国商人答应在1637年二、三月里交货。"一考其是二十件，三万考其等于六十万件瓷器。由此可见，这一年就向我国订购六十万件瓷器准备运往波斯、印度等地。1644年7月22日，荷兰东印度公司驻波斯代表又写信给巴达维亚总部，要求供应各种瓷器二十万件。同年11月30日佛利特号（Vrede）从台湾开往苏拉特，载去中国瓷器159713件。1645年"在另外一件给苏拉特公司的主任的说明里，我们知道今年已有二十四条船到达阿拉伯的摩查，其中包括装有其他物资的三条英船在内，计有各式各样的

① M.苏莱曼:《东南亚出土的中国外销瓷器》，见《中国古外销陶瓷研究资料》第1辑。
② ［明］茅瑞徵:《皇明象胥录》卷7。
③ ［明］茅瑞徵:《皇明象胥录》卷7。
④ ［明］茅瑞徵:《皇明象胥录》卷5。
⑤ ［明］严从简:《殊域周咨录》卷11。

粗、细瓷器一万五千考其（三十万件）"①。从这些数字看出，中国瓷器的销售量是很大的。

对于中国瓷器大量销售的情况，我们在西亚及非洲的地下发掘中找到许多物证。如在索马里和埃塞俄比亚交界处的三个古城废址中，都发现过16世纪早期的中国瓷器，这些瓷器很可能是由索马里的红海沿岸蔡拉港附近的沙丁岛转船运入的，因为在这岛上还发现许多同样的中国瓷器碎片。再如法尼亚麻林地附近的盖地（Gedi）古城和其他几个遗址，1948年至1956年几次考古发掘中，都曾发现许多中国瓷器，其中有16世纪的青花瓷、白瓷及粗瓷中的所谓广东缸子。蒙古巴萨附近的华新岛（Wasin）和麻林地附近的曼布卢（Mambrui）也发现17世纪的中国瓷片。肯尼亚以南的坦噶尼喀境内沿海一带发现四十六处古代遗址中，都有中国瓷器。据费礼门·格隆维尔说：这四十六处遗址所出土的中国瓷片，可分为八种不同类型，其中有早期青花，似属宣德窑，也有釉里红，但绝大部分是晚明和清初的瓷器。在西非刚果境内的姆班萨（Mbanza）地方也发现过一片17世纪至18世纪的中国瓷片。②日本学者三上次男先生为了研究中国古代外销瓷的情况，曾沿着中国古代海商的足迹实地考察了东南亚、西亚、非洲的各个遗迹，同样发现大量的中国瓷器和瓷片，在开罗附近的巴布达尔埃勒马哈尔科（BabDarb el Mahruq）丘陵附近，在埃塞俄比亚高原的哈拉尔（Harar）和达加布尔（Da gahbur）埃克（Eik）等

---

① 陈万里：《宋末——清初中国对外贸易中的瓷器》，《文物》1963年第1期。考其（Corgge）一般是二十件瓷器。
② 夏鼐：《作为古代中非交通关系证据的瓷器》，《文物》1963年第1期。

地都出土了明代陶瓷器碎片，在波斯湾的巴林岛曾收集一批青花瓷碎片。此外，在土耳其伊斯坦布尔的托普卡普沙莱博物馆看到附近出土的元明白瓷，15至16世纪五彩瓷器，嘉靖年间的金栏和大量清朝初期的青花和五彩瓷器。由于沿途发现许多的古陶瓷遗址和大量瓷器、瓷片，三上次男把这条海路命名为"陶瓷之路"是十分恰当的。①

（三）向欧洲的输出情况

宋元时期，中国瓷器已通过转辗贸易输入欧洲，但到明末清初，才开始大量地直接输入。佛尔克认为荷兰人第一次看到较多的中国瓷器是在1596年，他们非常惊奇这种瓷器竟会比水晶还要美。"在西欧见识到中国瓷器以后，中国瓷器就受到热烈欢迎，因为这是一种不是本地陶器所能比拟的器皿。中国瓷器所特备的优点，它那种不渗透性、洁白，具有实用的美以及比较低廉的价格，都使它很快成为当地人民深深喜爱的物品。"②陈万里认为："事实上荷兰人民最早见到相当数量的中国瓷器是在1602年，荷兰把掳获的一只葡萄牙武装商船圣亚哥船上一批瓷器在米德尔堡（Middelburg）当众拍卖，两年后又在阿姆斯特丹拍卖。另外一只掳获商船上的瓷器，据说共有六十吨，购买者来自西欧各个地区，法皇亨利四世也买了一套质量很好的餐具。由于欧洲人十分喜爱中国瓷器，荷兰东印度公司认为有利可图，从此积极载运中国瓷器到荷兰出售，1610年有一条船载运9227件瓷器到荷，

---

① ［日］三上次男：《陶瓷之路》，见《中国古外销陶瓷研究资料》第2辑。
② T. Volker, *Porcelain and the Dutch East India Company (1602-1682)*, Leiden, Holland: Rijksmuseum voor Volkenkunde, 1954.

1612年运荷瓷器有38641件。1614年上升到69057件。到1636年运回259380件，1637年有210000件，1639年有366000件，从1602年到1657年，前后半个世纪左右，运到荷兰的中国瓷器总数在三百万件以上。"①英国人也于1640年左右，在波斯湾的贡布郎设立贸易站，把中国瓷器源源不断地转运到英伦三岛。

三、糖制品的输出

我国是世界主要产糖国之一，早在宋代，东南沿海地区"皆种甘蔗煮糖，商贩辐辏"。到了明代，甘蔗种植面积更广，糖的品种更多，产量更高。各种糖制品成为对外输出的重要商品。

明末清初，我国输向日本的糖的数量很大，1641年运到长崎的有白砂糖5427500斤、黑砂糖251700斤、冰糖47300斤。这一年销往日本的各种糖共5726500斤。1644年，运到长崎的黑砂糖849600斤、白砂糖489800斤、冰糖78150斤。1645年又向日本出口黑砂糖1553000斤、白砂糖1770100斤、冰糖54800斤。②据日本学者岩生成一统计，从1637年至1683年，中国船只输往日本的各种糖的数量，平均每年达1690000斤。这数字中虽然也包括中国船只自暹罗、柬埔寨、广南等地运输的砂糖数量，但中国砂糖直接输入日本的仍占绝大多数。③

荷兰东印度公司所贩运的各种糖制品一向仰仗于中国沿海。

---

① 陈万里:《宋末——清初中国对外贸易中的瓷器》,《文物》1963年第1期。
② [日]永积洋子:《長崎オランダ商館の日記》第1辑。
③ [日]岩生成一:《关于近世日支贸易数量的考察》,《史学杂志》第62编第11号。

第六章 手工帝国的余晖:海路上的商品

1628年,郑芝龙与台湾荷兰商馆签订的三年购货合同中,除绢绫重量不计外,在全部货重中,糖及糖货占百分之八十。当时从大陆沿海驶向台湾大员的每一艘船几乎都装有砂糖。1636年3月21日,自烈屿和厦门有十七艘的渔船,全部载盐和砖到达这里(大员),又有一艘戎克船自厦门装载15000斤的砂糖和五箱金条到达。1637年5月15日,两艘来自厦门,搭载货物如下:白粉砂糖100000斤、白蜡4000斤、明矾12500斤、细瓷器130篓。(其他关于1636—1638年大陆运往台湾的糖及糖货的情况,可参见曹永和《明代台湾渔业志略补说》)

荷兰东印度公司把从中国沿海运来的大批砂糖转售于波斯及欧洲各国。1622年运往荷兰本国的中国砂糖有22万磅,1634年增加到43万磅。1637年,由于欧洲糖价暴涨,公司董事会通知巴达维亚城当局火速购运糖,要求尽量采办中国砂糖(Poeder Sugar)、板糖(Brood Sugar)和冰糖(Kandij Sugar)。董事会指令,只要中国方面能够供应所需的数量,就不要采办孟加拉糖和万丹糖,更不要暹罗糖,因为这些地方的糖远不及中国糖的质量好。[①]由于中国糖质量好、原价低,在欧洲市场极负盛名,畅销一时。1637年,运回荷兰的中国砂糖达到110万磅。[②]

在西亚,波斯是最大的砂糖销售市场,荷兰人把大量的中国砂糖输往波斯。早在1623年,荷兰刚与波斯建立贸易关系时,荷兰商务员维士宁(Huyberto Vishigh)自甘隆(Gamron)写给

---

① Glamann, *Dutch Asiatic Trade*.
② 曹永和:《从荷兰文献谈郑成功之研究》,《台湾文献》1961年第12卷第1期。

总督关于波斯市场所需商品的报告中，就列有中国砂糖。1626年4月23日，荷兰与波斯间协议的订货单中亦有1200桑孟（Sommen）的中国或孟加拉粉砂糖的记载。在1628年荷兰东印度公司的乌德勒希德号、布鲁瓦斯哈劳号等船只载往波斯的货单中，有中国粉砂糖36400斤，价值3418盾。1637年1月25日，驻在甘隆的商务员哈第尼斯（Arent Gardenijs）在送给阿姆斯特丹总公司的报告中说，当年1月22日，自苏拉特（Surat）开往甘隆的荷兰商船阿美利亚王子号所载的货物中，有中国的砂糖19100斤，价值1839盾。①综合荷兰记载资料，从台湾历年运往波斯的糖的数量是②：

年份	数量（斤）	年份	数量（斤）
1639	188000	1653	446975
1640	520946	1656	400000
1648	300000	1657	828958
1651	463577	1658	800000
1652	587500	1661	856550

第二节　进口货物，亚欧竞逐

明清时期，私人海上贸易的进口商品，种类繁多。据张燮《东西洋考》记载，仅漳州月港进口货物达116种，这些商品，依其性质，大体可分为手工业原料、手工业品、农副产品、皮货、

---

① 曹永和：《从荷兰文献谈郑成功之研究》，《台湾文献》1961年第12卷第1期。
② 陈诗启：《郑成功驱逐荷兰殖民者前后台湾的社会经济》，《厦门大学学报（哲学社会科学版）》1962年第1期。

第六章 手工帝国的余晖:海路上的商品

海产山货、香料宝货、药物、矿产品等几种类型:

手工业原料	水藤、白藤、黄藤、牛角、番藤、马尾、明角、黄丝、孔雀尾、丁香枝、八丁荞、樟脑
手工业品	番被、嘉文席(用嘉文草织以为席,温柔妍雅,贴人肌,夏微凉而冬微温)、番藤席、交趾绢、琐服(以鸟毛为之,纹如纨绮)、毕布、番纸、暹罗红纱、竹布、番泥瓶、番铜、番铜鼓、番刀、土丝布、粗丝布、西洋布、东京乌布、青花笔筒、青琉璃笔筒、白琉璃盏、琉璃瓶、草席
农副产品	胡椒、子绵、槟榔、番米、椰子、棕竹、花草、油麻、排草、红花米、绿豆、黍仔(粟)
皮货	鹿皮、牛皮、虎豹皮、鲨鱼皮、獐皮、獭皮、锦魵鱼皮、犀牛皮、马皮、蛇皮、猿皮、翠鸟皮
海产山货	燕窝、大风子(中南半岛产的一种乔木,油可药用)、海菜、鹿角、尖尾螺、螺蚆、鹿脯、漆、鲨鱼翅、虾米、海参
香料宝货	象牙、苏木、檀香、奇楠香、鹤顶、紫檀、紫(檰)、鹦鹉螺、安息香、龟筒、莺哥、甘蔗乌、玳瑁(海龟壳,可作珍饰)、沉香、乳香、木香、丁香、束香、降香、荜茇(胡椒科之一种)、片脑(即龙脑香,其成片似梅花者为上)
矿产品	黑铅、番锡、番金、磺土、钱铜、红铜、烂铜
药物	犀角、没药(橄榄科,产阿拉伯)、肉豆蔻(即豆蔻花,可药用)、冰片、黄蜡、阿片、乌木、珠母壳、白豆蔻、血竭(《本草》名麒驎竭,物如干血,故名血竭)、孩儿茶(《本草》一名乌爹泥,出暹罗诸国,乔木熬煎而成,药用为收敛剂)、阿魏(《西阳杂俎》说它树长八九尺,皮青色黄,断其枝,汁出如饴,名阿魏)、没石子(《一统志》说:树如樟,开花,结实如中国芋栗)、苏合油

在这一百多种进口商品中,以手工业原料、手工业品及农副产品为多,其次是药物,然后才是香料、宝货及海产山货等,为了更清楚地说明各种商品的输入情况,我们再按地区加以说明:

一、从日本进口的商品

据《皇明象胥录》记载，日本"互市华人的货物有金银、琥珀、水晶、硫黄、水银、铜锞、白珠、青玉、苏木、胡椒、细绢花布、螺钿、洒金漆器、扇、刀剑等"①。其中以各种金属的贸易量最大，因为日本出产各种金属，如铅"出于金银矿中，俗称倭银"，铜"出于山城石见，俗称倭铜"，银"出陆奥、但马、石见等处"。②因日本铜没有精炼，铜中含有很多银的成分，漳泉海商对其再次提炼，获利很多，故乐于做铜及其他金属的生意。享德二年（1453），日本九艘渡唐船中，载有铜154500斤。可见，明代日本铜的进口是很多的。到了清初，日本金银铜的输出量仍很大。据宝永六年（1709）长崎奉行报告，从正保五年（1648）到宝永五年的六十年间，日本流出黄金约2397600余两，白银374220余贯。从宽文二年（1662）到宝永五年的四十六年间，铜流出114498700余斤。③这些金银铜大部分输入我国，是肯定无疑的。日本政府为了防止国内金银铜的枯竭，对我国商人限定贸易额为六千贯，对于荷兰人则为三千贯，超过限制的货物一律勒令运回。同时对华贸易所使用的白银也由吹拔南钌（最上等的银）改为用丁银支付，从元和二年（1616）起，在长崎开设银炉，改铸假白银和唐船带回的丁银。后因日本白银逐渐减少，到宽文八年五月，又下令用黄金支付，但从十一年起，再用白银，

---

① ［明］茅瑞徵：《皇明象胥录》卷1。
② ［明］郑舜功：《日本一鉴》卷2。
③ ［日］木宫泰彦：《日中文化交流史》五。

此外还铸造铜钱用来支付。①

从日本进口的另一重要物资是军需品。日本盛产硫黄。明朝初期的朝贡贸易中，每次都运来大批硫黄。如第三次勘合船，运来硫黄397500斤，连明朝政府也收购不了。②朝贡贸易衰落后，日本硫黄继续大量输入我国。

日本刀也久享盛名，其锻造之精妙，历来得到我国人民的赞美和重视。如上库刀是日本的精品，《筹海图编》说："山城国盛时尽取日本各岛名匠封锁库中，不限岁月，竭其工巧，谓之上库刀，其间号宁久者，更嘉世代相传，以此为上。"③其次是備前刀，"以有血漕为巧"。"如匠人制造之精，不论刀大小必于板上一面镌名，一面刻记字号，以为古今贤否之辨。"④嘉靖时，胡宗宪得到一把软倭刀，十分精美，"长七尺，出鞘地上卷之，诘曲如盘蛇，舒之则劲自若"⑤。由于日本刀质量好，所以"中国人多鬻之"⑥。到了郑氏海商时期，因为军事斗争的需要，输入的军需品更多，如明永历三年（1649），郑彩致书日本，要求用药材、丝织品交换日本的兵器，其书曰："思我国与贵国素唇齿相依，况彩藩与贵国殊相亲，故有所请，今使都督总兵陈光猷、陈应忠、施赞、江新驾舟三艘，斋药材丝绢贸易，且以修旧交，请得以改斋诸品，交易贵地武器，鸟铳、腰刀、角甲、销铅，殊所

---

① ［日］木宫泰彦：《日中文化交流史》五。
② ［日］木宫泰彦：《日中文化交流史》五。
③ ［明］郑若曾：《筹海图编》卷2。
④ ［明］郑若曾：《筹海图编》卷2。
⑤ ［明］徐㶿：《笔精》卷8《杂记》。
⑥ ［明］张燮：《东西洋考》卷6《日本》。

恳求。"①郑成功也"以甥礼遣使通好日本"，日本"国王果大悦，相助铅铜"，用以"铸铜炕、永历钱、盔甲、器械等物"。②郑经也从日本购买军火，永历二十八年四月，郑经差遣兵都事李德"驾船往日本，铸永历钱并铜炕、腰刀、器械，以资兵用"。

除了上述货物之外，日本的俵物（即海参、干鲍鱼、鱼翅、海带等海产品）和其他土产也是输入我国的重要物资。顺治十七年（1660），清朝政府在福建沿海抓捕到一批去日本经商的中国海商，缴获一批从日本运回的货物，主要有以下各种③：

海商姓名	籍贯	购货地点	货物名称	数量
卢措	福建漳州人	日本长崎	鲨鱼翅 香蕈	5.5担 7担
周太	浙江处州人	日本长崎	香蕈	2.5担
吴跃	浙江处州人	日本长崎	黄连 海参	5.2斤 2担
王旺	福建漳州人	日本长崎	磨香料 水獭 猞子皮	62斤 2包
魏久	福建福州人	日本长崎	海参 紫草	2.5担 1.5担
魏科	—	日本长崎	海参 香蕈 哈乱(干)	4担 38斤 3.5担
王贵	四川龙安人	日本长崎	香蕈	2.5担

---

① ［日］林春胜、［日］林信笃:《华夷变态》上册，第75页。
② ［清］江日升:《台湾外纪》卷11。
③ 《明清史料》丁编第3本《刑部等衙门尚书觉罗雅布□等残题本》。

第六章 手工帝国的余晖：海路上的商品

续表

海商姓名	籍贯	购货地点	货物名称	数量
李茂	浙江杭州人	日本长崎	香蕈 烟 黄连	1.5担 1担 2担
王吉甫	浙江绍兴人	日本长崎	海参 香蕈	2担 1担
张瑞	福建漳州人	日本长崎	紫梗 海参 鲍鱼 香蕈	4.5挑 5挑 5挑 1桶又1包
王一	福建福州人	日本长崎	紫草 海参 木香 田狗皮	2包 5担 2担 2包
翁采	福建福州人	日本长崎	香蕈 海参 黄连	6.5担 0.5担 54斤
陈太	—	日本长崎	田狗皮 海参 鲨鱼翅 鲍鱼 海参	1包 3.5担 1担 1.5担 8担
高参	广东广州人	—	海参	8担

从上可见，日本输入我国的有海参、鲍鱼、鲨鱼翅、香蕈、紫梗、紫草、黄连、田狗皮、磨香料、木香、水獭、猞子皮、哈乾、烟等货物，其中海参、干鲍鱼、鱼翅在我国称为佳肴，价格昂贵，销路很好，所以中国海商乐于运回。为了购买这些俵物，他们还在长崎特设一个俵物会所，指定承包人，向各地收购。当时，日本为了弥补金银铜的不足，也竭力鼓励俵物生产，向中国

293

输出，宝历十四年（1764）三月，日本政府向各地发出命令："闻有从来不谙渔捕海参、鲍鱼之渔民，或不谙合乎唐人需要之煎海参、干鲍鱼之制法，致使各渔港等闲视之。凡向来从事渔捕之渔民固不待言，即从前不谙渔捕及其制法之各港渔民，应向谙习渔捕，制作之邻近渔港等人请教，力图增加产量，不得疏忽大意。"后来又多次发出关于增加海参、干鲍生产和出口的命令①，由此可见，日本对中国俵物的输出是十分重视的。

二、从东南亚进口的商品

明末清初，从东南亚进口的主要货物有胡椒、香料、象牙、燕窝、海参、锡块、树胶和各种农产品、手工业品。

胡椒是东南亚著名的物产，"蔓生延附树叶如扁豆，花间红白，结椒累累"②。东南亚大部分国家均有出产，婆罗洲的文莱"周围山上满布着胡椒园，并同中国有大帆船来往贸易"③。安南会安也出产胡椒，当地居民用来交易中国的瓷器、纸张。此外占城、真腊、马六甲、合猫里等也有出产，但以爪哇的胡椒最为著名，输入中国也最多。据1596年6月到达万丹的荷兰人侯德孟说：每到胡椒收获季节，在当地侨居的中国商人纷纷向农民收购，"他们个个手提着秤前往各地农村腹地，先把胡椒的分量称好，而后经过考虑，付出农民应得的银钱，这样做好交易后，他们购得的胡椒两袋可按十刀缗钱等于一个卡迪（Cathy）的价格卖

---

① ［日］木宫泰彦：《日中文化交流史》五。
② ［明］严从简：《殊域周咨录》卷9。
③ ［英］布赛尔：《东南亚的中国人》卷6，《南洋问题资料译丛》1958年第2期。

第六章 手工帝国的余晖:海路上的商品

出。在万丹,可以售出胡椒八袋或八袋以上,这些装去胡椒的中国船每年正月间,有八艘或十艘来航,每艘只能装载约五十吨"。1614年到过万丹的英国舰队司令约翰·卡尔典认为,装运胡椒的中国船排水量有三百吨,他在日记中写道:"每年二月底,有中国帆船三到六只来到万丹,带来了前述各种商品,这些帆船直到五月或六月底都停泊在万丹,这些船有三百吨,可以装载万丹胡椒八千袋以上的巨量。"[1]可见万丹港是当时胡椒交易的主要商港。但到1619年,荷兰人占领巴达维亚后,由于他们千方百计把中国帆船贸易吸引过去,使巴达维亚逐渐成为新的胡椒交易中心,每年有大批中国商船到此装运胡椒回国。1636年5月20日,中国帆船运回胡椒1300担和其他商品。5月24日又有中国帆船运回胡椒651担。同年6月27日两艘中国帆船回国,运回胡椒2568担,长胡椒50担。[2]1640年12月,中国帆船运回142470斤胡椒。[3]据荷兰学者伦纳德·鲍乐史统计,从1637年至1644年,每年有800吨至1200吨胡椒输往中国。[4]

香料是东南亚输入我国的另一重要货物,明清时期,我国进口的各种香料大部分是从这里运来的,何乔远在《闽书》中说:"香之所产以占城宾达侬为上,沉香在三佛齐名药沉,浡泥有梅

---

[1] [日]岩生成一:《下港(万丹)唐人街盛衰变迁考》,《南洋问题资料译丛》1957年第2期。
[2] [日]中村孝志:《バタヴィア城日誌》第1册。
[3] [日]中村孝志:《バタヴィア城日誌》第2册。
[4] [荷]伦纳德·鲍乐史:《荷兰东印度公司时期中国对巴达维亚的贸易》,《南洋问题资料译丛》1984年第4期。

花金脚脑,又有水札脑,登流眉有蔷薇水。"①《东西洋考》等书中也有详细记载。现将各书关于东西二洋各国出产香料的情况列表如下:

国家或地区	今名	品种
交趾	越南北部	奇楠香、奇楠香油、沉香、速香、安息香、詹糖香、苏合油
占城	越南中南部	奇楠香、沉香、檀香、龙脑香、麝香、乳香、降香、丁香、蔷薇水
暹罗	泰国	罗斛香、檀香、乳香、降香、片脑
下港 加留吧	印度尼西亚万丹 印度尼西亚雅加达	沉香、檀香、丁香
柬埔寨	柬埔寨	金颜香、笃耨香、沉香、速香、降香
大泥 吉蓝丹	泰国北大年 马来西亚哥打巴鲁	檀香、降香、片香
旧港 詹卑	印度尼西亚巨港 印度尼西亚占碑	沉香、安息香、龙脑香、乳香、降香、金银香、木香、蔷薇水
马六甲	马来西亚马六甲	乳香、片脑
哑齐	印度尼西亚亚齐	龙涎香、片脑、安息香、木香、乳香、丁香
彭亨	马来西亚亨州	沉香、速香、降香、片脑
思吉	印度尼西亚苏吉丹	沉香、檀香、降香
文郎马神	印度尼西亚马辰	降香
迟闷	帝汶岛	檀香
苏禄	菲律宾苏禄群岛	降香、片脑
美洛尼	印度尼西亚马鲁古群岛	丁香

东南亚出产的香料不仅种类齐全、产量大,而且质量也很好,深受中国人民的欢迎,在国内销路很广。奇楠香,"其香经数岁不歇,为诸香之最,故价较高";片脑"香味清烈,莹洁可

---

① [明]何乔远:《闽书》卷39。

爱,谓之梅花片,鬻至中国,擅翔价焉";罗斛香"味极清远";笃耨香"盛夏不融,香气清远";蔷薇水"琼瑶晶莹,芬芳袭人,若甘露焉,夷女以泽体发,腻香经月不灭"。①

除香料之外,这一时期输入的手工业制品比以前有所增加,如交趾的吉贝、朝霞布、丝纹布、白叠毛布;暹罗的兜罗绵、夷瓶("以夷泯为之,俗名干杯,夏月贮水,可以不败");下港、加留把的绞布;柬埔寨的夷瓶;大泥、吉兰丹的吉贝布;哑齐的天鹅绒、锁服、兜罗绵、驼毛缛面、西洋布;彭亨、丁机宜的嘉文席。文郎马神的藤席等。康熙二十二年(1683),郑氏海商从暹罗运回厦门的货物有:石青灰布、大缉布、方颤、小缉布、中缉布、乌大中卯布、花围巾、毛裹布、乌小卯布、白粗灰布、白陕布、白小粗布、布幔天、水缦子、石青象布、乌粗灰布、乌毛裹布、乌灰布、卷绫、杂色红毛绸、红哆啰哔、水灰黄色哆啰哔,以及乳香、安息香、鲂鱼皮、槟榔、乌糖、藤黄、燕窝、柳条、苏木、铅、锡、象牙等。②明末清初从东南亚各地输入我国的货物种类是十分多样的,从手工业品到农产品,从香料到药物,包罗万象,应有尽有。

三、从西亚、非洲进口的商品

西亚、非洲输入我国的货物主要有象牙、香料和黄金等。

象牙是非洲的特产。亚洲虽然产象,但主要用来干活,非洲

---

① [明]张燮:《东西洋考》卷2《物产》。
② 《部题福督王国安疏残本》,见台湾银行经济研究室编:《郑氏史料三编》,台湾银行发行1963年版。

则不同。他们猎象并不是为了用象做事,而是为了截取象牙,出售给外国商人。曾访问过东非的马斯欧迪说过:"象在黑人土地(即非洲东海岸)上是极其普通的。不过,它们都是野象,没有一个是畜于家中的。本地人并不用它们作战,也不用它们做其他的事,他们猎象仅仅是为了要杀它们,大象牙就是从此地取得的,大多数象牙都运到阿曼,再从阿曼转运到印度和中国。"[1]冠克曼在述及肯尼亚时也说:中国同非洲贸易的主要动因,以及肯尼亚海岸部分发展的第一要素,就是象牙。中世纪的中国,只缺乏三种商品,象牙、乳香和香料,在这三种商品中,当时肯尼亚同今天一样,虽供应了大量重要的商品——象牙,它用象牙来交换中国瓷器。15世纪中国同非洲贸易大大增加,这大都是由于明代的繁荣及它对象牙的需要引起的。[2]虽然冠克曼的话有一些言过其实,但象牙作为非洲主要输入我国的商品却是事实。

除象牙外,香料也是西亚、非洲输入我国的重要商品。那里出产的香料也很有名。据《皇明象胥录》记载,忽鲁漠斯(今伊朗南部粉纳布一带)产珍珠、宝石、金珀、龙涎香等。祖法儿(今阿曼估法儿)产片脑、沉香、乳香。[3]非洲东海岸出产的香料更多;索马里的瓜达富伊角素有"香料角"之称。早在宋代,这里的香料已输入我国,如南宋高宗绍兴六年(1136),大食番客蒲罗辛造船一艘,运载大批乳香来中国贸易,价值三十万贯。明

---

[1] [阿拉伯]马斯欧迪:《黄金原和宝石矿》,转引自张铁生:《中非交通史初探》。
[2] 潘克胡斯特:《埃塞俄比亚经济史入门》,转引自张铁生:《中非交通史初探》。
[3] [明]茅瑞徵:《皇明象胥录》卷5、卷9。

清时期,香料继续输入我国。明代张燮的《东西洋考》、清初屈大均的《广东新语》中都说的外国输入的乳香、龙涎香、沉香等香货,其中包括西亚、非洲的产品。此外非洲出产的黄金也有部分输入我国。

四、从欧洲进口的商品

16世纪,到达中国沿海的西方国家如葡萄牙,西班牙,荷兰等国由于拿不出我国人民喜爱的商品,主要凭借战舰大炮,在亚洲进行转手贸易,牟取暴利。葡萄牙人把中国的丝绸、瓷器从澳门运往果阿、长崎和马尼拉,再由果阿、长崎向澳门输入胡椒、苏木、檀香、沉香、象牙和银子,由马尼拉运来蜡、棉花、染料木和黄金、银子等。西班牙人从中国购买生丝,运往南美殖民地,然后把南美的白银输入我国。荷兰人也一样,他们拿巴达维亚大量的胡椒、香料、琥珀、锡、铅,经过台湾海峡输入我国,从我国买进丝绸、瓷器及黄金,而转销于巴达维亚。[①]在这一时期,欧洲输入中国的商品寥寥无几。

到17世纪中,随着英国资产阶级革命的成功,纺织工业的发展,欧洲的工业产品,尤其是英国的纺织品开始出现在东方市场。1670年,英印公司班丹分公司派遣两艘船首赴台湾,"主要任务为装运布料和胡椒"[②],英国东印度公司的另一份文件也谈到在台湾可出售各种颜色布,如黑色、大红色、红色、鹦鹉绿

[①] [德]路德维希·里斯:《台湾岛史》第8章。
[②] 《1670年4月7日Batan寄Madras之函件》,见《十七世纪台湾英国贸易史料》,第5页。

色、草绿色、深红色、天蓝色、麝香色、淡绿色、黄色、茜红色及上等呢。由于中国纺织品售价很低，所以货运部主任克利斯布带来的黑色上等棉，"在一个月之间未曾售去一匹"[①]。克利斯布不得不降价出售。对于这种情况，他们当然是不甘心的，为了扭转这种局面，打开英国纺织品在中国的市场，1671年，伦敦东印度贸易公司总裁致郑经的公函中，大力吹嘘英国纺织品的优点："敝国所辖之地还能供给各种呢绒布料，世界各国均大量购用，上自君王，下至庶民。因此等货品价格公道、坚实耐用、适合卫生，各种人用之无不相宜也。请在贵国试用，亦将见此言不谬，贵国之商业将为之增加，故请陛下特予鼓励，我方自得以欧洲及印度所能供给之其他优良货物充分贡献贵国。"[②]1674年，班丹分公司又向董事会建议：可将欧洲之布，Surat（苏拉特）及沿海地方货物运往台湾，用以购买日本之铜、金子及中国货物。[③]然而当时的中国是一个男耕女织、高度自给自足的封建国家，英国纺织品虽有输入，但不可能是大量的，他们自己也不得不承认在当时的贸易情况中，大量货物不易销售[④]，一直到1840年，英国用大炮轰开了清帝国大门，英国纺织品才充斥中国市场。

这里应该指出的是，虽然英国纺织品打不开销路，但在中英

---

① 《克利斯布记述在台湾登陆之情形》，见《十七世纪台湾英国贸易史料》，第26页。
② 《十七世纪台湾英国贸易史料》，第9页。
③ 《班丹对于在台湾之商行见解》，见《十七世纪台湾英国贸易史料》，第32页。
④ 《克利斯布记述在台湾登陆之情形》，见《十七世纪台湾英国贸易史料》，第26页。

第六章 手工帝国的余晖：海路上的商品

贸易中军用品的输入占较突出的地位。由于战争的需要，郑氏海商迫切要求向世界各国购买军火，除了上面讲的从日本输入军需品外，还从英国进口军用品。1670年，郑氏海商要求来台湾的英国公司的每一艘船须运来下列货物，其价格如下：

火药200桶，每桶15比索

火绳枪200支，每支4比索

……

郑经还要求英国公司经常用两名炮手为他服务，以管理榴弹及其他火器，并代雇一名铁工，为他制造枪炮。①1675年，在补订协议时，郑氏又要求运来毛瑟火枪200支，铁100比克尔②。同年英船飞鹰号到达台湾，郑氏要求派六名至八名到大陆协助郑军训练，英人害怕该船及其人员被迫参加作战，故以要得到班丹分公司的批准为托词而加以拒绝，但最终不得不派两名英人前往协助。关于这次军火买卖的经过，在大员商行经理John Dacres及议会寄呈班丹之原始信件中，有很详细的记载，现摘录有关部分引用如下：

诸位商务官及议会公鉴：

久望贵处派一船来，幸蒙天佑，飞鹰号已于七月九日安抵台湾港内……于是Punhee（陈永华）允许我方之船靠

---

① 《台湾国王向我公司提出之条款》，见《十七世纪台湾英国贸易史料》，第6页。
② 比克尔，南洋贸易中常见的重量单位，亦可译为"担"（tam），约为60千克，其拼写有pikul、pecul等。

岸，而又查问：运来之火药及枪系作为礼物亦作为出售之商品？我等答称：诸位知国王正与满清人作战，此等军火必甚有用，故我等八人运来之货物中取出一部分作为礼物，希望国王亦予我以优惠之价格，以示鼓励，如有必要，将再行供给也。渠即道谢答称：承我公司运来此等战事物资，且在国王极需要时运到，已显然表示愿与台湾继续通商之诚意，甚可感佩。此次战事如获成功；不仅为台湾王之荣誉，将来亦必成为我公司莫大利益，如国王光复大陆，必将允许我公司在其领土中之任何地方设立商行，我方不仅可获得更优惠之待遇，亦可购买比在台湾更丰富之货物也。

将步枪之木箱开启时，发现其大部分已被盐水侵蚀……许多枪支已大受损坏，本拟交此船送回一百支，惟日前已向Punhee说明此等枪械系为国王寄来者，请其收买余下部分，可因受损而酌减售价……

在从船中领取火药以前，Punhee曾应允给我方以可能满意之价钱，我方即要求其实行支付以前国王所曾允许之数目。我等虽声称第一包火药系由归航号送出，近日我公司受损失甚重，故请对方给我以较好之价钱，渠甚顽固，对于我等劝说请求，均置之不理，故如再有送来，不能望其出较大之价钱也。①

---

① 《大员商行经理John Dacres及议会寄呈班丹之函件》，见《十七世纪台湾英国贸易史料》，第60页。

郑氏不仅从英方输入火药、步枪,还向他们购买黄铜炮,据大员商行经理寄呈班丹函件记载,1675年12月22日:"Punhee愿自出运费,请我方运来黄铜炮六架,其中三架要能装九斤重之炮弹,另三架能装八斤者,渠相约以同等重量之铜偿还,又请我等代购若干付特别之眼镜,并叮嘱勿忘。"[①]可见,军火是当时主要的输入品。

第三节 海路贸易,小本大利

贸易额、利润率与利润额是对外贸易史上的重要问题,但由于缺乏系统的中外文资料,无法作出精确的统计,我们只能利用散见的材料加以整理和推算,从而估算出每年贸易总额和利润总额。

一、贸易额的估算

贸易额的估算,必须首先求出商船数及载重吨数,然后才能折算出每一年的贸易总额。

(一)商船数量的估算

中国商船的航向主要分南北两路,北路主要是驶向日本,南路到达东南亚及西亚各国,下面我们按南北两路加以估算。

1. 驶向日本的商船

日本是明朝政府严禁通商贸易的国家,即使隆庆元年开放海禁以后,也不准中国商船驶向日本,因此在《东西洋考》等中文

---

① 《大员商行经理John Dacres及议会寄呈班丹之函件》,见《十七世纪台湾英国贸易史料》,第64页。

303

资料中都没有中国商船去日本的详细数量。但日本却有较详细的记录。据木宫泰彦的《日中文化交流史》记载：庆长九年（1604），有明朝商船十艘，舳舻相接开到萨摩，停泊在鹿儿岛和坊津。庆长十六年八月，长崎奉行长谷川藤广到江户报告，这年开到长崎的外国船只，共有八十余艘，其中有不少是明朝商船。庆长十七年七月二十五日，明朝商船和从吕宋返航的日本商船共二十六艘，同时开进长崎港。尤其是从庆安元年（1648）以后有逐年的统计数字。此外，《长崎荷兰商馆日记》《平户荷兰商馆日记》也都有中国商船到日本的数字，综合以上材料，到日本的中国商船情况可形成统计表（见305页）。

在明末清初的四十二年时间里，从中国开往日本的商船共1711艘，平均每年40.7艘，这些船只既有从中国本土如南京、宁波、普陀山、温州、福州、厦门、漳州、台湾、广州等地开出的船，也包含从东南亚各地如东京、广南、柬埔寨、暹罗、加留耙等地到达日本的中国商船。

2.驶向东南亚各国的商船

我国到东南亚各国的商船数没有直接的统计资料可查，这一地区国家又较多，情况复杂，前后变化也较大，所以我们只能把明末和清初分开来统计，然后求其平均数。

明代后期，我国驶向东南亚的商船数在张燮《东西洋考》中有记载，万历十七年，根据中丞周寀的建议："岁限船八十有八，给引如之""后以引数有限，而愿贩者多增至百一十引矣。"[①]可

---

① ［明］张燮：《东西洋考》卷7。

中国商船前往日本船数（艘）

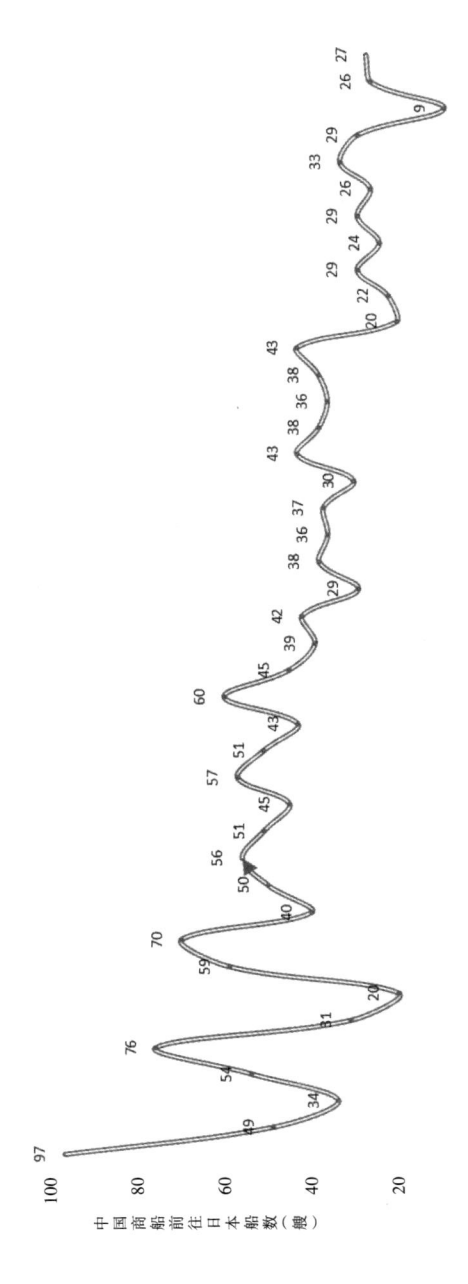

年份	船数
1641年（崇祯十四年/宽永十八年）	97
1642年（崇祯十五年/宽永十九年）	49
1643年（崇祯十六年/宽永二十年）	54
1644年（崇祯十七年/正保元年）	76
1645年（顺治二年/正保二年）	34
1646年（顺治三年/正保三年）	31
1648年（顺治五年/庆安元年）	20
1649年（顺治六年/庆安二年）	59
1650年（顺治七年/庆安三年）	70
1651年（顺治八年/庆安四年）	40
1652年（顺治九年/承应元年）	50
1653年（顺治十年/承应二年）	56
1654年（顺治十一年/承应三年）	51
1655年（顺治十二年/明历元年）	45
1656年（顺治十三年/明历二年）	51
1657年（顺治十四年/明历三年）	57
1658年（顺治十五年/万治元年）	43
1659年（顺治十六年/万治二年）	60
1660年（顺治十七年/万治三年）	45
1661年（顺治十八年/宽文元年）	39
1662年（康熙元年/宽文二年）	42
1663年（康熙二年/宽文三年）	29
1664年（康熙三年/宽文四年）	38
1665年（康熙四年/宽文五年）	36
1666年（康熙五年/宽文六年）	37
1667年（康熙六年/宽文七年）	30
1668年（康熙七年/宽文八年）	43
1669年（康熙八年/宽文九年）	36
1670年（康熙九年/宽文十年）	38
1671年（康熙十年/宽文十一年）	38
1672年（康熙十一年/宽文十二年）	43
1673年（康熙十二年/延宝元年）	20
1674年（康熙十三年/延宝二年）	22
1675年（康熙十四年/延宝三年）	29
1676年（康熙十五年/延宝四年）	24
1677年（康熙十六年/延宝五年）	29
1678年（康熙十七年/延宝六年）	26
1679年（康熙十八年/延宝七年）	33
1680年（康熙十九年/延宝八年）	29
1681年（康熙二十年/天和元年）	9
1682年（康熙二十一年/天和二年）	26
1683年（康熙二十二年/天和三年）	27

305

见,每年发给商引的船平均在一百只左右。但《东西洋考》只记载数字,没有具体的航行目的地,对此,徐孚远《敬和堂集》的记载比较详细,据该书《海禁约行分守漳南道》,当时八十八只船的航行目的地如下表:

东洋四十四只	
吕宋	十六只
尾同、沙瑶、玳瑁、宿务、文莱、南旺、大港、呐哗啴	各二只
麻荖央、笔架山、密雁、中邦、以宁、麻里吕、米六合、高药、武运、福河仓、岸塘、吕蓬	各一只
西洋四十四只	
下港、暹罗、旧港、交趾	各四只
柬埔寨、下机宜、顺塔、占城	各三只
马六甲、顺化	各二只
大泥、乌丁礁林、新州、哑齐、加留吧、思吉港、文林郎、彭亨、广南、吧哪、彭西宁、陆坤	各一只

以后又增加占陂、高趾州、篱木、柔佛、迟闷、苏禄、斑隘等十二个地方,"各处各准一只,凑东西洋原限共一百只"[①],再加鸡笼、淡水十只,共一百一十只。这些船只是领取官府船引,公开出海贸易的。此外,还有领不到船引私自出洋,或凭借权势的势家宦族,不纳税强行出海的船只,因此实际到东西洋的商船必定超过此数,如万历二十一年,明政府"宽宥无引,私通及压冬情罪"而返回月港的就有胡台、谢楠等的二十四艘船。据估计,万历年间,每年从月港出海的商船至少有一百四十艘。《明神宗实录》也说到万历二十五年,每年出海商船增加到一百三十七艘

---

① [明]许孚远:《敬和堂集》卷7。

第六章 手工帝国的余晖:海路上的商品

左右。①因此,上述估计应该与事实不会出入太远。

到清代初期,由于实行严厉的海禁政策,不准下海通商,使出海贸易的中国商船大为减少,如到巴达维亚的华船由平均每年五只下降到两只左右。②至于到东南亚的商船总数虽没有数字可查,但我们从其他材料还是可以间接推算出来。

到东南亚的中国商船总数应包括郑氏海商的船队和其他散商的船只。据《巴达维亚城日志》第3册中村孝志序的说法:1654年,郑氏海商派去日本的二十六只大型帆船,全部被暴风阻挡而未能到达,使彼等蒙受很大的损失,翌年他(指郑成功)派自己的船二十四只到东南亚各地去,其中去巴达维亚七只,去东京二只,去暹罗十只,去广南四只,去马尼拉一只,进行盛大的贸易。③此外,还有非郑氏海商的船只也航行到东南亚。1667年,荷兰舰队封锁马六甲一带海域,在给巡逻船船长命令中指示,凡是国姓爷的船只,发觉后立即追赶击败,至于同国姓爷一派无关的中国人船只,则应和蔼地劝说他们来马六甲,但假如他们坚持要去柔佛,也不应加以阻止。④可见还是有其他商船到马六甲、柔佛及其附近地区进行贸易的。17世纪中叶,海盗出身的威廉·丹匹尔(William Dampier)在苏门答腊哑齐看到中国商船,他说:"所有来该城贸易的商人中,最著名的是中国人,他们中有些人终年住在这里,有些人是每年自中国航行来此,来的时间约在六

---

① 《明神宗实录》卷316。
② 《バタヴィア城日誌》第1册。
③ 《バタヴィア城日誌》第3册中村孝志序。
④ [英]布赛尔:《东南亚的中国人》第26章。

307

月，船只约有十或十二艘，满载大米和若干种其他商品。"[1]显然这些船只不是郑氏海商的船队。既然到哑齐的商船有十至十二艘，那么到整个东南亚的非郑氏商船，按最保守的估计，应该有二十至二十四艘左右。这样，清代初期，中国海商船队去东南亚的船数应有四十至四十八艘左右。如果我们再与明末的船数相加，取其平均值，那么，明末清初到东南亚商船平均每年约九十一艘左右。

总体来看，明末清初中国商船到日本及东南亚总数平均每年达一百三十一艘。

（二）商船吨位的估算

明末清初，航行于东西二洋的中国帆船种类繁多，规格不一，有大的福船、广船，也有小的草撇船、沙船等，但远洋航行，风急浪高，一般是船越大越平稳，故海外贸易的船只一般以大船为主。据《东西洋考》舟师考记载："舟大者广可三丈五六尺，长十余丈，小者广二丈，长约七八丈。"[2]可惜没有具体载重量的记录，但日本有这方面的材料。据木宫泰彦研究，当时到日本的中国商船习惯分为口船和奥船。口船是指从中国沿海直接开来的船只，因路途较近，所以比较小，一般载重量在十万至六十万斤左右，也就是五十吨至三百吨之间。奥船是航行于东南亚各国而到日本的中国商船，因路途遥远，所以比较大，一般载重量在一百二三十万斤至二百万斤，也就是六百吨至一千吨。[3]因此

---

[1] ［英］布赛尔：《东南亚的中国人》，第38章。
[2] ［明］张燮：《东西洋考》卷9。
[3] ［日］木宫泰彦：《日中文化交流史》五。

在估算载重量时，也必须把南北两路分开。

1. 北路商船货运量的估算

据《长崎荷兰商馆日记》记载，1641年6月至7月，有郑芝龙的三艘商船从中国大陆到达日本。第一艘运载了各种生丝、白蜡7500斤；各种纺织品44220匹，每匹以10斤计算，重442200斤；杂货2000斤；共451700斤。第二艘船：各种生丝、白蜡10200斤；各种纺织品33125匹，约重331250斤；杂货1000斤；共342450斤。第三艘船：各种生丝27750斤；各种纺织品60465匹，约重604650斤；杂货4100斤；共重636500斤。三只船货运总量1430650斤，每一只船平均载重量48万斤左右。

据木宫泰彦意见，航行北路的中国口船一般载重量为10万斤至60万斤，再参照郑芝龙三艘商船的平均值，把每只船的载重量定为50万斤比较适当。

按照这种标准计算，每年航行于北路的中国商船共41艘左右，那么，每年输入日本的货物是2050万斤，从日本输出大部分是金银，货物只占1/3左右。[①]那么，输出货物是680万斤左右。两项相加，每年中国商船来往于日本的载重量是2730万斤，也就是13650吨。

2. 航行于南路商船货运量的估算

航行于南路商船又可分到吕宋及其他南洋各国两种，到吕宋航路近，一般船比较小，据《马尼拉帆船》记载："每年驶抵菲

---

① [日]岩生成一：《关于近世日支贸易数量的考察》，《史学杂志》第62编第11号。

律宾的大型货船大都来自广州和澳门港,有二百吨的,也有二百五十吨的,还有少数三百吨的。"[1]如取其中数,每艘船平均载重量为250吨,即50万斤左右。到其他南洋各国的船比较大,就是前面讲的奥船大约在120万至130万斤至200万斤左右,也就是600吨至1000吨。据《巴达维亚城日志》记载,1625年,到巴城的中国商船大多是600吨至800吨,如1625年4月6日,"船主王桑(Wang Sah)乘坐中国帆船,自泉州到达巴城,船大小约四百拉斯特(last),载有中国人五百余人,航程二十七日"[2],1拉斯特通常为4000磅,400拉斯特等于160万磅,大约等于600吨。1626年,到巴达维亚的中国商船载重平均为800吨,而荷兰人在北大年见到的中国帆船至少有1000吨,我们也取其中数,按每艘800吨计算。

到吕宋及其他南洋各国的船各占多少呢?据《敬和堂集》记载,每年到吕宋的约16只。每船载重量为50万斤,那么每年输入吕宋的货物量是800万斤。按从吕宋回国没有什么货物,只运白银,故略而不算。到其他南洋各国每年有75只,每只船载重量为160万斤。一共输出2000万斤,回程载大量的胡椒及其他货物,故一年的出入总重量达24000万斤。

最后,我们把去日本、吕宋和其他南洋各国的货运量相加,可知中国商船每年的货运总量是27530万斤,也就是137650吨。

---

[1] William Lytle Schurz, *The Maniia Galleon*, New York, 1959.
[2] [日]中村孝志:《バタヴィア城日誌》第1册。

（三）贸易总额的估算

上面我们估算了中国商船每年货运量，下面我们继续计算每年中国商船的贸易总额，为了使估算的数字比较接近实际情况，我们也把北路日本与南路的吕宋及其他南洋各国分开来计算。

1.对北路贸易额的估算

中国商船到日本的贸易额，岩生成一认为平均每艘为四万两。[①]据前所述，每年到日本的中国商船平均为40.7只，由此可以算出，每年向日本输出的商品贸易额为163万两左右。由日本输入的货物，大部分是金银及军需品，黄金、白银是日本的支付货币，当然不能算入贸易额，其他货物按三分之一计算，从日本输入商品的贸易额平均为54万两左右，两项相加，每年对日本进出口贸易总额为217万两。

2.南路贸易额的估算

与吕宋的贸易额。据西班牙人的记载，1606年在马尼拉靠岸的中国商船每只平均货值39000比索，1608年每只平均货值32000比索，1612年每只平均货值34000比索，1614年每只平均货值35000比索，我们取其平均数，大约每只货值平均35000比索左右，再加上100%的利润（根据见后）则每只中国商船在马尼拉的贸易额为70000比索（合50000两白银）。每年到吕宋的中国商船平均为16只，两项相乘可以得出每年到吕宋的贸易额为112万比索（合80万两白银），因从马尼拉回航的船，绝大部分是白银，

---

① ［日］岩生成一:《关于近世日支贸易数量的考察》，《史学杂志》第62编第11号。

故略去不算。

与其他南洋各国的贸易。17世纪初期,郑氏海商两只商船在南洋被荷兰人掳杀,郑成功要求赔偿,一只8万两,一只10万两。可见当时航行于南洋群岛的中国商船,其贸易额为8万两至10万两。[①]每年前往南洋群岛的中国商船平均为76艘,由此算出,每年中国商船到南洋群岛的贸易额是675万两,输出与输入相加,每年的贸易总额是1350万两。

现在把去日本、吕宋及其他南洋群岛的贸易额相加,可以知道明末清初中国商船的进出口贸易总额平均每年为1647万两左右。

二、利润率和利润额的估算

(一)北路贸易的利润率与利润额

嘉靖时期明朝政府实行严厉的海禁,中国商船对日本的贸易大部分是走私贸易,所以利润特别高。《天下郡国利病书》记载:"私造大舡越贩日本者,其去也以一倍而博百倍之息,其来也又以一倍而博百倍之息。"[②]顾炎武说到日本贸易可获百倍之息,可能是极个别现象,或者是文人夸张之词。但当时走私贸易能获十倍之利则是非常普遍的说法,据笔者搜集,起码有十条材料:

---

① 甘为霖:《荷兰人侵占下的台湾》。
② [清]顾炎武:《天下郡国利病书》卷93。

第六章 手工帝国的余晖:海路上的商品

材料出处	内容
何乔远:《闽书》卷146	其悍谲者海上行劫,而实我奸民勾引之,奸民所阑出犯禁物,得利十倍,走之如鹜矣。
俞大猷:《正气堂集》卷16	此二色大艘(指东莞之乌艚船,新会之横江船),及各县富户主造,在海营生,每得十倍之利。
郑若曾:《郑开阳杂著》卷4	丝,所以为织绢纻之用也……每百斤值银五六百两,取去者其价十倍。
王在晋:《海防纂要》卷8	趋利附势而不能以法绳之,则法不能与势利争,按法绳下而不以死惕之,则法亦不能与势利争,通番之律甚轻,而其获利也十倍。
王在晋:《越镌》卷21	宁波通番于今创见,又转而及于杭州,杭之置货便于福,而宁之下海便于漳,以数十金之货,得数百金而归。
茅元仪:《武备志》卷214	(戴冲霄曰)福建边海,贫民倚海为生,捕鱼贩盐,乃其业也,然其利甚微,愚弱之人,方恃于此,其间奸巧强梁,自上番舶以取外国之利,利重十倍。
《兵科抄浙江巡抚张正登题本》,见《明清史料》乙编第7本	该臣看得海寇之始,出于闽民通番之弊,通番获利十倍,人舍死趋之如鹜。
《海澄县志》卷15,《风俗考》卷31,《旧明志》	盖富豪以财,贫人以躯,输中华之产,驰异域之邦,易其方物,利可十倍。
《龙溪其志》卷22《海赋》	堪为用者,难以殚记,持筹握算,其利十倍,出不盈箧,归必捆载。
《筹海图编》卷2	水银,镀铜器之用,其价十倍中国,常因匮乏,每百斤卖钱五百两。

以上材料的作者绝大部分是明代人,他们耳闻目睹,得出同一结论,绝非偶然巧合。我们还可以从中国与日本生丝的比价中得到更直接而有力的证明。朱纨《甓余杂著》记载,嘉靖二十七年(1548)在浙江海面,破获一起中外海盗商人,"有不知名宁

波客人哄称有湖丝……六担,欲卖与日本人,骗去银三百两"[①],可见湖丝在中国的卖价是每担六十两银子。再据郑若曾《郑开阳杂著》,当时在日本"每百斤值银五六百两",其获利确实是十倍。由于利润很高,走私商人"趋之如鹜",虽然明朝政府列入充军处死之条,他们仍然"结党成风,造船出海私相贸易"。

以上这种高利润额是在海禁的特殊情况下出现的,当然不能作为明末清初平均情况来看待,但北路贸易的利润率高于南路贸易的利润率是肯定的。王胜时在《漫游纪略》中说:"闻往时,闽中巨室皆擅海舶之利,西至欧罗巴,东至日本之吕宋长岐,每一舶至则钱货充牣,先朝禁通日本,然东之利倍蓰于西,海舶出海时,先向西洋行,行即远,乃复折而入东洋。"[②]所以经常发生从东南亚把生丝输入日本的情况。那么,一般情况下,去日本贸易的利润率到底是多少呢?在《十七世纪台湾英国贸易史料》中载有台湾与日本各种货物的价格,我们根据这些材料,整理如下:

货名	单位	台湾价格	日本价格	利润率
糖	1比克尔	2比索	8比索	300%
鹿皮	100张	16比索	70比索	338%
牛尾药	—	9比索	50比索	455%
生丝	100比克尔	250比索	600比索	140%
府绸	—	2.5比索	6.5比索	160%
锦缎	—	5.25比索	10比索	90%
平均	—	—	—	247.2%

---

① [清]王胜时:《漫游纪略》《闽游》。
② [清]王胜时:《漫游纪略》《闽游》。

从表中可以看出，大宗输日商品中糖的利润率为300%，鹿皮为338%，生丝为140%，求表格中物品利润率的平均值，为247.2%，取整后，输往日本货物的平均利润率约为250%。从日本输出的货物主要是金银、军需品及海鲜干货等，金银是支付货币，有地区差价，但在外贸上不能作为利润加以计算，其他军需品，如大刀等武器利润较高，可达300%以上，超过平均利润率，但海鲜干货等利润率比较低，一般低于输入利润平均率，高低相抵，从日本输出货物利润率与输入货物利润率相差不大，故输出入货物利润率都以250%计算。这样在对日贸易总额217万两中，利润额占155万两。

（二）南路贸易的利润率与利润额

对吕宋输出品以生丝为主，生丝在南洋各国的利润率，据崇祯年间傅元初的《请开洋禁疏》中说："海外之夷有大西洋有东洋，大西洋则暹罗，柬埔寨诸国……而东洋则吕宋……是两夷者，皆好中国绫罗，杂缯，其土不蚕惟借中国之丝到彼，能织精好缎匹，服之以华好，是以中国胡丝百觔，价值百两者，至彼得价二倍。"[①]由此可知，中国胡丝每百斤在国内值一百两，运到吕宋南洋各国，卖价为二百两，利润率为100%，中国海商每年到吕宋的贸易额八十万两，以获利100%计算，其利润额为四十万两左右。

对其他南洋各国的输出品，除生丝之外还有糖。生丝的利润率是100%，那么糖的利润率是多少呢？1682年，荷兰驻台湾商馆向郑氏海商订购一批货物，其中糖每担售价为3里亚尔（100里亚

---

① ［清］顾炎武：《天下郡国利病书》卷95。

尔约等于80两银，3里亚尔约等于2.4两银），而同一时期，在巴城糖的价格是每荷磅值0.27荷盾（1担约等于125荷磅，1两约等于4荷盾）。①折算后，每担售价为8两银，利润率达210%。列表于下：

货物	单位	中国价格	印尼价格	利润率(%)
糖	担	2.5两	8两	210
生丝	担	100两	200两	100
平均	—	—	—	150

从上表看出，由中国运往南洋群岛的糖的利润率为200%，生丝的利润率为100%，平均利润率为150%。

中国海商每年输往南洋各国（吕宋除外）货物的贸易额是675万两，以利润率150%计算，则可得利润405万两。

从南洋各国输入中国的主要货物是胡椒和香料，1662年到1666年，荷兰人在福州贸易胡椒的市价每担下跌2两银，还可获"纯利百分之四十"，那么在正常年景，纯利当然要高得多，再加上这种生意是由高级官吏的经纪人经手的，利润已被分割一部分，如果完全由商人经营的话，其利润当然不止这些。所以从东南亚贩运胡椒，利润率100%应该是不成问题的。当时每年贸易额为684万两，可得利润342万两。输出与输入相加，与南洋各国的利润额是747万两。再加上与吕宋的利润40万两，每年南路的利润是787万两左右。

最后，把北路与南路利润相加，可以得知，每年的贸易利润总额可达942万两。②

---

① Glamann, *Dutch Asiatic Trade*, p.158.
② 由于各种货品贸易量有所差别，以上利润计算均为大概数量。

第七章
从市舶贸易到自由交易：法规应运而生

明末清初不仅是中国对外贸易史的转折时期，也是海关管理的变化时代，随着私人海上贸易的繁荣和发展，原来的市舶司管理制度已越来越不能适应新形势的要求，于是到隆庆开放海禁以后，一种新的私人海商管理制度便应运而生。

第一节 贡舶制度应时衰败

明代贡舶管理制度是从宋元时期的市舶管理制度继承过来的，由于明代初期实行海禁政策，对贡船的期限、人员、船只都实行严格的限制，严重阻碍了宋元以来向海外发展的趋势。

一、贡舶管理制度的缺陷

（一）限制过严

宋元时代，国外贡使只要得到中国官府的批准，办完一切必要的手续，即可出入国境。中外商人向市舶司领取公凭，公验后，亦可经常往来贸易。但到明代，除贡舶贸易外，不许任何私人海上贸易的存在，即使是对贡舶贸易也实行种种限制。

首先，海外各国要与中国通商互市者，必须在政治上先建立宗藩从属的关系，接受明王朝的敕封，向明朝政府称臣纳贡，然后才发给贡舶勘合，通贡互市。所以，与明朝建立贡舶贸易的国家与地区都是经过严格挑选过的。明初，有朝贡关系的仅朝鲜、日本、琉球、安南、真腊、暹罗、占城、苏门答腊、爪哇、彭亨、百花、三佛齐、渤泥等十多个国家。其中日本国因洪武时与宰相胡惟庸暗怀篡国事件有牵连[1]，事发，明太祖大怒，同日本国绝交，一直到永乐年间明才恢复了与日本的朝贡贸易关系。

其次，贡期也有限制，洪武五年（1372），朱元璋命中书省通谕各朝贡国家："古者诸侯之于天子，比年一小聘，三年一大聘，若九州之外，番邦远国，则惟世见而已。其所贡献，亦无过侈之物。今高丽去中国稍近，人知经史，文物礼乐，略似中国，非他邦之比，宜令遵三年一聘之礼，或比年一来。所贡方物，止以所产之布十匹足矣，毋令过多，中书其以朕意谕之，占城、安南、西洋琐里、爪哇、渤泥、三佛齐、暹罗、真腊等国，新附远邦，凡来朝者亦明告以朕意。"[2]洪武八年，安南国来请朝贡，朱元璋又命有司重申前旨："自今惟三年一来朝贡，若其王立，则世见可也。"[3]据《大明会典》记载：安南、占城、高丽、真腊、爪哇等国，每三年一朝贡，琉球国每二年一贡，每船百人，多不过百五十人。日本国按永乐条约规定，十年一贡，每贡正副使等

---

[1] 指胡惟庸派时任宁波指挥林贤招倭军相助，约期来会，事情被发现后，明太祖族诛林贤。
[2] 《明太祖实录》卷76。
[3] 《明太祖实录》卷88。

毋过二百人。若贡非期，人船逾数，夹带刀枪，并以寇论。宣德时重新规定十年一贡，"舟毋过三艘，人毋过三百，刀剑毋过三十"。嘉靖二十九年（1550），又定日本贡船"每船水夫七十名，三船共计水夫二百一十名，正副使二员，居坐六员，士官五员，从僧七员，从商不过六十人"。①

再次，贡道也有规定，各国贡船不能随意靠岸，要在明政府指定的港口上岸卸货。朝鲜"贡道由鸭绿江历辽阳、广宁，入山海关达京师"；日本"贡道由浙江宁波府"；琉球国"贡道由福建闽县"；安南国"贡道由广西凭祥州"；真腊、暹罗、占城、满剌加等国，"贡道皆由广东"；吕宋国"贡道由福建"。②

最后，除上述规定之外，每条贡船还要持有表文勘合方许入港，否则人船阻回。据《皇明从信录》记载，明政府为了防止假名托姓，冒充贡船，洪武十六年命礼部根据宋元时期的公凭、公验制度，编制贡舶勘合文簿，"上以海外诸国进贡，信使往来，真伪难辨，遂命礼部置勘合文簿发诸国，俾往来俱有凭信稽考，以杜奸诈之弊，但遇入贡，咨文俱于所经各布政司比对勘合相同，然后发遣"。勘合最早发给暹罗国，以后逐渐推行到其他国家。发给暹罗的勘合，先把暹罗两字分开，做暹字号勘合一百道，罗字号勘合一百道，共二百道，再制暹字号勘合及罗字号勘合底簿各二扇，共四扇。然后把暹字号勘合一百道及暹、罗字号底簿各一扇，存在北京礼部，罗字号勘合一百道及暹字号底簿一

---

① 《大明会典》卷105。
② 《大明会典》卷105。

扇，发给暹罗国收填。再将罗字号底簿一扇放在广东布政司，凡从暹罗开往明朝的贡船，每艘都要带勘合一道，填写贡使的姓名，贡品种类及数量等，由广东布政司核对底簿后，护送到北京，再与北京礼部存档的勘合及底簿进行核对鉴定，彼此的朱墨字号无误后，贡船才能进港。回国时，又要把赠送物件，一一记在勘合上带回。发给其他国家的勘合与暹罗大致相同。现将日本于景泰二年使用的勘合转录如下，以供参考。①

  日本国今填本字七号勘合一道为朝贡事
  今将本船装载方物并人员姓名开坐于后，须至咨者，今开
  一、表文一道
  二、贡献方物
  马二十匹 撒金鞘柄大刀二把
  硫黄一万斤 玛瑙二十块
  贴金屏风三幅 黑漆鞘柄木刀一百把
  枪一百柄 长刀一百柄
  铠一领 砚台一面并匣
  扇一百把
  三、专使一员
  纲司 居坐 从僧 士官 通事 土人 船头一名 水夫 右咨 礼部
  景泰二年八月　　日

---

① ［日］《善邻国宝记》卷下，转引自陈文石：《明洪武嘉靖间的海禁政策》。

第七章　从市舶贸易到自由交易：法规应运而生

每当明朝改元换年号时，一面缴回旧勘合及底簿，同时发给新勘合及新底簿。可见，明政府对勘合的发放和控制十分严格。

（二）手续过繁

贡船到达后，在各市舶司及北京会同馆要办理各种各样的手续。以福建市舶司为例，据嘉靖间高岐的《福建市舶提举司志》记载：每当琉球国船到达闽江口外，由巡检司先申报各衙门，知令把总指挥，即差千百户一员，坐驾军船，率领军士防范进港，到指定地点停泊，等候检查。第二天，都、布、按三司官员各一名，同市舶提举司掌印官一员带领土通事及合用匠作人等，前往贡船停泊处，查问是否贡船，查验"彼国符文执照"，并将船舱货物封钉固密，接着由巡检司派来的官员作向导，经闽江到达福州市内，在市舶司官员监督下，贡物会盘存入进贡厂，进贡人员驻在柔远驿。

进贡厂规模很大，建在福州水部门外河口一带，其中有会盘方物的锡贡堂三间，察院三司会宴贡使的承恩堂三间，还有香料仓库三间、椒锡仓库一间、苏木仓库三间、硫黄仓库一间，以及更楼、宿房、厨房等附设建筑。柔远驿在进贡厂之南，是贡使、水梢居住的地方，前厅三间，两边卧房六间，后厅五间，两边水梢卧房二十七间，二门三间，两边水梢卧房六间，此外还有守把千户房两边共十间，军士房二间，大门一间。①

察院并都、布、按三司各先差人赍本赴北京走报后，布、按两司官员各一员，同提举司官员共同到进贡广开库，将原进草包

---

① ［明］高岐：《福建市舶提举司志》。

生硫黄等贡物,会同拆开,督匠验看成色,然后依旧规春筛,煎销成饼,重新装箱,逐箱钉封,照旧收库。然后申详布政司行福州府闽、侯、怀三县并三山驿递,都司行福州左、右、中三卫,各照派扛数,派挑夫到厂听用。最后,由都、布、按三司会委千百户二员,护送贡使贡物,由延平、建宁、崇安,直抵京城。①

在北京,贡使住在会同馆,等候礼部择日奏请朝见,朝贡人员不得任意出入,只有正使及书办在通事陪同下,每五日外出一次,其他随从人员由鸿胪寺的官员带领,每日学习朝见,进呈方物、颁赐及燕宴等各种仪式。贡使在朝见及领赏后,所带货物才能在会同馆开市交易,其手续也十分麻烦。开市之先,由礼部出给告示,张挂于会同馆门首,告示云:"各处夷人朝贡领赏之后,许于会同馆开市三日或五日,惟朝鲜、琉球不拘期限,俱主客司出给告示,于馆门首张挂,禁戢收买史书及玄黄、紫皂、大花、西番莲段匹,并一应违禁器物。各辅行人等,将物入馆,两平交易,染作布绢等项,立限交还。如赊买及故意拖延,骗勒夷人久候不得起程,并私相交易者问罪,仍于馆前枷号一个月。若各夷故违,潜入人家交易者,私货入官,未给赏者,量为递减,通行守边官员,不许将曾经违犯夷人,起送赴京。"②

贡使由京回程,差官伴送,沿途备办饮食。明朝初期,中央政府还要遣官赴原进港所在地布政司陪宴,到英宗时,广东左参政杨信民乞免差京官远行陪宴之礼,言:"广东番夷往来,既有

---

① [明]高岐:《福建市舶提举司志》。
② 《大明会典》卷168《朝贡通例》。

内使专统其事，又有镇守巡按二司等官令其待宴足矣。"[1]才取消这一规定。

可见，外国贡使从进港到北京朝贡，以及从北京回到原进港，中间要经过许多衙门机构，手续相当繁琐。

（三）给价过高

贡舶贸易是明朝政府用以怀柔远人的外交政策，为了表示"天朝"的恩惠，往往用大大超过外国贡品价值的物品赐给外国贡使，所以朝贡贸易对明朝政府不仅毫无商业利益可言，而且形成了重大的经济负担。比如日本贡献给明朝的方物不过十一种[2]，然而明朝政府回送的所谓皇帝颁赐物比日本的贡品多得多。

赠给日本国王的颁赐品有：

白金二百两

妆花绒锦四匹：四季宝相花蓝一匹、细花红二匹、细花绿一匹

苎丝二十四：织金胸背麒麟红二匹、织金胸背狮子红一匹、织金胸背白狲绿一匹、晴花骨朵云青一匹、晴细花绿四匹、晴细花红一匹、晴红花青一匹、素青三匹、素红二匹、素绿三匹

罗二十四：织金胸背麒麟红一匹、织金胸背狮子青一匹、织金胸背虎豹绿一匹、织金胸背海马蓝一匹、织金胸

---

[1] 《明英宗实录》卷185。
[2] ［日］《善邻国宝记》卷下。

背海马绿一匹、素红五匹、素蓝三匹、素青三匹、素柳绿二匹、素柳青一匹、素砂绿一匹、素茶褐一匹

纱二十四：织金胸背麒麟红一匹、织金胸背白狮子红一匹、织金胸背白狰青一匹、织金胸背海马绿一匹、织金胸背虎豹绿一匹、晴花骨朵云红一匹、晴花骨朵云青一匹、晴花骨朵云蓝一匹、晴花骨朵云柳青一匹、晴花骨朵云绿二匹、晴花八宝骨朵云绿一匹、素绿一匹、素红一匹、素青一匹

彩绢二十四：绿七匹、红七匹、蓝六匹

赠给日本王妃的颁赐物计有：

白金一百两

妆花绒锦二匹：细花红一匹、四季宝相花蓝一匹

苎丝十匹：织金胸背犀牛红一匹、织金胸背海马青一匹、晴花八宝骨朵云青一匹、晴细花红一匹、晴细花青一匹、晴细花绿一匹、素青一匹、素红一匹、素柳一匹

罗八匹：织金胸背狮子绿一匹、织金胸背虎豹红一匹、素蓝二匹、素红二匹、素青一匹、素柳一匹

纱六匹：织金胸背狮子绿一匹、织金胸背犀牛红一匹、晴花骨朵云蓝一匹、晴花骨朵云青一匹、素红二匹

彩绢十匹：红三匹、绿四匹、蓝三匹[1]

---

[1] ［日］《善邻国宝记》卷下。

第七章 从市舶贸易到自由交易：法规应运而生

除了上列给日本国王及王妃的颁赐物之外，还有下列各种特赐物：

朱红漆彩妆戗金轿一乘	脚踏褥一个
大红心青边织金花苎丝座褥一个	脚踏褥二个
朱红漆戗金交椅一对	苓香十箱
大红织金苎丝褥二个	鹦哥二十个
朱红漆戗金交床二把	浑织金罗十匹
大红罗销金梧桐叶伞二把	浑织金纱十匹
大红心青边织金苎丝座褥二个	彩绢三百匹
浑织金苎丝十匹	银盂二个
朱红漆褥金宝相花折叠面盆架二座	银酒壶二个
镀金全古铜金斑花瓶二对	银茶瓶二个
古铜点金斑香炉二个	银漱口盂二个
象牙雕荔枝乌木杆排盒子二个	银酒盂二个
香袋一百个	银茶匙十二把
朱红漆戗金碗二十个	银匙二把
橐金黑漆戗金碗二十个	大红花一个
橐全鱿灯笼四对	黑绿茶花一个
云头桃竿全龙香黑二十笏	黑绿四季花二个
青黄信纸五百张	蛇皮五十张
兔毫笔三百枚	猿皮一百张
各样笺纸一百张	虎皮五十张
豹皮三十张	熊皮三十张

回赐物品数量之大，品种之多，实在惊人。据《满济淮后日记》记载，上述赠品，装在六十个中国式的大箱子里，堆积如山。

国王的附进物及贡使的自进物，明朝政府也用很高的价格收买，比如日本贡船带来的刀剑，在日本国内每把不过八百文至一千文，而明朝给价为五千文，超过原价值的五六倍，因此日本贡船带来的刀剑越来越多。第二期勘合贸易中，第一、二次勘合船不过三千把，第三次勘合船已达九千九百余把，第四次三万余把，第六次竟达三万七千余把，明朝政府对如此大量的刀剑已无力给价，在给日本国书中，要求今后按宣德年间规定，不超过三千把。但这些规定始终未能实行。第十次勘合船又带来二万四千余把，据日本学者木宫泰彦统计，如果加上贡献方物，使臣自进物中的刀剑，数量还要大，前后十一次勘合船输出的刀剑总额，恐怕不下二十万把。[①]

对其他各国贡舶也是如此，由于明朝给予的价格大大高于市价，所以他们用低价收购南洋的胡椒、苏木作为贡品，献给明朝，以博取高额的报酬，再把明朝政府赐给的中国瓷器、绢缎运往南洋各地，高价出售牟取利润。做这种转手买卖的以琉球国最为典型，他们年年要求"来贡"，其目的在于兴贩中国瓷器、绢缎到南洋各国，转手倒卖。现将他们于洪熙、宣德间运往南洋各

---

① ［日］木宫泰彦:《日中文化交流史》五。

国的中国货物列表于下①：

时间	运往国家	丝织品(匹)	瓷器(个)
洪熙元年	暹罗	25	2420
宣德一年	暹罗	25	2420
二年	暹罗	25	2420
三年	旧港	25	2420
四年	暹罗	50	4840
五年	爪哇	25	2420
六年	暹罗	25	2420
七年	暹罗	50	4840
八年	暹罗	75	7260
九年	暹罗	50	4840
十年	暹罗	25	2420

关于琉球国这种转手倒卖的情况，《历代宝案》中留下许多记载。正德四年（1509）琉球国中山王尚进贡等事，切照本国产物稀少，缺乏贡物，深为未便。为此遣正使勿顿之玖、通事梁敏等坐驾宁字号海船一只，装载瓷器等物，前往暹罗国出产地面，收买苏木、胡椒等物回国，预备下一年进贡大明，所据今差去人员别无文凭，诚恐到处官司盘阻不便，王府口外今给立一百七十二号半印勘合执照，副正使勿顿之玖等收执前去，如遇经过关津把隘去处及沿海巡哨官军，验实即便放行，毋得留难，因而迟误不便，所有执照须至出给者：

---

① 陈文石：《明洪武嘉靖间的海禁政策》第2章。

今开

正使一员　　　勿顿之玖

副使二员　　　假土　　　叁鲁每

通事二员　　　梁敏　　　蔡樟

火长　林椿

管船　麻加尼

直库

梢水　　　　　共一百二十名

正德四年八月十八日

当然，这里所说购求贡物，不过是为海上航行便利而已，实际上就是利用明朝贡舶贸易的空子，将中国瓷器运至暹罗等国，换取苏木、胡椒，再进贡中国，获取高利。

由于明王朝实行这种只求政治上保持天朝上国的地位，经济上不讲效益的朝贡贸易管理制度，不仅使明朝政府在财政上陷入困难境地，而且也严重地限制了海上贸易的进一步发展。因此到明中叶以后，随着整个社会的发展和私人海上贸易的发展，这种管理制度已漏洞百出，越来越不适应社会历史发展的要求了。

二、贡舶管理制度的改革

贡舶管理制度的改革势在必行。早在永乐年间，已有人提出应加改正，以节国用。宣德时，许铭又上言，指出贡舶贸易劳民伤财的弊病：各国贡使前来朝贡，名曰"归诚朝贡，实皆慕利而来，爵赏虽加，反侧难保"，只有"搏节防闲"，稍加改革，才能

第七章　从市舶贸易到自由交易:法规应运而生

"送往迎来,免困民力,府库之财,不至妄费矣"。①丘濬也指出各国贡使利用明朝政府给价过高,从中转手倒卖的祸害:"臣初以为外夷朝贡而不为节制,则是慕虚名而受实害也,况后世人心不古,非独中国为然,而外夷尤甚。彼其所以航海而来者,慕华向义之心,固不能无,然亦多有贪中国之货物,而欲以转货他国以取厚利者,此亦不可不知也……今宜为之制,随其地远近,立定年限,如宋朝立回赐于阗国信分物法,所遣使虽多,止一加赐……则朝廷既得怀柔外夷之道,而我之百姓亦不至罢敝于道路矣。"②

然而,仅用限制的办法并不能解决问题。武宗正德年间,各国贡船非贡期而来华者日益增多,许多私舶也冒充贡船来华贸易。于是有人提出皆抽以十三之税,许其公开贸易。正德四年(1509),广东镇巡官认为既不能彻底禁止,不如公开榷税,许其进口,这样既可杜绝私贩,又能俾益国用。据《天下郡国利病书》云:"布政司案查得正统年间,以迄弘治,节年俱无抽分,正德四年后,镇巡等官都御史陈金等题,要将暹罗、满剌加国、并吉阐国夷船货物,俱以十分抽三,该部将贵绸解京,粗重变卖,留备军饷。"③正德五年广东都御史林廷举又以连年用兵,军饷匮乏,要求将粗重者就地变卖,拨充军饷:"盗贼连年为乱,军饷不支,乞将正德三年、四年抽进过番货,除贵重若象牙、犀角、鹤顶之类解京,其余粗重如苏木等物,估价该银一万一千二

---

① 嘉靖《浙江通志》卷35。
② 《大学衍义补》卷149。
③ [清]顾炎武:《天下郡国利病书》卷120。

百有奇，宜变卖留充军饷。"①户部批准这一请求，自此以后，凡贡船至者，不拘年份，到即抽以十三之税，粗重者变卖充广东军门费用。这次改革，是由非贡期不得贸易，走向不拘年份、随时抽分贸易的第一次尝试。

但是，这一改革没有实行几年，就遭到守旧派的强烈反对，正德九年，广东布政司参议陈伯献以奸民引夷，通番货，扰害地方为由，加以抨击："岭南诸货，出于满剌加、暹罗、爪哇诸夷，计其所产，不过胡椒、苏木、象牙、玳瑁之类，非若布帛菽粟，民生一日不可缺者，近许官府抽分，公为贸易，遂使奸民数千，驾造巨舶，私置兵器，纵横海上，勾引外夷，为害地方，宜亟杜绝。"②礼部采纳陈伯献的意见，又取消刚实行不久的"不拘年分，至即抽以十三之税"的改革措施，下令"抚按等官禁约番船，非贡期而至者，即阻回，不得抽分，以启事端，奸民仍前勾引者治之"。经此严禁之后，各国番船不来广州，不仅影响两广军饷的筹集，而且上供的香料也无从取给。于是正德十二年，广东布政使吴廷举又请立番舶进贡交易之法，"命番国进贡并装货舶船权十之二解京，及存留饷军者俱如旧例，勿执近例阻遏"③。自吴廷举恢复"不拘年分，至即抽货"改革措施以后，"番舶不绝于海澳，蛮夷杂沓于州城"，各国商船又复云集广州。这是第二次改革。

虽再次改革，然好景不长。不久，吴廷举移官湖南，由于没

---

① 《明武宗实录》卷67。
② 《明武宗实录》卷113。
③ 《明武宗实录》卷149。

第七章 从市舶贸易到自由交易:法规应运而生

有人敢再坚持此议,抽分贸易又一次遭到守旧派的攻击。正德十五年,御史丘道隆、何鳌等上疏云:"祖宗朝贡有定期,防有常制,故来者不多。近因布政吴廷举谓缺上供香物,不问何年,来即取货,致番舶不绝于海澳,蛮人杂沓于州城,禁防既疏,水道益熟,此佛郎机所以乘机突至也,乞悉驱在澳番舶及番人潜居者,禁私通,严守备,庶一方获安。"①再加上葡萄牙人侵犯广东沿海,爆发西草湾战役,明朝政府因噎废食,再次下令取消吴廷举的改革措施,重申"严加禁约,夷人留驿者,不许往来私通贸易,番舶非当贡年,驱逐远去,勿与抽盘"。

由于广东禁绝安南、满剌加等一切国家的贡舶贸易,引起严重的后果。"由是,番舶皆不至,竞趋福建漳州,两广公私匮乏。"②嘉靖八年(1529),提督两广军务都侍郎林富上疏,再次请求通市舶以兴民便利,他从四个方面,详细地论证通商互市的好处:

> 正德间因佛郎机夷人至广,犷悍不道,奉闻于朝,行令驱逐出境。自是安南,满剌加诸番舶,有司尽行阻绝,皆往福建漳州府海面地方,私自行商,于是利归于闽,而广之市井,皆肃然也。大佛郎机素不通中国,驱而绝之宜也。祖训会典所载诸国,素恭顺与中国通者,朝贡贸易尽阻绝之,则是因噎而废食也。况市舶官吏公设于广东者,

---

① 《明史》卷325《佛郎机传》。
② [明]严从简:《殊域周咨录》卷9。

反不如漳州私通之无禁,则国家成宪果安在哉?以臣筹度,中国之利,盐铁为大,有司取办,仡仡终岁,仅充常额。一有水旱,劝民纳粟,犹惧不克。旧规,至广番舶,除贡物外,抽解私货,俱有则例,足供御用,此其利之大者一也;番货抽分解京之外,悉充军饷,今两广用兵连年,库藏日耗,藉此足以充羡而备不虞,此其利之大者二也;广西一省,全仰给于广东,今小有征发,即措办不前。虽折俸椒木,久已缺乏,科扰于民,计所不免。查得旧番舶通时,公私饶给。在库番货,旬月可得银数万两。此其为利之大者三也;货物旧例,有司择其良者如价给直,其次资民买卖,故小民持一钱之货,即得握菽展转贸易,可以自肥,广东旧称富庶,良以此耳!此其为利之大者四也。助国给军,既有赖焉,而在官在民,又无不给,是因民之所利而利之者也,非所谓开利孔而为民罪梯也。①

至是,"下兵部议:安南,满剌加自昔内属,例得通市,载在《祖训》《会典》,佛郎机正德中始入,而亚三等以不法诛,故驱绝之,岂得以此尽绝番舶。且广东设市舶司,而漳州无之,是广东不当阻而阻,漳州当禁而不禁也,请令广东番舶例许通市者,毋得禁绝,漳州则驱之,毋得停舶,从之"②,从此再次恢复吴廷举所定的例则,这是第三次改革。

---

① [清]顾炎武:《天下郡国利病书》卷120。
② 《明世宗实录》卷106。

第七章 从市舶贸易到自由交易:法规应运而生

但此法仅行一年,给事中王希文又上疏反对。他自以为出生于广东东莞县,从小生长海滨,对海徼之情况十分熟悉,于是对吴廷举、林富的意见妄加抨击:佛郎机侵扰海边就是因为开互市,许抽分引起的,如果"佛郎机冒进为患,则将何以处之乎?"他甚至认为开互市会出现"夫马频烦,官军搜索,居民骚扰,耕樵俱废,束手无为,鱼盐不通,生理日困"的严重后果。因此,"仍乞申明祖宗旧制,凡进贡必有金叶表衣,来者不过一舟,舟不过百人,附搭货物,不必抽分,官给钞买,顽民不许私相接济,如有人货兼获者,全家发遣,则夷货无售其私,不待沮之而自止矣。番舶一绝,则备倭可以不设,而民以聊生,盐货可通,而琼儋之利皆集矣"。①接着,都御史汪铉也上疏反对,虽然他并不完全否定抽分的做法,但也认为"至于挟带货物入我中土懋迁有无,亦其情也。故律有抽分之条,所以顺远夷之意,非但专为抽取货物,以资国用计也"。他认为抽分之法弊大于利:"奈何法久弊生,诸夷熟识海道,大肆往来。加以奸民千百为群,驾造双桅大船,私置兵器,纵横于海,潜通勾引。至于东莞地方,虏掠居民,一语不合,辄剚刀刺戮,而巡捕等官,畏其犷悍,莫敢谁何。"加上抽分之官,又不得人,"守候日久,未抽之先,私通贸易,官军不能防范,而贵细之物已十去七八。及至抽分,又诡诈百端,止将粗粝之物,用水浸灌,搪抵纳官。是以解官有赔偿之苦,运船有雇直之亏,其为地方之害,已非一端"。②他坚持实行

---

① [清]印光任、[清]张汝霖:《澳门纪略》上卷。
② [明]黄训辑:《皇明名臣经济录》卷43。

333

祖宗之法:"凡安南等国载在祖训例应入贡者,果是依期而至,比对朱墨勘合相同,夹带番货,照例抽分,应解京者解京,应备用者备用。抽分之外,许良民两平交易,以顺夷情,其余非应贡之年,及过贡期而不还,或假以国王买办名色,并奸商勾引,搆惹衅端,及逆番冒进,频年横入如佛郎机者,通行即时驱逐出境,敢有违例交通者,治以重罪。"①嘉靖九年"奉旨是,依拟行"。至此,"不拘年分,至即抽货"的方法又被废除。

从以上三改三停的过程中,旧的贡船管理制度确实已不适应新形势的要求,非改不可,但阻力仍然很大,一直要到嘉靖中后期,经过海商的武装斗争,至隆、万年间才在福建漳州月港实行新的海商管理制度。

第二节 新式海关应势萌芽

隆庆开禁以后,东南沿海的私人海上贸易迅猛发展,出现一派繁荣景象,尤其是漳州月港"自穆庙时除贩夷之律,于是五方之贾,熙熙水国,刳艎舼,分市东西路,其捆载珍奇,故异物不足述,而所贸金钱,岁无虑数十万"②。为了适应这一形势,加强对私人海上贸易的管理,明朝政府不得不在月港实行一套新的管理制度。这种管理制度与贡舶管理制度显然不同,表现出若干新的特点。

---

① 《明世宗实录》卷118。
② [明]张燮:《东西洋考》周起元序。

第一，取消了一批对商舶的限制。贡舶贸易的国家有限制，入贡时间有定期，如前所述，琉球二年一贡，安南、占城、高丽三年一贡，日本十年一贡。贡船停靠港口也有限定，宁波只能停靠日本贡舶，福州只能停靠琉球贡舶，广州只能停靠南洋各国贡舶。而新的管理制度取消这些限制，除东洋日本外，任何国家商舶都可到月港停靠，而且也不受时间限制，随时都能上岸贸易。

第二，对外来商品加以课税。贡舶贸易主要是为了在政治上怀柔远人，因此对进贡物品例不给价，而以赏赐方式给予大量的物品和钱钞。附至货物，虽然有规定依例抽分，但为了显示"天朝"的恩惠，也往往优免抽分，尤其在洪武、永乐年间最为普遍，几成常规。而在新的管理制度下，不论何种商品，一律课以水饷和陆饷才可上岸交易。

第三，贡舶输入货物，大多由政府收买专卖，只有部分劣等货品，政府不肯收买者，才能开放交易，而且还要在会同馆及市舶司指定地点，在有关官员的监视下进行互市。新的管理制度规定，凡是纳税过的商品，均可自由交易。

第四，贡舶贸易多是物物交换，即使是抽分制也是抽取实物。新的管理制度从抽分实物改为征收货币的饷银制，无疑是关税制度的重大变化。

综上，月港海商管理制度的形成，是从市舶司管理制度向私人海商管理制度转变的重要契机，它的出现标志着新的海关管理制度开始萌芽产生了。

一、月港海商的管理机构

成化、弘治年间，月港的海外贸易迅速崛起，出现了"货物通行旅，资财聚富商，雕镂犀角巧，磨洗象牙光"的繁荣景象。月港成为闽南一大都会，享有"天下小苏杭"的盛誉。到正德、嘉靖之际，月港进入前期最繁盛的阶段，月港海商与海外各国走私贸易以空前的规模和速度发展起来，"闽漳之人，与番舶夷商贸贩番物，往来络绎于海上"，月港"豪民私造巨舶，扬帆外国，交易射利，因而诱寇内讧，法绳不能止"。①

随着海外贸易的发展，明政府为了加强对月港海商的控制，嘉靖九年（1530），根据巡抚都御史胡琏的建议，把巡海道移驻漳州，并在月港东北十多里的海沧澳（今属厦门市郊区）建立安边馆，委各府通判一员驻扎，半年一易。②嘉靖二十七年朱纨在月港地区建立保甲制度，严厉禁止通番接济，巡海道柯乔建议在月港设立县治，加强对月港海商的控制，巡按御史金城也提出同样内容的奏议。正在此时，月港"地方稍宁，知府卢壁议暂停止"，所以建县的建议没有被采纳。但到嘉靖三十年，复于月港建立靖海馆，以"通判往来巡缉"。③不久，海盗商人谢老占据月港，接着海商张维等二十四将又"结巢盘据"，使明政府对月港完全失去控制，月港地区"殆同化外"。于是嘉靖四十二年，巡抚谭纶下令招抚，"仍请设海防同知，颛理海上事，更靖海馆为

---

① 乾隆《海澄县志》卷1。
② ［明］何乔远：《闽书》卷30《方域志》。
③ 乾隆《海澄县志》卷1。

第七章 从市舶贸易到自由交易:法规应运而生

海防馆",由海防同知驻扎。但因月港海商"跋扈既久,驯伏未易",他们"阳顺阴逆,终不驯戢",故效果不大。① 嘉靖四十三年,巡海道周贤宣用"计擒巨魁张维等",才平定二十四将的"叛乱",此时本地听选官李英、李銮再次上疏申请建县,得到明中央政府的批准。嘉靖四十四年,由知府唐九德筹建县治,"割龙溪一都至九都及二十八都之五图,并漳浦二十三都之九图,凑立一县"②。隆庆元年(1567),正式建县,名为海澄县、县治在月港桥头。万历年间,因"舶饷轮管",把海防馆改为督饷馆,馆址在"县治之右,即靖海馆旧基"。③ 虽然督饷馆是从安边馆、靖海馆、海防馆发展演变过来的,但安边馆、靖海馆、海防馆主要是对月港海商的镇压与控制机构,而督饷馆才真正是月港海商的管理机构。

督饷馆的官员配置:税务官员一名、饷吏二名、书手四名。税务官员起初由海防同知担任,隆庆六年,"税务初起,公(指海防同知罗拱辰)首膺斯任"④。万历元年(1573)由沈植接任,"三年,当路请舶税以充兵饷,植条海税禁约十七事,当路才之"。接着继任的有周裔登、姚应龙、叶世德、王应乾、舒九思等人。其后,"当事疑税饷赢缩,防海大夫在事久,操纵自如,所申报不尽实录",于是仿效各地榷关事例,"岁择全闽府佐官一人主之"。万历二十六年,邵武府推官赵贤意,"以能声最诸郡,

---

① [明]何乔远:《闽书》卷30《方域志》。
② 乾隆《海澄县志》卷1。
③ [明]张燮:《东西洋考》卷7《饷税考》。
④ [明]张燮:《东西洋考》卷7《饷税考》。

来督漳饷"。但不久漳州府复申前饷官之议，以"海澄洋税原议轮委各府佐征收，但外府官远来，住札非便，而增设供应人役，所费倍繁"为理由，要求"于本府佐刺五员，岁委一员管理，事无专属，既于原议不悖，且于事体为宜"，这个建议得到上峰批准，后来又改由漳州府佐贰官轮管。① 现将督饷馆官员有姓名可考的列表如下②：

由漳州府海防同知相继署税务凡七人。

姓名	籍贯	任职时间	简单政绩
罗拱辰	广西马平	隆庆六年	首任税务，议留税银若干，筑城圭屿。
沈植	湖广临湘	万历元年	请以舶税充兵饷，条海税禁约十七事。
周裔登	广东南海	万历七年	民有平恕之恩，后擢部员外郎。
姚应龙	浙江慈溪	万历十三年	磊魂多英，御事胸有成局，后中谗去官。
叶世德	浙江温州	万历十七年	后擢王长史。
王应乾	广西马平	万历二十年	
舒九思	浙江奉化	万历二十一年	论劾罢去，当路始疑舶政为防海大夫私物，而轮管之议起。

由各府佐贰官委署饷务只一人。

姓名	籍贯	任职时间	简单政绩
赵贤意	浙江东阳	万历二十六年	以才能闻名诸郡，不久，因高寀横操权力而罢遣。

---

① ［明］张燮：《东西洋考》卷7《饷税考》。
② ［明］张燮：《东西洋考》卷7《饷税考》。

由漳州府佐贰官委署饷务凡十二人。

姓名	籍贯	任职时间	简单政绩
杜献璠	南直上海	万历三十四年	单车诣船,城社塞渔猎之窦,诸饷投匮,豪猾绝乾没之阶,货无逗留,商称便利。
沈有岩	南直宣城	万历三十五年	舶政平易,贾人安之。
钟显	江西定南	万历三十六年	后被劾罢去。
陈钦福	江西南丰	万历三十七年	门市心水,在脂不润,商人思之。
吕继梗	浙江新昌	万历三十八年	为政详练周至,尝陈饷事十议,号称吕侯十法,凡不便商者,一切报罢。
秦朝典	湖广临湘	万历三十九年	以墨论罢。
张应奎	湖广蕲水	万历四十年	
邵圭	浙江余姚	万历四十一年	多从宽政,凡蠹病商者悉屏绝,商人德之。
卢崇勋	广东增城	万历四十二年	莅事清瑾。万历四十二年台风袭击月港,拔木发屋,数十万洋货一飓立尽。亟驰檄请蠲当年饷税,商人德之。
江一雷	山东即墨	万历四十三年	
丘建经	广东乳源	万历四十四年	
王起宗	应天上元	万历四十五年	为政勤而强,练而密,简而不烦,刑罚平恕,接诸商务,节省简便,兴利除弊。

可见,月港督饷馆的官员主要由漳州府的官员兼任。委署饷务官共十三名,除一人外,其余十二人均为漳州府佐官担任。委署税务官凡七人,均由漳州海防同知兼任。

二、月港海商的管理办法

为了管理月港海外贸易,明朝政府不仅设置了专门的管理机构,而且也制定了一些管理条例。隆庆六年,郡守罗青霄"以所部雕耗,一切官府所需倚办,里三老良苦",首次提出议征商税的建议。万历三年，海防同知沈植条海禁便宜十七事，被明政府采纳，"著为令"。虽然十七条的全文没有保存下来，但其主要内容保存在张燮《东西洋考》的《饷税考》内。万历二十一年，"倭寇朝鲜，闽以震邻，禁止通贩海上"。出海贸易的中国海船减少，严重影响了政府的财政收入，因而中丞许孚远提出改进措施，重新规定："凡留贩人船，不论从前有引无引，日远日近，俱许驾回，诣官输饷如故事，凡私通及压冬情罪，一切宥免。"① 到万历二十七年，神宗御马太监高寀，以福建市舶司兼办矿务入闽，网罗流氓恶棍充当税吏，对海商任意搜刮，"正税外索办方物，费复不赀"②，使月港的管理条令受到严重破坏。直至万历三十四年，"有旨封闭矿洞"，同时月港海商也群起反抗③，最终把高寀赶出月港，才恢复原来的管理办法，"有司照常征解"。然而由于管理办法不完善，再加上官吏从中舞弊，贪赃枉法，月港海商仍受到很大的摧残。

万历三十八年，吕继梗提出"饷事十议"的改革方案，凡"诸不便国，不便商者，一切报罢"，于是船得从实报，报得从实验，验得从实纳，从而革除那种因"风涛叵测，东西岐岛有发不及至者，至不及返者，返不及有货者"，而照样纳饷的弊病，得到商人普遍欢迎。月港海商高兴地说："吕侯十法，吾商人生命也，创行利可近，习行利又可远，易人而行易纷，异时而法又易

---

① ［明］张燮：《东西洋考》卷7《饷税考》。
② ［明］张燮：《东西洋考》卷8《税珰考》。
③ 林仁川：《明代漳州海上贸易的发展与海商反对税监高寀的斗争》，《厦门大学学报》1982年第3期。

废,且奉公者所便,抑又营私者之所不便也。"万历四十一年,邵圭继续深入调查,详询商民便苦:"有虎威狐假,藉上供而恣鱼肉者乎?有积猾作奸,干没不可诘者乎?有诬越禁以恐吓,而借有力为吞舟者乎?尽得某利某害状,条请两台,诸蠹病商者悉屏绝,永勿令蹂躏。"他明确规定,以后商船进港,随至随阅,不得借故拖延刁难。征税饷,要"以所报簿书为征,以所颁衡尺为准,要以岁输如额而止,毋增羡,毋苛责,毋淹时日,毋繁讼牍"①。经过吕继梗、邵圭的改革,海外贸易管理办法有所改善,但仍十分混乱。万历四十四年,推官肃基目睹商困,又提出"恤商厘弊"的十三条改革方案。

根据张燮《东西洋考》中的"饷税考""税珰考"以及许孚远的《敬和堂集》,参照其他有关记载,对月港海商的管理办法分述如下:

(一) 商船进出港口的管理办法

月港海商出海贸易首先要得到明政府的批准,由海防官发给船引,才能开船。每张船引"征税有差,名曰引税"。起初规定,东西洋每张商引纳税银三两,鸡笼、淡水路途较近,每引税银一两。以后,东西洋引税银增加到六两,鸡笼、淡水增加到二两。每次请引以一百张为率,"尽即请继,原未定其地而限其船"。至万历二十七年,根据中丞周寀的建议,始定东西洋商船额数,每年限船八十八只,给引亦据此为限。"后以引数有限,而愿贩者

---

① [明]张燮:《东西洋考》卷7《饷税考》。

多"①，仍增至一百一十引。每张船引都要详细填写船商的姓名、年貌、户籍、住址、开向何处、回销日期，以及限定的器械、货物等商品名称，"商众务尽数填引，毋得遗漏"。同时海防官及各州县要设置循环号簿两扇，照商引登录器械、货物、姓名、年貌、户籍、住址、向往处所、限期等，"按日登记"。②如所报有差错，船没官；如物货斤数不同，货没官。

商船出港时，由督饷馆派人登船验引，防止夹带各种违禁品及兵器出口，本来盘验出海商船在厦门岛进行。万历四十五年，通判王起宗通过实地考察，感到在厦门验船十分不方便：

> 厦门原隶泉州，为浯、铜汛地，职等非随波上下者此，必驻公馆，方可讥盘，厦门原设参府、海防二署，当洋船开驾，正春汛防海之会，参府及泉州防馆驻扎，职诣其地，既无空闲公廨，又难借扰民居，不便者一；况漳州官远涉泉境，既非所辖之地、又无服役之人，势难单骑裹粮，而跟随人役，不下数十人，若涣散民居，殊非关防体统，不便者二；且本府至厦门，两经潮汐，冲突波涛，一遇风则轻舟难泛，时日稽迟，商船不无耽搁，不便者三。

他认为应在圭屿再建公馆一所，验船为便，因为"圭屿一山，浮于海口，环山皆海，适在中央，乃商船必由之路，又澄邑

---

① ［明］张燮:《东西洋考》卷7《饷税考》。
② ［明］许孚远:《敬和堂集》卷7《公移卷》。

第七章 从市舶贸易到自由交易:法规应运而生

所属之区"。在此地设立公馆,船之出洋,既可稽查,船之回港,亦便瞭望,"不越出于他境,不阻隔于风涛,虽易地不同及,讥察则一,此职目击而身历者"[①],从此改在圭屿盘验。出海各船经过盘验,果无夹带违禁货物出洋,方许封识开驾。

商船回航经过南澳、浯屿、铜山诸寨及岛尾濠门、海门各巡、司时,先委官封钉,逐程派舟师护送,名曰以防寇掠,实际上是防止地方小艇出海接载饷货。进港后,船商要立即报引送院覆查缴销。如有越贩回澳,弃船登岸,盗盘货物漏饷者,将人船擒获解治。此外,对商船往来程限也有规定,西洋遥远,则每年十一、十二月发行,严限次年六月内回销。东洋稍近,多在春初驾往,严限五月内回销,在外压冬未回者,严拘家属监并,即使没有通倭情弊,亦必罪以违限。[②]

(二)商税的征收办法

月港海商的税收制度已由从前抽分制改为饷银制。这种商税共分三种:

第一,水饷,也称"丈抽法"。以船的广狭为准,按照船只大小而征收船税,出之船商。如行西洋船,船阔一丈六尺以上者,每尺抽银5两,一船共抽银80两,每船加阔1尺,加征银5钱。[③]水饷是采用累进税率征收的。

---

① [明]张燮:《东西洋考》卷7《饷税考》。
② [明]许孚远:《敬和堂集》卷7《公移卷》。
③ [明]张燮:《东西洋考》卷7《饷税考》。

343

船阔（尺）	1.6—1.7	1.7—1.8	1.8—1.9	1.9—2.0	2.0—2.1	2.1—2.2	2.2—2.3	2.3—2.4	2.4—2.5	2.5—2.6	2.6以上
每尺抽银（两）	5	5.5	6	6.5	7	7.5	8	8.5	9	9.5	10
一船共抽银（两）	80	93.5	108	123.5	140	157.5	176	195.5	216	237.5	260

贩东洋的商船，每船照西洋船丈尺税则，量抽十分之七。船商为了逃避水饷，往往减报尺寸，而官吏为了增加水饷又重科之，再加上书吏的百般诈索，奸弊莫清。于是萧基提出，每年十月修船时，由督饷官亲自量尺寸，编记天地玄黄字号，"以某船往某处给引，其同澳即照字号规则，依纳水饷，不必复量梁头"[①]，这样既可节省商人费用，又能防止走私舞弊。

第二，陆饷，即商品的进口税，是按进口货物的多寡或价值的高低来计算的，征之于购买进口货物的商铺。万历三年，初定各种舶货的抽税则例，万历十七年，因货物高下，时价不等，提督军门周详进行厘正，有的按货物多少征收从量税，有的按货物价值高低征收从价税，有的货物分得更细，按上、中、下等级征税。万历四十三年，为了鼓励海商而量减各种税银，又制定了新的抽税则例。具体情况可见下表：

货名	分类	计税单位	征税数量（钱）	
			万历十七年	万历四十三年
胡椒	—	每百斤	2.5	2.16
象牙	成器者	每百斤	10	8.64
	不成器者	每百斤	5	4.32

---

① ［明］张燮：《东西洋考》卷7《饷税考》。

续表

货名	分类	计税单位	征税数量(钱) 万历十七年	征税数量(钱) 万历四十三年
苏木	东洋木小	每百斤	0.2	0.21
苏木	东洋木大	每百斤	0.5	0.43
檀香	成器者	每百斤	5	4.32
檀香	不成器者	每百斤	2.4	2.7
奇楠香	—	每斤	2.8	2.42
犀角	花白成器	每十斤	3.4	2.94
犀角	乌黑不成器	每十斤	1	1.4
沉香	—	每十斤	1.6	1.38
没药	—	每百斤	3.2	2.76
玳瑁	—	每百斤	6	5.18
肉豆蔻	—	每百斤	0.5	0.43
冰片	上者	每十斤	22	27.65
冰片	中者	每十斤	16	13.81
冰片	下者	每十斤	8	6.91
燕窝	上者	每百斤	10	8.64
燕窝	中者	每百斤	7	6.05
燕窝	下者	每百斤	2	1.73
鹤顶	上者	每十斤	5	4.32
鹤顶	次者	每十斤	4	3.46
荜茇	—	每百斤	0.6	0.52
黄蜡	—	每百斤	1.8	1.55
鹿皮	—	每百张	0.8	0.69
子绵	—	每百斤	0.4	0.334
番被	—	每床	0.12	0.1
孔雀尾	—	每千支	0.3	0.27
竹布	—	每匹	0.08	0.07
嘉文席	—	每床	0.5	0.43
番藤席	—	每床	0.1	0.12

续表

货名	分类	计税单位	征税数量(钱) 万历十七年	征税数量(钱) 万历四十三年
大风子	—	每百斤	0.2	0.17
阿片	—	每十斤	2	1.73
交趾绢	—	每匹	0.1	0.14
槟榔	—	每百斤	0.24	0.21
水藤	—	每百斤	0.1	0.09
白藤	—	每百斤	0.16	0.14
牛角	—	每百斤	0.2	0.18
牛皮	—	每百张	4	3.46
黄藤	—	每百斤	1.6	1.38
黑铅	—	每百斤	0.5	0.43
番锡	—	每百斤	1.6	1.38
番藤	—	每百斤	0.26	0.22
乌木	—	每百斤	0.18	0.15
柴檀	—	每百斤	0.6	0.52
柴橠	—	每百斤	1	0.86
珠母壳	—	每百斤	0.5	0.43
番米	—	每石	0.14	0.1
降真	—	每百斤	0.4	0.34
白豆蔻	—	每百斤	1.4	1.21
血竭	—	每百斤	4	3.46
孩儿茶	—	每百斤	1.8	1.55
束香	—	每百斤	2.1	1.81
乳香	—	每百斤	2	1.73
木香	—	每百斤	1.8	1.55
番金	—	每两	0.5	0.43
丁香	—	每百斤	1.8	1.55
鹦鹉螺	—	每百斤	0.14	0.12
毕布	—	每匹	0.4	0.34

续表

货名	分类	计税单位	征税数量（钱）万历十七年	征税数量（钱）万历四十三年
锁服	红色	每匹	1.6	1.38
锁服	余色	每匹	1	0.86
阿魏	—	每百斤	2	1.73
芦荟	—	每百斤	2	1.73
马钱	—	每百斤	0.16	0.14
椰子	—	每百斤	0.2	0.17
海菜	—	每百斤	0.3	0.26
没石子	—	每百斤	2	1.73
虎豹皮	—	每百张	4	3.46
龟筒	—	每百斤	2	1.73
苏合油	—	每十斤	1	0.86
安息香	—	每百斤	1.2	1.04
鹿角	—	每百斤	0.14	0.12
番纸	—	每百张	0.6	0.52
暹罗红纱	—	每百斤	5	4.14
棕竹	—	每百枝	0.6	0.52
鲨鱼皮	—	每百斤	0.68	0.59
螺蚆	—	每石	0.2	0.17
獐皮	—	每百张	0.6	0.52
獭皮	—	每十张	0.6	0.52
尖尾螺	—	每百斤	0.16	0.14
番泥瓶	—	每百斤	0.4	0.34
丁香枝	—	每百斤	0.2	0.17
明角	—	每百斤	0.4	0.34
马尾	—	每百斤	1	0.9
鹿脯	—	每百斤	0.4	0.34
礁土	—	每百斤	0.1	0.09
花草	—	每百斤	2	1.73

续表

货名	分类	计税单位	征税数量（钱）	
			万历十七年	万历四十三年
油麻	—	每石	0.12	0.1
黄丝	—	每百斤	4	3.46
锦魟鱼皮	—	每百张	0.4	0.34
甘蔗乌	—	每个	0.1	0.09
钱铜	—	每百斤	0.5	0.43
排草	—	每百斤	2	1.73

各种进口货物，经过万历四十三年的调整，除苏木、犀角、番藤席、交趾绢四种商品的进口税略有增加以外，其余七十九种商品的进口税比万历十七年均有不同程度的降低，一般都减少税率在百分之十五至二十之间。

此外，还有一批货物，先年无开载者，记录于后：

哆罗哖，每匹红色税银5钱1分9厘，余色每匹3钱4分6厘；番镜，每面税银1分7厘；番铜鼓，每面税银8分7厘；红铜，每百斤税银1钱5分5厘；烂铜，每百斤税银8分7厘；土丝布，每匹税银1分6厘；粗丝布，每匹税银8厘；西洋布，每匹税银1分7厘；东京乌布，每匹税银2分；八丁荞，每百斤税银1钱整；青花笔筒，每个税银4厘；青琉璃笔筒，每个税银4厘5毫；白琉璃盏，每个税银4厘；琉璃瓶，每个税银1分；莺哥，每个税银3分；草席，每一床税银9厘；漆，每百斤税银2钱；红花米，每百斤税银2钱；犀牛皮，每百张税银1钱；马皮，每百张税银3钱4分6厘；蛇皮，每百张税银2钱；猿皮，每百张税银1钱；沙鱼翅，每百斤税银6分8厘；翠鸟皮，每四十张税银5分；樟脑，每百斤税银1钱；虾米，每百斤税银1钱；火炬，每千枝税银1钱；

梭竹枯，每百枝税银3分；绿豆，每一石税银1分；黍仔，每一石税银1分；胖大子，每百斤税银3分；石花，每百斤税银2分6厘。①

第三，加增饷。是专门征收从吕宋回来的商船船税，一般由船主负担。因中国海商到吕宋贸易，很少运货物回国，而带回大批墨西哥银币，这就避免了征收进口税。明政府为了弥补这种损失，特地规定凡从吕宋回来的商船，每船加增税银150两，后因海商叫苦连天，认为负担太重，万历十八年，才减为120两。②

以上三种税都是征收货币的，从抽分实物到征收货币，这是中国关税制度的重大变化。它说明近代海关关税已经萌芽，也反映了明代对外贸易发生了根本性转变。

第三节 郑氏管理内外有别

随着海上贸易的发展和繁荣，郑氏海商的管理办法比月港海商的管理办法又前进了一步。如果说月港时期主要是管理本国海商的话，那么到郑氏海商时期，已建立一套以征收关税为主要内容的对中外商人的海商管理制度。

一、对本国海商的管理办法

郑芝龙打败李魁奇、钟斌、杨六、杨七、刘香等海商集团，完全控制了东南沿海的制海权，从此，郑芝龙兄弟"雄踞海上，

---

① ［明］张燮：《东西洋考》卷7《饷税考》。
② ［明］张燮：《东西洋考》卷7《饷税考》。

独有南海之利""凡海舶不得郑氏令旗者,不能来往,每舶例入二千金,岁入以千万计,以此富敌国"。[1]对于这种"每舶例入二千金"的征税制度,台湾学者张菼认为:"其渊源,则是神宗时征收'水饷'之遗迹,郑芝龙不过将之化公为私,并与'报水'混而为一而已。"[2]我们认为这种看法不够全面。因为水饷是按照船只大小而征收的船税,并不起通行证的作用。而"每舶例入二千金",领取郑氏令旗以后,可以在郑氏武装船队的保护下,自由航行。可见,这种征税制度具有"船引"的性质。但月港引税的税额比郑氏令旗税要低得多,凡贩东西船货者,每引税银才三两,其后也不过增至六两,而郑芝龙规定每舶要缴二千金,所以把它完全说成是引税也不全面,其中也包含有"水饷"成分。总之,从持有郑氏令旗即可自由通行的性质以及每面令旗要缴纳二千金的税额看,我们认为郑芝龙的这种征税制应是月港"引税"和"水饷"合二为一的统一体。它既起海上贸易通行证的作用,又是对海商征收的"水饷"。

郑成功继承这种征税制度,而改名为牌饷。至于牌饷的内容,在我国史籍中材料比较零碎,而日本太田南亩的《一话一言》中有较详细的记载,现将该书关于郑成功给居留日本的同母弟田川七左卫门的两封信中有关牌饷的内容,转录如下:

---

[1] 连横:《台湾通史》卷25《商务志》。
[2] 张菼:《关于台湾郑氏的"牌饷"》,见《台湾郑成功研究论文集》,福建人民出版社1982年版。

第七章 从市舶贸易到自由交易:法规应运而生

东洋牌饷银原定五百两,客商请给,须照顾输纳,吾弟受其实惠,方可给与,切不可为商人所瞒短少饷额也,已即发给十牌一张,寄交省官处,可就彼对领。出征戎务方殷,余不多及。

此札。

名具正。

五月初七日□时冲。

东洋牌船应纳饷银:大者二千一百两,小者亦纳银五百两,俱有定例,周年一换。其发牌之商,须察船之大小,照例纳银与弟,切不可为卖,听其短少!不佞有令:着汛守兵丁,地方官盘验,遇有无牌及旧牌之船,货、船没官,船主、舵工拿解。兹汪云什一船系十年前所给旧牌,已经地方官盘验解散,接吾弟来字,特破例从宽免议,但以后不可将旧牌发船,恐遇汛守之兵,船只即时搬去,断难追还,其误事不小:切宜慎之!所请新牌即着换给,交汪云什领去;如短少吾弟饷银,后年再不发给也!

此札。

各具正幅。

六月十二日巳时冲。①

这两封信对于我们了解郑氏海商的牌饷很有帮助,从信中可知"牌饷"分大小两种,大船征二千一百两,小船征五百两,照

---

① [日]太田南亩:《一话一言》卷42,转引自张燮:《关于台湾郑氏的"牌饷"》。

牌一年一换。有照牌才能通行无阻，如无牌或用旧牌之船，被汛守兵丁抓获，货、船没官，船主、舵工拿解。后因郑成功弟弟七左卫门的说情，才破例从宽免议，但郑成功告诫其弟弟以后切不可将旧牌发船，可以看出照牌对于海上贸易商船来说，是多么的重要。

对于发放照牌一事，日本学者松浦章先生发现的《漂人问答》提供了其他的佐证。[①]《漂人问答》是康熙六年郑经的商船漂流到朝鲜济州时留下的珍贵史料。收在《漂人问答》中的蔡政给客寓日本的中国人的三封信中，有两封记载牌饷的情况：

> 李爷前启曰：兄台勇略雄才，暂屈商旅，亦观时而进止，浮海非所愿也。弟回以兄台才略转启藩主，深慕悃诚，特发牌札以嘉壮猷。倘有慨然来宁，藩主当以国土相待，岂特爵赏而已，弟缘民牧之寄，兼清朝遣使议和，弗获亲聆大教。特奉潘令遣令记室同家人前来长崎，给换客岁令谕照牌。倘有相爱亲友，不妨援引颁给，想御命者自能使悉潘王德意，可不烦其虚费毫厘耶。客岁有给牌者，弟回即启藩主，通行各镇，水途可保无虞。不腆微芹，少伸敬意，想爱我者必不见弃耶。临楮瞻注。

> 上林环书曰：别来裘葛已更，未审兄翁宝舟今年又获厚利否？想吉人自有天相，毋庸私祝耶。客冬所给令谕照牌，弟回覆藩主，深嘉向义，时即通行各镇遵守获送，量

---

① ［日］松浦章：《李朝时代における漂着中国船の一资料》，见《关西大学东西学术研究所纪要》第15辑。

第七章 从市舶贸易到自由交易：法规应运而生

水途可保无虞。近缘清朝遣使求和，弟又有民牧之寄，未得来岐。特奉藩令，遣敝记室得官及家丁杨郎前来换，想御命者自能奉命，兄翁等应费分厘耶。千里毫毛，物轻意重，倘沫概存足认，挚爱临椿神驰。

第一封是寄给李凤的。李是崇祯朝的都督，明朝覆灭以后商旅日本，郑经希望他回国，共图复明。为了拉拢他，特派人前往长崎，"给换客岁令谕照牌"，使他的商船水途无忧。另一封信是寄给林环的。林是抗清义士，在日本经商，资助郑氏集团，所以蔡政奉郑经之命，特派记室陈得及家丁杨郎到长崎更换"客冬所给令谕照牌"，以便"通行各镇遵守户，量水途可保无虑"。从这里再一次证明"照牌"是类似于船引的海上贸易通行证。只有持有郑氏照牌的商船才能航行于东南沿海一带。

此外，我们在明清档案中也可以看到一些有关郑氏牌票的记载。牌票也就是"照牌""牌饷"。

《顺治十七年正月初五日塘报》称：顺治十六年（1659），闽安镇水师副总兵韩尚亮在定海大洋至官塘黄屿地方，捕获赶缯船六只，又篷舼船二只，"长发贼一名，短发卓八等共三十六名，妇女二口"和海参、香菇、紫菜、木香、鲍鱼、油鱼、沙鱼翅、鹿角菜、铁钉、铜条、铁条，各种纺织品等大量货物，以及"火药、器械、伪印、伪牌票、书札等项"。[1]从"长发贼一名，短发卓八"及"伪印、伪牌票"等语，可以断定这是领有郑成功牌票

---

[1] 档案《顺治十七年正月初五日塘报》。

的海上贸易商船。

《兵部残题本》顺治十五年"复蒙本府知府黎民贵覆审看得：李楚、杨奎执郑逆牌票，出海贸易，潜怀不轨"①。

《浙闽总督李率泰奏揭帖》云："据翁求甫口供，船主系李幕霞，甫系代于揽客，有商人杜昌平陕西人。孙福山西人，许仁杭州人，孙芳山西人，任福山西人，共五个客，另二个走了，各人俱有药材，俱有纱，更有二十担药材，温州客人未到，船系向黄升租的，国姓票一张，左协票一张，船票共用一千二百两银租钱打醮……招杭、陕各客凌尔森、杜昌平擅买药材、纱丝违禁等物，窝匿幕霞等家，靠近海潮，易于出信，又议银一千二百两许给伪票，便于往来。"②

从以上三例可以看出，虽然清朝政府实行严厉的迁界禁海政策，但辽阔的海洋仍是郑氏海商的天下，即使是大陆商人下海贸易，也要购买郑氏海商集团发放的"牌票"，才能保证航行的安全。

关于郑氏牌票的形制与格式，据《兵部残题本》记载："按察司呈详：一问得一名李楚，年五十五岁，系福建泉州府晋江县人。状招，楚与王官杨奎各不合心图厚利，故违国禁，私出外国，贸易往来。随于顺治十一年十二月十一、十三等日，各又不合冒领同安侯郑府令牌各一张，牌内俱有备写本商船一只，仰本官即便督驾，装载夏布、瓷器、鼎铫、密料等项，前往暹罗通商

---

① 《明清史料》己编第4本《兵部残题本》。
② 《明清史料》己编第5本《兵部残题本》。

贸易……每一牌内挂号与同安侯之下用有篆文图记二伙。"①由此可知,牌票上面不仅写明"本府商船一只",而且还要盖上同安侯的篆文图记,方能生效。虽然这两只船是奉黄氏太夫人之命远航暹罗,向同安侯领取的牌票,不是由郑成功直接发给的,但也可以由此窥见郑成功正式牌票的基本格式。

到了郑经时代,又把"牌票"改为"梁头牌",把"牌饷"改为"梁头饷",东嘉生在《台湾经济史概说》书中论及台湾租税制度时说:"还有名为梁头饷的船税,郑氏时代擅通商之利,大小各官,多造商船往来贸易于东、西洋,与中国船在海上互相联络,这些船只在港口出航之际,必计船大小而征税。"②梁头饷的征收标准,据季麒光《覆议康熙二十四年饷税文》记载:"梁头牌银一千五百两零七分。查伪郑时计船二百一十只,载梁头一万三千六百三十七担,每担征银一钱一分。"康熙十二年(1673),三藩联合反清,耿精忠起兵于福建,郑经乘机占领漳泉一带,为了筹集浩繁的军费开支,郑经又把在台湾实行的梁头饷推行到福建。夏琳《海纪辑要》记载:"以郑省英为宣慰使,初世子率师西来,兵饷皆取给于东宁,及得泉、漳,兵将日多,转运不给,乃议征饷:一,船计丈尺纳饷,名曰梁头。"③

梁头饷之定名始于何时,已无资料可考,但牌饷之改为梁头饷,据张菼研究,是不容置疑的。首先,牌饷依船大小计征,梁头饷也依梁头长短算出船舶大小计征,两者性质相同,一条船不

---

① 《明清史料》己编第5本《兵部残题本》。
② 东嘉生:《台湾经济史概况》第3章,帕米尔书店1985年版。
③ [清]夏琳:《海纪辑要》卷2。

会收性质相同的两种饷;其次,牌饷的负担,以东洋船为例,大船为两千一百两,已经很重,如再重复征收梁头,以载重一万担的大船计算,要加上一千一百两,实非船户所能负担;最后,清领台湾之初,公私文献对于郑氏饷税、船税部分只列梁头而无牌饷。季麟光所言有"梁头牌银"之语,足证梁头就是牌饷。①

然而张菼认为,郑芝龙、郑成功时代既有牌饷,又有引税,一直到郑经改牌饷为梁头饷时,才合牌饷与引税为一,这是不正确的。正如我们上面所说,早在郑芝龙时期,"每舶例入二千金",发给令旗,已经把水饷与引税合而为一了。所以我们认为从牌饷改成梁头饷的进步之处,并不表现为由牌饷与引税的重复征收改成单一征收,而是表现在从船舶只分大小两等的征税标准改为以尺度计算的征税标准。这种方法大大提高计算的精细度,从而使大小船的负担更加公平合理。

二、对外国海商的管理办法

郑氏海商集团收复台湾以后,为了冲破清朝政府的封锁政策,积极发展与日本、英国及南洋各国的海上贸易,甚至以不征收当年货物的关税,亦不收本年度房租等优厚条件,鼓励各国商船来华贸易。英国东印度公司闻讯之后,立即派遣货运部主任克利斯布到达台湾。他记述在台湾登陆情况时说:"国王渴望台湾能成为繁盛之商业地,自从中国人从荷兰人手中夺回台湾以后,

---

① 张菼:《关于台湾郑氏的"牌饷"》。

英国船仍最先到之外国船。"①因此我们可以把对英国商船的管理作为郑氏政权对外国海商管理政策的典型来解剖。

1670年,英国东印度公司的小尾帆船和单桅帆船到达台湾,其主要任务是装运布料、胡椒,以及在台湾设立商馆之事。英方为了打开台湾市场,建立以台湾为中心的,与马尼拉、日本贸易的中介基地,向郑经提出一系列要求自由通商贸易的苛刻条件②:

1.台湾之船舶,在海上与任何(悬挂英国国旗之)英国船相遇时,不论其为来台湾或开往他处者,概不得加以干涉或阻挠。

2.英国人可任意与任何人买卖货物,任何人亦可与英国人自由交易。

3.英国人可从台湾装运鹿皮、糖及台湾岛之其他一切货物至日本、马尼拉或任何地方。

4.台湾人民如对英国人有伤害或其他不正当之行为,台湾概须负责赔偿;反之,英国人对台湾人民如有伤害或其他不正当之行为时,受害者得请求英国之主任官吏赔偿之。

5.英国人得随时谒见台湾国王。

6.英国人得随意选用其自己之通译、书记;台湾政府不得派员监视英国人,英国人可不带中国人而在台湾自由旅行。

7.英国人若有死亡时,得请台湾政府允许中国人随同英国人航海。

---

① 《十七世纪台湾英国贸易史料》,第28页。
② 《十七世纪台湾英国贸易史料》,第28页。

8.英国人可用领港员领导英国船进出,亦可用小船以便在进港前减轻船货。

9.英国人可有大小之Dachin(秤器)各一,并从台湾王领取一E11(码)尺,用以买卖华物。

10.台湾王或其商人所售于英国公司之任何货物,概须依照时价,否则英国人得拒绝之。

11.英国人得自由转运及输出黄金及白银。

12.英国公司认为适当时,得撤销其商行,将其一切财物运走。

13.英国得悬挂其旗帜。

14.如台湾人对英国人拒付其债务时,须以台湾之国法惩治之。

15.英国人可将任何种类之货物运来台湾,台湾政府不得有所禁止。

16.非经英国长官之许可,英国船之任何海员或其他人员不得改乘中国船。

17.英国人每日得宰一牛,但不得多宰,其他食物均可随意购用。

18.台湾王所买之货物,不付关税。

19.输入之米,不付关税。

20.英国公司可不完全为上列各款所束缚,如认为有必要之事项,得另行要求之。

对于英方上述二十条要求,郑经基本上给予满足,使英国人享有充分的航海自由、通商自由、运输自由、行动自由及其他种种良好待遇,所以英人认为郑经十分开明。但关税自主是进行平等的对外贸易的基础,必须保护本国经济主权。在这个问题上,郑经不肯让步,他坚持英国商行必须缴纳地租,一切输入货物必

须缴纳关税,英船的枪炮武器必须交台湾官员保管。为此,郑经也向英方提出五条要求①:

1.英国商行(所租用之房屋,即以前荷兰人之公署,尚须添造一仓库),每年付租费500比索。

2.对于一切输入之货物,在出卖之后,每比克尔须付3%的关税;输出之一切货物,概可免税。

3.英国船入港时,须将该船所有枪炮、火药或任何武器移交台湾官员,在离去时发还之。

4.英国公司须经常雇用两名炮手为台湾国王服务,以管理榴弹及其他火器。

5.英国公司须经常代雇一名铁工,为国王制造枪炮。

此外,郑经还要求英方每一艘船须运来下列货物,其价格各依下列规定:

货物	数量	价格(比索)
火药	200桶	每桶15
火绳枪	200支	每支4
英国铁	100比克尔	每比克尔5
黑胡椒	300比克尔	每比克尔7
大红布	20匹	每码11
黑布	10匹	每码4
蓝布	10匹	每码4
暗紫色布	—	每匹18
大块白檀木	100比克尔	—
精良之Sallampore及Moare棉布	200匹	—
大小琥珀	多少随意	—

---

① 《十七世纪台湾英国贸易史料》,第6页。

续表

货物	数量	价格(比索)
枝状珊瑚及珊瑚球	多少随意	—

英国东印度公司伦敦董事会对班丹分公司与郑方的协议基本同意，它在给班丹分公司的指令中指出：

> 惟对于规定须对私人之行为及员工之私债负责等条款则表示反对，又规定须将船上之枪械及军火交出等条款，及规定须以军火供给台湾王等条款，亦认为不妥；因如此则甚易违犯条约也。班丹应力求对于输入而后输出之货物不须付税，并须坚持，对于未出售而运去之货物亦不须付税，又与台湾王订立之条款皆须规定明确，因董事会正欲尽量扩充台湾及日本之贸易也。①

不久，伦敦东印度公司总裁致台湾国王之公函，又要求取消英船进港时上缴武器弹药之规定，他在信中说：

> 台湾国王陛下：
> 辱承招请通商，据敝公司之班丹分公司及议会禀称：已在贵国安平市开始贸易，且蒙陛下优待。而商品之价格及销路均不如预期之佳，又谓我方代表已与陛下洽商，拟订若干条款，以解决贸易问题，因此，敝公司将再派人前

---

① 《董事会寄Bantam之指令》，见《十七世纪台湾英国贸易史料》，第7页。

第七章 从市舶贸易到自由交易:法规应运而生

来贵国……惟关于敝国所能供给,适于销售欧洲或印度之其他部分之货物订立条约(即敝国与同盟国视为不准私运之货物)殊觉不便。又陛下所提之条件,即我方之船舰进贵国之港口时,须将枪械交出,我方认为不仅徒增烦忧,亦令人感觉屈辱。我方人员在印度之一切地方均品行端正和平,来贵国居住亦如此,绝无理由可怀疑也。在印度之任何地方既未有人提出此种要求,故请陛下亦不再坚持之。……

务祈惠允,不胜感荷,敬祝政躬康绥,福运隆昌。①

郑、英双方经过两年时间的交涉和协商,终于在1672年10月正式缔结了协议约款。在条约中,郑氏作了一些让步,同意为国王所购进之货物,输入后因无法售出拟再装运出境之货物,以及一切公司所购进之货物等,均免缴纳关税,但对进口货物缴纳3%的关税及英船进港时收缴武器弹药等主要条款仍然坚持写入条约。现将1672年10月13日协议的主要条款摘录于下:

1. 为维持公司与台湾王间之友谊起见,国王允许协助公司及所属个人在台湾之生活能自由而不会被困扰,而英人得在其房屋及居留地揭示国旗及标征。

2. 国王允许英人在受虐待、困扰或伤害时采取行动、直接或间接保护或补救之。反之,郑方人员受难时,国王得要求暴行者被处罚,以避免将来再发生此等事情。

---

① 《1671年伦敦东印度贸易公司总裁致台湾国王之公函》,见《十七世纪台湾英国贸易史料》,第9页。

3.公司及国王属下人民间应有自由贸易,不应有限制,公开而无防害及阻挡。

4、5.自今以后,公司之船只,不论大小,均得自由驶入或停泊国王治下或将来归入国王统治之港、湾、河、船舶处等,并在各处可得薪、水、食粮及其他必需品,正如在安平一样,但除安平外,在其他各处不得交易。

6.国王议定并同意每年将在台湾生产获得之糖及各种皮之三分之一供给英人,以时价并将良质品在每年适当时期作交易,而英人得视其利润或其用途购买分配量之全部或一部分。

············

11.公司为和平相处起见,同意船只入港停泊时,各种军器及英人所掌管之帆舵等移交于郑方,而船只要出港时由郑方交还之。

12.公司应缴纳所输入售出之货物款项百分之三之关税,但为了国王所购进之货物不需缴纳税项,输入货物无法售出而要装运出境时按免缴税项,同样公司得将所购进之货物自由运出而不需缴税。①

以上条款是中国与外国正式签订的第一个贸易条约,也是正式征收关税的开始。虽然进口货物一律按款项的百分之三征税的税率是非常低的,但它的出现标志着旧的市舶管理制度已经结

---

① 转引自《台湾郑氏与英国通商关系史》,原载《台湾文献》第16卷第2期。

第七章 从市舶贸易到自由交易：法规应运而生

束,新的海关税收制度已经开始产生,这是值得我们重视的。

郑、英贸易协约签订以后,英国商人并不愿意全部遵守,尤其对于"英船入港停泊时各种军器及英人所掌管之帆舵等移交郑方"的规定更为恼火,多次要求加以修改。经过三年的交涉,到1675年,郑、英双方又签订了补充约款,英人答应以增加郑经迫切需要的武器供应来换取"持枪,火药,军械等自由处理",该补充约款规定:

1.英船入港时,船长应向郑方官宪通知载货之种类,英船应运销下列各种货物:毛瑟火枪200挺、铁100比克尔、胡椒300比克尔、枝状珊瑚随便、良质大红布20匹、精制绿布20匹、大琥珀若干、其他精良布料、白檀木100比克尔、球状珊瑚随便、大幅精良布10匹、暗紫色毛质布随便。

2.准英方在船之航行、运货、持枪火药军械等自由处理。

3.货物价格应由所组成之委员会评议之,对其评定之价格,国王不予变更。

4.英国人得自由购买郑方全部生产三分之一之糖及鹿皮,如仍不足时,得请求增加,但应给郑方一个月之犹豫期间,并应由国王所属之商人购买之。

5.房屋土地之租金年为500荷元。

英商为了谋求有利的商业特权,不仅要求有携带军器进出港口的自由,而且对百分之三的关税也不愿缴纳。他们以1674年郑经初占厦门时,答应最初三年免缴关税为借口,想尽办法加以抵制和破坏，甚至采用贿赂的办法收买郑方有关人员，以达到永远免缴关税的目的。

1678年5月，英国台湾大员商馆在给驻厦门英国商行的公函中指出："我方请Hinguo清算国王之账目，据云Punhee（陈永华）坚持缴纳关税，完全不理国王之免缴令。因此，除非能说服Hinguo与陈永华磋商此事，我方乃不得不缴纳关税也。Hinguo甚穷，似期望为办理如此重要之事情而得厚酬也，请郑重考虑之。"[1]厦门商行在答复上述函件时，不仅同意用重贿收买郑方官员，还密谋一套狡辩免纳关税的方法：

> 收阅来函，知正在设法清国王之账目，Punhee要求缴纳关税，乃预料之中之事，因以前曾听说，该项账之所以延搁，乃以关税及房租为口实也，我方不能否认，在我方之条款中曾允诺缴纳关税（对方不懂此种条文，诸位亦未予告知），亦不能辩解说王国已允许免税也，因国王定已完全忘却与此有关之一切章节矣。惟我方如坚决避免关税，窃以为最好之办法（亦即到现在为避免缴纳之主要理由），莫如辩论说：国王所提之条款，皆未征求我公司之同意，故我等不能负责缴纳之。亦可辩驳云：对方有此种要求，应当在Dacres主管之时期中向渠提出之，应当由渠负责而列入其账款中也。……如对方强求我方允诺，则可回复，

---

[1] 《摘录在大员之×××致在厦门之×××函件》，见《十七世纪台湾英国贸易史料》，第35页。

第七章 从市舶贸易到自由交易:法规应运而生

我方素向将购买者所付之百分之三视为实际系我方自己所付者。倘使 Hinguo 仍坚持要缴纳关税,则或许为图其自己之私利,欲将百分之三归自己也,因此不妨与渠密谈,尽量许以可使其满意之条件。①

但是无论英方如何狡辩和托赖,掌握台湾军政全权、留守东宁总制使陈永华仍不退步,坚决要求英国进口货物必须缴纳百分之三的关税。于是同年10月,厦门商行公开致信陈永华,以停止供应大炮等军火相威胁,要求陈永华准许免除关税,此信是这样写的:

> 台湾国王陛下之宰相阁下,敬肃者:
> 　　我方素承紧遇惠顾,至深感荷,兹不嫌冒昧,特再奉恳,仍请依照贵国所批准之条款,对于我方输入之一切商品,准于免缴关税,既经惠允,当不至于再受求索。因此,我公司时时关照职员,向贵国输入货物,一律不必缴税。故此后贵国官吏如迫其缴纳,则彼等必甚诧异,以为受长官所骗也。如此之烦扰及怀疑,仍请予以免除,至少不追索我方以前之此项欠款,若将来必须付之,则请另订新约,以为正式之根据,我方当欣然赞同也。我方恭请考虑之一切事项,谅必蒙予以公正之考虑也。原定运来之大炮,此

---

① 《厦门商行于1678年5月6日答复上述等人之函件》,见《十七世纪台湾英国贸易史料》,第36页。

次竟未运来,至以为歉……当即去函催寄,定能尽速奉上也,此外如有所需,亦请随时示知。①

尽管英方采用威胁利诱、贿赂收买等种种手段,千方百计要逃避缴纳关税,但始终没有达到目的,最后英国东印度公司不得不采取"与其任其延宕,不如停止争执"的态度,结束这场关于关税的争论。

从市舶管理制度的衰落及月港、郑氏海商管理制度的确立过程来看,明末清初的确是我国封建社会的大变动时期,中国对外贸易发生了变化,由传统的官方朝贡贸易转变为私人海上贸易。这在中国古代海关史上也是一个转折点,旧的贡舶管理制度已经衰落,新的海商管理制度开始产生了。

---

① 《1678年10月12日厦门之商行致Punhee之函件》,见《十七世纪台湾英国贸易史料》,第37页。

第八章
枪炮开路，走向世界：贸易的特点和性质

明末清初私人海上贸易不仅规模大，而且性质上也起了根本性的变化。如果说明代中叶以前的对外贸易是以封建政权控制下的官方朝贡贸易为主，那么，明中叶以后的对外贸易主要是私人海上贸易。这种海上贸易，无论是方式还是性质都与官方朝贡不同，表现出自己特有的姿态。

第一节 亦盗亦商的武装贸易

十六七世纪，中国海商一般都具有海盗和商人的两重性格。他们既是做买卖的商人，又是杀人越货的海盗。海禁不严时，他们从事商业活动；海禁一严，立即转商为盗，变成海寇。因此，封建政府对海上贸易的禁严或禁弛，是海商与海盗相互转化的关键。

如前所述，明代中叶以后，由于私人海上贸易的发展，下海通番的人越来越多。对此，明朝政府不仅不予以支持，而且实行比明初更严厉的海禁政策，把海商当成主要打击对象。在这种形势下，从事私人海上贸易的商人得不到丝毫保护，反倒处于危险

之中。他们为了谋求自身的生存和发展，不得不铤而走险，组织海上武装集团，与明政府海禁政策进行公开对抗。所以海禁愈严，海盗愈多。嘉靖时的所谓倭寇首领，如许氏兄弟、王直、徐海等，都是从海商变成海盗的。正如《虔台倭纂》指出："寇与商同是人，市通则倭转为商，市禁则商转为寇；始之禁禁商，后之禁禁寇。禁之愈严而寇愈盛，片板不许下海，艨艟巨舰反蔽江而来；寸货不许入番，子女玉帛恒满载而去……于是海滨人人皆贼，有诛之不可胜诛者。"①对此，唐枢也有精辟的分析："华夷同体，有无相通，实理之所必然。中国与夷，各擅土产，故贸易难绝，利之所在，人必趋之……嘉靖六、七年后，守臣奉公严禁，商道不通，商人失其生理，于是转而为寇。嘉靖二十年后，海禁愈严，贼伙愈盛，许栋、李光头辈然后声势蔓衍，祸与岁积，今日之事，造端命意，实系于此。"②

隆庆元年，明朝政府部分开放海禁，"准贩东西二洋"，于是一部分海盗又转而为海商。《倭原》认为福建"阻山负海，商旅病于跋涉，民多贩海为生，禁之太严，奸民势穷必至为盗，自纳饷过洋之例开，豪猾之徒咸趋利而畏法，故海澄之开禁，凡以除中国之害也"③。如著名的海盗集团商人林道乾本在沿海一带进行抢劫活动，隆庆开禁之后，改盗为商，不久又出走外洋，到柬埔寨经营商业。万历六年（1578），因资金短缺自柬埔寨回潮州，

---

① ［明］谢杰:《虔台倭纂》卷上《倭原》。
② ［明］唐枢:《御倭杂著·复胡默林论处王直》。
③ ［明］谢杰:《虔台倭纂》卷上《倭原》。

第八章 枪炮开路,走向世界:贸易的特点和性质

"居月余,发曩所藏银穴,募潮一百余人与俱南行"①,把原来抢劫来的金银带往海外,作为商业资本。这时林道乾虽已恢复商人的面目,但也没有失去海盗的习性,当他航行到海南岛附近海面,"迂闽中转谷舢舻,乾乃掠其金银及男妇二百人而去"。到了暹罗,继续从事亦盗亦商的海盗商人活动,所以对他们来说,是没有什么严格的盗、商界线的。

明朝政府开放海禁是很有限度的,每年只发放百来张商引,远远不能满足日益发展的私人海上贸易的要求。因此,东南沿海的大部分海商仍然从事走私贸易。有的买通官员守弁,"结纳游总官兵",走私贩洋;有的避开官防,"私通外夷,贸易番货";有的巧立名目,"假借县给买谷捕鱼之引,竟走远夷"。对于这种情况,明朝政府当然不能容忍,继续实行镇压政策。于是,这部分海商不得不进行武装反抗。

万历年间,林凤海商集团一面在福建、广东、台湾进行走私贸易,一面兼事攻略和掠夺,与明朝官兵周旋,是当时亦盗亦商的一支重要武装力量。郑芝龙也是盗、商结合的海商。郑芝龙横行东南海面,"始而劫掠商民,后遂格杀官兵,近且公然登岸围城矣,海上将士望风披靡,大帅俞咨皋平日玩敌养寇,事急抱头潜窜"②。天启六年(1626)二月,郑芝龙运舟出港,初十日犯金门,十八日犯厦门。四月南下进攻粤东之靖海、甲子地方。郑芝龙所到之处,明朝官兵溃不成军,"卫所虽有指挥、千百户、

---

① [明]瞿九思:《万历武功录》卷2《林道乾列传》。
② 《明清史料》戊编第1本《兵部题行兵科抄出江西道御史周昌晋题稿》。

厦澎金门游击、钦依把总诸官，悉承荫袭，宽衣大袖，坐享君禄。其所辖军士，亦应操点卯而已。故芝龙得肆志，遇船一鼓而擒，登岸抢掠殆尽，比乘风横行，羽檄飞报，沿海戒严，当事者咄咄一筹莫展"①。郑芝龙集团已成为明朝政府的海上大患。

郑芝龙后来虽然受抚，官授海防游击，成为明王朝的一员官吏，但实际上并没有解散自己的海上武装力量，仍然保持了很多的海盗习性，"闻芝龙得抚后，督抚檄之不来，惟日夜要挟请饷，又坐拥数十万金钱，不恤其属"②。因此，当明朝军队在松山被清兵打败，大学士蒋德琛上疏于朝，"欲令芝龙以海师援辽"时，郑芝龙"恋闽惮行，复辇金京师，议遂寝"。③可见，郑芝龙心目中只有海上之利，他是不愿离开福建的。对此，福建巡抚熊文灿也有察觉，他说郑芝龙受抚之后，"复募无赖棍徒为补足原部之数，且仍以措饷为请，是海上既添一羽翼，而内地又增一痈疽"④。郑芝龙如"徒倚亡命以护重赀，恐内叛又不独李芝奇、郭芝葵数辈"。郑芝龙聚众起兵，并不像一般海盗那样，仅仅为了劫掠一些财物，他投降明朝也不仅是为了谋得一官半职，而是要借助明朝的力量，扫除东南沿海的其他海盗，独霸制海权，进行垄断性的海上贸易。因此郑芝龙始终没有放弃亦商亦盗的活动方式。

1644年清兵入关，明王朝宣告崩溃，郑氏海商集团原与明王

---

① ［清］江日升：《台湾外纪》卷1。
② 《明清史料》戊编第1本《福建巡抚熊残揭帖》。
③ ［清］邵廷寀：《东南纪事》卷11《郑芝龙》。
④ 《明清史料》戊编第1本《福建巡抚熊残揭帖》。

第八章　枪炮开路，走向世界：贸易的特点和性质

朝达成的妥协与谅解，由于中原易主、改朝换代而宣告结束。郑氏海商又面临一个新的课题，就是如何处理与新统治者的关系。这时，清军铁骑直指江南，严重地威胁着郑氏海商集团的利益，郑氏家族中以郑鸿逵、郑成功为首的抗战派主张坚决抵抗，故郑氏海商集团的武装力量积极投入抗击清兵南下的斗争。南京福王政权覆灭以后，郑氏海商集团在福州拥立唐王政权。由于辅佐有功，郑氏家族颇得"恩宠"，得到各种不同封号。郑氏家族实际上控制着唐王政权，郑芝龙即唐王政权中操掌军政大权的最高首长。

但是，饱经世故的郑芝龙深知自己的力量同清军相比，悬殊太大，唐王政权又是一批乌合之众，要想长期同清军作战是不可能的。为了保护郑氏海商集团的利益，梦想重走与明王朝妥协就抚的道路，他派遣使者与洪承畴暗中勾连，希望得到清王朝对其既得利益的认可。然而，当时在政治、经济、文化诸方面都比中原落后的清政权，是不可能像明朝统治者那样允许郑氏海商集团在东南沿海称王称霸的。首先，作为少数民族入主中原，清王朝的当务之急是要掌控海权，否则其统治就不可能牢固。其次，满族尚处游牧经济发展阶段，仍然推行重农抑商、维护自然经济的极端保守政策。在这种情况下，郑氏海商集团想重温与明王朝联合的旧梦已经不可能了。而郑芝龙是看不到这些的，他仍然打着如意算盘，企图通过对新统治者的妥协，保持原状，因此一味主降，结果被清朝软禁起来，后被斩首示众，落得身败名裂的可悲下场。

郑芝龙被软禁后，郑成功在其叔父郑鸿逵的扶助下，成为郑氏海商集团的新领袖，在对待清朝的态度上，他不赞成其父的一味曲意逢迎，而是主张保持武装力量，在斗争中求生存。所以当

郑芝龙接受清军招降时，他是坚决反对，竭力劝阻。

郑成功曾对郑芝龙说："吾父总握重权，未可轻为转念。以儿细度，闽粤之地，不比北方得任意驰驱，若凭高恃险，设伏以御，虽有百万，恐一旦亦难飞过。收拾人心，以固其本，大开海道，兴贩各港，以足其饷，然后选将练兵，号召天下，进取不难矣。"

芝龙不听劝告，反而训斥他："稚子妄谈，不知天时时势。夫以天堑之隔，四镇雄兵且不能拒敌，何况偏安一隅。倘画虎不成，岂不类狗乎？"

郑成功再进忠言："吾父所见者大概，未曾细料机宜，天时地利有不同耳。清朝兵马虽盛，亦不能长驱而进。我朝委系无人，文臣弄权，一旦冰裂瓦解，酿成煤山之惨。故得其天时，排闼直入，剪除凶丑，以承大统。迨至南都，非长江失恃，细察其故，君实非戡乱之君，臣多庸碌之臣，遂使天下英雄饮恨，天堑难凭也。吾父借其崎岖，扼其险要，则地利尚存，人心可收也。"

芝龙狡辩说："识时务为俊杰，今招我重我，就之必礼我，苟与争锋，一旦失利，摇尾乞怜，那时追悔莫及，竖子渺视，慎毋多谈。"

郑成功见芝龙不从，牵其衣，跪哭曰："夫虎不可离山，鱼不可脱渊；离山则失其威，脱渊则登时困杀，吾父当三思而行。"[1]

但芝龙一意孤行，北上降清。郑成功不得不出走金门，重聚军事力量，高举抗清大旗，以武装斗争的方式，维护与发展郑氏

---

[1] ［清］江日升：《台湾外纪》卷2。

第八章 枪炮开路,走向世界:贸易的特点和性质

海商集团的根本利益。从郑氏父子与清政府的关系来看,他们之间的根本利益相差太远,郑氏海商集团体现了东南沿海商品经济发展的方向,是新型的海上商业资本的代表,而清王朝则是顽固坚持自然经济的极端保守的政治势力,实行闭关锁国,反对海上贸易,两者是不可能协调在一起的。因此郑氏海商集团要保存下去,继续发展海外贸易,只有走武装反抗、亦商亦"盗"的道路,除此之外,别无他途。

中国海商采取亦商亦盗的武装贸易方式,不仅是明清海禁政策的产物,也是当时国际贸易的形势使然。十六七世纪正是国际海盗横行的时期。海外殖民地的开拓使西方成千上万的人铤而走险,他们当中大多数是英国海员,还有少数是法国和其他国家的海员。出于追求财富的贪婪,他们纷纷从各自国家的港口出发,涌向北美、南美、非洲、亚洲海域,肆意劫掠,闹得一切商船惶惶不可终日。D.博廷《海盗》一书指出:"加勒比海竟变成了海盗的内湖,而巴哈马群岛则变成了他们的领地,马达加斯加岛兴旺起来成了匪徒们老巢的一个可靠的前哨基地。强盗的船可以从这儿直接出击阿拉伯的摩加船队和印度莫卧儿帝国的船队。有几年,海盗竟大摇大摆地在海上定时游弋,名之为'海盗的巡回'。他们从北美起航,绕过非洲南端驶入东方海洋进行抢劫,等到钱财满舱时,或者由于灵机一动,他们就返航回家了。"[1]西方海盗的出现给中国海商造成很大的威胁,为了保证商船安全航行,维护海上贸易的利益,中国海商也必

---

[1] [英]D.博廷:《海盗》,卢龙译,海洋出版社1984年版。

须采取武装贸易的方式。郑氏海商集团与荷兰的关系就是一个典型。荷兰海盗占领台湾以后，经常在海面上游弋，截劫商船，封锁我国对外贸易，严重地威胁着郑氏海商的利益。郑芝龙一方面保持与荷兰的商务关系，另一方面对荷兰海盗的挑衅行为进行针锋相对的斗争。

天启七年（1627），荷兰驻台湾长官迪·韦特率领伊拉斯莫斯号、迪罕号、斯卢登号、休斯敦号等快艇开往福建铜山岛，"镇压海贼一官"。郑氏海商奋起反击，把荷兰殖民者打得丢盔弃甲，狼狈而逃。彼得·讷茨（Pieter Nuyts）在写给奈尔洛德（Nyenroode）的信中说："该海贼对我方前去进攻甚为愤怒，他拥有帆船千余艘。"当迪·韦特"到达该处后，遭受了海贼火船的猛烈攻击，快艇奥沃克号在港内着火燃烧，艇上人员被掳上澳门"，迪·韦特"只好率领维蕾德号、伊拉斯莫斯号，不发一炮，逃往爪哇，临走前命令其他快艇和帆船返回此地。但是，前面已经提到，迄今尚无一人回来"。接着，郑氏海商乘胜前进，捕获荷兰一艘大帆船，连同船员八十五人，"以后，另一艘有两副锚链从此地开往司令处的船也被捕获。新港一号帆船满载货物，值一万八千里亚尔以上，本来打算安全地运往中国，也被截获。此外，有两艘船载有乔安·樊·德·哈根（Joannes Van der Hagen）被派往泉州港沈苏（Simsou）处运丝，也被截获，沈苏本人被俘处死，全部财产被劫。厦门为海贼占领，厦门都督被逐，全部海岸被占领。最后该海贼又劫走我快艇西卡佩尔号及艇上人员物资"。[①]后来，

[①] 甘为霖：《荷兰人侵占下的台湾》。

第八章 枪炮开路,走向世界:贸易的特点和性质

在荷兰殖民者一再请求下,郑芝龙才归还快艇西卡佩尔号。不久,双方签订为期三年的关于沿海贸易的协议。崇祯三年(1630),郑氏与荷兰驻台湾长官普特曼斯订立了荷兰对于郑方船舶加以保护的协议。

但是,荷兰殖民者是不会放弃海盗行径的。崇祯六年七月,荷兰驻台长官汉斯·普特曼斯(Hans Putmans)率领八艘战舰偷袭厦门,不宣而战。他们占据有利地形后,向毫无戒备的中国船舰猛烈炮击,使二十多只战船在几小时内全被击毁。当时郑芝龙正在广东,闻讯赶回,积极备战。不到两个月时间,又重新聚集各种兵船一百五十艘,会同闽粤水师,迅速发动反击,连战皆捷。据九月十四日郑芝龙报称:"于九月初一日,在澎湖大屿攻焚夹板船一只,夷酋夷众焚死与沉溺者数百,生擒夷酋一名,夷众六名,勾夷真贼首级三颗等情。"九月二十二日,郑芝龙又报称"狡夷犯顺,王法无赦,卑职只攻击于大担,侦知夷艅分泊澎湖,随即设计剿捕,焚烧夹板一只,已经详解去后。九月十三日,奉本都院亲临海澄,命将誓师,牌委卑职为前锋。十五日,卑职即督船只扼要乌纱头,据报夷船板夹九只、刘香贼船五十余只,自南北上,游移外洋。卑职督率官兵各金名号,同立战书,约为决战,诫以勿走,一面移会各路舟师,十七齐到,十八钱至围头,夷船夹板同贼哨亦钱上料罗……乃于二十早五更,各自围头开驾,直抵料罗天才黎明,果见夷船夹板九只自恃负隅,贼哨五十余只往来驾驶。卑职传令本部官兵前冲,务要攻擒夹板,而驾使贼哨听各路零星哨船追捕。时本都院差官葛聪正在卑职船上宣谕军令,而各路诸将或为应援,或为夹攻",终获全胜。从九

月初一到九月二十日,"生擒红夷八十四名、首级五颗、哨船一只、贼妇二口、小厮一名、海贼一十九名",又缴获大铳六门、小熿二门、鸟铳一十三门、剑十把、铁鍪一顶、火药六筒。"是役也,各路会师,前冲者真如摧枯拉朽,随后者无不乘胜长驱,将士浑身是胆,各效一臂,夹板焚者火焰冲天,夷众溺者尸浮满目,擒斩累累,似足以扬中国之威而落狡夷之魄矣。"其余担任接应和助攻任务的官兵也各有斩获。据不完全统计,共"生擒夷酋一伪王、夷党数头目。烧沉夷众数千,计生擒夷众一百一十八名,馘斩夷级二十颗,焚夷甲板巨舰五只,夺夷夹板巨舰一只,击破夷贼小舟五十余只"。[①]

荷兰殖民者这次惨遭重创之后,不得不与郑芝龙重归于好。1640年,双方达成关于海上航行和对日贸易的协议:郑方须将生丝及其他特产运到台湾,并每年给予信用贷款一百万佛兰棱萨金币,每月付2.5%的利息。西班牙人帕拉福克斯在《鞑靼侵略中国史》一书中也说:"这个海盗(指郑芝龙)烧毁了八艘他们最好的海船,一次三艘,另一次五艘。他们最后被迫向郑芝龙纳税,每年三万埃库斯。因此彼此相安无事。"[②]可见,只有敢于和西方海盗在海上抗衡角逐,中国海商才能立住脚跟。所以,国际贸易的斗争形势也迫使中国海商必须采取武装的贸易形式。

---

① [明]邹维琏:《达观楼集》卷18《奉剿红夷报捷疏》。
② 转引自陈碧笙:《郑芝龙的一生》,见《郑成功研究论丛》,福建教育出版社1984年版。

第八章　枪炮开路,走向世界:贸易的特点和性质

第二节　内外勾结的走私贸易

为了冲破明清时期的海禁政策,发展海上贸易,私人海商不仅实行亦商亦盗的武装贸易形式,而且采用内外勾结的走私贸易方法。他们依靠沿海各地窝主,收购出海货物,囤积番货,销售商品。因此,明末清初,在东南沿海一带,接济交通、勾引走私的现象十分普遍。如苏、松滨海"奸民""颇以贼往来贸易,贼因而贿之,使为耳目"。①浙江定海附近"有等嗜利无耻之徒,交通接济"②。甚至省城杭州也出现频繁的内外勾结的走私活动,范表在《海寇议》中说:"杭城歇客之家,明知海贼,贪其厚利,任其堆货,且为之打点护送,如铜钱用以铸铳,铅以为弹,硝以为火药,铁以制刀枪,皮以制甲及布帛、丝绵、油麻等物,大船装送,关津略不盘讥,明送资贼,继以酒米。"③王在晋也指出:"杭城之货,专待闽商市井之牙,勾同奸贾,捏名报税,私漏出洋。"④

福建沿海内外勾结,接济窝藏更为严重。"贼船番船,兵利甲坚,乘虚驭风,如拥铁船而来,土著之民,公然放船出海,名为接济,内外合为一家。"⑤尤其是漳、泉滨海之地,"广、福人以四方客货预藏于民家,倭至售之,倭人但有银置货,不像西洋

---

① [明]王忬:《王司马奏疏》。
② [明]朱纨:《朱中丞甓余集》。
③ [明]万表:《玩鹿亭稿》卷5《海寇议》。
④ [明]王在晋:《海防纂要》卷8《禁通番》。
⑤ [明]朱纨:《朱中丞甓余集》。

人载货而来，换货而去也"。①当地的"一伙豪右奸民，倚借势宦，结纳总官兵，或假给东粤、高州，闽省福州及苏杭买货文引，载货出外海，径往交趾、日本、吕宋等夷，买卖觅利，中以硝磺、器械违禁接济更多，不但米粮饮食也"。故闽县知县仇俊卿云："沿海地方人趋重利，接济之人，在处皆有，但漳泉为甚。"②朱纨也认为："今日通番接济之奸豪，在温州尚少，在漳、泉为多，漳、泉之奸豪绝，则番夷不来，而温、宁一带亦可少息。"到隆庆、万历年间，由于月港开禁，漳、泉海商取得一定的合法经商权，内外勾结的走私活动大大减少，于是海商的走私活动开始转移到闽江口附近，据董应举《闽海事宜》记载："海贼乱闽，十有三年矣，初皆漳、泉百姓惯通日本者聚众劫船，掳人取赎，得利既多，效尤者众，连村满海，尽为盗区，而莫可御止"，"今则福州府属县，沿海奸民及省城内外奸徒出海行劫，辇金归而人不敢问，浸成大患"。最严重的是从海口至松下一带，因"贼多彼此人，村村以接济为利，出而遇贼皆其熟识，佯为被掳，时时运货取赎而人竟不归，贼得接济以久其毒，彼亦得利以肥其家"。其次是长乐之广石，闽县之琅琦，省城之河口、南台，内外勾结，"线索相通，铳械、火药、米谷、绸缎，或托兵船，或托粪船，或托荡船，使人不疑，虽关津不得而稽"。③

此外，广东沿海的接济勾引也很普遍，如潮州的南澳岛，既是海盗的渊薮，也是窝主藏身之地，走私活动十分频繁，信息十

---

① [明]茅元仪：《武备志》卷24。
② [明]郑若曾：《筹海图编》卷4。
③ [明]董应举：《崇相集》第2册《闽海事宜》。

第八章 枪炮开路,走向世界:贸易的特点和性质

分灵通,当时人认为"欲知倭寇消息,但令人往南澳,饰为商人与之交易,即廉得其来与不来,与来数之多寡,而一年之内,事情无不知矣"①。广东附近的游鱼州也有许多走私贸易商人,每当番船一到,他们"则同濠畔街外省富商,搬瓷器、丝绵、私钱、火药违禁等物,满载而去,满载而还,追星趁月,习以为常,官兵无敢谁何"②。谢肇淛在《五杂俎》中说:"今吴之苏、松,浙之宁、绍、温、台,闽之福、兴、泉、漳,广之惠、潮、琼、崖,驵侩之徒,冒险射利,视海如陆,视日本如邻室耳,往来贸易,彼此无间,我既明往,彼亦潜来,尚有一二不逞,幸灾乐祸,勾引之至内地者。败则倭受其僇,胜则彼分其利,往往然矣。嘉靖之季,倭之掠闽甚惨,及官军破贼之日,倭何尝得一人只马生归其国耶?其所掳掠者,半归此辈之囊橐耳"。

郑氏海商为了冲破清朝政府海禁迁界的封锁政策,在大陆采购出海商品,也在内地设立秘密贸易据点,如地处闽浙交界的沙埕港就是郑氏海商与大陆私商交通接济的重要基地。当地有一批牙人专门经营郑氏海商与内地私商之间的交易。据《严禁通海敕谕》记载:"近闻海逆郑成功下洪姓贼徒身附逆贼,于福建沙城(埕)等处滨海地方,立有贸易生理,内地商民作奸射利,与常互市,凡杉桅、桐油、铁器、硝磺、湖丝、绸绫、粮米一切应用之物,俱咨行贩卖,供送海逆。"③顺治十七年(1660),绍兴商人王吉甫与福建商人张瑞、翁采、王一、卢措、王旺、魏久,广

---

① [明]茅元仪:《武备志》卷214。
② [明]霍与瑕:《霍勉斋集》卷12《上潘大巡广州事宜》。
③ 《明清史料》丁编第3本《严禁通海敕谕》。

东商人卢秀、高参，处州商人周太、吴跃，四川商人王贵，杭州商人李茂，湖州商人杨君甫、陈太、魏科等结伙到福建沙城（埕）地方，通过主人（即牙人）凌起文贩卖药材、布匹、丝绸、毡条等货物，换回海参、木香、香料等商品，后被清政府捕获。商人王吉甫供称："小的绍兴府会稽县人，顺治十七年三月初六日，小的同一个亲眷四日到兰谿，七日到处州，往平阳，三月二十日到福建沙埕买的这些货物，主人是凌起文。"商人张瑞口供："由平阳一日一夜到沙埕，那里有主人家凌起文，小的原是福建人，住在杭城仁和羲和地方，在北关门内住。小的出了草桥门，是今年三月二十二日出城，先于十八日报税，至兰谿，到金华，到武义，到处州，至温州，到福建沙埕贩货。"商人翁采口供："福建福州人，旧年在嘉兴陈禹和家买毡一百条，药材二担，今年正月初十日杭城起身，至沙城去的。"商人高参也说："小的广东人，旧年十一月在余杭周日兴家买的东西，到福建沙埕卖了。"①从此案可以看出，沙埕内外接济的走私贸易是很频繁的。

除了在沙埕进行走私贸易外，郑氏海商还设立山海路五大商，直接经营与大陆的秘密贸易。山路为金、木、水、火、土五行，设"在京师、苏、杭、山东等处经营财货以济其用"，海路为仁、义、礼、智、信五行，设在厦门，负责商品的派运工作，据《福建巡抚许世昌残题本》云："成功山海两路，各设五大商，行财射利，党羽多至五六十人，泉州之曾定老、伍乞娘、龚孙观、龚妹娘等为五商领袖。"顺治十一年正月十六日，"曾定老等

---

① 《明清史料》己编第6本《刑部残题本》。

第八章　枪炮开路，走向世界：贸易的特点和性质

就伪国姓兄郑祚手内领出银二十五万两，前往苏、杭二州置买绫绸、湖丝、洋货，将货尽交伪国姓讫"。①廖八娘在海路义行郑奇吾手下做生意，"海上义行中有宗弟在行中，逆贼廖八、廖三、廖二充伪国姓义行，领逆资数万，置郑产数千石，功弟廖祖、案公现在中左接运"②。

五大商颜氏旭远号也通过"福建奸民林行可"在大陆采购各种货物，"自去年八月间，潜运麻、油、铁丁等项以助郑孽，令渔船贼首刘长、卞天、郑举仔等陆续搬运"。林行可"又用逆贼旭远印记购买造船巨木，差伊侄林凤廷同腹党王复官、林茂官公然放木下海，直到琅琦贼所，打造战船，且串通伪差官颜瑞廷，令官匠林九苞等敢于附省洪塘地方，制造双桅违禁海船，令海贼洪二等亲驾出洋，更散顿巨木数千株于窑、芹洲、南屿、阮洋、董屿诸港，乘机暗输，铤而罔利，已非一日"。③颜氏旭远号不仅在福建秘密采购木材，打造战舰，同时与内地牙行相勾结，兼营其他货物的贩卖活动。顺治十二年（1655），被清朝查获的屯贮在牙行潘一使家的"旭远号赃物"，就有胡椒60袋，每袋重50斤；牛角15捆，每捆重50斤；降香8捆，每捆50斤；金钱27袋，每袋50斤；檀香10捆，每捆50斤；黄蜡7包，连包重50斤；良姜136包，每包重50斤；大枫子11袋，每袋重50斤。④可见，郑氏海商在大陆的秘密走私贸易也十分活跃，浙闽总督佟代巡视福

---

① 《明清史料》己编第6本《福建巡抚许世昌残题本》。
② 《明清史料》己编第3本《浙闽总督佟代题本》。
③ 《明清史料》己编第5本《闽巡按残揭帖》。
④ [清]江日升：《台湾外纪》卷6。

381

建以后认为，郑氏海商能够"肆其猖狂"，"皆缘内地奸宄，勾通线索，互相接济"的缘故。①

与海商互相勾结的内地奸宄成分，从史籍记载来看，大部分是沿海的豪门势家，有的本人就是退职官员，有的是官员亲属。亲戚朋友，声势相倚，有财有势。所以违禁走私的海商大多依靠他们接济，作为"窝主"，求得保护。如漳、泉下海通番之人，"多倚著姓宦族主之，方其番船之泊近郊也，张挂旗号，人亦不可谁何"，甚至有"借其关文，明贴封条，役官夫以送出境者"。如果海商万一被官兵水寨巡司捕获，这些充当窝主的大姓宦族"又出官明认之曰：是某月日某使家人某姓某处籴稻也，或买杉也，或治装买匹帛也。家人有钱若干在身，捕者利之，今虽送官报赃，尚有不尽，法合追给，或者有司惧祸，而误行追惩，但据赃证与所言之相对，不料所言与原情实不同，其官军之毙于狱而破其家者，不知其几也。彼巧于谖而计行，此屈于威而难辨，奈之何哉！以致出海官军，不敢捕获，不若得货纵贼无后患也"②。

当时出任闽浙巡抚的朱纨对于这些交通谋利的乡官十分痛恨，严加指责说："盖漳泉地方，本盗贼之渊薮，而乡官渡船，又为盗贼之羽翼"，"如今年正月内，贼掳浯洲良家之女，声言成亲，就于十里外高搭戏台，公然宴乐。又八月内，佛郎机夷通艘深入，发货将尽，就将船二只起水于断屿洲，公然修理，此贼此夷，目中岂复有知官府耶……夷贼不足怪也，又如同安县养亲进

---

① 《明清史料》已编第3本《浙闽总督佟代题本》。
② ［明］郑若曾：《筹海图编》卷4。

第八章　枪炮开路,走向世界:贸易的特点和性质

士许福先,被海贼掳去一妹,因与联姻往来,家遂大富。"特别是考察闲住佥事林希元"负才放诞,见事风生……守土之官,畏而恶之,无如之何,以此树威。门揭林府二字,或擅受民词,私刑拷讯;或擅出告示,侵夺有司。专造违式大船,假以渡船为名,专运贼赃并违禁货物"。朱纨无限感慨地说:"夫所谓乡官者,一乡之望也,乃今肆志狼藉如此,目中亦岂知有官府耶!"[①]

浙江下海通番之人,也多由当地势家包庇掩护,赵文华说:"士大夫家为之窝主,户相仿效,浙直祸源未塞,皆由此等,若不急为处治,沿海地方无日宁息。"[②]如嘉靖二十一年(1542),宁波知府曹诰"以通船招致海寇,故每广捕接济通番之人"。但是鄞县乡绅往往出面干涉,曹诰十分气愤,他说:"今日也说通番,明日也说通番,通得血流满地方止。"[③]即使郑氏海商也与"濒海一带绅衿暗通线索,揭竿附会,遥相煽惑,遂使樱城将吏咸无固志,望风纳款,故旬日之间,一郡十一县相继沦失"[④]。

这批交通接济的豪门势家,利用权势,挟制有司,说关拯拔,对海商的走私贸易起了一定的保护作用。尤其是替海商收购土产,转售番货,加速进出口商品的周转,促进了私人海上贸易的发展。胡宗宪在《广福人通番当禁论》中说:"倭奴拥众而来,动以千万计,非能自至也,由内地奸人接济也,济之米水,然后敢久延;济以货物,然后敢贸易;济以向导,然后敢深入,海洋

---

① [明]朱纨:《朱中丞甓余集》。
② [明]赵文华:《嘉靖平倭祗役纪略》卷3《捣巢捷疏》。
③ [明]郑舜功:《日本一鉴》卷6《海市》。
④ [明]胡宗宪:《胡少保海防论》。

383

之有接济，犹北陲之有奸细也。"①同时，窝主又对海商坐索重贿，甚至阴持两端，玩弄骗勒，"欺海贼而并其奇货，价金百不偿其一"，使海商受到很大的损失。《皇明从信录》云："自罢市舶，凡番货至，辄赊与奸商，奸商欺负，多者万金，少不下千金，转展不肯偿，乃投贵官家，又欺负不肯偿，贪戾甚于奸商"，海商派人坐索，也不肯偿还。他们为了驱逐海商，独吞欠款，还要两面手法，一面"辄以危言撼官府云，番人据近岛掠人，奈何不出一兵，备倭当如是耶？"及官府出兵，又"赍粮漏师"，给海商通风报信，"利他日货至，且复赊我"。如是者久之，海商大恨，于是对他们进行报复打击。浙江余姚谢氏是正德大学士谢迁之后代、嘉靖时著名的"窝主"。但谢氏"颇抑其值，诸奸索之急，谢氏度负多不能偿，则以言恐之曰：吾将首汝于官。诸奸既恨且惧，乃纠合徒党番客，夜劫谢氏，火其居，杀男女数人，大掠而去"②。对于这一事件，《日本一鉴》也有记载："丁未（嘉靖二十六年，1547），林剪自彭亨诱引贼众驾船七十余艘至浙海，会许二、许四合为一踪，劫掠沿海地方，而文正公迁第宅为之一空，备倭把总指挥白濬，千户周聚，巡金杨英出哨昌国海，却被许二、朱獠掳去。"③由此可见，焚烧余姚谢氏宅是许氏兄弟集团干的。

除了豪门势家接济勾引外，沿海小民也参与私通接济活动，他们以"一叶之艇，送一瓜、运一樽率得厚利"④，所以"视海

---

① 《明清史料》己编第3本《兵部残题本》。
② 《明世宗实录》卷350。
③ ［明］郑舜功：《日本一鉴》卷6《海市》。
④ ［明］朱纨：《朱中丞甓余集》。

贼为衣食父母，视军门如世代仇雠"，有的贩取柴米酒肉以馈之，有的打造枪刀铅铳以助之，有的收买货物以资之，"每见官兵动静，则星火徒报；官府密令哨探，则推避不从。宁杀可爱之身，而不忍背不可附之贼"。①这种接济之人在沿海各地到处都有。"苏松滨海小民颇与贼往来贸易，贼因而贿之，使为耳目，故我之动静，彼无不知者，夫使贼深沟高垒，绝不与我相通，我则无可奈何矣。"②闽粤"接济顽民，窥贼所，私载鱼米以邀重利"。如遇天灾人祸，私通接济以取番舶之利者更是不计其数，浙江巡抚王忬十分感慨地说："今接济之奸，已遍于漳泉宁波矣。"

第三节 山海相倚的联合斗争

海商与山盗互为表里，声势相倚，是明末清初海上贸易的又一特点。明代中叶以后，随着商品经济的发展，农村两极分化的加剧，闽、粤、赣山区集中一批谋求生路的破产农民，他们占田自耕，不输赋税，割据一方，被官府称为"山盗""山贼"或"山寇"。

江西南部山区"万山盘迤，官府扑隶足迹之所不能至，民穷或负岪逃入其中，教之搏噬出入，事连数省则彼此相持，莫之谁何，彼方恃其窟穴，有司又以逋负急征之，无罪虐，易生其愤心，聚而得志，其为隐忧岂可一二数哉"③。为了加强对此地的控制，弘治八年（1495），明政府专设御史台，以辖制各省兵防，

---

① [明]王忬：《王司马奏疏》。
② [明]徐阶：《徐文贞公集》，见《明经世文编》卷244—245。
③ [明]王宗沐：《王敬所集》，见《明经世文编》卷343—345。

但也无法阻止破产农民的流入。

福建漳汀二府交界的复鼎山区,"群峰插天,深林蔽日",嘉靖时大批破产农民流入,或佃耕于山主,开荒垦种,或武装盘踞,反抗官府。闽西的上杭溪南三图地方也是山寇的"渊薮",这里东接永定,西毗程乡(今广东梅岭),北仰上杭,南连大埔,"四面相通,易于诱惑,并以恃险,不免作乱"。俞大猷说,其他地方的山寇"乃数十年一次之变,及经剿之后,即有数十年之安,惟汀州府上杭县溪南三图之贼,则百余年来,无一年秋冬之间不啸聚一二千人出外行动,略经扑杀而不能驯服向化,故闽广山寇共推此贼为宗祖,其余皆效尤之流裔者也"①。

广东程乡,北接福建武平,西连江西安远,周围延袤千余里,境内"重山叠嶂,深径丛林,杂错其间,足以藏奸而伏慝",特别是东北龟浆、松源一带"与大埔之矿坑、杉圹,看牛坪等贼巢,上杭三图上下水等贼巢相连,每每朋合为乱,上杭、武平二县乃其出没之区,福建、江西则其流毒之地也"。②陆隐在《严责成以完剿贼大计疏》中也指出:"饶、埔等县,僻居山谷,宪臣巡历,罕至其地,为有司者,无意恤民,惟图盈橐,百姓苦其诛求,无计自全,起而为盗,提戈四出,杀人如草,莫敢谁何,此盗贼之所由生一也。"③总之,闽、粤、赣边区的山寇活动十分频繁,据乾隆《潮州府志》记载,明末清初,经常出没于这一地区的大小股山寇有二十六起,除上面提到的外,其中规模较大的

---

① [明]俞大猷:《正气堂集》卷13《议添设上杭三图县治》。
② [明]俞大猷:《正气堂集》卷13《议添设松源县治》。
③ [明]陆稳:《陆北川奏疏》,见《明经世文编》卷314。

还有：

嘉靖元年（1522），"上杭贼首江小、范四纠合程乡梁八尺、黄万山、赖廉等流劫漳泉，官兵追败，突劫程乡各县"。

嘉靖二十一年，大埔小靖"獠贼""饶勇知书与傅大满聚众据险"，"潜寇闽界永定"等地。

嘉靖二十七年，"山贼杨继使，邹文网结为死友，聚众数千，攻破三十余乡"。又大埔温祖源、刘元珠等"流劫和平，县令吴思立乘虚捣其巢"；"蔡春魁，程乡贼也"，"寇石窟、松源、龟浆等都"。

嘉靖四十年，闽武平人梁宁，"居程乡煽炉为业，后入李南涧贼党，嘉靖四十年辛酉五月与酋长陈绍禄、林朝曦等聚众寇江、闽"。

嘉靖四十五年，"大埔贼余大春，程乡贼蓝松山"，"合寇三河镇，蔓延闽省洋平、上杭"。

隆庆二年（1568），程乡杨子宽"合兴宁贼曾魁等入寇程平，破八寨"。

隆庆五年，"群盗蜂起"，蓝一清踞马公寨，赖元常踞螺溪寨，马祖昌踞三溪潭，黄民泰踞兰溪，曾廷凤踞九丫树，黄鸣时踞八万峒，李仲山踞东坑，曾化龙踞铜坑，"彼此响应，附近岭东胥受荼毒"。

万历十一年（1583），程乡钟大魁"拥众入城，释囚劫库，尽掠民财去"。

崇祯三年（1630），钟凌秀、陈万"纠党数千劫会昌、武平等县，八月寇程乡，袭三河镇"。

顺治元年（1644），"山贼丘文德寇监田，蓝霖寇打石山"。

顺治二年，饶平人张更生"聚众数千，横掠乡都"。

顺治三年，镇平盗涂武子、卜应凤、卜应龙"陷程乡，咨掠六日而去，十一月卜应龙合千余人复攻程乡"。

顺治十六年，平远王子石山贼谢上逵，"纠武平贼赖国康、镇平贼徐黄毛、程乡贼古洪、长宁贼曹子元等沿乡剽掠"。

康熙七年（1668），桑浦山寇陈玉友，"纠党破乡寨"，攻揭阳。

以上这批活跃于闽、粤、赣边境的山寇与东南沿海的海盗商人联系十分密切，"海上之寇每结山寇为心腹"[1]，而"山寇亦将藉之为声势"[2]，他们互相支援，共同抗击官军的剿捕。许万七、黄宇一、林乌头、张福通"皆海寇也"，进攻海阳，被官兵击败，占领西陇赤窖，"与程乡贼罗刘宁、张福通"等山寇"相为掎角，兰霖、黄寨良民俱被逼胁"。[3]郭明，"潮阳贼也，踞林樟，海贼陈一义应之，流毒二十年"。隆庆元年，明朝金事杨芷、副使江一麟、总兵郭成分兵进剿，郭明迎敌被杀，"余党遁入山谷，官军焚其巢，移师北山洋、马湖二寨驻守"。丘辉，潮阳人，绰号臭红肉，"幼投台湾郑氏为盗，劫掠沿海"。康熙八年，"统贼船数百围海阳龙湖寨，又与其党李虎子，入潮阳之和平，破八寨湖镇"等地。康熙九年，接受台湾郑经符札，开府于达濠津，"置市廛擅鱼盐之利，商盐上广济桥，不领伪票，不敢出港，辉倚郑

---

[1] ［明］张瀚:《松窗梦语》卷8《西粤记》。
[2] ［明］林大春:《井丹先生文集》卷8《论海寇必诛状》。
[3] 乾隆《潮州府志》卷8《征抚》。

寇为泰山，故肆横无忌"①。丘辉不仅是郑氏海商在潮州的代理人，而且同山寇的关系也十分密切，他与桑浦山寇陈玉友"势相掎角"，掠乡破寨，与另一股山寇破碗公（即吕龙，破碗公是其绰号）"声援相应，日肆劫掠，六十年远近不能安枕也"。②

山寇不仅与海商互为呼应，而且有的海商本身就是山寇，他们或者"结巢于山"，或者"游魂于海"，时而"聚众数千人占据山谷，筑寨自守，称为山寇"；时而造舟下海，"肆行海上"，以图海利，又成海商。明朝末年，活动于岭东一带的张琏、萧雪峰、林朝羲就是这种集山寇、海商身份于一身的典型人物。陆隐在《剿除山寇事宜》中指出：广东饶平县贼首张琏、大埔县贼首萧雪峰、程乡县城贼首林朝羲均是岭东一带著名的山寇，他们"往来福广境上，弥满充斥，动以万计，道路为梗，兵至则遁入巢穴，兵退则复肆剽掠，作患日久，地方渐不能堪"。③嘉靖三十九年，福建巡抚游震得派遣王豪统三卫兵，与福州通判彭登瀛领乡兵同时进讨，第二年又会同广东巡抚张臬、平江伯陈圭，调集三省七万六千多人围剿，烧毁张琏的山寨，"捣其巢"④。张琏等山寇在陆上无立足之地，于是潜入海上，成为海盗商人。《筹海图编》中分析十四股主要海盗时也指出，萧雪峰、张琏本来"乃大埔洞贼"也"，"洞贼"就是"山寇"，以后才"入海为乱"，成为著名的倭寇首领。⑤诏安之梅岭"地方之人，相尚为贼，或在

---

① 乾隆《潮州府志》卷38《征抚》。
② 乾隆《潮州府志》卷38《征抚》。
③ [明]陆稳：《陆北川奏疏》。
④ 乾隆《潮州府志》卷38《征抚》。
⑤ [明]郑若曾：《筹海图编》卷8。

海，或在山，为漳、潮二府之害已数十年"。所以往往同一个人，有的书记载是山贼，有的书记载是海寇。如程乡人罗刘宁，据《德州志》记载："山贼罗刘宁众千余，流劫程乡等县。"《天下郡国利病书》却说："海寇罗刘宁作乱，攻劫海阳，知府谢光讨平之。"由此可见，山贼、海寇关系是很密切的，他们之间很难有明确区别的界限。

为什么山贼、海寇关系密切呢？

首先，从他们构成来看，山寇、海盗商人的主体都是由破产农民组成。明代中叶以后，由于封建贵族、大地主无情地侵占农民的土地，社会上出现了数以千万计的破产流民，他们"车载幼小，男女牵扶""百什为群，沿途住宿"。有的涌向海边，"入海从盗，啸聚亡命"，成为"海盗"；有的流入山区，或者"倚山而居，编竹葺茅以代陶"；或者"被人诱引，偷采银矿"，沦为"山贼""矿盗"。江西南部之大夷、上犹、南康三县交界的山区就集中了大批广东流民，他们又"潜引万安、龙泉等县避役逃民，并百工技艺游食之人，杂处于内"①。赣府定远县大帽山区，广东人叶春等招集流亡达五世之久。兴国、雩都诸地"田多荆棘，初居民甚稀"，亦是闽广流民麋集之所，当他们受到官府迫害时，往往聚众起义，如流民鲍时季率众起事，占据"阻义都猴岭为巢，大招四方亡命，至数千人"，成为著名的山寇首领。②王守仁提调数省官军剿讨闽、赣、粤地区的山寇也是以流民为主体的，

---

① 同治《崇义县志》卷9。
② ［明］瞿九思：《万历武功录》卷3。

第八章　枪炮开路,走向世界:贸易的特点和性质

他实行的"十家牌法"就是要编排里甲,从而使流民转化为编民。崇祯十五年爆发的江西袁州棚民起义,据史籍记载,就是麻棚丘仰寰"聚党数千,结寨天井窝行劫"①。

我们在第二章已讲过,海寇的基本队伍是由破产农民组成,他们为生计所迫,常常聚数百人,乃至数千人,成批下海,出洋通番。早在正统时,广东潮州居民已"纠诱傍郡亡赖"②,私自到爪哇贸易。嘉靖以后,这种现象更为普遍,福建海盗商人每年都要大批地"私招沿海无赖之徒"③下海通番。郑氏海商集团也广招流民入伍,尤其是郑芝龙初创海盗队伍时,乘福建连年大旱、流民遍野之机,用救济饥民的办法招引破产农民。据说,他"所到地方,但令报水,而未闻杀人,有彻贫者,以钱米济之"④,"遇诸生则馈以赆,遇贫民则给以钱,重赏以招接济,厚楮以饵间谍,使鬼通神,人人乐为之用"⑤,因此郑芝龙的海商队伍发展很快。董应举说:"夫芝龙初起,亦不过数十船耳,当事不以为意,酿至百余。未及一年,且至七百,今且千矣。此莫非吾民,何以从贼如是之多?我弃之,彼收之;我驱之,彼用之。我兵非兵,船非船,将非将,彼善用我人,取我船,掳我将,乘我遇籴饥荒,而以济贫为名,故归之如流水也。"⑥由于海盗商人与山寇的基本队伍都是破产农民,他们之间有天然的联

---

① 雍正《万载县志》卷2《灾祥》。
② 《明英宗实录》卷113。
③ 《明世宗实录》卷363。
④ [明]曹履泰:《靖海纪略》卷1《答宋明景抚台》。
⑤ 《明熹宗实录》,天启七年癸丑条。
⑥ 《明熹宗实录》,天启七年癸丑条。

系，在斗争中必然相互支持，互为呼应。

其次，他们进行的活动均与商品经济有关。山寇在山区主要从事经济作物的栽种和矿产的开发；海盗在海上主要从事商品的运输和贩卖。流入山区的破产农民一般都从事各种经济作物的种植，有的种植靛蓝、树木，有的种植茶叶、桐、漆，有的种植苎麻、烟草，其中以种靛蓝和苎麻为最普遍，形成靛、麻的专业化生产。

江西万羊山区，"跨湖广、福建、广东之地，而各省商民亦尝流聚其间，以种蓝为业"①。闽西永福山区"则漳泉延汀之民，种菁种蔗，伐山采木，其利倍于田，久之，穷岗邃岭，无非客民"②。浙江的常山、开化二县交界处，"山源深邃，林菁险密，有靛麻纸铁之利，为江闽流户篷罗踞者，在在而满"③。还有一部分流民在山区从事矿产的私采，如广东大埔"铁出感德、潘田等处，外县人业作，转贩得利"④。他们的产品不是供自己消费，而是投入市场的。如福靛"出山谷中"，"利布四方，谓之福建青"。⑤江西山区"种蓝作靛，西北大贾岁一至，泛舟而下，州人颇食其利"⑥。苎麻也是纺织业的重要原料，用以纺织夏布，运销各地。矿产品更是供应各种制造业的原料。

由于棚民私采、私种，从事商品生产，破坏了自给自足的封

---

① 《明熹宗实录》卷26。
② 万历《永福县志》《风俗》。
③ 光绪《衢州府志》卷首。
④ 嘉靖《大埔县志》卷1。
⑤ ［明］王应山：《闽大记》卷11。
⑥ 天启《赣州府志》卷3《土产》。

第八章 枪炮开路,走向世界:贸易的特点和性质

建自然经济基础,因此遭到当地封建势力和官府的驱逐和镇压,他们被迫揭竿而起。广东"山寇因采铁起,西北一路多东莞、新会之匪,东南一路多程乡、海丰之奸,依山鼓铸"①。隆庆四年,苏继春"以开矿纠众为盗,官军捕急,自刭死",其弟苏继相复啸聚数千人踞揭阳之黄寨,自称天一大王,"胁贼吴成龙踞汤田、刘兴策踞赤秋溪、黄瑞踞大顺乡,继相叔踞长乐郭田寨,互相援应"。②

如果说山寇主要是从事商品生产的话,那么海盗商人主要进行商品的运输和贩卖,他们违禁出海,走私贸易,"输中华之产,驰异域之邦,易其方物"③,把铁器、铜器、绸绢、瓷器等物品输往国外,又从海外运回各种香料和手工业制品,加速中外商品经济的交流和发展。所以说,山寇、海寇的出现都是与明朝中叶以后商品经济发展有关系的,他们本身就是商品经济发展的一对孪生子。

最后,他们的活动方式也有共同之处。由于山寇、海盗主要是破产农民,所以来去自由,飘忽不定,没有什么固定的活动场所。"山盗"梁宁,福建武平人,起初在程乡"以煽炉为业",后来加入"李南涧贼党",嘉靖四十年与陈绍禄、林朝羲等"聚众寇江、闽",陈绍禄与林朝羲引三千人从延平入福建,梁宁与其弟梁安率四千人,由邵武到江西万安,又乘船南下,直捣泰和,足迹遍三省,行程数千里。张琏"流劫三省,杀官破城,声势张

---

① 《龙门县志》卷16《事略》。
② 乾隆《潮州府志》卷38《征抚》。
③ 乾隆《海澄县志》卷15《风俗》。

甚",还"声言长驱江渊",直取南都,"朝中议论纷起",引起满朝惊慌。①

至于海盗商人,他们的活动范围更广,"东借日本之诸岛悍夷以为爪牙,而西南借交趾、占城、暗婆、暹罗以为逋薮"②,海阔天空,"乘风扬帆往来上下,大兵一集,则望远去。追捕稍缓,则乘虚复来,此海寇之长,难以扑灭者也"③。林凤海商集团原在闽广海面活动,受到明朝水师的追击,奔往澎湖、台湾,万历二年,前往吕宋,筑城据守,明朝官军勾结西班牙殖民者合击围剿,林凤不能撄城向守,复走潮州。他在广阔的海面上,忽东忽西,与明朝官军相周旋。

由于海盗商人与山寇有以上共同点,他们很容易联合在一起,声势相倚,互为表里,甚至两者合为一,或结巢于山,或游弋于海。对于这种山海结合的斗争策略,潮阳林大春有一段很精辟的说明:"今岭海之患,曰山寇、海寇、倭寇,山寇剽急为祸速,倭寇惨烈为祸重,海寇则缠绵固护浸淫于郡国,为祸隐而毒也,是三者势相倚,而祸相因。彼倭寇之从海上来也,实海寇为之向导,其屯聚而野掠也,山寇为之爪牙。山寇多村里恶少,非有奇谋异能,特负险而居,急之则啸聚山谷,广命闻而争附焉。倭寇非果尽属日本,大抵多漳泉流贼挟残倭以为酋首,遂因其名号以鼓舞徒众。所至破乡寨,尽收少壮者而髡之,久之与倭无异。至如海寇之祸由来已久,共与闽粤相终始焉,是故山寇以村

---

① [明]钟秉文:《乌槎幕府记》。
② [明]王世贞:《弇州史料后集》卷30。
③ [明]林希元:《林次崖先生文集》卷11。

里计也,其贼以千数。倭寇以岁时计也,其贼以万数。至于海寇则不可限以乡井也,不可画以日月也,其贼固不可数计矣。"①林大春分其山寇、海寇与倭寇三种,倭寇、海寇都是中国海盗商人,只不过倭寇是漳泉的海盗商人,而海寇是潮州的海盗商人而已。所以他最后指出:"山寇借海寇以壮声势,海寇又幸山寇以为前驱,诚所谓狼狈相倚者也。"

第四节　经商目的,唯在逐利

明清时,私人海上贸易一出现,就以新的姿态登上历史舞台,它与传统的官方朝贡贸易相比较,表现出一些新的因素。②

首先,在经营目的上,官方的朝贡贸易主要是为了在政治上"耀兵异域""怀柔远人",确立宗主国的地位,主要不在经济上牟取利益。《皇明名臣经济录》云:"我祖宗一统无外,万邦来廷,不过因而羁縻而已,非利其所有。"③因此贸易以赏赐方式进行,而非支付货款。

礼制上,对来华贸易的贡舶人员,皆以使臣仪注,隆重接待,馆谷宴劳,礼遇甚厚,明朝政府规定:"凡使臣进贡,沿途开支廪给口粮,回还亦如之。"为表示"天朝"的恩泽,还有赏赐"下程"之仪,即"分豁正从人数札付膳部,五日一次,照例支送酒肉茶麦饮食之物"④,如朝鲜、琉球、安南、爪哇、暹罗

---

① 乾隆《潮州府志》卷38《征抚》。
② 林仁川:《明代私人海上贸易的性质和影响》,《中国古代史论丛》1981年第2辑。
③ [明]黄训辑:《皇明名臣经济录》卷43。
④ 《大明会典》卷109《宾客》。

等国贡使下程，每次每五人或十人供羊、鹅、鸡各一只，酒十瓶，米五斗，另外菜蔬、厨料、柴薪等，有时还加赐茶食、果子等，这还是一般情况，如果奉旨特予优待者，招待更加丰盛。贡使回还之日，又派官伴送，沿途备办饮食，所带赏赐贡品及市易货物，差派车夫搬送，最后在原进港所在地的布政司，设盛宴欢送。每次接待贡使所费甚巨。据福建监察御史成规报告，仅正统四年（1439）接待琉球来贡，福建市舶司就花掉一大笔费用："琉球国往来使臣，俱于福州停住，馆谷之需，所费不赀。比者通事林惠、郑长所带番梢人从二百余人，除日给廪米之外，其茶盐醯酱等物出于里甲，相沿已有常例，乃故行刁蹬，勒折铜钱，及今未半年，已用铜钱七十九万六千九百有余，按数取足，稍有稽缓，辄肆詈殴"，他建议："于人支日廪之外加少许，听令自办，其林惠等不能禁戢，坐视纷纭，请执治之，以肃夷情。"①但"上以远人，姑示优容"，不作任何处理。此外，沿途差夫搬运，也给群众增加许多力役负担，"比其使回，悉以所得贸易货物以归，缘路有司出车载运，多者至百余辆，男丁不足，役及女妇，所至之处，势如风火，叱辱驿官，鞭挞民夫。官民以为朝廷方招怀远人无敢与较，其为骚扰不可胜言"。因此，这种官方朝贡贸易，不仅无利可图，而且给国家财政和群众造成很大的负累。

私人海上贸易却不同，他们经商不是为了自己消费，更不会要求什么政治上的目的，而是为着追求高额的商业利润，牟取暴利。正如傅元初在《请开洋禁疏》中指出："海滨之民，惟利是

---

① 《明英宗实录》卷58。

第八章　枪炮开路,走向世界:贸易的特点和性质

视,走死地如鹜,往往至岛外欧脱之地。"①就以同日本贸易而言,前面已经讲过,官方朝贡贸易,由于赏赐过多,接待过侈,费用过大,每次都亏大本。但对日的私人海上贸易无不获利数倍。丝在日本"每百斤值银五六百两,取去者其价十倍";丝绵"常因匮乏,百斤价二百两";铁锅在日本"大者至为难得,每一锅价银一两"。②正因为如此,出海贸易的私商,往往致富,满载而归。双屿港的王直,"五六年致富不赀";月港的洪迪珍"嘉靖三十四年载日本富夷泊南澳得利,自是岁率一至,致富巨万";海澄的颜思齐到日本经商,"久之积蓄颇饶";泉州的郑芝龙,"岁入以千万计,以致富敌国"。③

在进出口商品的构成上,官方朝贡贸易主要是输入"海外奇珍"的高级消费品,如犀角、羚羊角等高级药材,安息香、龙涎香等高级香料和孔雀、鹦鹉、白鹿、红猴等各种珍禽奇兽,以满足宗室、贵族、大官僚、大地主奢侈生活的需要,而私人海上贸易的商品,除了一部分奢侈品外,更多的是手工业原料和手工业产品,如布、绢、绸等纺织品,碗、壶、罐等日常瓷器及雨伞、草席等家常生活用品,进口夏布、白棉布、乌棉布、番花手帕等各种异域纺织品,木棉、吉贝花等纺织原料,以及皮货、木材、生漆等商品,供给广大劳动人民及一般地主生活所需日用品和民营手工业的加工原料。为了更清楚地说明这个问题,我们不妨把官方朝贡贸易的贡品与私人海上贸易的进口商品作一统计对比。

---

① [清]顾炎武:《天下郡国利病书》卷93。
② [明]郑若曾:《郑开阳杂著》卷4。
③ 连横:《台湾通史》卷29《列传》。

据《大明会典》记载，明代朝贡贸易的各种贡品共172种[1]，其中金戒指、金银八宝器、金水罐、金绦环等金银器皿和玛瑙、水晶、珍珠、宝石等共30种，占全部贡品的17.4%；降香、檀香、薰衣香、奇南香等香料和人参、犀角等药材57种，占全部贡品的33.2%；孔雀、鹦鹉、倒挂鸟、白猴等珍贵禽兽17种，占全部贡品的10%；红花绿手巾、乍连花布等纺织品50种，占全部贡品的29%；日常用品仅磨刀石、纸扇、黄毛笔、白绵纸、擢铁刀5种，约占全部贡品的3%。

私人海上贸易的进口货物，据《东西洋考》记载共115种。[2]其中金银器皿、珍珠宝石和珍禽异兽等高级消费品已基本断绝，而番镜、草席、番纸、玻璃瓶等日常生活用品大大增加，由前面的5种，增加到25种，占全部进口商品的21%；纺织品也由以前的兜罗绵被、剪绒丝杂色红花被面、织人象杂色红花文丝缦等高档商品变成进口番被、土丝布、粗丝布等低档商品。此外，还新增加红花米、虾皮、绿豆、黍仔等农副产品。由于进口商品构成的变化，我国对外贸易由原来的入超变成出超，阻止了从宋元以来铜、银大量流出的趋势，开始出现外国银钱大量流入我国的新局面，这对于我国经济发展的影响是深远的。

在商人的流向上，官方的市舶贸易历来以外国商人来华贸易为主。

唐代，中国商船虽然已航行到波斯湾附近，中国商人相继迁

---

[1] 《大明会典》卷105。
[2] [明]张燮：《东西洋考》卷7。

第八章 枪炮开路，走向世界：贸易的特点和性质

往东南亚各地，但主要的还是外国商船来华贸易。当时抵达广州的外国商船，就有来自各国的番舶、蛮舶、昆仑舶、波斯舶、婆罗门舶和狮子国舶等船舶，鉴真和尚第五次东渡日本，途经广州时，看见"江中有婆罗门、波斯、昆仑等舶，不知其数，并载香药珍宝，积聚如山，其舶深六七丈，狮子国、大食国等往来居住，种类极多"[①]。仅大历五年（770）一年，到达广州的外国商船就有四千余艘，平均每天进港十艘以上[②]，每年来往的外国客商已达八十万余人。[③]扬州的外国商船往来也异常频繁，据《河东记》称，贞元年间"舳舻万艘，溢于河次，堰开争路，上下众船相轧"，其中有从东南亚各国来的商船，也有自西亚来的商船及日本的遣唐使船，每年有许多外国商人到扬州经商，久留不归。唐代中期，在一次战乱中，大食、波斯商人死者数千人。[④]这从一个侧面反映了在扬州的外国商人是很多的。福建泉州也聚集许多外商，出现了"市井十洲人""还珠入贡频"[⑤]的繁荣景象。

宋元时期的海外贸易仍然是以外国商人来华贸易为主，当时在广州的贸易不仅外商人数众多，交易额也很大。绍兴元年（1131），大食商人浦亚里进象牙209株，大犀35株，价值五万余贯，广州市舶司无法支付货款，只得就地拍卖一半货物，其交易数额之大可想而知。到泉州的外商更多，据赵彦卫《云麓漫钞》记载，在泉州经商的外国商人有大食、嘉令麻辣、三佛齐、占城、

[①] ［日］真人元开：《唐大和上东征传》，中华书局1979年版。
[②] 《新唐书》卷131《李勉传》。
[③] 张星烺编注：《中西交通史料汇编》第2册。
[④] 《新唐书》卷144《田神功传》。
[⑤] ［唐］张循之：《送泉州李使君之任》，见《全唐诗》卷208。

399

暗婆、浡泥、真腊、浦甘、罗斛、新条、甘杯、三泊、绿洋、登流眉、西棚、月丽、木力千、滨达浓、胡麻巴洞、新州、佛罗安、朋丰、达啰啼、达磨、波斯兰、摩送、三屿、蒲哩噜、白蒲迩、高丽等国商人。1225年，赵汝适掌管市舶司后，来泉州的外商又增加了细兰、南毗、故临、注辇、天竺、大秦、麻嘉、层拔、白达、波斯等国，甚至非洲商人也远涉重洋，来到泉州，所以南宋初寓居泉州近二十年的李邴发出"涨海声中万国商"[1]的赞语。

入明以来，虽然郑和下西洋航行到世界各地，但总的看来仍是外国贡使数量超过明朝派出的使节。以日本为例，从永乐二年（1404）缔结中日贸易条约到嘉靖二十六年（1547）最后一次派遣使节为止，日本共派遣勘合贸易船十七次，明使到日本才八次。

而私人海上贸易使这方面发生了根本变化，中国海商开始大量涌向世界各地，出现了以我国海商赴海外贸易为主的新趋势。据《明史·吕宋传》记载，万历初年仅从月港前往吕宋一地"商贩者至数万人"，另外我们从吕宋对中国每只商船所载人数的限制数目，亦可推算出由月港出洋的海商的大概数字。吕宋统治者规定："每舶至，人只二百为率，毋溢额。舶归，所载回，必倍以四百，毋缩额。"[2]由此推测，当时每只船载运二百至四百人之间，我们取其中数，以每只船载运三百人计算，每年月港发放船引一百一十张，那么每年从月港出洋的人数达三万三千多人。这仅仅是从一个港口出洋经商的合法人数，还不包括走私贸易的商

---

[1] [宋]王象之：《舆地纪胜》卷130。
[2] [明]张燮：《东西洋考》卷5。

人以及从其他各港出洋的商人。由此可见,当时出洋贸易的海商人数是相当多的,《东西洋考》说:"市舶之设,始于唐宋,大率夷人入市中国,中国而商于夷,未有今日之伙者也。"这种历史性的变化,表明中国海商已开始冲破封建统治的束缚而走向国际市场。

第五节 各异而互化的海商身份

明清时期的私人海上贸易商人,就社会经济关系而论,大致可分四种类型:一是封建型的,由豪门巨室、势家宦族豢养"义男""厚生"直接出海贸易;二是租贷型的,由商民向豪门巨室借贷造船或势家宦族租船给商民出海贸易;三是独资型的,由民间殷实商民,独资造船,揽载商人出海贸易;四是合资型的,由民间散商合资造船出海贸易。我们先从封建型商人谈起,然后再探讨他们是如何向具有新性质的类型演化的。

一、封建型

沿海的"豪门巨室"私造航海大船,筹集经商资金,然后指派家中豢养的义子出海贸易,这是属于封建的经营形式。这种封建型的海上贸易形式在十六七世纪仍普遍存在。何乔远在《闽书》中说:"海澄有番舶之饶,行者入海附资,或得婆子弃儿,抚如己出,长使通夷,其存亡无所患苦。"[1]《龙溪县志》也记载:"生女有不举者,间或以他人为子,不以窜宗为嫌,其在商

---

[1] [明]何乔远:《闽书》卷38《风俗》。

贾之家,则使其挟资四方,往来冒霜露,或出没巨浸,与风涛争顷刻之生,而己子安享其利焉。"①这些义子从小被主人抚养,长大后,让他们"出没巨浸",冒着生命危险去经营海外贸易,而自己的亲生儿子在家坐享其成。广东沿海也存在这种现象,如著名的东莞县的乌艚船和新会县的横江船,"其船各系富家主造,其驾船之人,名曰后生,各系主者厚养壮夫,每船各四五十人,南至琼州载白藤、槟榔等货,东至潮州载盐,皆得十倍之利"②。

这种风俗,至清朝仍然延续,据蔡清说:"借人钱本,会的当兄弟或义男,营运生理,此决不害义,但营运要取利少而平稳者是策耳。"③所谓"借人钱本,会的当兄弟或义男",就是指由于债务而沦为经商奴隶。周凯的《厦门志》也有同样记载:"闽人多养子,即有子者亦必抱养数子,长则令其贩洋,赚钱者,则多置妻妾以羁縻之。"④在郑氏海商集团中,这种商业性奴隶也比比皆是,替郑成功掌管对外贸易的户官郑泰,原先就是郑芝龙恩养的"义男"。《郑经致长崎王殿下书》云:"顷者逆宗郑泰,猰㺄匪徒,蒙我先太师平国公提拔恩养,重加委任,迄我先王,宠以户官,军兴粮储,一听出入,帑藏启闭,悉授管钥,以至各港诸详,俱委经营,以裕国计。"⑤

郑芝龙的族弟郑彩也收养了不少"义子",从事海上贸易,

---

① 乾隆《龙溪县志》卷10《风俗》。
② [明]俞大猷:《洗海近事》卷上《呈总督军门张》。
③ [明]蔡清:《蔡文庄公集》卷2《寄李宗一书》。
④ 道光《厦门志》卷15《俗尚》。
⑤ [日]林春胜、[日]林信笃:《华夷变态》。

第八章 枪炮开路,走向世界:贸易的特点和性质

如"始闽安周瑞,荡胡阮进,皆彩义子也"①。这种豢养义子从事海外贸易的风尚,不仅普遍流行于国内沿海一带,而且还存在于侨居国外的华侨商人群体中。例如17世纪,居住在印尼万丹的一些中国富商,不但拥有船舶、货仓,同时还拥有奴隶,他们经常让奴隶与义男(Peculium)一起从事海外贸易。②

这些豢养"义子",从事海上贸易的"豪门巨室""湖海大姓"一般是当地的封建地主,他们在商品经济影响下,利用权势冲破明清时期海禁政策,积极经营海上贸易,对私人海上贸易的发展无疑是起积极推动作用的。但他们的经营方式是落后的,他们自己一般不直接从事海上贸易,而"义男"的社会地位十分低下,与家中奴隶没有什么区别,据明朝有关律例规定:"其财买义男,恩养年久,配有室家者,同子孙论。恩养未久,不曾配合者,士庶家以雇工论,缙绅家以奴婢论。"③可见,出海经商的"义男"与"奴婢"的地位相同,"豪门巨室"不仅可以对他们实行超经济的暴力统治,还握有生杀大权。郑芝龙降清以后,郑成功在鼓浪屿重举义旗,集众抗清,但"苦无资,人不为用",刚好有郑氏海商的一条商船从日本回来,郑成功"使询之,则二仆在焉,问有资几何? 曰十万,成功命取佐军。仆曰:未得主母命,森舍(郑成功原名)安得擅用? 成功怒曰:汝视我为主母,何人敢抗? 即立斩之。遂以其资,招兵制械,从者日众"。④从这

---

① [清]温睿临:《南疆逸史》卷53。
② J. C. van Leur, "Indonesian Trade and Society", *Asian Social and Economic History*.
③ 《明神宗实录》卷194。
④ 《台湾府志》卷19,引《伪郑逸事》。

段记载可以看出，这些海商对待从事海外贸易的奴仆是十分残忍的，这些被厚养的义男、厚生与他们主人的关系不是自由雇佣关系，而是隶属性很强的封建人身依附关系。即使其中有少数"义男"经过主人的同意，解除奴婢关系，获得一定程度的自由（如郑泰被郑成功提拔当了户官，主管海外贸易），但他们与主人的宗亲关系仍然存在，这种虚构的血缘关系对于阶级的分化、自由商人的形成是十分不利的。

当时在海外贸易中为什么会存在这种比较落后的义男、义儿关系呢？这是与中国封建社会存在村社制和奴隶制等前社会残余分不开的。中国的奴隶制及封建社会都是既早熟而又不成熟的，在新旧社会交替时期，新的制度没有与旧的制度彻底决裂，从氏族制过渡到奴隶制时，氏族制残余保存下来。后来从奴隶制转变为封建制时，原来的氏族制残余及奴隶制残余又保留到封建社会中，并以各种不同的形式曲折地渗透到社会生活各个方面，为巩固自然经济与强化封建统治起了一定的作用。如两汉不仅有家内奴隶，而且生产上也广泛使用奴隶，"张安世家童七百人，皆有手技作事"[①]。到了明代，江南士大夫蓄奴之风还很盛，于慎行在《谷山笔麈》中指出："江南……富家大族役使小民，动至千百，至今佃户苍头有至千百者。"[②]清代初期，此风继续流传，各级贵族、官僚地主、豪商、富户都占有和役使大量奴婢。"仕宦之家，童仆成林"，就是当时蓄奴成风的生动写照。在此风的影

---

① 《汉书》卷59《汤安世传》。
② ［明］于慎行：《谷山笔麈》卷4。

响下,东南沿海的"豪门世家""富商大贾"普遍豢养义男经营海外贸易,不仅保存了奴隶制的残余,也使中国海商资本的发展带上了不少落后的色彩。

二、租贷型

除了豪门势家自造海船,指派豢养义男直接出海贸易以外,还有一种租贷型的海上贸易形式,也就是商人租船后雇用水手,再揽载其他商人出海贸易,谋取利润。这种贸易形式在当时也比较普遍。

成化十四年(1478),江西饶州府浮梁县商人方敏、方祥、方洪兄弟,共凑银六百两,购买景德镇出产的青白花碗、碟、盆等各种瓷器共二千八百件运到广州,在广州"遇有熟识广东揭阳县民陈佑、陈荣,海阳县民吴孟,各带青白苎麻等布,亦在本处货卖。敏等访得南海外洋有私番舡一只出没,为因上司严禁,无人换货,各不合于陈佑、陈荣,吴孟谋久,雇到广东东莞县梁大英,亦不合依听将自造违式双桅艚船一只,装载前项磁器并布货,于本年五月二十日开船,越过缘边官府等处巡检司,远出外洋"①。他们向番船换回胡椒一百一十二包,黄蜡一包,乌木六条,沉香一百箱,锡二十块。这里,梁大英是双桅艚船的所有者,凭借对船只所有权而出租收费,方敏兄弟和布商陈佑、陈荣、吴孟没有海船,是向梁大英租船出海贸易的,他们之间没有任何人身隶属关系。

---

① 《皇明条法事类纂》卷20《把持行事》。

到了清初，出现了更为典型的船主。据《浙闽总督李率泰残揭帖》记载，船主李幕霞向黄升租海船一艘，国姓票一张、左协票一张，船票共用一千二百两租钱。再雇用舵工卓盛、水手林明、高子龙、林二、叶五，揽载陕西商人杜昌平，山西商人孙福、孙芳、任福，杭州商人许仁五人，满载药材、生丝、纱绸等货物出海贸易。[①]这种船主与西欧租地农场主相比，无论是在经营方式上，还是剥削方法上，都十分相似。黄升因出租海船而取租钱，李幕霞靠剥削舵工、水手获取剩余价值。卓盛、林明、高子龙、林二、叶五等雇工靠出卖劳动力取得工资，黄升这种介于豪右之家的"板主"（即商船所有者）与水手舵工之间的新型"船商"的出现，与农村中租地农出现一样，表明资本主义萌芽形态已开始形成了。

租贷型的另一种形式是海商借贷资本出海贸易。这种形式在郑氏海商中比较常见。郑成功为了发展海上贸易，在户官下面专门设立裕国库和利民库，向海商提供资金、收取利息，如顺治十一年（1654）正月十六、七日，海商曾定老从户官郑泰处领出银二十五万两，前往苏、杭两州置办绫、绸、湖丝等出海货物。顺治十二年五月初三、四日，又从管库伍宇舍手内领出银五万两，商贩日本，十一月十一、二日再从伍宇舍处领出银十万两，每两每月付利息一分三厘。顺治十三年，将货物卖完之后，折还母利银六万两，乃留四万两"作本接济"[②]。郑成功对裕国库和利民

---

① 《明清史料》己编第4本《浙闽总督李率泰残揭帖》。
② 《明清史料》丁编第3本《五大商曾定老等私通郑成功残揭帖》。

第八章 枪炮开路，走向世界：贸易的特点和性质

库的收支情况十分重视，经常检查。顺治十四年，"二月间，六察常寿宁在三都告假先回，潘（指郑成功）行令对居守户官郑宫傅察算裕国库张恢、利民库林义稽算东、西二洋船本、利息并仁、义、礼、智、信、金、木、水、火、土各行出入银两"[①]。

租贷型的第三种形式是不仅供其资金，而且供其人船。朱纨在指责"乡官"时，曾指出这种形式："盖罢官闲住，不惜名检，招亡纳叛，广布爪牙，武断乡曲，把持官府。下海通番之人，供其资本，借其人船，动称某府，出入无忌。船货回还，先除原借，本利相对，其余赃物平分。"[②]这种租借的利息率比单纯的租船或单纯的借贷高得多，如曾定老向国姓管库伍宇舍借贷资本，每月每两交付利息一分三厘，年利率为15.6%。而这种借贷形式，出资借船的乡官先扣除原借资金以后，还要"本利相对"，其余的"赃物"又要和海商平分，可见其利率已超过100%。

以上的借贷形式虽然还带有高利贷的性质，其本金也不是直接向工业生产投资，但船户并不是仅为了解决生活和消费的需要，而是将其投资到航运业及商业中去，也就是说，把它投入流通中去，使它成为一种作为资本的商品。这种特殊商品——货币，通过雇用舵工、水手，由一个定额的价值变为一个自行增殖的价值，从而产生了利润。另一种出租的船舶，在这里也是当作固定资本来进行借贷的。这种借贷，不管它的形式如何，也不管它的归流会怎样受它的使用价值性质的影响，实际上已起了资本的作用。

[①] ［清］杨英:《先王实录》。
[②] ［明］朱纨:《甓余杂集》卷2《阅视海防事》。

三、独资型

独资型的私人海上贸易形式比租贷型的私人海上贸易又向前迈进一步。尽管它同租贷型一样，还有一些封建性的残余，但毕竟摆脱了高利贷的控制，以纯商业的形式进行海上贸易活动。在万历三十七年（1609）发生的一起通倭事件中，"福清人林清与长乐船户王厚商造钓槽大船，雇请郑松、王一为把舵，郑七、林成等为水手，金土山、黄承灿为银匠，李明习海道者也，为之乡导，陈华谙倭语者也，为之通事。于是招来各贩，满载登舟，有卖纱罗、绸绢、布匹者，有卖白糖、瓷器、果品者，有卖香扇、梳篦、毡袜、针银等货者，所得倭银，在船熔化，有炉冶焉，有风箱器具焉。六月初二日开洋，至五岛而投倭牙五官、六官，听其发卖"。货物出售之后，船户林清、王厚向各商贩抽取"商银"，除船工、水手的费用开销外，"共得银二百九十七两有奇"。①商银即船商向各商贩收取的运输费，为王厚驾船的把舵、水手当是运输工人。王厚造船揽载商人，雇请把舵、水手、银匠出海贸易，收取运输费，实际上已颇具近代航运企业主的雏形。

这种航运企业主到清初又有进一步发展，对于运输费的抽取有更明确而具体的规定。顺治十七年（1660），船主王自成招揽漳州商人卢措、王旺，处州商人周太、吴跃，福州商人魏久，杭州商人李茂，广州商人卢琇，四川商人王贵，满载四川药材，苏杭生丝、轻绸、细毡等货物到日本长崎贩卖。船主王自成明确规定

---

① [明]王在晋：《越镌》卷21。

第八章 枪炮开路,走向世界:贸易的特点和性质

"卖出百两抽二十两"①,也即运费约占全部贸易额的五分之一。

清初,不仅在东南沿海出现航运企业主的雏形,海上贸易比较落后的北方港口也开始形成专搞运输,收取运输费的专业船户。顺治十三年,天津卫船户郭自立供称:"自立有自造民船一只,雇不在官水手十九名,周□、王有才、徐天福、王文、陈才、钱守信、杨有礼、徐可爱、俞龙、严国华、于守礼、金光玉、王有福、陈龙、孙文礼、朱应龙、朱光祚、田可仁、郑应举,俱天津卫人……揽装不在官客人陈应登北直药材,言定脚价载往山东卖。"同年四月十六日,"又有不在官船户陈思智","雇不官水手十名刘诏、张应试、□才、张思弟、毕登俊、张志武、杨守信、张文举、杜守富、范有义……揽装不在官客人王相北直药材"出洋贸易。②可以看出,明末清初,海上运输业已形成一个独立的生产部门,"从而形成生产资本的一个特殊的投资领域"③。

明末清初出现的这种自造航海大船,雇用舵工、水手,揽载商人出海贸易的船户,确实具备近代航运企业主萌芽的性质。

四、合资型

海上贸易是一项投资较大的事业,仅建造一条海船就要"千余金",每年维修"亦不下五六百金"。④此外,还要购置各种各

---

① 《明清史料》丁编第3本《刑部等衙门尚书觉罗雅布□等残题本》。
② 《明清史料》己编第4本《刑部残题本》。
③ 《马克思恩格斯全集》第45卷,人民出版社2003年版,第170页。
④ [明]张燮:《东西洋考》卷9。

409

样的航海设备，雇用和招募伙计、船工、舵手、通译、医生、工匠等各类航海人员。筹办这些事，都要耗费大量资金，这是一般航海商人很难办到的，因此明末清初的中小商人大多采用合资造船出海贸易的方式，以解决资金的不足。"澄之商舶，民间醵金发艅艎，与诸夷相贸易，以我之绮纨瓷饵，易彼之象玳香椒，射利甚捷，是以人争趋之。"[①]顾炎武在《天下郡国利病书》中也说，漳泉"商船则土著民醵钱造舡，装土产，径往东西洋而去，与海岛诸夷相贸易"[②]。

万历年间，在浙江定海破获的一起通倭事件就是一种典型的合资型的海上贸易形式。这一起事件是"奸民"严翠梧与方子定，原籍福建，久居定海，纠合浙人薛三阳、李茂亭"结伙通番，造船下海"。先是"子定于三十七年同唐天鲸雇陈助我船，由海澄月港通倭，被夷人抢夺货物，遂以船户出名具状，称倭为真主大王，告追货价，所得不赀。严翠梧、李茂亭闻之有艳心焉。有朱明阳者，买哨船增修，转卖茂亭，先期到杭收货，同伙林义报关出洋而去。翠梧、三阳乃唤船匠胡山打劫缯船一只，结通关霸，透关下海等候。随买杭城异货，密雇船户马应龙、洪大卿、陆叶艤艎船三只，诈称进香，乘夜偷关。驾至普陀，适逢潮阻，哨官陈勋等驾船围守，应龙等辄乘船而遁。哨兵追之，乃索得缎绢布匹等物，纵之使行，而前船货物已卸入三阳大船，洋洋赴大礐矣。于是子定先往福建收买杉木，至定海交卸。意欲随三

---

① ［明］张燮：《东西洋考》卷7。
② ［清］顾炎武：《天下郡国利病书》卷93。

第八章 枪炮开路,走向世界:贸易的特点和性质

阳等,同船贩卖,随将杉船向大嵩港潜泊,而豫构杨二赴苏杭置买湖丝,又诱郑桥、林禄买得毡毯,同来定海,见三阳船已先发,乃屯货于子定家,寻船下货",这一次从定海打造通番船共有三只,"一船李茂亭为长,而发旗者之为土垣也;一船唐天鲸为长,而发旗者之为薛三阳、董少也;一船方子定为长,而合本者之为严翠梧也"。[①]不难看出,这三只船都是采取合资、合本结伙通番的贸易形式。这种合资形式与十六七世纪西方出现的股份公司十分相似。英格兰第一个以合股形式进行贸易的特许公司——莫斯科公司,于1553年做过航行白海的冒险尝试,从1556—1581年之间,公司又经波斯、黑海、伏尔加河、北德维纳河、白海的海运路线把亚洲的奢侈品运到英格兰。莫斯科公司为了"从便利和安全两方面考虑,作出了合股的安排,因为这种冒险事业对于任何少数人来说,负担未免太大,因此,一个人数相当多的集团同意每人投资一部分,各人分担一份风险"[②]。由于这种合股方式既可以解决早期航海资金不足的困难,又能分担风险,减少经济上的损失,在东西方海上贸易史上曾被广泛地采用,从而成为近代股份公司的起源。

对于这种合资贸易的商人,有人认为仍然受到中世纪行会商人制度的束缚,因而与自由商人还有一定的距离。我们认为,虽然每条船推"舶主为政,诸商人附之,如蚁封卫长,合并徙

[①] [明]王在晋:《越镌》卷21。
[②] [英]约翰·克拉潘:《简明不列颠经济史》第9章《贸易公司·金融与国家政策》。

巢"[1]。但诸商对舶主并不存在人身依附关系，他们之间既没有签订有关入伙和经营贸易的规章制度，也没有像西欧中世纪商业基尔特（行会）那样对贸易地区、商品价格、货物种类与数量做严格规定。这种组合不是一种永久性的联谊社式的组织，而是一种临时性的联合组织。在一次航运结束以后，旧的合资、合股形式就宣告结束，又可以根据新的情况及各商人的意愿进行重新组合。如方子定原先与唐天鲸结伙通番，后来与严翠梧合本，而唐天鲸改与薛三阳合资通番。可见他们之间的关系并不紧密，是一种松散的、暂时的联盟。他们并不存在像中世纪行会商人制度的束缚。至于和对外贸易商有关的一些经纪、歇家、牙行之类组织，的确是由沿海的显官豪右组成，但是他们并不能完全控制海商，反而成为海商走私贸易的庇护者，对私人海上贸易起一定的保护与促进作用。因此无论从哪个方面看，这批合资经营的中小商人已是一批摆脱了封建束缚的自由商人。

第六节 船户水手，雇佣劳动

明末清初的私人海上贸易，除豪门巨室采用豢养义男、家丁出外贸易的封建型之外，其余海商的水手、舵工均是招募而来的，这种雇用船工的现象在当时已经十分普遍。万历三十七年（1609），浙江发现通倭事件，海商与船户都雇请把舵、水手、银匠出洋贸易，他们之间的关系当然是一种雇佣关系。顺治十二年（1655），被抓获的宁波鄞县的出洋船户朱盛、朱国臣、舒凤、舒茂峰也雇

---

[1] ［明］张燮:《东西洋考》卷9。

第八章　枪炮开路,走向世界:贸易的特点和性质

用船工、水手多人。据《刑部残题本》记载：朱云雇请水手郑云、朱夏、郑君、朱和尚、郑念八、朱官及朱小和尚,驾驶艚网船出海贸易。朱盛雇请水手毕小姐、舒三、朱振、朱五、朱四、朱寿、王六、朱孟麟及朱邦茂驾驶掘头船一只；朱国臣雇请水手钱十六、陈四十、朱四二、朱清宇、朱十驾驶艀艚船一只；舒凤雇请水手舒四、舒百四、舒增、舒二十驾驶艀艚船一只。他们"各买伪旗一面,收贮船上","竟自越走外洋"①,通番贸易。康熙十三年(1674)又发生通倭事件,海商刘君甫纠集张相如、熊奉新、傅文彩、赵尔业、陈三元、汪瑞之等人雇请俞敬在船上做香工,俞才、蒋五、马顺、金五、田五、高元、陈大为水手,从香山澳出洋到日本贸易。②以上各船的船商与舵工、水手的关系,实际上是一种船商出钱,船工出力的雇佣劳动关系。

　　明清时期的私人海上贸易,不仅普遍存在雇佣劳动现象,而且雇工的数量很多,雇工内部有较细致的分工。嘉靖年间,福建海商"陈贵等七名,节年故违明禁,下海通番,货卖得利,今次适遇潮阳海船二十一只,稍水一千三百名,彼此争利,互相杀伤"③。平均每条船雇用水手有六十二人左右。这个数字我们还可以在另一条材料中得到证实,顺治十五年,郑氏海商的两条海船奉太夫人之命"招雇已逃水手多人",前往暹罗通商贸易,"据报水手商人二船,共计一百三十五名"④,每条船扣除商人之外,

---

① 《明清史料》已编第3本《刑部残题本》。
② 《明清史料》已编第7本《江宁巡抚残件》。
③ [明]严嵩:《南宫奏议》,见《明经世文编》卷219。
④ 《明清史料》已编第5本《兵部残题本》。

水手也在六十人左右。如此众多的船工，他们的技术分工是十分明确的，每条船除船主之外，"亚此则财副一人，爰司掌记；又总管一人，统理舟中事，代舶主传呼。其司战具者为直库，上檣桅者为阿班，司碇者有头碇、二碇，司缭者有大缭、二缭，司舵者为舵工，亦二人更代，其司针者名火长"①。

到清初，每条船内的组织分工，比明代更为详细。康熙二十二年，郑氏海商从台湾开往暹罗的一只大乌船，有"管船黄成、蔡允六、火□□□□□细，副舵工谢升，总管林明，副总管陈英，阿班谢鼎，头碇陈三，大缭陈春，押工陈好，直库林七，香公张玉，总铺倪明，副总铺陆招，副阿班陈才，一阡陈兴，二阡林靖，三阡陈寅，二碇陈申，二缭陈好，三板工黄麟，副直库陈助，目梢杨胜、张四、陈武、蔡朋、林顺、王双、陈美、卢进、金长、黄未、陈建、杨卯、王进、林尾、金盛、林奏、林胜、郭进、洪创、邓三、王赞、王文、陈焦、洪乌、陈五、李任、杨金、曾五、曾木、陈隐、张粪、许礼、陈妹、陈宇、李广、薛元、陈尾、周顺、陈清、陈福、厚仔"②。

从与生产资料的关系来看，绝大部分的船工都是破产农民。明代中叶以后，由于农村土地兼并现象日益加剧和繁重的赋役负担，使大批农民破产，失去土地，到处流浪。这种现象在江南更为严重："大江南北，民赋浩繁""逃徙流亡，势所不免"，其中一部分流民走向山区，成为棚民，另外一部分涌向海上，成为船

---

① ［明］张燮:《东西洋考》卷9《舟师考》。
② 《明清史料》丁编第3本《部题福督王国安疏残本》。

第八章 枪炮开路,走向世界:贸易的特点和性质

工的雇佣大军,他们完全与土地相分离,可以说除了自身之外,几乎一无所有。前文所述船户朱盛、朱国臣、舒凤、舒茂峰雇用的郑云、朱夏、朱和尚、郑念八等二十八名船工均是一无所有、与土地相脱离的"赤贫水手"①。船户陈肇鼎招募的船工王旭也是丧失所有生产资料,甚至丧失所有生活资料的"孑然赤身"的破产农民。正由于这些船工完全丧失了生产资料,只有靠出卖自己的劳动力来换取生活资料,所以一旦戒严不得下水,他们就会生活无着。万历年间,丰臣秀吉侵犯朝鲜,明朝政府再次实行海禁,"贻祸澄商,引船百余只,货物亿万计,生路阻塞,商者倾家荡产,佣者束手断缲,阖地呻嗟,坐以待毙"②。从这里可以看出,一无所有的船工是如何依赖出卖自己的劳动力来维持生计的。它再一次说明私人海上贸易中的船工已完全"脱离土地和脱离任何生产资料"。

就与船主的关系来看,船工已具有自由雇佣劳动的性质。《东西洋考》云:"顾海滨一带,田尽斥卤,耕者无所望岁,只有视渊若陵,久成习惯,富家征货,固得捆载归来,贫者为佣,亦博升米自给。"③《天下郡国利病书》亦说:"航海商贩尽由漳泉止于道府,告给引文为据,此皆沿海居民,富者出资,贫者出力,懋迁居利,积久弊滋缘为奸盗者已非一日。"④《海澄县志》《倭志》也有同样的记载:"饶心计者视波涛为阡陌,视帆樯为耒

---

① 《明清史料》己编第3本《刑部残题本》。
② [明]许孚远:《敬和堂集·疏通海禁疏》。
③ [明]张燮:《东西洋考》卷7《饷税考》。
④ [清]顾炎武:《天下郡国利病书》卷100。

耕。盖富家以财，贫人以躯，输中华之产，驰异域之邦，易其方物，利可十倍。"① "照得下海番商，富者出本，贫者出分，贸易诸国。"②从以上记载看，船主与船工完全是一种金钱雇佣关系，船主用金钱购买船工的劳动力，榨取船工创造的剩余价值。船工一无所有，被迫出卖劳动力，以"博取升米自给"。在这里，劳动力已转化为商品，封建剥削已变成资本主义剥削，船主既不是用超经济的强制来役使船工，也不是用"恩养"的方法来掩盖其剥削关系，而是采用赤裸裸的经济手段剥削船工，因此船工与船主在法权上是平等的，没有什么人身依附关系。

此外，他们在经济关系上还采取比较进步的货币工资制。范表在《玩鹿亭稿》中说浙江宁波沿海商民："造船雇人雇倭而来，每倭一名，用银七两。"③《崇祯长编》也记载："民之富者怀资贩洋，如吕宋、占城大小西洋等处，岁取数分之息，贫者为其篙师长年，岁可得二三十金。"④这种货币工资在商业资本中占很大的部分。康熙二十二年（1683），郑氏海商的一条商船满载白糖二千零五十担，冰糖一百五十担，从台湾到日本出售，共得"版银一万三千五百二十两，除给目梢辛劳粮蔬银三千五百一十八两五钱外，尚存版银一万零一两"。此银在日本购买红铜、金版、茶砧、京酒、柿果、栗子、酱爪、鼓、油蜇、鲳鱼、鲦鱼（鱿鱼）等货物，又从日本开到暹罗，"将前项货物发卖，除存红铜

---

① 乾隆《海澄县志》卷15《风土》。
② ［明］王世贞：《倭志》。
③ ［明］万表：《玩鹿亭稿》卷4《又答张半洲总制书》。
④ 《崇祯长编》卷41。

第八章　枪炮开路,走向世界:贸易的特点和性质

一百六十箱,其余共卖过纹银八千三百一十二两七钱七分五厘,除暹罗发给目梢辛劳粮蔬银一千五百二十九两二钱五分五厘,实存银六千七百八十三两五钱二分"①。这条船在日本及暹罗的贸易额为21832两7钱7分5厘,支付水手、舵工的工资达4017两7钱5分5厘,约占总贸易额的18.5%,其数量是很大的。

　　以上事实充分证明,明末清初私人海上贸易的雇佣劳动已经具有"摆脱旧的被护民关系或农奴和封建义务关系的自由,其次则是没有任何个人财产和存在的任何客观的、物的形态的自由,即没有任何财产的自由"②的特点,是一种带有资本主义萌芽的雇佣劳动。

---

① 《明清史料》已编第7本《兵部残题本》。
② 马克思:《资本主义生产以前各形态》,人民出版社1956年版,第50页。

第九章
流血的海路：内外强权交织打击

明清私人海上贸易的发展，影响了当时的封建经济生活，冲击着封建王朝的统治基础，这就必然地引起封建统治者的恐惧和反对。因此，私人海上贸易一开始就走上了艰辛的道路。①

第一节 封建政权的肆意压迫

国家政权对待海上贸易的政策是否正确，对于私人海上贸易的发展与否具有十分重要的作用。十六七世纪，西方各国大都实行重商主义，对发展海外贸易采取各种鼓励措施。英国为了夺取海上霸权，从各方面竭力支持海外贸易：

第一，积极组织各种对外贸易公司，使之分别经营一个特定地区的殖民贸易。1554年，成立莫斯科公司，该公司经过波斯、里海、伏尔加河、北德维纳河、白海的航路，把亚洲的奢侈品运到英格兰。②1581年，利凡特公司（又称土耳其公司）以股份公司的形式出现，它的成员是从最早在印度旅行的英格兰人那里获

---

① 林仁川:《试论明代漳泉海商资本发展缓慢的原因》，《中国社会经济史研究》1982年第1期。
② Glamann, *Dutch Asiatic Trade*, Vol.9.

第九章 流血的海路：内外强权交织打击

得各种报告后，由一百零一个冒险家连同十五名"受托人或董事"组成。1560年，新成立的东印度公司获得英国政府颁发的对东印度群岛经营贸易的特许状。"这个新公司当时有二百十八个成员和二十四个'受托人'，他们受权组织了四次前往东方的航行，无须缴纳货物出口税，并可带出金银块。"①1588年，又成立非洲公司，专门经营对非贸易。为了扶植东印度公司和非洲公司，英国政府于1662年制定法令，保证各股东在公司遭受损失时，不负超过股票面值以上的责任，也不因董事们的蠢事而遭破产以及变卖产业，从而巩固了各海外贸易公司的地位。

第二，关税保护。实行出口补贴，保证对外贸易的出超。1656年，对一系列产品降低出口税，其中包括谷物、肉类、奶油、蜡烛、啤酒和铅。1691年，取消猪肉、牛肉、奶油、干酪和蜡烛的出口税，到1699年，取消所有毛织品、谷物、麦片、面包以及其他若干商品的出口税。1709年规定，凡由不列颠船只装运的出口煤都免纳关税。同时，还采取了输出奖励金的办法鼓励谷物的出口。因为谷物出口"对于地主以及对于王国的一般贸易……都是极有利的"，1673年法令规定，在小麦价格每夸脱②低于48先令时，每夸脱给予3先令6便士的奖励金，大麦价格低于24先令时，给予2先令6便士的奖励金，从而使英国对外贸易长期维持顺差的状况。

第三，颁布航海法令和其他管理法令，打击外国航运势力，

---

① Glamann, *Dutch Asiatic Trade*, Vol.9.
② 夸脱，英美容量单位。

保护本国航运业的发展。1663年规定，所有从欧洲运往殖民地的商品都必须经由英格兰转运，糖、烟草、棉花、生姜以及各种染料的专运，对许多英国口岸和英国商人大有裨益，特别是关于糖、烟草和棉花的专运规定，使利物浦、格拉斯哥等港口的航运商受益最大，"由于将美洲的烟草购进再转售给那个成立已久的法国政府的烟草专卖局，格拉斯哥发了大财"①。1696年，又规定所有和殖民地贸易的船只必须由不列颠或殖民地建造，船员中四分之三的人员应为不列颠人。荷兰等外国船不能从但泽运（格但斯克）来谷物或从哥德堡运入木材，这种办法打击了荷兰船商，帮助了英国航运主。

第四，组织海上保险公司，保障商船航运的安全。1662年，有人提议为海上保险事业组织公司，一批仿效意大利先例的商人首先在伦巴第街，随后在托马斯·格雷沙姆爵士主持的皇家交易所聚会商讨，同意立约分担船只航行的风险。伊丽莎白时代，枢密院对保险商的活动做了规定，并由议会通过法令，加以管理。此后，海上的保险单就是根据伊丽莎白时代的蓝本制订的。

第五，大力培养航海人员和扩大海军力量。亨利八世扶植了他的海军，赛西尔培植了军需工业，并制定"吃鱼办法和海军日"来鼓励和培养航海人员。②由于英国政府实行以上一系列的鼓励和支持政策，使越来越多的商人和贵族把资本投向海外商业和殖民掠夺事业，从而大大促进英国对外贸易的发展。1548年，

---

① Glamann, *Dutch Asiatic Trade*, Vol.9.
② Glamann, *Dutch Asiatic Trade*, Vol.9.

英国拥有排水量在一百吨以上的船只才35只,1588年增至183只,而到1629年已增至350只。英国的商船贩运着欧、亚、非、美各洲的商品,其中尤以呢绒、羊毛、铅、锡、粮食、皮张、酒类及东印度的商品为大宗。英国资产阶级取得政权以后,更是利用强大的国家政权的力量,同葡、西、荷等国展开激烈的斗争,夺取海上霸权,使英国成为首屈一指的商业强国和最大的殖民帝国。到18世纪,英国整个对外贸易增加了近六倍,伦敦已成为世界贸易的中心。[1]

与西欧各国相反,明清时代的中国封建政府,不仅没有像西方国家那样积极支持海外贸易活动,而且对私人海上贸易采取种种办法加以控制和摧残,严重地阻碍了私人海上贸易的繁荣和发展。

一、法律的制裁,军队的镇压

明王朝建立以后,明太祖朱元璋为了防止倭寇和张士诚、方国珍残部在沿海一带的骚扰和破坏,制定了一系列严格的海禁政策。洪武四年(1371),首颁禁海命令,洪武十四年,再次下令"禁濒海民私通海外诸国",并命令信国公汤和及江夏侯周德兴巡视浙江、福建沿海各地,广置城寨卫所,籍兵置戍。但禁令愈严,勾引私通者获利愈大。于是洪武二十三年朱元璋再次"诏户部申严交通外番之禁,上以中国金银、铜钱、缎匹、兵器等物,自前代以来,不许通番,今两广、浙江、福建愚民无知,往往交通外番,私易货物,故严禁之。沿海军民官司,纵令私相交易

---

[1] 樊亢、宋则行主编:《外国经济史》第2章,人民出版社1980年版。

者，悉治以罪"①。在朱元璋的打击下，明初私人海上贸易活动受到很大破坏，如著名的泉州蒲姓海商家族，由于明王朝的迫害和歧视，被迫举家迁离泉州，据族谱记载："大明建极之后，劫数难逃，阖族惨遭兵燹，流离失所，靡有孑遗。"②这个有着丰富经验的海商家庭，以及由经营海上贸易而积累的巨额海商资本，因封建政权的粗暴干涉而没有继续发展。

永乐、宣德年间，海禁虽略有宽弛，但并未根本改善，明成祖仍然规定："禁民间海船，原有海船者，悉改为平头船，所在有司，防其出入。"③到正统年间，由于北方蒙古的入侵，明廷自顾不暇，于是海禁再度严紧，正统十四年（1449）重申海禁：凡"私通外夷，贸易番货，漏泄军情及引海贼劫掠边地者，正犯极刑，家人戍边，知情故纵者罪同"④。特别是到嘉靖二年（1523），因发生日本海商的"争贡之役"，明政府的海禁政策更严了，明世宗下令"一切违禁大船，尽数毁之""沿海军民，私与贼市，其邻舍不举者连坐"。⑤福建御史白贲为了达到靖海的目的，对"龙溪嵩屿等地""素以通番为生"的海商，"严行禁止"出海。各省地方政府对违禁走私的海商穷追猛打，下令"私造双桅大船下海者，务必要一切捕获治之"，甚至"查海船但双桅者，即捕之，所载即非番物，俱发戍边卫"。⑥并且重整水寨、哨游，

---

① 《明太祖实录》卷139。
② 《永春龙溪蒲氏族谱》。
③ 《明成祖实录》卷27。
④ 《明英宗实录》卷179。
⑤ 《明世宗实录》。
⑥ 《明世宗实录》。

第九章 流血的海路:内外强权交织打击

"务使彼此联系,以靖海洋"。明王朝如此严厉的海禁政策,沉重地打击了海商集团,引起他们强烈的反抗,终于爆发了反海禁的所谓倭乱战争。

经过海商的流血斗争,迫使明朝政府从隆庆、万历以后,部分开放海禁,允许私商出海贸易,但这种开放还是很有限度的,即使是主开派官吏,也主张"于通之之中,申禁之之法",在开放中加以控制。如对"日本例不得往",凡走东西二洋的商人,也要"制其船只之多寡,严其往来之程限,定其贸易之货物,峻其夹带之典刑,重官兵之督责,行保甲之连坐,慎出海之盘诘,禁番夷之留止,厚举首之赏格,蠲反诬之罪累"。[①]

清朝不仅完全继承了明王朝的海禁做法,而且将之发展为更系统的闭关锁国政策。特别是为了扼杀郑氏海商集团,采取了残酷的迁界措施,完全断绝了同国外的任何联系,海禁之严已到了登峰造极的地步。综观明清两朝对待私人海上贸易的政策,虽然由于政治形势的变化发展而时宽时严,但总的看来还是以"严诛剿"为主。这种"严诛剿"的政策,归纳起来可以概括为"防""禁""迁""杀"四种做法。

防——就是在东南沿海各要冲,广置卫所城寨,重兵驻守,严防海商出海贸易。如南直隶苏松两府,"濒于大海,自吴淞江口以南,黄浦以东,海堰数百里,一望平坦,皆贼径道",是明朝官兵重点防御地带。为了防止海商进出,在松江府沿海地方,如上海的川沙、南汇,华亭之青村、柘林,"凡贼之所据以为巢

[①] [明]许孚远:《敬和堂集》。

窟者，各设陆兵把总以屯守之"。①金山界于柘林、乍浦之间，是直、浙之要冲，特设总兵，以为陆兵之统领，又于其中添置游兵把总二员，专驻金山，往来巡哨，北卫松江而西援乍浦。至于苏州府之沿海，因多港口，则自嘉定之吴淞所，太仓之刘家河，常熟之福山港，"凡贼舟可入者，各设水陆把总以堵截之，而崇明孤悬海中，尤为贼所必经之处，特设参将以为水兵之领袖"②。并添置游兵把总二员，"分驻竹箔、营前二沙，往来防哨，巡视海洋，内外夹持，水陆兼备"。这样，"上之可以御贼于外洋，下之可以巡塘而拒守，亦既精且密矣"。

浙江沿海的防卫更为严密，明朝政府重重设防，其防线"自内达外有三：会哨于陈钱，分哨于马迹、洋山、普陀、大衢为第一重；出沈家门、马墓为第二重；总兵督发兵船为第三重，备至密也"③。具体的兵力布置是："陈钱为浙直分鯨之处，则交相会哨，远探穷搜，复于沈家门列兵船一枝，以一指挥领之。舟山驻扎把总，兼督水陆。贼若流突中界也，则沈家门、马墓兵船北截过长涂、三姑，而与浙西兵船相为掎角，南截过普陀青龙洋、韭山，而与温台兵船相为掎角。贼若流突上界也，总兵官自烈港督发舟师，北截之于七里屿、观海洋，而参将自临山洋督兵应援，南截之于金圹崎头洋，而石浦、梅山港兵船为之应援。"④

福建沿海共设立五个水寨：浯屿水寨、南日水寨、烽火门水

---

① [明]郑若曾：《郑开阳杂著》卷1《万里海防图》。
② [明]郑若曾：《筹海图编》卷6。
③ [明]王在晋：《海防纂要》卷1《浙江要害论》。
④ [明]茅元仪：《武备志》卷209。

寨、铜山水寨、小埕水寨。据《闽书》记载："嘉靖四十二年，以闽中连岁苦倭，议设总兵镇守，春秋二季驻福州，夏冬二季驻镇东。设五寨钦依把总，以烽火、南日、浯屿三寨为正兵，小埕、铜山二寨为奇兵，又为之分汛地，严会哨。分福建为三路，以福宁为北路，辖福宁卫所军弁、陆营兵烽火、小埕二寨；兴化为中路，辖福州、兴化、平海、泉州、永宁各卫所军弁南日寨、兴泉府陆营客兵；漳州为南路，辖漳州、镇海二卫所军弁浯屿、铜山二寨及漳州陆兵各设参将驻札。"①

广东的沿海设防，也分三路把守。东路为惠、潮二郡与福建连壤，"漳舶通番之所必经"，潮州"为岭东之巨镇，柘林、南澳俱系要区，扼吭抚背之防，不可一日缓"，所以"东路官军每秋掣班必以柘林为堡，慎固要津，附近大城所戍卒，互为声援"。② 西路指高州、雷州、廉州之郡，"逼近占城、暹罗、蒲剌诸番，岛屿森列"，是通西洋的必经之路，明朝也派重兵防守。中路包括珠江口的屯门、鸡栖、佛堂门、冰水角、老万山、虎头门等澳，是海艘进入广州、澳门的咽喉之地，明朝军队在东莞、大鹏设戍守之兵，"使添置往来，预为巡哨，遇警辄敌，则不敢以泊此矣"。③

明朝政府不仅在各省设防，而且还实行四省联防，因为浙、直、广、福四省，大海相连，下海通番之人，"通伙流劫，南风汛则勾引夷船由广东而上达于漳、泉，蔓延于兴、福；北风汛则

---

① ［明］何乔远：《闽书》卷40《扞圉志》。
② ［明］茅元仪：《武备志》卷213。
③ ［明］郑若曾：《筹海图编》卷3。

勾引夷船由浙江而下达于福、宁,蔓延于兴、泉,四方无赖,又从而接济之,向导之,若欲调兵剿捕,攻东则窜西,攻南则遁北,急则潜移外境,不能以穷追,缓则旋复合艅,有难于卒殄"。因此,单纯的分省防守是不行的,"故福建捕之,而广、浙不捕不可也;广、浙捕之,而福建不捕亦不可也"。① 为了改变这种"分界以守则孤围受敌,势弱而危"的局面,明朝官兵在两省交界处实行"会哨"的办法,如福建的兵船南哨于大城千户所,与广东兵会;北哨于松门千户所,与浙江之兵会。浙江的兵船南哨至福建之烽火门,与福建小埕兵船相会;北至洋山,与苏松竹箔兵船相会。苏松的兵船,南哨至洋山与浙江马墓兵船相会;北哨至茶山,与江北兵船会。从而形成"诸哨络绎,连如长蛇,群方合并,齐如丘鼎"的一条龙防线。这种南北夹击,协谋会捕的联防做法,给私人海上贸易商人的活动造成很大困难。

禁——封建政府颁布一系列禁海法令,对下海通番及接济走私商人者处以严酷刑罚。《大明律》规定:"凡将马、牛、军需、铁货、铜钱、缎匹、绸绢、丝绵私出外境货卖及下海者杖一百,挑担驮载之人减一等,物货船车并入官。予内以十分为率,三分付告人充赏。若将人口军器出境及下海者绞,因而走泄事情者斩,其拘该官司及守把之人通同夹带或知而故纵者与犯人同罪,失觉察者减三等,罪止杖一百,军兵又减一等。"《问刑条例》规定得更加具体:

---

① [明]茅元仪:《武备志》卷209。

第九章　流血的海路：内外强权交织打击

凡守把海防武职官员，有犯受通番土俗哪哒报水分利金银货物等项值银百两以上，名为买港，许令船货私入串通交易，贻患地方，及引惹番贼海寇出没，戕杀居民，除真犯死罪外，其余俱问受财枉法罪名，发边卫永远充军。

凡夷人贡船到案，未曾报关盘验，先接买番货及为夷人收买违禁货物者，俱发边卫充军。

凡沿海去处，下海船只，除有号票文引，许令出洋外，若奸豪势要及军民人等，擅造二桅以上违式大船，将带违禁货物下海，前往番国买卖，潜通海贼，同谋结聚，及为向导劫掠良民者，正犯比照谋叛已行律处斩，乃枭首示众，全家发边卫充军。其打造前项海船卖与夷人图利者，比照私将应禁军器下海，因而走泄事情律，为首者处斩，为从者发边卫充军。若止将大船雇与下海之人，分取番货，及虽不曾造有大船，但纠通下海之人接买番货，与探听下海之人，番货到来私买贩卖苏木、胡椒至一千斤以上者，俱发边卫充军，番货并入官。

凡私自贩卖硫黄五十斤，焰硝一百斤以上者问罪，硝、硫黄入官。卖与外夷及边海贼寇者，不拘多寡，比照私将军器出境，因而走泄事情律，为首者处斩，为从者俱发边卫充军。

凡官员军民人等私将应禁军器卖与进贡夷人图利者，比依将军器出境因而走泄事情律斩，为从者发边卫充军。

隆万以后，明朝政府虽然部分开放海禁，准贩东西二洋，但对日本的贸易仍然是禁止的。万历四十年（1612）经刑部议覆，

专门制定以禁止中日民间贸易为主要内容的"新例",这些"新例"规定:

> 凡沿海军民私往倭国贸易,将中国违制犯禁之物,馈献倭王及头目人等,为首者比照谋叛律斩,乃枭首,为从者俱发烟瘴地面充军。
>
> 凡奸民希图重利,伙同私造海船,将绸绢等项货物,擅自下海,船头上假冒势官牌额,前往倭国贸易者,哨守巡获,船货尽行入官,为首者用一百斤枷枷号二个月,发烟瘴地面,永远充军。为从者枷号一个月,俱发边卫充军,其造船工匠枷号一个月,所得工钱坐赃论罪。
>
> 凡势豪之家,出本办货,附奸民下海,身不行,坐家分利者,亦发边卫充军,货尽入官。
>
> 凡歇家窝顿奸商货物装运下海者,比照窃盗主问罪,乃枷号二个月,邻里知情与牙埠通同不行举首,各问罪,枷号一个月发落。
>
> 凡关津港口巡哨官兵不行盘诘,纵放奸民通贩倭国者,各以受财枉法从重究治。
>
> 凡福建、浙江海船装运货物往来,俱着沙埕地方更换,如有违者,船货尽行入官,比照越渡沿边关塞律问罪,其普陀进香人船,俱要在本籍告引照身,关津验明,方许放行,违者以私渡关津论,巡哨官兵不严行盘诘者,各与同罪。①

---

① [明]王在晋:《海防纂要》卷12《禁下海通番律例》。

第九章 流血的海路:内外强权交织打击

从以上明朝政府历次颁布的禁海法令看出,下海通番不仅要船货没官,而且与谋叛同罪,为首者斩首示众,为从者发边卫充军,可见对私人海上贸易商人的处罚是很残酷的。继明而起的清政府,全盘继承了明王朝的禁令条例,顺治十三年六月十六日,清朝最高统治者发布《申严海禁敕谕》:

> 皇帝敕谕浙江、福建、广东、江南、天津各督抚镇,海逆郑成功等窜伏海隅,至今尚未剿灭,必有奸人暗通线索,贪图厚利,贸易往来,资以粮物。若不立法严禁,海氛何由廓清?自今以后,各督抚镇著申饬沿海一带文武各官,严禁商民船只私自出海。有将一切粮食货物等项交逆贼贸易者,或地方官察出,或被人告发,即将贸易之人,不论官民,俱行奏闻处斩,货物入官,本犯家产尽给告发之人。其该管地方文武各官,不行盘诘擒缉,皆革职从重治罪。地方保甲,通同容隐,不行举首,皆处死。凡沿海地方,大小贼船可容湾泊登岸口子,各该督抚镇务要严饬防守各官,相度形势,设法捆阻,或筑土坝,或树木栅,处处严防,不许片帆入口,一贼登岸。如仍前防守怠玩,致有疏虞,其专汛各官,即以军法从事,该督抚镇一并议罪。尔等即遵谕力行,特谕。[①]

[①] 《敕谕沿海督抚镇申严海禁事》,见厦门大学台湾研究所、中国第一历史档案馆编辑部编:《郑成功档案史料选辑》,福建人民出版社1985年版,第169页。

明清封建政府利用各种立法手段，严行禁海，取缔海上贸易活动，沉重地打击了私人海上贸易的发展。

迁——强制沿海居民迁入内地，实行坚壁清野，断绝海商与陆上的联系。提起迁界，一般人都认为是清初的政策，其实早在明初已实行，洪武年间，明太祖为了切断海商与内地的联系，派遣信国公汤和巡视浙江、福建、广东沿海，汤和所到之地，凡是海商活动的据点，均采取"迁其民""墟其地"的做法。在浙江舟山岛，"信国会（指汤和）以其民孤悬，徙之内地，改隶象山，止设二所"①。普陀山原来人口众多，香火兴旺，许多海商利用进香之机，进行海上贸易活动。明太祖洪武三十年，"信国公汤和徙居民入内地，焚其殿宇三百余间，迎瑞相供于郡东楼心寺，重建大刹，改名补陀，山中仅留铁瓦殿一所，使一僧一介守奉香火焉"②。所以茅元仪在《武备志》浙江事宜中指出："国初定海之外，季秀、兰剑、金塘、玉环争利，内相仇杀，外连倭夷，岁为边患，信国公经略海上，起遣其民，尽入内地，不容得业，乃清野之防也。"③福建沿海岛屿众多，海湾曲折，大都可作海商候风待潮或长期驻泊之所，明朝对这些地方也采取迁界法。如月港附近的海门岛，因"居民多负海为盗""不可胜诛"，干脆将全岛居民迁入内地而"墟其地"，这就从根本上断绝了附近居民从事海上贸易的可能性。台湾、澎湖也是海商潜聚之地，洪武五年

---

① 天启《舟山志》卷1。
② 道光《南海普陀山志》卷1。
③ ［明］茅元仪：《武备志》卷215。

第九章 流血的海路:内外强权交织打击

"汤信国经略海上,以澎湖岛民叛服难信,拟徙迁郭,二十一年尽徙屿民,废巡司而墟其地"①。广东南澳岛"为海贼湾泊之所",洪武二十六年"信国公汤和奉命经略海上,谓其巢倭,遂徙其民而墟其地,其田粮则派海洋各县,至今街衢遗址尚存,渔猎往来其间,称为水国"。②

清初,为了对付郑氏海商集团,更大规模地强制迁徙濒海居民,尽烧沿海民房和船只,不准片板入海,史称迁海。顺治十八年,自郑氏降清的叛将黄梧献策说:"金、厦两岛弹丸之区,得延至今日而抗拒者,实由沿海人民走险,粮饷、油、铁、桅船之物,靡不接济,若从山东、江、浙、闽、粤沿海居民尽徙内地,设立边界,布置防守,不攻自灭也。"③清政府立即接受这一建议,从这年九月起,差派钦差大臣到东南沿海各省"立界移民",其中实行最严厉的是福建、广东两省。

福建"令下即日,挈妻负子载道路,处其居室,放火焚烧,片石不留,民死过半,枕借道涂";沿海一带"火焚二个月,惨不可言,兴、泉、漳三府尤甚"。④在兴化,"着附沿海居民搬入离城二十里内居住,二十里外筑土墙为界,寸板不许下海,界外不许闲行,出界以违旨立杀"⑤。在泉州安海,"迁沿海居民以垣为界,三十里以外悉墟其地,安海之寺观、宫室、官廨、民居,

---

① 光绪《澎湖厅志》卷5。
② [清]严如熤:《洋防辑要》卷14《广东防海略》。
③ [清]江日升:《台湾外纪》卷5。
④ 《榕城纪闻》。
⑤ [清]陈鸿、[清]陈帮贤:《清初莆变小乘》。

431

悉数毁平"①。在漳州，将"四邑沿海居民迁移内地"，"沿海边界以垣为界"，使九龙江口直至江东地区方圆数十里内皆成"弃土"。诏安"各岛暨沿边居民尽驱内地，先画二界以绳之，其间多有一宅而半弃之，若逢山开沟，阔二丈余名曰界沟，厚四尺余，名曰界墙，逢溪河用大木桩栅五里相连，于高埠处署炮台，外设烟墩，二三十里设大营盘，曰瞭望，夜则伏路，有警则一烟起，左右相应，货物不许越界，稍逾跬步者杀无赦"②。

广东的迁界也很酷烈。康熙元年，科尔坤、介山二大臣到广东，"令滨海民悉徙内地五十里，以绝济台湾之患，于是挥兵斩界，期三日尽夷其地，空其人民"③。在香山县，"初，黄梁都民奉迁时，民多恋土，都地山深谷邃，藏匿者众，平藩左翼总兵班际盛计诱之曰点阅，报大府，即许复业。愚民信其然。际盛乃勒兵长连埔，按名令民自前营入，后营出，入即杀，无一人倖脱者"④。由于迁界政策给沿海人民带来极大灾难，不仅遭到居民们强烈反抗，也引起统治阶级内部不少人的非议，因此一度有所放松。但到三藩作乱，联合郑经重新打回福建沿海时，清朝政府再次发布迁海令，康熙十七年下令"应如顺治十八年立界之例，将界外百姓迁移内地，仍申严海禁，绝其交通"⑤，使一度稍许放宽的迁海活动又紧张起来。明清政府实行的迁界政策，使沿海富饶地区转瞬之间化为一片废墟，这种做法既隔绝了海商与内地

---

① 新编《安海志》卷35《纪事》。
② 嘉庆《诏安县志》卷5。
③ ［清］屈大均：《广东新语》卷2《地语》。
④ 道光《香山县志》卷8《事略》。
⑤ 《清圣祖实录》卷71。

第九章　流血的海路：内外强权交织打击

的联系，也加重了我国封建社会的闭塞性，对于私人海上贸易的发展十分不利。

杀——明清封建政府不仅采取各种手段禁止海上贸易活动，甚至动用军队，大规模地屠杀违禁海商。嘉靖二十六年，朱纨派卢镗率重兵包围双屿港，击溃许栋海商集团，"浮斩溺死者数百人"，擒获海盗商人李光头及窝主顾良玉等人。许栋冲出包围，逃奔福建浯屿。卢镗跟踪追击，在沙头屿附近展开大战，擒斩许栋等八十余人，溃败投水者千余人。嘉靖二十八年，朱纨又带领副使柯乔、都司卢镗围剿诏安走马溪，不仅击溃了海商集团，而且一次就处死"通番者九十余人"。对朱纨的所作所为，有人赞美他抗倭卫国的历史功绩[1]，对此说法，笔者是未敢苟同的。我们在前面讲过，朱纨围剿的对象，其中确有日本海盗及西方海盗，但人数不多，绝大部分是中国的海盗商人。而且，朱纨在处理战俘时，中外有别，"被俘的中国人多数被正法，而葡萄牙人则被送到广西去，其中有些人还通过贿赂逃回到葡萄牙人中去"[2]。朱纨专门残杀中国海商，怎能称他是"功绩永垂青史"的"民族英雄"呢？至于朱纨的为人，也并不像有人讲的那样"一生廉洁奉公""清强峭直"。我们在《闽书》里发现一条很有意思的材料，据该书《英旧志》记载：

> 魏一恭，字道宗……转浙江按察副使，分镇宁波，有

---

[1] 陈学文：《朱纨抗倭卫国的历史功绩》，《学术评论》1983年第6期。
[2] 严中平：《老殖民主义史话选》，第529页。

倡议海邑海岛中筑城列戍者，巡视浙江都御史朱纨可其语，一恭奏记止之日：是役也，非费巨万，更再岁不能卒业，且旦夕撼激，不出数年举而弃之矣。纨拉守、巡二大夫偕一恭往视，既至，纨指画上下，抵掌言便，二巡守复从旁怂恿，一恭故望洋不顾，已，纨以鬻贩满伽番人交通海上亡赖人为贾，不请朝旨，逮捕诛之，遂以师捷举宴，一恭语诸佐史曰：海上幸无事，吾曹未尝效尺寸，奈何言捷也。已，强从宴，宴之日，定海令具金花文绮自开府下至材官各有差，一恭摩隙之，纨目摄一恭，一恭则自如。①

由此可见，朱纨虚报战绩，无功受赏，并不清廉。实际上也是一个好大喜功的家伙。

明清封建朝廷不仅自己出兵诛剿海商集团，甚至还勾引外国势力，共同扼杀中国的私人海上贸易活动。嘉靖三十四年，明朝备倭董龙与俞大猷相议说："今贼船泊虎头门，急之则出外洋，缓之即入沿海打劫，不若遣人暗约暹罗番鬼以外入，我兵从内出，齐会于虎门，则贼无所逃命矣。"②后来果然"遣通士往暹罗约番兵来"，届期俞大猷、董龙兵从五羊马日往虎头门，暹罗兵从外洋直入虎头门，两路夹攻，使海商集团被"诛斩殆尽，余溺死者无数"。万历年间，林凤海商集团攻占吕宋的榜佳施栏，明朝政府派遣王望高去吕宋，告诉西班牙司令官，林凤是一巨盗，

---

① ［明］何乔远：《闽书》卷112《英旧志》。
② ［明］诸葛元声：《三朝平攘录》卷1《海寇》。

第九章 流血的海路：内外强权交织打击

如果能活捉或杀死他，明朝将赐予重赏，并在北京建立牌坊以彰其功。王望高还同西班牙总督商议共同消灭林凤的有关事宜，双方达成协议，西班牙人如生获林凤，将引渡给明朝官员。王望高同意六个西班牙人以使节身份跟随他到福建访问。虽然这一阴谋没有得逞，但已暴露明朝政府妄图勾结西班牙人共同镇压林凤海商集团的真面目。清政府也向荷兰殖民者暗送秋波，多次请求荷兰海军帮助清除厦门、金门及一切地方的郑氏海商集团势力。由此可见，中国海商腹背受敌，是很难发展和壮大起来的。

由于明王朝采取以上种种控制和迫害措施，使冒死出海贸易的海商在贸易活动时"不换货物，止卖金钱，回还之时，将船烧毁，潜地逃归"①。这些海商把船烧毁后，想再从事海商资本增殖的贸易活动十分困难。他们从事海上贸易活动而得到的大量金钱，也因封建政府的迫害，不得已埋入地下贮藏起来，从而退出流通领域，停止货币的机能，就是转为他途使用，无法继续发挥增殖海商资本的作用。还有更多的海商，为了逃避封建政府的镇压和迫害，被迫流落海外，侨居他国，使巨额资本搁置海外，倘若这些资金能回归本土，对国内资本的原始积累，一定会起很大的作用。

二、招降收买及诱骗捕杀

封建政府对于私人海上贸易集团，能捕能杀者，直接用暴力镇压、军事围剿。对于规模比较大的、实力比较雄厚的海商集

---

① ［明］冯璋：《冯养虚集》。

团，无力直接镇压者，改用招降引诱、分化瓦解的办法，各个加以击破。胡宗宪对待王直、徐海海商集团就是采用这种卑劣的手段。

胡宗宪，徽州绩溪人，与王直同乡。他到浙江后，派人到徽州将王直的母亲、妻子、儿子逮捕归案，关在金华的监狱里，以此作为要挟的条件。但王直不买他的账，于是他改变策略，不仅将王直妻子母亲放出来，而且"丰衣食，洁第宅，奉之以为饵"，同时上疏请求派人去日本，"以移谕日本禁戢部夷为名，其实伺察直也"。明王朝批准他的计谋，乃派蒋洲、陈可愿两人充正、副使前往日本。临行前，胡宗宪"密计授洲等曰：王直越在海外，难与角胜于舟楫之间，要须诱而出之，使虎失负隅之势，乃可成擒耳"，又授计说："王直南面称孤，身不履战阵而时遣褊裨杂种侵轶我边圉，是直常操其逸而以劳疲中国也。要须宣布皇灵以携其党，使穷发皆知向化，则贼之势自不能容，然后道之灭贼之功，以保亲属，此上策也。"[①]蒋洲领计而行。嘉靖三十四年，蒋洲等人到达五岛，拜见王直，坐论乡曲，王直设酒食款待，蒋洲举杯曰："总督公（指胡宗宪）遣洲等敬劳足下，风波无恙"，王直避席答曰："直海介逋臣，总督公不曳尺缠牵而鞠之，而远劳讯使，死罪死罪。"蒋洲又说："总督公言足下称雄海曲，亦伟矣，而公为盗贼之行何也？"王直回答说："总督公之听误矣，直为国家驱盗，非为盗者。"蒋洲反驳道："足下招聚亡命，纠合倭夷，杀人剽货，坐分掳获，而说：我非盗者，岂不是与昏夜操器

[①] ［明］郑若曾：《筹海图编》卷9《大捷考·擒获王直》。

第九章 流血的海路:内外强权交织打击

以临人之池,被人抓住,反而辩解说,吾非盗鱼者,为君护鱼者一样吗?你的这些话,虽三尺童子也不会相信。"王直无言以答,蒋洲进一步威胁道:"总督公统领官军十万,益以镇溪、麻寮、大剌士兵数万,艨艟云屯,戈矛雨注,水陆戒严,号令齐一,而欲以区区小岛与之抗衡,是何异于骋螳臂以当车辙也。"蒋洲眼看威胁已奏效,接着把话锋一转,引诱道:"总督公推心置腹,任人不疑,拔足下寿母令妻于狱中,馆谷甚厚,则公之心事可知矣,何不垂机立功,以自保赎保全妻孥,此转祸为福之上策也。"王直默然而罢,乃带领蒋洲巡看各岛,蒋洲又乘机离间王直的部属。从此,"叛贾倚直为渊薮者多有离心"。王直军心动摇,不安于彼,开始有渡海回国的想法。

王直在东渡之前,先召集部下商量对策,谢和道:"今日之举未可冒昧以往也,当遣我至亲为彼所素信先往宣力以坚其心,待彼不疑然后全师继进,始可得逞。"王直拍案赞许曰"此妙算也"。于是以宣喻别岛为名,把蒋洲留在岛上,由叶宗满、王汝贤等人同陈可愿先回宁波,向胡宗宪表示,王直归顺以后,别无所望,唯愿进贡通市而已。王直自以为得计,但老奸巨猾的胡宗宪"揣知其计,始从所请,疏上许之",暗中高兴地说:"房在掌中矣。"①

胡宗宪为了进一步引诱王直东来,还"委心留用王汝贤等,抚摩如亲子",并到处散布说:"直非反贼,顾倔强不见我,见我当有处也。"王直轻信胡宗宪诺言,又不知徐海已被消灭,以为

---

① [明]郑若曾:《筹海图编》卷9《大捷考》。

纵会出现意外，还可与徐海互为呼应，于是率领王滶等数千人渡海东来，驻泊岑港。胡宗宪为了解除王直的顾虑，把与王直交战过的俞大猷调走，改换与王滶有交往的卢镗驻防，使王直"坦然不疑，惟日聚群倭砺兵刃，伐竹木为开市计，且索母、妻子、弟求官封"。胡宗宪知道王直已上当，于是密调戚继光、张四维等在岑港四周埋伏数匝，团团包围。然后派夏正对王直逼降说："汝欲保全家属，开市求官，可以不降而得乎？带甲陈兵而称降，又谁信汝？汝有大兵于此，即往见军门，敢留汝耶？况死生有命，当死，战亦死，降亦死，等死耳。死战不若死降，降且万一有生焉。"王直十分不高兴，不肯离开岑港进城见胡宗宪。胡宗宪为逼王直就范，故意把十几封部下的请战书放在几上，让住在胡宅内的王滶等人偷看，当夜胡宗宪又佯装酒醉，梦中语云："吾欲活汝，故禁不进兵，汝不来休怨我也。"有意让王滶给王直通漏情报，向王直施加压力。接着又叫王直的儿子王澄写血书给王直说："军门数年恩养我辈，惟愿汝一见，使军门有辞于朝廷，即许眷属相聚，汝来军门决不留汝，藉令不来，能保必胜乎？空害一家人耳。"王直还是犹豫不决，不肯上岸。胡宗宪乃"扬帆示欲进兵"，用武力进行威胁。此时，王直已知四周被重兵包围，徐海已被歼灭，孤立无援，终无脱身之计，只好自我安慰说："昔高祖项羽鸿门，当王者不死，纵胡公诱我，其奈我何？"最后不得不离开岑港，硬着头皮往见，胡宗宪立即翻脸，逮捕王直，第二年杀之于宁波，"枭首海滨"。①

---

① ［明］郑若曾：《筹海图编》卷9《大捷考》。

第九章 流血的海路:内外强权交织打击

胡宗宪在诱捕王直的同时,对徐海也采用制造矛盾、挑拨离间,各个击破的策略。嘉靖三十五年,徐海、陈东海商集团把阮鄂包围在桐乡,情况十分危急。胡宗宪无兵可援,与中书罗龙文商量说:"方今征兵未集,而阮提督久困孤城,有失损国威多矣,今欲用间、用饵以纾时艰,而无可使者奈何?"龙文自告奋勇说:"我世受国恩,愿以死报,请往说之。"胡宗宪说:"君京官也,而无朝命,往且不测,况与贼素无一面之识,谁肯信之?"此时,陈可愿正从日本五岛回国,带领通事童华、夏正、朱尚礼等从定海关上岸,胡宗宪得知这一消息,高兴地说:"吾事济矣。"于是立即派遣童华、朱尚礼"持书往说海",罗龙文也以监督身份同行。徐海"得书大喜",对童华说:"吾固愿为报效,而费倭人金且数万奈何?"童华说:"此易事耳,胡公豁达大度,尔能与之立功,富贵可望也,岂有直数万金而已耶?"徐海"大悦,遂以降券付龙文等还报,即日解桐乡围而去"。陈东势单力薄,也不得不撤出围城部队,桐乡解围,阮鄂得救,胡宗宪用饵离间,首奏成效。

不久,徐海、陈东、叶麻又合屯于乍浦城,督察赵文华几次督促官兵围剿,总督胡宗宪说:"今众寡不敌,进兵岂为胜算,且海所以退者(指解桐乡之围),贪吾饵耳,若进兵而胜,固为美事,不胜当奈何?今日之事,法当先抚而后剿,以金数万,勾至其心,遣谍离其党,与剪其羽翼,而后徐为之图,万全之计也。"[①]于是,胡宗宪再次派遣罗龙文、童华等施离间计,挑拨徐与叶麻、陈东的关系。刚好,徐海与陈东、叶麻为争一女子,发

---

① [明]谢杰:《虔台倭纂》下卷。

生矛盾。童华对徐海说："尔一心欲投降，而陈东、叶麻反复无常，恐为尔累，非我所以曲全尔命之意也。"罗龙文也从旁挑拨说："彼二人已密启赵公（指赵文华），约缚尔生致之矣。"徐海听罢大怒，乃诱缚叶麻以献军门。"贼中私相语曰：麻书记有大功于主，至缚之如缚狐兔，何有我辈？"①自此，"寝相疑贰"，军心动摇。胡宗宪为了挑拨徐海与陈东的关系，又偷偷地把叶麻从牢中放出来，对他说："尔不负海，而海负尔，惟我知之，然则何不移书陈东使杀海以报怨？"一心想报仇的叶麻欣然答应，写一封信给陈东，乞兵杀徐海。胡宗宪不把此信交给陈东，故意送给徐海，并说："麻无故与东书，必有谋汝，宜慎防之。"徐海立即打开信件，"见书中语，果如公言，跪而涕泣曰：公生死而骨肉者也，不缚东，不足以报公"，于是又诱缚陈东以献。徐海连中奸计，捕杀叶麻、陈东，自剪手足，"海自此势孤，以至于亡"。

胡宗宪运用离间计，借徐海之手，剪除陈东、叶麻以后，立即派遣罗龙文、童华诱引徐海到平湖官兵大本营，想一举消灭之。徐海不肯前往，对罗龙文说："闻赵公必杀我，恐公不能救。"龙文曰："赵公初意如此，今也则否。"徐海又问："焉知非诱我而执之耶？"童华欺骗说："胡、赵二公欲为尔题请封爵，使尔专提一旅之师，捍海上寇，若不入见，彼将何据以正请也。"徐海仍犹豫不决，问道："蹈不测之险奈何？"龙文拍着胸脯保证："我京官也，且胡公姻戚，尔第入见，我则质尔营中，万无一失矣。"徐海才答应往见胡宗宪、赵文华。徐海已看出其破绽，

---

① ［明］郑若曾：《筹海图编》卷5《浙江倭变纪》。

为防意外，在平湖城外布阵军队，然后自带百余人入城，庭谒军门，稽首称罪，领赏而归。这一次，由于徐海有所准备，胡宗宪才不敢下手。

徐海驻兵沈家庄，"时官兵四集，军威甚盛，海侦知之"，徐海为防突变，不得不"阴收陈东、叶麻余党谋拒自全"。胡宗宪得知这一情况，再派童华往解之，徐海迎谓曰："吾以尔言结怨诸倭，今军门既受吾降，而复征兵渐逼，非为我而谁耶？"叱左右缚华将杀之，童华大笑不止，徐海问道："尔尚何言？"童华曰："吾笑尔不认人以忠为奸，使吾枉死尔。"海曰："何谓也？"童华狡辩曰："陈、叶二党尚多，且心迹不一，今阳为附尔，实为豫让之计，军门恐尔入其彀中，故遣我相闻官兵壁近郊者，防其变也，尔何不悟耶？"徐海曰："然则如之何？"童华对曰："今沈家庄有东西二所，尔何不分其党，各自为巢，而密约官兵杀之，尔后患绝矣。"徐海再次上当，准备消灭陈东余部。另一方面，胡宗宪又令陈东写书，夜遣其党曰："海已约官兵夹剿汝辈矣。"于是陈东余党袭击徐海。正当徐海与陈东争斗时，官兵四面合围，因风纵火，徐海溃不成军，走投无路，溺水自杀。

从以上史实看出，明朝政府是针对海商的弱点，用封官许愿、高爵厚禄为诱饵，挑拨离间、各个击破的。到了清初，清政府对待郑氏海商集团，除了军事围剿外，也采用各种招降方法，分化瓦解。顺治十三年（1656），清世祖福临在给福建、浙江、广东督抚官的敕谕中说："今欲大开生路，许其自新。该督、抚、镇即广出榜文晓谕，如贼中伪官人等有能悔过投诚，带领船只、兵丁、家口来归者，察照数目，分别破格升擢，更能设计擒斩郑成功等贼渠来献者，首功封以高爵，次等亦加世职。"[1]同年八月，把郑氏的降将黄梧封为海澄公，并大加赏赐，作为招降典范。在招抚政策的影响下，向清政府投诚的郑氏官员共52员，兵士3026名。由此可见，封建政府的招降、引诱，对分化瓦解海商集团是起了一定作用的。

三、用保甲连坐法进行严密的控制

明清封建政府，一方面运用武装力量残酷镇压私人海上贸易活动，另一方面又在沿海地区推行保甲连坐法进行严密的控制。

早在景泰时，监察御史谢骞已在漳州沿海实行保甲连坐。据《闽书》记载："骞当涂人，正统乙丑进士，历监察御史，政尚严明，月港海沧诸处居民，多侦番且善盗，骞编甲置总联属八户，约五日赍牌赴府点验，近海违式大船，悉令毁之，度可五尺六尺烙以官印，许朝出暮归，不归者甲总以告，不告连坐之，一时盗息民安。"[2]到了嘉靖年间，为了严防沿海居民下海通番，推行一套更全面、更系统的保甲连坐法，副使谭纶指出："为今之计，莫若称此议练兵之时，为保甲之法，委所辖各府佐二官，公同属县掌印官省约舆从，亲诣地方，不问腹里沿海与城郭乡镇去处，官吏生徒举监之家，务逐户挨查，每十家编为一牌，牌内分十直格，皆以巷道为准。"[3]具体做法是：如从东巷门起，则于牌格内左甲尾下填注东巷门字样，然后从西顺挨一赵甲、二钱乙、三孙

---

[1] 《清世祖实录》卷102。
[2] ［明］何乔远：《闽书》卷64《文莅志·漳州府》。
[3] ［明］郑若曾：《筹海图编》卷12《行保甲》。

丙、四李丁、五周戊、六吴己、七郑庚、八王辛、九冯壬、十陈癸，填注各户人丁户口，这是第一甲。其第二、第三甲，亦顺一褚子、二卫丑至十家止，依次挨填。如一巷内人家已编十牌，外有零者，"即将大家中人丁烟多者报足编之"。以上是城郭巷道的编制法。在乡下无巷道者，依村镇编之，然后于本名下坐定日期，每一家轮值之日，第一家轮初一、十一、二十一，第二家轮初二、十二、二十二，依次填写，并按日于各家门首悬挂值日牌。每一牌年轮一名为甲长，管领九家，每十牌年轮一名为保长，管领百家。连坐法规定："其中若有远出不归或私收丝绵火药等物，假名走广，潜往通番或逋逃海外，久不还乡者，许牌内值日之人抱牌赴首，官为拿究。敢有隐不举，一家有犯，十家连坐。"[1]

封建政府为杜绝私人海上贸易，不仅在沿海陆地实行保甲法，而且对水上船户也推行保甲连坐法，严加控制。在广东，"通行各县，令沿海居民，各于其乡编立船甲，长副不拘人数，惟视船之多寡，依十家牌法循序应当。如船二十只总统于船甲长，内以十只分统于甲副。仍于船尾外大书某县船，某甲下某人，十字翻刻，墨填为记，其甲长、副，各置簿一扇，备载乡中船数，并某样船只，某项生理，一一直书，每岁具呈于县，以凭查考。如遇劫掠，则被害者能识其船，速投首于甲长、副，鸣锣追究，俾远近皆知。无字号者，即系为非，许人人俱得拏送"[2]。

---

[1] ［明］郑若曾：《筹海图编》卷12《行保甲》。
[2] ［明］郑若曾：《筹海图编》卷3《广东事宜》。

443

在福建沿海也推行船户保甲连坐法,万历二十年(1592),福建军门:

> 行令五寨三游把总收汛之后,乘此飓不常,船多在港,会同所在海防州正等官,亲至各澳,各将船只尽数查出,每澳定选有身家能服众者一人,充为澳长,免其杂差,给与冠带,责令总管,又每十船或五船定一澳副,责令分管,鳞次编册,各给旗号,每年汛期遵照禁约,暂泊外余月,听其出洋渔樵经营,官兵不许拘扰,泊澳之月,有警听各寨游按籍调用,其调用之日,军火器械听寨游查清,官给粮饷,亦听寨游查清量支,澳长加,澳副次之,船主舵又次之,余皆照例给与行粮,有功一体升赏,事宁之日往支。若有违禁私贩勾倭接济者,正犯重处,澳长澳副分别连坐,澳长有缺,即于澳副挨补,澳副有缺,即于船主挨补,不得紊乱,通行谕知,俾各遵守。①

保甲连坐法的编制十分严密,处罚相当残酷,对于私人海上贸易的发展,的确起了很坏的作用。诏安之梅岭,"有林、田、傅三大姓,共一千余家,男不耕作,而食必粱肉;女不蚕桑,而衣皆锦绮,莫非自通番接济为盗行劫中得之,历年官府竟莫之奈何"。俞大猷责成当地官员,亲诣沿海乡村"挨门报丁,十家为甲,甲有甲长,十甲为乡,乡有乡长,一家为非,罪连一甲,一

---

① [明]王世贞:《倭志》下册。

444

第九章 流血的海路：内外强权交织打击

甲为非，罪连一乡，一甲有难，一乡救之，一乡有难，邻乡救之"。保甲连坐法推行一两年后，"一边通番接济坐地之徒"渐次消除，海上"盗贼自然屏息"。①漳州月港附近，素称海盗的"逋薮"，是历任地方官十分头痛的地方，朱纨认为"不严海滨之保甲，则海防不可复也，遂自十月廿八等日，督率有司行之"，他"编给告示，先之以不追既往，继之以赏罚利害，旬月之间，虽月港……等处，素称难制，俱就约束，府县各官，交口称便，虽知县林松，先慢其令，亦称今日躬行，大有所得，泉州府申称所示保甲牌格，简易明白，永可遵守"。②直隶太仓地区也是海商出没之地，当地生员毛希秉云："凡海贼一起，陆地贼乘机窃发，假海贼之名，以纵暴地方，不能抗御，惟保甲可以除之。"他说，有一个晚上，"有海贼廿人夜劫城南十八都时，其家潜报保甲，总甲及有船者预待贼出，追之，且击且行，逐至海口。天明，贼之器械尽矣，把港百户陈璋鼓率八船，直追半洋，擒回送道"，又有一天，"在十五都沿江地方，白昼有海贼上岸打劫，适潮落舟阁，被保长尽数擒获"，他情不自禁地高呼："此皆从来未见之事，而保甲之功大矣。"③毛希秉的记述，证实了保甲连坐法对于私人海上贸易起了很大的阻碍作用。

封建政府在推行保甲连坐法的同时，还利用乡族势力加以控制和破坏。我们知道，中国封建社会是宗族、乡族势力相当盛行的社会，到处都布满一村一姓或一村多姓的村落，构成相当牢固

---

① ［明］俞大猷：《正气堂集》卷2。
② ［明］朱纨：《朱中丞甓余集》。
③ ［明］郑若曾：《筹海图编》卷12《行保甲》。

的自给自足的乡族组织。每个乡族不仅有自己的物质基础，如族田、乡田、社仓、义仓等，而且还有自己不成文的法律——族规、乡例等，甚至还拥有自己的武装力量，如乡兵、族兵等。历代封建统治者为了巩固自己的统治，除直接依靠官僚机构、专制政体外，还利用乡族势力间接地控制农民，使族权成为仅次于国家政权的又一种有系统的权力。族权这条绳索不仅严重地束缚了农民，而且也成为私人海上贸易发展的羁绊。沿海各地的乡规民约对于平定海盗商人起了一定的作用。据《闽书》记载："陈洪谟，字宗禹，武陵人，弘治丙辰进士，起家部郎擢守漳（州）时年三十有七……郡有巨寇林广周负海啸聚，设策尽平之，取吕氏乡约谕民以止浮屠、嚣讼之讯。"[①]可见，吕氏乡约对下海通番起约束作用。

乡族势力干涉私人海上贸易的发展不单表现在乡规民约的束缚上，更主要的是表现在组织乡兵、义勇、团练，充当封建政权的帮凶，直接参与镇压海盗商人上。正统十一年（1446），广东海盗商人千余人进攻漳浦等市镇，乡绅地主陈孔叶"料其必至月港，散家财募义勇扞木城、树楼栅为战备，贼果至，孔叶率众与战，自辰至巳，歼其渠魁，连斩十六人，夺还被掳数百人，知府钟湘犒以金帛，乡人立石颂功"[②]。陈孔叶组织义勇的经验，引起封建统治者的重视，于是各地纷纷推广。

有的地方组织乡兵，如张衮在江阴，"量地广狭，分为二十

---

① ［明］何乔远：《闽书》卷64《文莅》。
② ［明］何乔远：《闽书》卷132《英旧志·闾巷·漳州》。

第九章 流血的海路:内外强权交织打击

七团,每团选其丁夫壮健者四百五十人,或八九十人,通计之,可得三四千人,纠之以长,统之以官,时其训练,暇则归之于农,有事则召集营堡""团结训练,谓之乡兵"[1]。

有的地方"行团练之法于沿海各村庄",其做法是"编户口十家设一旗头,二三村设一团长,十数村设一正副团总,遴老成绅耆充之,能者予以冠带,加之礼貌,官给军火,以时操练,令其各卫地方,把守口岸,能有杀贼立功,立加奖赏,旗头团长于团内不时稽查,有奇邪之民,踪迹可疑缚送到官,派员专司其事,以时鼓励……团练既成,即寓兵于民,贼势稍重,官兵迅为应援,勿令民气挫折,如此则藩帘固,窥伺杜矣"[2]。

有的组织里兵,凡当地的乡绅地主"其势力可以盖一里而部署百人上下者,则命之为百长,长有牌分为若干队,各籍其所部署百人者之名氏年貌""其材力以盖一乡而部署一千人上下者,则命之为千长,长有牌分为若干哨,各藉其百长及所分哨之名氏年貌""无事则千长得以击牛酒歃血为盟约剂于一乡之中,以稍申其声援之约,及其贼既逼境则千长得以举火炮为号,合各百长之兵以赴援""有不如约者,即听千长、百长各得以按军法绑缚而告之官府,按军法治之"[3]。

还有的地方干脆把练乡兵与编保甲合而为一,保、甲长就是乡兵头目,保丁就是乡兵,"大率以若干家为一甲,就中选有力量者二名,立为甲正、甲副,置牌一面,上书甲正某人,甲副某

---

[1] [明]张衮:《张水南集》。
[2] [清]严如熤:《洋防辑要》卷17《策略》。
[3] [明]郑若曾:《筹海图编》卷11《精教练》。

人，居民某人某人，仍于五甲之内选其才能服众者立为乡长，使之统领，总置一牌，上书乡长某人，管领甲长几人，某人某人，甲副几人，某人某人，各该居民若干，某人某人，列于各甲正甲副之后，仍令每家书写排门粉壁，互相稽察，各备锋利器械几件，每乡长管下置大旗一面及合用铳炮等项，听从乡长统领前至空闲处所，演习武艺，遇有警即便升旗举炮，各率牌内之人同赴要害地方，设法把守，并力截杀"①。

尽管各地乡兵义勇的名称不一样，但他们的矛头都是对准私人海上贸易活动的，在镇压海商中起了作用。

四、征收苛重商税，进行疯狂掠夺

商税的苛重主要表现在官吏的敲诈勒索上。万历四十四年（1616），推官萧基目睹海商的困境，条上《恤商厘弊凡十三事》，比较全面地列举了贪官污吏对海商的种种盘剥。这些"蠹弊"概括起来有四大害：

第一，官害。"仓巡下属逢船至，营求差使，如田夫逐鹿，一有奉委，骤以富名，称验查而常例不赀，称押送而常例不赀，称封钉而常例又不赀。夫饷船动载数千担，旬日盘量，不能殚其数，即贤者亦不克胜，而况鼹鼠之腹，止计充囊者乎，又况狡者黠者，卖放指吓，倍索常例之外，尤有足未到船，锱已充盈者矣，故差官是瘠商之蟊贼也。"

第二，吏害。"衙役之横，无如饷馆之甚，上以尝官，下以蚀

---

① [明]郑若曾：《筹海图编》卷11《精教练》。

第九章 流血的海路:内外强权交织打击

商,报货则匿其半,而输半直于吏书,量船则匿其一,而酬其二分于吏书,喜则啸席,怒则张鸱,甚官坏而吏仍肥,饷亏而书悉饱,皂快人役,同类分至,惨焰异常,故衙党是残商之蜂虿也。"

第三,奸商之害。"一船商以数百计,皆四方萍聚雾散之宾,而听命于商主,受压于船主,彼操颐指之柄,先从外洋派敛众商,从一科十,从十科百,动称使费,代为打点。而市棍包引之徒,分门别户,以相表里;衙胥狙狯之雄,丝牵绳联,以相应和。彼各舱之商,抛命图财,讵堪鱼肉?有委货于中流,以求脱免者,故积年操柄,是削商之刀锯也。"

第四,兵害。"洋船启行,既有经馆验船,经县盖印,抱引出洋,法綦密矣,何必更用厦门司盖印,复添设浯、铜游之盘诘乎,夫盘诘所以防四月后逾期之船,杜越贩也。今一概嗜为利孔,尽行留难,总哨目兵,次第苞苴,藉声掯诈,阻滞拖延,是费商也,亦厉商也。"[1]

总之,"官市一吏,书市二矣;书吏索一,主商又敛二矣,重重征削,皆商膏也"。在这种残酷的剥削和压迫下,"茫茫大壑,真成苦海",广大海商怨声载道,苦不堪言。

万历二十七年,宦官高寀充当福建税使,对福建海商进行更疯狂的掠夺和榨取,使海商资本受到严重的摧残。高寀到福建后,为了搜括民财,"在处设官,分遣原奏官及所亲信为政,每于人货凑集处置牌,书圣旨其上,舟车无遗,鸡豚悉算",社会上一批"黜吏、逋囚、恶少年,无生计者",纷纷投其门下,"率

---

[1] [明]张燮:《东西洋考》卷7《饷税考》。

望膻而喜，营充税役，便觉刀刃在手，乡里如几上肉焉"。①这一伙人到处敲诈勒索，强占土地，或者巧立税目，横征暴敛，甚至于公开抢劫，奸污妇女，无恶不作，给福建人民带来深重的灾难。其中受害最深的是漳州海商。高寀"每岁辄至"月港，征税"必漳澄之贾舶为巨""既建委官署于港口，又更设于圭屿；既开府税于邑中，又更建于三都"。②并借口增建澳头、圭屿税馆为名，"科敛民财，费一派十，阖邑骚然"。对于停泊在月港海面上的商船，他经常派爪牙上去"广搜捕，稍不如意，并船货没之，得一异宝，辄携去，曰，吾以上供"，或者"每值东西洋船，私寄数百金，归索十倍，稍不如意，则诬为漏税。一物相溷，动费千金，拷掠之毒，怨尽骨髓"。高寀的巧取豪夺，"正税外索办万物，费复不赀，诸虎而冠者，生翼横噬"，使漳州海商的经济利益受到很大损失，有的"商人坐此破产"，有的商船"稍稍掉臂，不肯入澄"，在高寀的残暴掠夺下，漳州商民怨声载道，恨之入骨，形势已到了一触即发的地步。

万历三十年，有一批商船从国外驶回月港，高寀规定"一人不许上岸，必完饷毕，始听抵家"，还下令"有私归者，逮治之"，有些商人上岸，立即遭到高寀的逮捕和严刑拷打，结果"系者相望于道，诸商嗷嗷"。③高寀的迫害使海商忍无可忍，终于"鼓噪为变"。当时，愤怒已极的海商包围了高寀的官署，"声言欲杀寀"，并且把他的爪牙参随投入海中，高寀吓破了胆，连

---

① ［明］张燮：《东西洋考》卷8《税珰考》。
② ［明］张燮：《东西洋考》卷8《税珰考》。
③ ［明］张燮：《东西洋考》卷8《税珰考》。

第九章 流血的海路:内外强权交织打击

夜逃跑。与此同时,漳州府其他地方,也发生驱逐高寀爪牙的斗争。高寀的税吏丘九成"凡关津皆有榷,酷虐苛刻,众皆侧目",他在南靖和溪渡口,不仅对过往船只苛以重税,甚至"裸涉水者亦勒索钱乃行"。①当地人民在庠生郑国钦带领下,把丘九成"驱逐出境"。在漳浦县的云霄镇,"民负海为生",高寀的税吏也大肆勒索,凡"舟车襁负鱼盐菽粟无不算入锱铢者,其佃已甚,民弗堪也",当地商民"以该镇距诏安百里,诏安已税,云霄复税,民日担负鱼虾薪米之米仅售刀锥,安论饷课"。②于是也群起反对,驱逐高寀派出的税吏。

海商的斗争打击了税吏的嚣张气焰,但高寀并不因此有所收敛,反而恼羞成怒,愈益暴虐。他派遣税棍"诡名督催",对各行铺户实行私派,"金行取紫金七百余两,珠行取大珠五十余颗,宝石行取青红酒黄五十余块,盐商每引勒钱二钱,岁银万两,其他绸缎铺户百家,编定轮值供应,日取数百计"。③甚至"饮食珍奇及一应米菜酒果,尽取商店,日用五十余金,各项物价分毫不给"。他的党羽也乘机搜括民财,"各棍人人取足,百金之产,编派无遗,擒拿考逼",使商民"非投水即自缢,冤号动天"。

高寀利用上述各种手段搜刮了大量钱财。"寀假托剥夺,按各属记籍及海洋商舶,岁得数万,金珠宝玩派取无价者,不可胜计"。据当时有人估计"在闽一十六年,总得数十余万金"。他利用这些榨取来的钱财,过着花天酒地、荒淫无耻的生活。在福

---

① 光绪《漳州府志》卷29。
② 乾隆《漳浦县志》卷17。
③ [明]张燮:《东西洋考》卷8《税珰考》。

州,"筑亭台于乌石山平远台之巅",又于署后建望京楼,"规制宏壮,几埒王家"。许多无耻之徒,还在平远台立碑,为他歌功颂德。高寀家中有"家丁三百余人,宾客谋士及歌童舞女百人",甚至买"少妇数人,相逐为秘戏,以试方术",更为残忍的是,其爪牙魏天爵、林宗文奉献药文,诡称"生取童男女脑髓和药饵之,则阳道复生,能御女种子",于是高寀"多买童稚,碎颅刳脑",残杀了许多童男幼女,使"税署池中,白骨齿齿"。①

高寀一面恣行虐威,盘剥商民,另一面又妄图勾结西方殖民者,出卖澎湖列岛的主权。万历三十二年,海澄人李锦与荷兰麻韦郎谈中华事:

锦曰:"若欲肥而橐,无以易漳者,漳故有澎湖屿在海外,可营而守也。"

酋曰:"倘守臣不允,奈何?"

锦曰:"寀珰在闽,负金钱癖,若第善事之,珰特疏以闻,无不得请者,守臣敢抗明诏哉!"酋曰:"善"。②

于是,麻韦郎"驾三大艘直抵澎湖,伐木筑舍,为久居计",同时派李锦、潘秀、郭震等人携带巨款回国"厚赂寀"。高寀派遣亲信周之范"驰诣海上,与夷订盟,以三万金为中贵人寿,贵人从中持之,盟已就",后来在福建军民的坚决抗击下,他的阴谋才未得逞,"麻韦郎知当事无互市意,乃乘风归"。

---

① [明]张燮:《东西洋考》卷8《税珰考》。
② [明]张燮:《东西洋考》卷6《外纪考》。

第九章 流血的海路：内外强权交织打击

高寀在福建犯下的累累罪行，激起福建商民更大规模的斗争。万历四十二年，广东税珰李凤病死，明神宗下令高寀兼督粤税，因高寀欠商人"金钱巨万"，当他准备离闽前夕，福州数百名"未偿直商人……群赴阉署求领，辞气稍激"，高寀不仅赖账不还，还指使一批打手持刀乱砍，当场"杀死潘六、蔡廷机等二十余命"，到了傍晚，又"射火烧毁郑钦、陈怀等三十余家"，"时万姓裂眦切齿，欲得寀而食其肉"。第二天一早，数千商民包围了高寀的住宅。与此同时，福建部分官吏也纷纷上疏弹劾高寀，巡抚都御史袁一骥接连五次上疏，列举高寀凌轹臣民，劫制要挟，贪赃枉法的种种罪行。① 福建巡抚徐学聚也上疏揭发高寀的许多不法事件，他在疏中指出：

> 寀自数年以来，利尽山海，罪孽深重，细琐不具，姑举其著者。闽中监政，引目旧止附海一例，续请依山佐之云引，悉贮司。自寀入闽，奸民林世卿导之私造南京户部盐引，俱称依山每封四百引，勒银四百余金……商人破产吞声切齿……又以海禁不通，方物不至，每值东西洋船，私寄数百金，归索十倍，稍不如意，则诬为漏税，一物相溷，动费千金，拷掠之毒，怨尽骨髓。②

最后在袁一骥、徐学聚、周起元的弹劾和广大商民的压力

---

① ［明］张燮：《东西洋考》卷8《税珰考》。
② 《明神宗实录》卷440。

下，明神宗不得不做出让步，下诏撤回高寀。至此，福建海商的斗争取得了初步的胜利。

福建商民反高寀的斗争，与同时期山东临清市民反税盐马堂的斗争，景德镇瓷工反潘相的斗争，苏州机户、织工反孙隆的斗争，湖广市民反陈奉的斗争等市民运动具有某些共同的特点。参加运动的都是城镇商人和手工业者，斗争的目标都是反对矿税盐税的横征暴敛，争取工商业的自由发展；运动带有自发性和原始形态，多采用纵火、鼓噪、斗殴等手段。但这次斗争还有不同的地方，即具有反对宦官勒索，争取海上自由贸易的性质。因此，我们说，福建海商反高寀的斗争既是明代中叶市民运动的一个组成部分，也是嘉靖年间反海禁斗争的继续和发展。[①]

第二节　海商资本封建脆弱

明清私人海上贸易虽然表现出一些新的特点，具有资本主义萌芽的性质，但其发展形态还是极不成熟的，海商资本与封建地主经济还有千丝万缕的联系，这是私人海上贸易发展缓慢的另一个重要原因。

为什么海商资本与封建地主经济会密切结合在一起呢？诚如明代人所指出的那样，"海上贸易，非一般贫人所能"，这是因为经营海上贸易毕竟与陆上行商有一定区别，航海贸易需要建造海船，仅船只一项即需费"千余金"，每年维修"亦不下五六百

---

① 林仁川：《明代漳州海上贸易的发展与海商反对税监高寀的斗争》，《厦门大学学报》1982年第3期。

金"。[①]此外，还要购置各种各样的航海设备，雇用和招募经理、伙计、船工、舵手、通译、医生、修船工匠等航海人员。这些都要耗费巨额资本，一般人家实难插足其间，如不用招募雇用航海人员而使用经商奴隶，那更是非"豪右之家""豪门巨室"莫能为之。尤其是隆庆开放海禁之前，海上重重设禁，要出海贸易非"倚藉势宦，结纳势宦、结纳游总官兵"[②]，没有一定的社会势力和财产，自然是无能为力。此外，官府的勒索、衙役的卖放，没有重资纳贿，势难成行，亦是一般人家所做不到的。因此当时经营海上贸易者，很大一部分是拥有雄厚资本财力的封建地主阶级"湖海大姓""豪门巨室"。

一、海商资本与土地资本的结合

由于一部分私人海上贸易商人是封建地主中的豪右势族，这就决定了他们与封建地主经济有着千丝万缕的联系。因此他们很容易将海上贸易取得的利润用于购买田地房产，继续扩大封建的地租剥削，从而使海商资本重新流入封建经济的"动脉"之中，加强封建经济的坚韧性。

著名的安平海商实行农贾兼业，使海商资本始终没有脱离土地权力的羁绊，据《景壁集》记载，当时有人提出："用贫求富，农不如贾；积德累行，贾不如农。故兄伯晚年税驾于贾，而息肩于农，筑庐田间，锄之耕月，笠雨蓑风，酿禾而醉，饭稻而饱，

---

① 林仁川：《明代漳州海上贸易的发展与海商反对税监高寀的斗争》，《厦门大学学报》1982年第3期。
② 嘉庆《诏安县志》卷16《艺文》。

徐徐陶陶，春秋不知，荣枯不问。"①更多的海商是走"用本守末"这条老路，如：

> 友泉公自垂髫时，业已从兄伯贾闽广间，其后转贽荆湘；从业吴越，北极燕赵，海岱之墟，足亡不遍。而珠玑、犀象、香药、丝枲、果布之凑，盖不数年，而公成大贾矣。公为贾用本守末，以文持武，智能权变，勇能决断，仁能取予，疆能有所守，乃其倾赀延士，设财役贫，盖有儒侠之风焉。②

广东张琏海商集团也置有许多田产。

> 琏，环顾失据，乃分贼四队且守且御，官兵迫贼营，望其城栅甚丽，旁环以小寨无虑数百，遂进逼城寨，遣别将以火攻之，风顺火炽，焚贼寨殆尽，贼大溃，先擒萧晚、罗袍斩之，悬赏购琏。明年六月，其党郭玉镜缚之以降，磔于市，先后斩首六千六百级，收被掠男女一万五千有奇，贼党张公佑、赖赐、白兔、叶槐、李文影、余大春等先后被获，皆斩。时潮州府知府何镗又擒海阳贼首王伯宣于城下磔之，各贼田产皆没入官。③

---

① [明]李光缙:《景璧集》卷3。
② [明]李光缙:《景璧集》卷18。
③ 乾隆《潮州府志》卷38。

第九章 流血的海路:内外强权交织打击

徐海被包围在平湖沈庄时,也"遣使持书抵军门,复乞降,且愿买此宅及田三千亩为赡",梦想过"筑庐田间"的地主生活。

即使是三代经商的郑氏海商集团,"以农为本"的思想也相当浓厚,经常把一部分海商资本重新投入土地,进行封建经营,于是妨碍了海商资本的积累。郑芝龙经营中国与日本、吕宋、印度支那半岛各国之间的贸易,仅过洋船就有上百艘,"岁入千万计""以居奇为大贾",有雄厚的海商资本,他不仅用海上贸易积累的资本在大陆各地购置土地,使郑氏的田园"遍闽广",而且"倾家资,市耕牛"到台湾开垦土地,收取地租。崇祯间,熊文灿抚闽,值大旱民饥,上下无策,文灿向郑芝龙谋之,芝龙曰:"公第听某为之",文灿曰"诺"。"乃招饥民数万人,人给银三两,三人给牛一头,用海舶载至台湾,令其芟舍开垦荒地为生,厥田惟上上,秋成所获,倍于中土,其人以衣食之余,纳租郑氏。"[①]特别是郑芝龙被招抚以后,又"增置庄仓五百余所",成为闽广的特大地主。郑成功也认为"农业,民生大本"[②],他多次强调:

> 大凡治家治国,以食为先,苟家无食,虽亲如父子夫妇,亦难以和,苟国无食,虽有忠君爱国之士,亦难以治,今上托皇天垂庇,下赖诸君之力,得有此土,然计食之者众,作之者寡,倘饷一告匮,而师不宿饱,其欲兴邦固国

---

① [清]黄宗羲:《赐姓始末》。
② [清]杨英:《先王实录》。

难矣，故昨日躬身踏勘揆审情况，细观土地，甚是膏腴，当效寓兵于农之法，庶可饷无匮，兵多粮足，然后静观衅隙而进取。①

郑成功对于发展农业非常重视，刚收复台湾不久，便发布垦辟土地的法令。

本藩（指郑成功）令谕之东都明京，开国立家，可为万世不拔之业，本藩已手辟草昧，与尔文武各官及各镇大小将领官兵家眷，聿来胥宇，总必创建田宅等项，以遗子孙计。但一劳永逸，当以己力经营，不准混侵士民及百姓现耕物业。兹将条款开列于后，咸使遵依，如有违越，法在必究，着户官刻板颁行。特谕：

（一）承天府，安平镇，本藩暂建都于此，文武各官及总镇大小将领家眷，暂住于此，随人多少，圈地永为世业，以佃以渔及经商，取一时之利，但不许混圈士民及百姓现耕田地。

（二）各处地方或田或地，文武各官随意选择，创置庄屋，尽其力量，永为世业，但不许纷争及混圈士民及百姓现耕田地。

（三）本藩阅览形胜建都之处，文武各官及总镇大小将领设立衙门，亦准圈地，创置庄屋，永为世业，但不得混

---

① ［清］江日升：《台湾外纪》卷11。

第九章 流血的海路：内外强权交织打击

圈士民及百姓现耕田地。

（四）文武各官圈地之处，所有山林陂池，具图来献，本藩薄定赋税，便属其人掌管，须自照管爱惜，不可斧斤不时，竭泽而渔，庶后来永享无疆之利。

（五）各镇及大小将领官兵派拨汛地，准就彼处择地起盖房屋，开辟田地，尽其力量，永为世业，以佃以渔及经商，但不准混圈士民及百姓现耕田地。

（六）各镇及大小将领派拨汛地，其处有山林陂池，具启报闻，本藩即行给赏，须自照管爱惜，不可斧斤不时，竭泽而渔，庶后来永享无疆之利。

（七）沿海各澳，除现在有网位，罾位本藩委官征税外，其余分与文武各官及总镇大小将领前去照管，不许混取，候定赋税。

（八）文武各官开垦田地，必先赴本藩报明□数，而后开垦。至于百姓，必开□数报明承天府，方准开垦。如有先垦而后报及报少而垦多者，察出定将田地没官，仍行从重究处。①

这个法令虽然没有全部实行，但表明郑成功对发展农业是极为重视的。永历十五年（1661）六月，"藩驾驻承天府，遣发各镇营归汛；左先锋札北路新港仔、竹堑，以援剿后镇、后冲镇、智武镇、英兵镇、虎卫右镇继扎屯垦。以中冲、义武、左冲、前

---

① [清]杨英：《先王实录》，第254页。

冲、游兵等镇扎南路凤山，观音山屯垦"，同时"颁布文武官照原给额各六个月俸银，付之开垦"。①到了荷兰投降之后，郑成功根据后汉、唐、宋、元、明各朝的屯田经验，正式发布"寓兵于农"的法令："今台湾乃开创之地，虽避处海滨，安敢忘战？暂尔散兵，非为安逸，初创之地，留勇卫、侍卫二旅，以守安平镇、承天二处，其余诸镇，按镇分地，按地开荒，日以什一者瞭望，相连接应，轮流迭更。"尽管当时的环境也迫使郑成功不得不开垦土地，解决粮饷，但与他本人的以农为本思想也是分不开的。

郑成功死后，郑经继续贯彻"以农为本"的方针。永历十八年七月，"郑经分配诸镇荒地，寓兵于农"。永历十九年六月，郑经"驰令薛进思同林升守澎湖各岛，调颜望忠所带诸军与戴捷等船只班师回台湾，经大犒赏，令勇卫、侍卫之半旅乃归伍，其余各镇调拨之三者，仍归屯所耕作"。②特别是郑经的亲信陈永华对于农业生产更为重视，他"不惜劳苦，亲历南北二路各社，劝诸镇开垦，栽种五谷，蓄积粮，插蔗煮糖，广备兴贩"。郑氏父子不仅主张"以农为本"，实行"寓兵于农"的政策，广开荒地，而且还广置官田。《凤山县志》记载："郑氏攻取其地，向之王田，皆为官田，耕田之人，皆为官佃，输税之法，一如其旧，即伪册所谓官佃田园也。"③这些官田是直接属于郑氏海商集团的。郑氏海商集团失败后，清政府在查抄郑氏家产时，发现"郑成功父子田产，在海上者，田有数万顷，价值十万金，计每岁田租不

---

① ［清］杨英：《先王实录》，第255页。
② ［清］江日升：《台湾外纪》卷6。
③ 《凤山县志》卷4，引《诸罗杂识》。

货,以之报充正赋,则足苏八闽之困,以之接济兵饷,则足以省挽输之劳"①。由此可见,郑氏家族的田产数量是相当巨大的。

二、海商资本与封建意识形态

封建意识形态的传播也阻碍海商资本的发展,如福建漳泉一带既是海商活跃之区,又是封建礼教盛行的地方。早在南宋淳熙年间,理学家朱熹做漳州知府时,就系统地进行封建道德的传播和教育,使漳泉地区从南宋以后逐渐发展为"人文鼎盛"的"礼教名邦",享有"海滨邹鲁"之称。当地的封建士大夫,以"居家恬淡,敦留风节"为高雅,竭力攻击经营海上贸易是"失本计"之举。隆庆年间,漳州海澄人周一阳先后担任漳州"五经书院长"及"南城训导",他"以文节自许,廪于郡庠""投其训南城以身为教盱",到处宣扬封建礼教,责难"何事间关航海为五斗计",竭力反对海上贸易活动。②隆万年间,泉州士绅李廷机"领袖"当时泉州的缙绅,"以风轨执世",使泉州府郡"士习民风犹然近古"。这些封建势力的代表人物,散布封建伦理,力求"民风近古",显然是极不利于海商资本的增殖与发展,起了阻挠海上贸易活动的恶劣作用。

在封建意识形态的熏陶与封建势力的影响下,部分海商形成了脆弱的性格。有的海商视经营海上贸易为"畏途也,危其身而博阿堵,非长策",不肯全力以赴,冒险远征。他们往往"未老先

---

① 《明清史料》已编第4本《管户部尚书事车克等题本》。
② 光绪《漳州府志》卷29《明人物》。

休，陶然于物外"，采取收缩的保守态度，如安平商人认为：

> 白圭教人以贾，若猛兽鸷鸟之发，非谓其能发也，能收也。兄伯取收，故居然可免其患。其初兄伯之吕宋，皆身自往，自榷使出，海上之税归之中官，兄伯策其必败，遂不复往。不数年，好事者言夷地多金，遣使侦之，夷人疑有它谋，遂屠中国贾人以数十万。令兄伯俱去，能独免乎？愚者暗已然，智者识将然。斗智争时先一市人，此余所以不凡吾兄伯也。①

在这种思想指导下，他们从事海上贸易经营所获得的利润，不是用于扩大经营范围、增殖资本，而是退出海上贸易的流通领域，用来巴结名士、附庸风雅，"北走燕赵游太学，与四方名士相雁行，所至之处，无不愿交"。晋江海商郑甫元"渐至丰裕"后，"复躬走吴越，趋时观变，所至与贤大夫倾盖相欢，百金为寿，名山大川登临殆遍"。晋江海商颜獣为瞻亲养家而经营海上贸易，一有盈余，即洗手不干，"家什既饶，健橐不复出，慕金陵风景，携笻一游，归课子业儒，与田夫野老谈桑麻"。②安平海商董维玨"遍交名士"，而不管"区区盈绌多寡"。很难想象，这类海商长期致力于海上贸易活动，他们致富以后，自然离如脱兔，把海商资本转到其他方面去了。

---

① ［明］李光缙:《景璧集》卷3《寓西兄伯寿序》。
② 乾隆《泉州府志》卷60《明笃行》。

还有的海商热衷于维护封建传统，维持地方秩序，举办种种善举，加强宗族血缘关系。漳州海商郑元缚"家贫习贾，赀稍裕，均诸兄弟，无纤毫自丰……岁饥，戚里避乱，相依者数十家，悉分赀给之，经再岁不懈"；龙溪海商余士前"贾西洋望锡，合家兄弟同居四十年，各有子孙，伯兄先丧，所遗男女，士前抚之如自出。晚年食指繁，乃以所积赀均分之"。①安平海商陈洁"家贫弃儒就贾，兄弟四人，伯鲜才，仲早逝，季又善病。悉以资合而经营之。环家百余指同堂合食，里中谓江州再见，继母李年少寡慈，委婉承之，反苛为爱，父喜山居，系李偕往，洁供饷兢定省无缺。乡先生孝之，欲旌于郡，固辞焉，里中子张修讷重赤贫，命代理家政，以所嬴均而四之"②。他们为了维持几世同堂的封建大家庭而从事海上贸易，最后又将资本"均分之"，这不仅不利于海商资本的积累，还强化了封建家族制度。

有的海商用经营海上贸易得来的财富建祖祠、置祀田、整祭器、修谱系。龙溪海商林光天在吕宋"谋鸠金取息为宗族计，已而累千携归建祖祠，置祠产与书田"。海澄海商苏莪士"少失怙恃，与兄姊相依，既壮走湖海为陶朱、计然之术，所蓄颇厚，归而悉以奉先祀，事兄姐，佐诸服，享婚丧，以其余周给族里，晚肆力于学，好积书，延师以课子，四库卷帙鳞次座右，居然有韦长孺、柳颜回之意"。同安海商陈考宗与"岛夷"贸货而"赀渐进"，后因青浦祠"毁于寇"，他捐资"倡族重新，春秋致祭"。

---

① 光绪《漳州府志》卷23《明人物》。
② 乾隆《泉州府志》卷60《明笃行》。

安平海商李寓西"为人伉而爽，重信义，不侵然诺，好扶人之急，恤人之穷，居家以孝悌为先，其曾王父与余王父共穴而葬，兄伯出橐中金，修茔设蒸，倡诸族人，人以此重。兄伯气岳岳不肯人下，身侈于用度，所致万余金，多费之，不封殖地家赀，至今不甚起。子长者修息，少者治书，令无失吾儒材之风云。或闻而谢曰，吾乃今知若兄伯矣。贾先敏也，知福智也，蚤息断也，晓译奇也，不贪县官利义也，重祖重宗孝也"。①诸如此类的记载，在地方志和明清文集中不胜枚举。由此可见，在封建传统意识的影响下，海商资本用于维持上述封建传统的举动，必然会给私人海上贸易的发展带来不良的影响。

三、海商资本与奢侈性的消费

明清海商资本除了一部分流向土地，购买田产，还有一部分用于举办各种善举，维护封建传统外，主要的是用于奢侈性生活消费，从而造成沿海各城市骄奢淫逸相习成风，挥霍靡费，对海商资本的积累和增殖也是不利的。

明代曾任漳州府通判的王祎在其《清漳十咏》中写道："奢竞乃民俗，纤华亦士工，丕盘肃鼓里，灯火绮罗中，茉莉头围白，槟榔口抹红，良宵上元节，纨扇已摇风。"②《东西洋考》的作者张燮在《清漳风俗考》中详尽地记载了漳州城及漳州地方崇尚奢华，俗好浮丽的情况，他笔下的漳城：

---

① ［明］李光缙：《景璧集》卷3《寓西兄伯寿序》。
② 光绪《漳州府志》卷38《风俗》。

第九章 流血的海路：内外强权交织打击

> 甲第连云，朱甍画梁，负妍争丽，海滨饶石，门柱庭砌，备极广长，雕摩之工倍于攻木塓垣设色也。每见委巷穷间，矮墙败屋，转盼未几合并作翚飞鸟革之观矣，中人家才自存伶俜环堵亦强自修饰，为乡里颜面焉。人无贵贱，多衣绮绣，竟气相诡，华采相鲜……若夫行乐公子，闲年少年，斗鸡走马，吹竹鸣丝，连手醉欢，遨神辽旷。

张燮指出所以出现这种情况是因为"以夷为市，子母既赢，因而机械百变，此漳与四方之所异也"①。这些奢侈的现象虽然表现了商品经济的发展和海上贸易给这一地区带来社会经济的繁荣，但也说明了海上贸易积累的大量财富用于营建房屋，以及"负妍争丽"和"华采相鲜"的奢侈性消费上去。

万历以后，靡费挥霍的社会风气日盛一日，"婚嫁尚侈靡，割裂缯帛，章施采绣，雕金镂玉，工费百倍"，赌博、斗鸡、养狗蔚然成风，"赌棍诱民赌博，近日此类甚多，使人丧业失时，倾家覆产，为害甚大"。当时有"鸽鸟价值百金""竞倾资以购得为幸，虽万禁不止也"，"民争养白兔，每对价数十金……睡以木棉，饲以生菜，如养儿然……遂有倾家者"。②

此外，宗教活动也耗费了大量钱财，"每梵宫有所修葺，金钱之施，不呼而啸"。郑芝龙曾在泉州捐资建寺，"名曰报恩，帝

---

① 光绪《漳州府志》卷38《风俗》，引张燮《清漳风俗考》。
② 光绪《漳州府志》卷49《纪遗中》。

赐名'敕建报恩禅寺',僧官赡田俱如议遴选置买,以永梵修"。①婚丧喜事也讲究排场,铺张浪费,"丧事率致僧道,鼓铙之声与哭泣声竞,焚楮钱以数十万计"。盂兰会"浪费金钱财,曩时所未甚者,今特炽矣"。安海"普度拈香……醵钱华费,付之一空"。所有这些奢华靡费的消费,使积累起来的海商资本被白白地浪费掉,必然会影响海商资本的积累和发展。

第三节 西方列强的野蛮劫夺

笔者在《中国社会经济史研究》1982年第1期上发表《试论明代漳泉海商资本发展缓慢的原因》一文,提出阻碍海商资本发展的主要原因不是西方殖民者东来,而是由明朝专制政权对海商资本的压抑及海商资本原来带有浓厚封建性所造成的看法。同丰先生在《河南师大学报》1983年第4期上发表与笔者商榷的文章,其题目是《西方殖民者的东来对明代私人海上贸易的发展十分有利吗?——与林仁川同志商榷》。笔者看了感到十分惊讶,同丰先生的文章显然是从拙文中断章摘句而曲解了笔者的基本观点。为了进一步商榷,现把笔者的主要论点摘录如下:

> 明代漳泉海商资本并没有得到充分的发展,其原因何在呢?过去史学界一般认为主要的原因是西方殖民者的东来,摧残了还在兴起的漳泉私人海上贸易的发展,打断了向资本主义原始积累的过程。我们认为,西方殖民主义者

---

① [清]南沙三余氏:《南明野史》卷4《绍宗皇帝纪》。

第九章 流血的海路:内外强权交织打击

的东来,确实使漳泉私人海上贸易活动受到一定的影响,如顾炎武在《天下郡国利病书》中指出:"泉漳二郡商民贩东西二洋,代农贾之利,比比皆然也。自红夷肆掠,洋船不通,海禁日严,民生憔悴。"但是,当时整个世界贸易形势,对我国私人海上贸易的发展,还是十分有利的。这时,西方资本主义虽然已经兴起,但尚未进入大规模发展时期,殖民主义者之间又矛盾重重,争夺激烈,如荷兰与西班牙及葡萄牙,就展开过激烈的争夺战……这种争夺战,必然会消耗殖民者之间彼此的力量的。而这时的中国海商,既有丰富的航海经验,又掌握了先进的航海技术和造船技术,国内又有大批可供出口的产品,无论是手工业品的布、丝绸、糖、瓷器、铁器,还是农产品的茶及药材等,在世界市场上都有很强的竞争力,一五八七年,中国三十多只商船满载丝绸等货到马尼拉出售,打败了西班牙人的竞争……一六〇〇年,中国的纺织品大量倾销于加里曼丹,曾使荷兰的纺织品卖不出去,因此可见,西方殖民者的东来,对漳泉海上贸易活动是有影响的,但不是阻碍海商资本发展的主要原因。我们认为,主要原因还是明朝专制政权对海商资本的压抑和控制,以及海商资本本来带有浓厚的封建性造成的。[1]

在这里,笔者讲得很清楚,西方殖民者虽然东来,但他们矛

---

[1] 林仁川、陈杰中:《试论明代漳泉海商资本发展缓慢的原因》,《中国社会经济史研究》1982年第1期。

盾重重，而中国海商实力雄厚，经验丰富。因此在经济上，西方殖民者还不是中国海商的对手，所以说，当时整个世界贸易形势，对我国私人海上贸易的发展还是十分有利的。不难看出，拙文并未论断过：西方殖民者的东来对明代私人海上贸易的发展十分有利。况且笔者还明确指出，西方殖民者的东来，确实使漳泉私人海上贸易活动受到一定影响。笔者只不过认为，它不是阻碍中国海商资本发展的主要原因而已。

西方殖民者东来对中国海商资本发展的恶劣影响主要表现在：

一、限制中国海商的发展

西方殖民者虽然在经济上竞争不过中国海商，但他们有本国政府作后盾，以殖民地为根据地，千方百计地限制中国海商的发展。如马鲁古群岛和安汶岛，早在荷兰人来到之前，中国商船已年年到这里贸易，月港每年发的船引中，就有一张是发给去"米六合"（即马鲁古）商船的。[1]

荷兰人占领该岛以后，为了排挤中国海商势力，禁止中国商船靠岸，1615年4月30日，设在阿姆斯特丹的荷兰东印度公司给燕·彼得逊·昆的训令中指出："中国人在马鲁古群岛和安汶岛，如阁下所报告的，他们居然装运衣料出售，使我方蒙受了巨大的损失，副县长列亚尔报告说'中国人已经从该岛运走三万五千里尔银币'，我们认为对这种行为，必须诉诸没收或其他手段，竭力加以防止。"同年11月30日，发给昆的训令中，再次强调说：

---

[1] ［明］许孚远：《敬和堂集》卷7《海禁条约行分守漳南道》。

第九章 流血的海路：内外强权交织打击

"应该再发命令：不准中国人、马来人、爪哇人和克林加人等，在我方建有城寨或订有条约的马鲁古群岛和安汶岛以及其他各地，运进衣料、绸缎和其他中国商品，也不准他们把卖得的价银、沉香和肉豆蔻从上述各地运出，违者查封其船只和货物，并予没收。"[①]但因当地居民及荷兰殖民者离不开中国的商品，依然有不少中国商人前往安汶岛，所以到1672年，又发出训令："对中国人一律不准发给前往安汶和班达岛的航行证。"以后，又三令五申，加以禁止。对于已居住在安汶岛的中国商人，强迫他们弃商经农，1655年至1656年之间，命令住在该岛的中国人应从事农耕，1657年7月，重新下令，要倾其全力强制中国移民从事农耕或伐木制材工作。1675年，甚至下令封闭不肯务农的中国人的商店，并予以驱逐。由于荷兰人的限制和排挤，安汶岛的华侨人口始终停留在三百余人，到18世纪末，才增加到四百多人。由此可见，限制中国人经商，抑制华侨人口是荷兰当局的长期政策。

荷兰人不仅在安汶岛限制中国商人，而且在爪哇及其附近各岛也实行同样政策。1616年9月12日，昆给帝汶岛商业官的指示中说："如果中国人前往帝汶岛贸易，你们必须遵照前发指示，没收他们的货物，并且对他们加以驱逐。"[②]在爪哇，因吧城的建设已大体完成，无须再招徕中国人，加上荷兰商人竞争不过中国商人，要求国会加以保护，因此吧城荷兰当局开始采用

---

① 转引自[日]岩生成一：《论安汶岛初期的华人街》，《南洋问题资料译丛》1963年第1期。
② 转引自黄文鹰、陈曾唯、陈安尼：《荷属东印度公司统治时期吧城华侨人口分析》。

行政措施抑制中国商人的活动。1658年，恢复过去停征的华侨人头税，并且税率提高到每人交一元。1665年，又宣布取消华人甲必丹在法院中充任陪审官的权力，从而使中国商人的活动受到很大限制。

在菲律宾群岛，西班牙人也对中国海商实行种种限制。第一，禁止中国海商大批入境。因前往马尼拉的中国商人日益增多，并且在菲律宾各地扩展商业，引起西班牙商人的不安，1592年，西班牙总督写给国王腓力伯的信中说："请陛下允许我说，我对华侨的贸易有所抱恨，因为在我们看来这是有害的，我们对此可予禁止，因为大宗款项流到外国去。"1602年发布的第一号法令规定："在菲律宾岛全境，华侨人数不得超过二千人，而日侨不得超过三千人。"[①]对于到吕宋的中国商船，每艘人数"只二百为率，毋溢额"，而回程时必须运回加倍的商人，"舶归，所载回，必倍以四百，毋缩额"，实际上这是一种变相的驱逐。[②]

第二，限制中国商品的大量输入。1589年，在马尼拉正式实行"整批交易"（Pancada）制度，规定中国海商运入的各种货物必须由总督委派的官员整批估价，然后分配给西班牙商人，不得私人交易，借以控制中国商品输入的数量，压低中国货物的价格，阻止中国商品的大量倾销。为了减少中国商品的输入，甚至禁止菲律宾当地居民穿用中国衣料制成的衣服，并且限制中国纺织品输入秘鲁、墨西哥等中南美洲各国，1593年规定，每年只准

---

① ［英］布赛尔：《东南亚的中国人》卷8，《南洋问题资料译丛》1958年第2期。
② ［明］张燮：《东西洋考》卷5《吕宋》。

第九章　流血的海路：内外强权交织打击

两艘船从马尼拉开往墨西哥，每艘不得超过三百吨，货物总值不得超过十五万比索，从墨西哥回航马尼拉的船只的货物及白银不得超过五十万比索。西班牙人企图通过这种办法来限制中国丝织品出口和减少墨西哥的白银流出。

第三，控制中国海商在菲律宾群岛的经商范围。西班牙人把中国商人强制集中在马尼拉城的一个小区——涧内，在里面只能低价出售货物，又要高于外面市场的价格买进商品，平时不能外出，更不能在外面过夜。1598年第十三号法令规定："总督和司令官不得允许任何马尼拉居民在他们家里留住'常来'（即中国人），他们应当禁止他们睡在城里，凡违反这条法令者，外事法官应予严惩。"连西班牙殖民者自己也承认，住在涧内的中国商人受到"许多虐待和烦扰，实际情况的确如此，他们可因极小事故而被拘锁于枷架并课以罚金。甚至可因晚上外出购买粮食或因没有把住所和设备保持清洁而被课罚金。借口为皇帝陛下征集税款，禁止他们出售任何未经登记的东西。当他们去登记的时候他们的最好的东西都被拿去，而他们所得的补偿是按查验员或登记员所定的价格出售货品。因此，他们把一部分丝绸藏匿起来，以便以较高的价格出售或售给他们已允售给的人们，结果他们受到重罚"。[①]

第四，对中国海商课以重税。从1581年开始，对中国货物征收百分之三进口税，同时对华船征收停泊税，每吨十二比索，后

[①] ［英］布赛尔：《东南亚的中国人》卷8，《南洋问题资料译丛》1958年第2期。

471

来又增收系船税，每船除按吨纳税外，每条船还要多付一二百比索才能靠岸起货。西班牙官员在收税时又敲诈勒索，甚至任意拿走最好的货物而不付钱，使中国海商经济上受到很大损失。对于居住在菲岛的华商，强令每年向西班牙人缴纳六十四里尔，而后才能取得居住岛上的权利，此外又要缴纳五里尔作为一般的贡税。甚至还要以"基金"名义，强迫每人每年交纳十二里尔。1627年第十二号法令规定："菲律宾的华侨应有一个有三把钥匙的钱箱，每个'常来'每年应存放十二个里尔，以集成一项基金，作为支付皇室事务所需款项之用。国王命令每年年底的结余不得退还，而应把它作为'常来'的来年存款。"[1]西班牙人种种苛捐杂税，大大地加重了中国商人的负担。

与此同时，葡萄牙人也以澳门为据点，大量贩卖我国丝绸和生丝到菲律宾及日本，竭力排挤我国海商的贸易活动，使我国与日本及菲岛的贸易额大幅度地下降。

二、抢劫中国海商的船只

西方殖民者不仅以种种办法限制中国海商活动，而且还用海盗手段抢劫中国商船，给中国船队造成很大的威胁。如葡萄牙远征队阿布鲁（Abreu）率领三只船向东航行，到班达海域的勒西帕拉岛（Lucipara）附近，船队被风吹散，其中一只失火烧毁。葡萄牙人爬到荒岛上去，刚好有一只中国商船经过这里，看见冒

---

[1] ［英］布赛尔：《东南亚的中国人》卷8，《南洋问题资料译丛》1958年第2期。

第九章 流血的海路：内外强权交织打击

烟的船体，便靠近察看，这时，一直隐蔽在树丛后面的塞尔劳（Serrao）等几个葡萄牙海盗便突然冲上中国船，把船上的一个领航员和一个通译员留下使唤，其余的都推下大海，然后扬帆而去。① 葡萄牙人看见中国商船与荷兰人贸易更加痛恨，不仅将货抢去，而且把中国的海商杀死，据《东西洋考》记载："向时舟所携货，有为红毛夷所特需者，倘遇佛郎机，必怒此舟非关我车来，直是和兰接济，将货掠去，且横杀人。"②

荷兰人也同样在中国沿海抢劫中国商船。据1622年曾到中国东南沿海航行的荷兰格罗宁根（Gronigen）船长威廉·庞德古在《难忘的东印度旅行记》中记载，荷兰海盗的抢劫行为给中国海商造成很大损失，他在书中写道：

> （1622年）10月18日，我们三只大船和五只战船奉命开往漳州港和中国沿岸去，看看能否使他们惧怕我们的敌意和武力而不得不和我们通商，我们的船开到离目标十浬的地方，有三条船离开了，剩下五条船在一个海湾内停泊，我们利用快艇烧毁六七十只大大小小的中国航船。
>
> 11月4日，熊号上的小艇又俘虏了两只中国帆船和二十五个人，他们放火把船烧了，把俘虏带到圣·尼古拉斯号上来。
>
> 12月20日，哈尔凌号抢了七只舢板和三只中国帆船，舢板上有三十六名中国人，船上装着盐、咸鱼和其他货物。

---

① 严中平：《老殖民主义史话选》，第3编。
② ［明］张燮：《东西洋考》卷5《美洛居》。

473

> （1623年）1月7日，我们驶向大海，由于逆风，被迫回航，又回到原来的停泊地。在归途中抓到一只中国帆船。我们把船上的锚链和其他绳索取下来，然后把船放火烧掉。
>
> 1月28日，大副又抢到装载着鱼干和咸鱼的小帆船，俘虏了八个中国人。
>
> 2月20日，抢到一只帆船和十四个中国人，这些中国人告诉我们，他们是从漳州港出来的，又说雷兹统帅已经和漳州人订了协定，但是我们还是照样抢了这只帆船，把货都搬到我们的船上来。
>
> 3月30日，又抢到两只帆船和一只渔船，还俘虏了二十七个人。
>
> 5月1日，在航途中，我们遇上一只准备开往马尼拉的中国大帆船，载着价值千金的货物和二百五十个人。我们抢夺了这只帆船，把大部分抓到的中国人送上大船，剩下二十人到二十五人留在帆船上，和十五六名我们的人在一起，然后把帆船系在大船的后面拖走。①

对于荷兰殖民者的海盗行为，江日升的《台湾外纪》有较详细的记载：

> 崇祯十二年己卯夏六月，荷兰国郎必即哩哥驾大夹板船九只，犯闽浙地方……带哗唧、哆啰呢等货物贸易，回

---

① 甘为霖：《荷兰人侵占下的台湾》。

则停舟海中,一人坐在桅斗上,持千里镜,四方遥望,有商艘,则将所佩小船五六只放下,每船坐六七人,俟船将到围笼,如我们伸头御敌,他将鸟铳吹打,一枪一个,并无虚发,是以海上最畏遇他,所谓"来商去盗",明季之"防猫儿眼"即此。①

西方殖民者的抢劫、骚扰,给中国私人海上贸易活动造成严重的危害。南京湖广道御史游凤翔说:

> 臣闽人也……闽以鱼船为利往浙、粤市温、潮米谷,又不知几千石,今夷据中流,鱼船不通,米价腾贵,可虞一也;漳泉二府,负海居民,专以给引通夷为生,往回道经澎湖,今格于红夷,内不敢出,外不敢归……洋贩不通,海运梗塞,漳泉诸郡,已坐困矣。②

三、屠杀中国海商

西方殖民者不仅限制中国海商活动的范围,抢劫在海上航行的中国商船,更为野蛮残暴的是,他们经常挑起事端,制造一系列大规模屠杀华商的血腥暴行,以达到消灭及驱逐华商的目的。其中仅西班牙人从1603年至1662年,就在菲律宾制造了三次大屠杀:

---

① [清]江日升:《台湾外纪》卷1。
② 《明清史料》乙编第7本。

第一次大屠杀发生于1603年。尽管西班牙殖民者采取种种措施加以限制，但菲岛物产贫乏，本土居民及西班牙人都离不开中国商品，所以去菲律宾的中国海商日益增多，1590年，马尼拉涧内华商有三四千人，全岛华商总数为六七千人，还不包括贸易季节来往的行商。到1602年，华商总数已增加到一万余人，而全菲的西班牙人才一千二百多人。华商的激增引起了西班牙人的恐惧，他们千方百计要消灭和驱逐之。刚好此时明神宗听信张嶷关于"吕宋机易山，其上金豆自生，遣人采取之，可得巨万"[1]的妄言，派遣海澄县丞王时和与百户于一成去吕宋采金。他们到吕宋后，发现张嶷完全是胡言乱语，旋即回国。西班牙人以此为借口，造谣说华商即将叛乱，配合中国军队入侵。于是挑起一场屠杀华商的暴行。10月6日，用大炮将华商的集中居留地涧内轰为平地，杀伤华商一千五百人，10月7日，又杀一千五百多人，西班牙军队头目丧心病狂地命令士兵"不要放过任何人，遇到即杀""在路上、在别处，都毫不迟疑地遇到即杀，尽量多多地砍杀"。据《东西洋考》记载："初三日，华人在大仑山饥甚，不得食，冒死攻城，夷人伏发，燃铜铳击杀华人万余，华人大溃或逃散，饿死山谷间，横尸相枕，计损二万五千人，存者三百口而已。"[2]至于华商损失的财产，更是难以估计。

1603年大屠杀后，菲律宾经济一片萧条，他们发现，没有华商，马尼拉是维持不下去的，于是不得不放松对华商的限制，又

---

[1] ［明］张燮：《东西洋考》卷5《吕宋》。
[2] ［明］张燮：《东西洋考》卷5《吕宋》。

第九章 流血的海路:内外强权交织打击

有大批中国商船驶往马尼拉,涧内日益繁荣起来。到1638年,在涧内有华商一万多人,全岛总数达二万五千至三万人。①西班牙人对华商实行残酷的剥削和蹂躏,不仅征收苛重的税收,还强迫华商服繁重的劳役,许多华商被活活折磨死。中国商人实在忍无可忍,奋起反抗,西班牙人立即调集大军加以围剿,再次用大炮将涧内轰平,使昔日繁荣的涧内顷刻化为灰烬。接着在菲律宾全境进行大屠杀,有的把华商骗到一个大院内进行集体枪杀,有的采用突然袭击的手段,将毫无准备的华商杀害,甚至连老人、小孩也不能幸免。这次大屠杀延续了三个多月,罹难华商达二万四千余人。

第二次大屠杀后,西班牙人又发现日子不好过,决定稍稍放宽尺度,允许华商长住涧内,因此到菲律宾的华商又逐渐增加,到1644年,已恢复到二万五千人至三万人。经过二十多年的发展,涧内再次成为繁华的商业区。1661年的涧内"通常住有华侨一万五千人,都是商人和手工业工人,他们自己形成街道和广场,设有社会所必需的一切商品和手工行业,市场安排得很好,秩序井然,对市民大为便利"②。然而,西班牙殖民者对华商资本的扩展是不甘心的,1662年,再次大规模地屠杀华商。这次大屠杀的直接导火线是郑成功给菲律宾总督的一份通牒。他们以预防郑成功入侵为借口,经过精心策划和准备,5月23日,突然炮轰涧内,把当地华商推入恐怖的深渊,有的华商被当场打死,有

---

① [英]布赛尔:《东南亚的中国人》卷8,《南洋问题资料译丛》1958年第2期。
② 严中平:《老殖民主义史话选》,第2编。

477

的泗水逃难，却葬身鱼腹。有的从陆路逃进深山老林，西班牙人对这些华商也不放过，6月6日实行全岛大搜捕，西班牙的骑兵到处追杀逃散的华商，不分男女老幼地大肆砍杀，这场大屠杀整整进行了十八天。第三次大屠杀中死了多少华商，无法查考，但有一个文件说，直到1690年，菲岛华商不足六千人，据此可以推测大约死伤不下两万五千人。①

西班牙殖民者残杀华商的暴行，在闽南族谱中也留下记载。据安海十一家族谱统计，颜氏旅居吕宋十五人，被杀七人，董氏十一人，死五人，陈氏十三人，死九人，柯氏四人，死三人。②

据《飞钱陈氏族谱》记载，如陈典篯"字民警，号钦吾，鸿元公次子，生嘉靖丙午年六月初九日吉时，公于万历癸卯年（1603）六月往吕宋，至九月夷变，与次子章宪被杀，四子章亮逃回"。陈懋芳"字克森，号连水，吾志公次子，生隆庆壬申年（1572）五月初二日吉时，卒万历癸卯（1603）十月初七日吉时，吕宋夷变被害"。陈吾进"字尚渐，号桂山，良琼公次子，生万历甲戌（1574）正月十六日，卒万历癸卯（1603年）九月往吕宋，遇夷变被害"。陈章宪"钦吾公次子，生卒莫考，与其父皆卒于万历癸卯九月吕宋之变"。陈茂芳"字子昭，号明叔，生万历癸巳年（1593）十月×日，卒崇祯己卯（1639），卒于吕宋兵变"。

黄中和"字明表，号调宇，毓清次子，生嘉靖三十二年甲寅

---

① 严中平：《老殖民主义史话选》，第2编。
② 新编《安海志》卷12。

(1554）十一月十四日申时，卒万历三十一年癸卯九月初四日于吕宋之变。"黄腆"字俞恬，号厚宇，明丽公长子，生隆庆二年戊辰（1568）八月初二日亥时，卒万历三十一年癸卯九月于吕宋兵变"。黄崇栚"字明侃，章科次子，生万历十三年乙酉（1585）十二月二十一日，于万历三十一年癸卯十月初七日商吕宋遭变"。黄金初"字俞复，号怀荆，中英长子，生万历二十九年辛丑（1601）年三月初三日巳时，卒崇祯十二年己卯十月初九日申时于吕宋之变"。西班牙殖民者的大屠杀，使华商的生命财产遭受重大损失，噩耗传来，"安平巷哭"[1]，惨不忍睹。

由于以上各种原因，中国私人海上贸易不能得到充分发展，有的海商被封建政府残酷地镇压下去，有的由于本身带有浓厚的封建性而走向衰败，有的在海外被殖民者扼杀了，因此在中国始终没有出现如西欧"在十六世纪十七世纪，与地理发现一同发生并迅速增进了商人资本发展的商业上的大革命"[2]。这是中国封建社会长期延续的重要原因之一。

---

[1] ［明］李光缙：《景璧集》卷14《柯烈妇传》。
[2] 《马克思恩格斯论殖民主义》，人民出版社1962年版，第309页。

第十章
闪光的一页：私人海上贸易的影响和作用

明末清初的私人海上贸易，既然带有资本主义萌芽的性质和特点，它的产生和发展必然会在经济上、政治上、思想文化上对封建社会产生一定程度的冲击和影响，引起封建经济结构、政治形势及某些封建思想和习俗的变化，促进封建生产方式的瓦解。私人海上贸易的发展也推动了中外经济文化的交流，扩大各国之间的联系和影响，成为这一时期中外人民友好往来的媒介和桥梁。

第一节 创新渠道，发展经济

一、对地方财政的支持

隆庆年间，明朝政府被迫部分开放海禁，在月港设立榷税机构，发放商引，对来往商船征收"引税""水饷""陆饷""加增饷"。随着私人海上贸易的发展，月港的税额不断上升，隆庆六年（1572）"开设舶税，仅数千金"，万历四年（1576）饷溢额至万金"，万历十一年，"累增至二万有余"，万历二十三年，"饷骤溢至二万九千余两"。[①]从此以后，月港每年商税收入保持在三万

---

① ［明］张燮：《东西洋考》卷7《饷税考》。

第十章　闪光的一页:私人海上贸易的影响和作用

两左右。当时福建全省兵饷"通计每年实用银二十八万九千六百余两,除新旧题准各色饷银止得二十七万三千八百九十余两,尚不足银一万五千一百七十余两"。这不足的部分主要靠月港商税来补充。所以,万历年间有人因日本丰臣秀吉侵略朝鲜而主张再次实行海禁、停征商税时,中丞许孚远竭力反对说:"今奉禁止贩番,则漳州又少税银二万有奇,故该府复有议留解司充饷站剩等银之请,若不亟为议处,将来缺额凭何处给,临期未免掣肘,合无请念军储大计,边海余生,会覆具题通贩等因。"①如果从漳州一府来看,月港商税收入对地方财政的支持更为明显,漳州"水陆官兵月粮、修船、置器、犒赏诸费,岁不下六万两",而全府十县其他各种税收总额,即使包括"铁炉、牛行、渡船网税,搜无遗利",也不过"三万七千七百余两"。②月港商税一项占全府军费开支一半,可见它在地方财政中的重要地位。所以郡人周起元在《东西洋考》序中写道:"我穆庙时除贩夷之律,于是五方之贾,熙熙水国,刳艅艎,分市东西路。其捆载珍奇,故异物不足述,而所贸金钱,岁无虑数十万。公私并赖,其殆天子之南库也。"赞叹之余,不无自豪之感。

由于月港商税在漳州府的地方财政中所占比重越来越大,引起了泉州府的眼红。万历二十五年,"泉人以兵饷匮乏,泉观察议分漳贩西洋,泉贩东洋,各画陇无相搀越,欲于中左所设官抽饷,如漳例"③,遭到漳州府的强烈反对,"漳人纷称不便",漳

---

① [明]许孚远:《敬和堂集》。
② [清]严如熤:《洋防辑要》卷13《福建下》。
③ [明]张燮:《东西洋考》卷7《饷税考》。

481

州郡守也上书驳斥："漳泉均为海郡，兵饷并属吃紧，饷在漳则漳利，饷在泉则泉利，其便均也。漳饷匮则请在漳，泉饷匮则请在泉，其不便亦均也。今欲以东西洋分属漳泉，割漳饷以赡泉兵，不惟漳之兵食无所措给。从此私贩之徒，缘为奸利，不漳不泉，东影西射，公然四出，不可究诘者，又当什百于昔日，本府筹之，未见尽善无弊也"，于是"泉漳分贩议罢不行，而题请改设饷馆，给关防"。①漳州与泉州两府争夺月港饷银的事件，也反映了商税对地方财政的重要性。

海上贸易的收入对于郑氏海商政权尤为重要。郑芝龙乘福建连年大旱，饥民遍野的机会，用海商资本济以钱米、救济饥民的方法，迅速扩大势力。据《兵科抄出两广总督李题》说："郑贼固甚么，而狡黠异常，习于海战，其徒党皆内地恶少，杂以番倭骠悍，三万余人矣。其船器则皆制自外番，艨艟高大坚致，入水不没，遇礁不破。"郑芝龙被明朝招抚之后，"十余年养兵，不费公家一粒"，部队的军饷全靠自己解决。特别是在郑芝龙拥立唐王时期，整个福建的"兵饷战守事宜，俱郑芝龙为政"。以上这些财政支出，大部分是以海上贸易的收入为后盾的。

到郑成功时代，部队编制进一步扩大，《台湾外纪》记载："舳舻千艘，战将数百员，雄兵二十余万。"②夏琳的《海纪辑要》也记载：郑成功率师北上，有"甲士十七万，铁人八千"③，加上厦门的留守军队，总数在二十万以上。如此庞大的军队，其军

---

① ［清］严如熤:《洋防辑要》卷13《福建下》。
② ［清］江日升:《台湾外纪》卷10。
③ ［清］夏琳:《海纪辑要》。

费开支必然很大。而郑成功军事活动范围,主要在闽粤沿海地区,这里人多地少,土地贫瘠,当地人民生计十分困难,大部分人民的自身生活尚且要靠海上渔业或远赴海外求食来维持,怎么能有余力来养活这一支庞大的军队呢?所以,郑成功的军政费用主要还是依靠"通洋裕国"取得的。正如郁永河在《伪郑逸事》中指出:"成功以海外弹丸之地,养兵十余万,甲胄戈矢,罔不坚利,战舰以数千艘。又交通内地,遍买人心,而财用不匮者,以有通洋之利也。"

郑经时期,虽然在陈永华等人的主持下,奖励农业,实行屯田,使用牛耕,实行多种经营,发展台湾工农业生产,增加财政收入,但在其经济体系中,对外贸易收入仍占很重要的地位。由于郑经积极发展与日本、越南、暹罗、英国等国家的通商贸易,把台湾的鹿皮、樟脑、蔗糖,大陆的瓷器、丝绸运销国外,换回铅、铜等物资,以及其他各种日常生活用品,"以资民食",不仅满足了台湾人民的生活需要,而且也解决了军需,促进了郑氏海商政权的巩固和台湾经济的繁荣。因此对外贸易对郑氏海商政权的确起了"经国阜财,固圉强边"的重要作用,成为支撑郑氏海商政权兵饷和官府开支的主要经济支柱。

二、与资本主义萌芽的关系

商业资本虽然不能独创生产方式,但是随着商品生产和交换的发展,商业资本一定程度的发展,必然会对封建生产方式起冲击和瓦解作用,从而导致资本主义萌芽的产生。十四五世纪,地中海沿岸的意大利北部威尼斯、热那亚、比萨、佛罗伦萨和米兰等城市，由于海上贸易的发展，"已经稀疏地出现了资本主义生产的最初萌芽"[①]。威尼斯从12世纪至14世纪，一直是西欧最大的商业中心和海上强国，除了垄断近东贸易之外，还有发达的手工业。佛罗伦萨也利用近东贸易发展的有利形势，建立了发达的毛织业和丝织业，它从西班牙和英国运进羊毛，织造呢绒，还从英国购进本色呢绒，进行染色加工，然后再运销其他国家。佛罗伦萨发达的对外贸易和大量手工业产品的输出，冲破了行会的限制，首先在毛织业中出现了资本主义手工工场。此外，热那亚、米兰等城市也在海上贸易的刺激下，在毛织、丝织和造船业中，都出现了资本主义手工工场。

西欧手工业中最早出现资本主义萌芽的另一地区——佛兰德尔各城市，也与对外贸易有密切关系。14世纪初，香槟集市衰落后，布鲁日成为西欧的重要商业中心，与英国、法国、意大利有广泛的商业往来。繁盛的对外贸易促进了毛织业的蓬勃发展，到15世纪已出现了由商人控制的资本主义手工工场。"工场手工业的初次繁荣（先是在意大利，然后是在弗兰德）的历史前提，乃是同外国各民族的交往……除了一直为了自身需要而从事纺织的农民外，在城市里产生了一个新的织工阶级，他们所生产的布匹供应整个国内市场，而且大部分还供给国外市场。"[②]

但是，到15世纪中叶，情况发生了变化，土耳其人占领了欧洲通往东方的商业据点——君士坦丁堡，阿拉伯人也独占由埃

---

① 《马克思恩格斯选集》第二卷，人民出版社1972年版，第222页。
② 《马克思恩格斯选集》第一卷，人民出版社1972年版，第61—62页。

第十章　闪光的一页：私人海上贸易的影响和作用

及、红海通印度洋的通道，切断了地中海东部的商路，西欧商人不得不开始探寻一条通达东方的新航路，于是世界商路不再经过地中海，而直接取道于大西洋和太平洋。意大利北部最早发生资本主义萌芽的各城市，由于远离世界航路，失去独占东方贸易和商业中心的地位而开始衰落了。与此同时，由于世界航路中心转移到西欧大西洋沿岸各港口，使葡萄牙、西班牙、荷兰的经济相继兴盛起来，特别到十六七世纪，荷兰已成为西欧经济中心，世界各国的商品集中到安特卫普，再转销全欧。海上贸易的发展为资本主义的发展积累了巨额资本，使荷兰的工场手工业得到巨大发展，从而成为"十七世纪标准的资本主义国家"。"在真正的工场手工业时期，却是商业上的霸权造成了工业上的优势。"[①]

从以上西欧各国资本主义萌芽的兴衰更替过程可知，资本主义的发生、发展与海上贸易的关系是很密切的。这种情况在中国也不例外，海上贸易的发展同样是中国封建社会瓦解和资本主义发展的一个重要因素。

(一) 开辟广阔市场

私人海上贸易的发展为国内商品开辟了广阔的海外市场，加强我国与国际市场的联系，促进了与对外贸易直接有关的手工行业的资本主义的发展。

明末清初，东南沿海手工业的发展为私人海上贸易提供了雄厚的物质基础；反过来，私人海上贸易的繁荣，又进一步推动了民营手工业的更大发展。丝织业因开辟了国外市场而发展更快，

---

① 《马克思恩格斯选集》第二卷，第258页。

485

湖州地区"正嘉以前，南溪仅有纱帕，隆万以来，机杼之家相沿比业，巧变百出"①，苏州城内"居民大半工技"，城东居民"皆习机业"。随着生产的发展，一些生产者开始变成手工工场主，《醒世恒言》中写道："这盛泽镇上有一人姓施名复……夫妻两口，别无男女。家里开张绸机，每年养几筐蚕儿，妻络夫织，甚好过活。……施复每年养蚕，大有利息，渐渐活动。……几年间就增上三四张机，家中颇为饶裕。……夫妻依旧省吃俭用，昼夜营生，不上十年，就长有数千金家事。又买了左近一所大房屋居住，开起三四十张绸机，又讨几房人家小厮，把个家业收拾得十分完善。"②虽然这里所说的施复夫妻不见得真有其人其事，但这一段记载，典型地反映了明代晚期丝织业中小商品生产者发展为手工工场主的情况。

另外，由于海外市场的开拓，纺织品的出售已是大宗的、整批的，而小商品生产者或家庭手工业者所依靠的狭小的地方市场以及零星的出售已不能与之竞争。于是，出现了供给手工业者原料或同时供给生产工具，大量购买其制成品的包买主式的资本关系。比如万历年间，朱国祯在《涌幢小品》中说："商贾从旁郡贩棉花，列肆吾土，小民以纺织所成，或纱或布，侵晨入市，易棉花以归，仍沿而纺织之，明旦复持以易。"这就是关于包买主活动的明确记载。《醒世恒言》也有同样描写："温饱之家织下绸匹，必织至十来匹，至少也有五六匹，方才上市，即大户人家积

---

① 乾隆《湖州府志》卷41《物产》。
② ［明］冯梦龙:《醒世恒言》卷18。

得多的便不上市，都是牙行引客商上门来买"，"那市上两岸绸丝牙行，约有千百余家，远近村坊织成绸匹，俱到此上市，四方商贾来收买的蜂攒蚁集"。①这些都说明，在海上贸易的刺激下，丝织业已出现了资本主义萌芽状态。

　　再看与海上贸易关系比较密切的制瓷业。由于海外市场的开拓，大量瓷器行销国内外，使景德镇的制瓷业中出现了带有资本主义因素的民营制瓷手工工场。据《天工开物》记载，民窑制造瓷器过程的分工相当精细，有和土、澄泥、造坯、过利、汶水、打圈、过锈（釉）、入匣、满窑等工序，"共计一坯工力，过手七十二，方克成器"②。像这种分工比较精细，规模较大的生产组织已不是师傅、帮工组成的小作坊，而是"一种以分工为基础的协作"的工场手工业了。同时，在景德镇还集中了大批具有自由雇佣劳动者性质的陶工。饶州府通判方叔猷说："本镇统辖浮梁县里仁、长香等都居民，已与饶州府所属鄱阳、余干、德兴、乐平、安仁、万年及南昌、都昌等县杂聚窑业，佣工为生。"③嘉靖时，"浮梁景德镇民以陶为业，聚佣至万余人"④。到万历年间，"镇上佣工皆聚四方无籍游徒，每日不下数万人"⑤。这些佣工一无所有，完全依靠出卖自己的劳动力来换取生活资料。窑主已不能用超经济的强制手段来束缚奴役他们，必须按佣工的技艺水平付给佣金。佣工与窑主也不是奴仆与主人的关系，而是一种金钱

---

① ［明］冯梦龙：《醒世恒言》卷18。
② ［明］宋应星：《天工开物·陶埏》。
③ 同治《饶州府志》卷3。
④ 《明世宗实录》卷240。
⑤ 光绪《江西通志》卷49。

的雇佣关系。因此，这种佣工具有自由雇佣劳动的性质。

广东佛山镇的铁器随着私人海上贸易的发展而远销海外。在吕宋，"凡华人，寸铁厚鬻之"。在日本，"铁锅重大者，一锅价至一二钱"。由于海外市场的扩大，输出数量的增加，促进了佛山镇铁器制造业的发展。据崇祯八年《广州府南海县饬禁横敛以便公务事碑》记载，当时出现"炒铸七行"，碑文云："佛山于炉冶分别班行遵应公务，但铸锅炉户答应铁锅，铸造铁灶答应铁灶，炒炼熟铁炉户答应打造军器熟铁，打拔铁线之家答应铁线、御用扭丝、灶炼，打造铁锁胚炉答应御用灶炼、担头、圈钩、罐耳，打造笼较农具杂器之炉答应御用煎盆镬、抽火罐□□□，□铁钉答应铁钉。"①从这段碑文可以看出，佛山镇铁器制造业分工已很细密，制造工艺相当复杂。屈大均《广东新语》记载，当时佛山镇"炒铁之肆有数十，人有数千，一肆数十砧，一砧有十余人"②。可见生产规模已相当庞大。由此更可看出，明末清初佛山镇铁器制造业也出现了具有资本主义萌芽性质的手工工场。

明末清初，东南沿海的丝织业、制瓷业、铁器业出现资本主义萌芽，显然都与私人海上贸易的发展有关。

（二）促进山区商品经济的繁荣

由于私人海上贸易的发展，商品的大量输出，对山区商品经济也产生了深远的影响。

因主要出口手工业——纺织业的发展，需要大量的染色原

---

① 转引自王宏钧、刘如仲：《广东佛山资本主义萌芽的几点探讨》，《中国历史博物馆馆刊》1980年第1期。
② ［清］屈太均：《广东新语》卷15。

第十章 闪光的一页:私人海上贸易的影响和作用

料——蓝靛,于是山区种菁业发展很快。嘉靖年间,闽东宁德县"外郡人来县境栽菁""西乡几都,菁客盈千"。①隆庆二年,"江西万羊山,跨湖广、福建、广东之地,而各省商民亦尝流聚其间,以种蓝为业"②。闽西永福县"引水不及之处,则漳泉延汀之民,种菁种蓝,伐山采木,其利倍于田,久之,穷岗邃岭,无非客民"③。对于闽、浙、赣和闽、粤、赣山区的种靛业,明人熊人霖有一段概括的描述:"盖大地南条,自昆仑西洱入也,九疑为脊,衡岳为愈,乃西迤为楚桂,作蓝山;南迤为粤惠南,作九连,迤北稍西支为江之萍乡、万载、永新,稍东为宁都广昌,又东为德兴、弋阳。东南支为闽汀州,东北支为浙江开化、江山、松阳、遂昌诸县,此皆重岗复岭,无望洋向渡之苦,且山林深阻,人迹罕至,惟汀之菁民,刀耕火耨,艺蓝为生,遍至各邑,结蓁而居。"④从这段记载来看,闽、浙、赣、粤、湘五省边沿山区已成为菁靛的主要产区。

再如苎布是明清时期国内外市场上的畅销商品,因此山区的种苎业也发展很快。崇祯年间,闽北寿宁县"民力本务农,山无旷土,近得神苎之利,走龙泉、庆元、云和之境如鹜,田颇有就芜者"⑤。到清朝初朝,种苎业又进一步发展,浙江常山县"自甲寅闽变后,人尽流亡,山川涤涤,时则有某招引江闽流民开种

---

① 万历《宁德县志·物产》。
② 《明穆宗实录》卷26。
③ 万历《永福县志·风俗》。
④ [明]熊人霖:《南荣集》卷11《防菁议》。
⑤ [明]冯梦龙:《寿宁待志》卷上《风俗》。

麻山，不数年间，几遍四境"①。浙东之衢州等府与江右之广信等府及赣南一带，"其间失业之徒沿缘依附，什百成群，刈苎沤麻，倚为生计"②。

蔗糖也是私人海上贸易的主要输出品，种蔗业也从平原向山区扩展，闽北将乐县出"红糖，近高滩甚盛，岁出千万斤"③。赣南各县皆种甘蔗，而以"赣县、雩都、信丰为多"，在雩都"濂江数处，一望深青，种之者皆闽人，乘载而去者，皆西北、江南巨商大贾，计其交易，每岁裹镪不下万金"。④甘蔗已成为赣南山区的主要经济作物。

与此同时，山区的手工业也因海外市场的扩大而发展起来，出现了许多茶厂、木厂、铁厂、纸厂等，如闽北山区盛产毛竹，不仅有众多的纸厂，而且已广泛地使用水力机械，"顺昌人作纸，家有水碓，至造舟急滩中，夹以双轮如飞"。查慎行的《咏水碓》诗云："团团牛旋磨，匝匝鸦翻翼""捣纸十万笺，取禾三百亿"⑤，就是闽北山区水力机械造纸业的生动写照。顺昌造纸业的发展是与"顺昌之纸……其航大海而去者，尤不可计"的大量输出海外有密切关系。赣东北玉山地区民营造纸槽房发展也很快，据万历《江西省大志》记载："玉山县槽房不啻五百余座，永（丰）、铅（山）、上（饶）三县不啻百余座，皆系民间自备竹木砖瓦材料结构房厂，可容百数十人，择其水源清洁澄潭急湍便于

---

① 嘉庆《常山县志》卷1《山川》。
② 《皇清奏议》卷25。
③ 乾隆《将乐县志》卷5。
④ 乾隆《赣州府志》卷2。
⑤ ［清］查慎行：《宾云集·游闽中水碓联句》。

第十章　闪光的一页:私人海上贸易的影响和作用

漂洗地方,而后槽所立焉。"玉山、永丰、铅山、上饶四县共有槽房六百余座,每座槽房工人如按"百数十人"计算,赣东北山区造纸工人多达六七万人,其人数之多,规模之大,相当惊人。

随着山区工农业生产的发展,作为商品交换媒介的山区商业资本也兴旺起来。如闽西山区上杭县"为钱货殷赈之区,关津四会,故市井之见精","质鲁者出远方贸易,皆有机敏善筹画,与人交易亦和蔼,以帮动辄至富"。[①]闽北山区建宁县"土地膏腴,专有鱼杉油漆苎麻之利,以通于商贾,郊于建昌藩郡,染而为奢俗"[②]。赣东山区瑞金县"人多田少,稼穑之外,间为商贾"[③]。各山区还出现许多著名的专业商人,如赣县木商、铅山银商、永定烟商,从而形成一个山区的商人集团。这些商人集团中,浙江龙游商人最为活跃[④],天启《衢州府志》云:"龙游之民多向天涯海角,远行商贾几空县之半,而居家耕种者,仅当县之半。"《龙游县志》也记载:"龙游衢之要邑也,其民庶饶,喜商贾"[⑤],"挟资以出守为恒业,即秦、晋、滇、蜀,万里视若比舍,俗有遍地龙游之谚"。龙游商人不仅经营书肆业、纺织业、珠宝业、矿业,而且还直接经营海上贸易,王文禄的《策枢》说:"今寇渠魁不过某某等数人,又每船有船主,为某某等数十人而止耳,构行倭夷,招集亡命……其他协从大约多闽、广、宁、绍、温、台、龙游之人。或乏生理,或因凶荒,或迫豪

[①] 道光《临汀汇考》卷3《风俗》。
[②] [明]何乔远:《闽书》卷38《风俗》。
[③] 康熙《西江志》卷16《风俗》。
[④] 傅衣凌:《明代浙江龙游商人零拾》,《光明日报》1958年3月3日。
[⑤] 乾隆《龙游县志》卷2《建置》,引[明]涂杰:《建龙游城记》。

右,或避重罪,或素泛海,或偶被掳,心各不同,迹因可恶,然非有心于造乱者也。"①

由于山区商品经济的发展和繁荣,山区自然经济逐渐走向解体并出现资本主义萌芽的征兆。就以上述浙东山区种靛业来说,明末清初已出现地主、经营者和佣工新的生产关系,"山主者,土著有山之人,以其山俾寮主艺之,而征其租者也。寮主者,汀之久居各邑山中,颇有资本,披寮蓬以待菁民之至,给所艺之种,俾为锄植,而征其租者也。菁民者,一曰畬民,汀上杭之贫民也,每年数百为群,赤手至各邑,依寮主为活,而受其佣值。或春来冬去,或留过冬为长顾者也"②。在这里,山主类似地主,是靠收取地租为生的。寮主虽是租佃者,但多是外来客户,有雄厚的资本,他们向山主租地,再雇用菁民种靛,赚取利润。菁民是一些"赤手空拳"、一无所有的贫民,他们靠出卖劳动力为生。同时,他们已摆脱封建的人身依附关系,"春来冬去",是来去自由的雇佣农业工人。寮主和菁民之间已是资本主义的雇佣关系。

在种苎业中也出现了相似的情况,寮主出资向山主租山种苎,再雇用帮工,这批"帮工之人,因本籍无业,远投别省谋,食去留莫定",也是一批"自由的"雇佣工人。

再看赣南山区,那里也出现新的雇佣关系,"南赣地方,田地山场坐落开旷,禾稻竹木生殖颇蕃,利之所共趋,吉安等府各县人民年常前来谋求生理,结党成群,日新月盛,其搬运谷石砍

---

① [明]王文禄:《策枢》卷4。
② [明]熊人霖:《南荣集》卷11《防菁议》。

第十章　闪光的一页：私人海上贸易的影响和作用

伐竹木，及种靛栽杉，烧炭锯板等项，所在有之。又多通同山户田主，置有产业，变客作主，差徭粮税，往来影射，靠损贫病。又有一种来历不明之人，前来佃田佣工，及称斋公教师等名色，各多不守本分，潜行盗窃，间又纠集大伙，出没劫掠，不可踪迹"[1]。这批"佃田佣工"之人，实际上已具有农业资本家的雏形。

在海上贸易的刺激下，明末清初，闽、浙、赣与闽、粤、赣山区的商品经济相当活跃，山区商业性农业和手工业有相当大的发展，其发展形态也相当成熟，开始出现资本主义手工工场和资本主义的雇佣制度。中国资本主义萌芽的发展道路有两条：一条是从沿海平原地区发展起来的，另一条是从山区发展起来的，并且山区的资本主义萌芽有可能比平原发端更早，形态也更为成熟一些。无论是哪一条都是与海外贸易的发展和商品经济的繁荣有关的。

（三）新作物品种的引进及其影响

随着私人海上贸易的发展，中外经济交流的增多，明末清初开始引进一批新的经济作物和粮食作物。新作物品种的引进，对于我国农业生产及整个社会经济生活都产生了深远的影响。

在经济作物方面，通过海商引进的有烟草、花生、瓮菜，以及各种花果新品种。

小花生于宋元间"从海上诸国得其种归"，大花生是明朝中叶才从外国引进来的。《海澄县志》卷十五物产条："花生，种出外国，昔年无之，今以压油"，指的就是大花生。嘉靖时徐渭有

---

[1] 康熙《西江志》卷146《艺文》。

493

诗咏道："堆盘如菽不知名，咏物成林未著声，只有青藤词一语，茨菰香芋落花生。"万历时又从福建传至浙江，清赵学敏《本草纲目拾遗·落花生条》引《万历仙居县志》云："落花生原出福，今得其种植之。"清初长州人张璐在《本经逢原·长生果条》说："长生果，一名落花生，产闽地，落花生土中即生，从古无之，近始有之。"清初王沄在《匏园集》中也说："有落花生者，花堕地而生荚，似豆而实大，今江南亦植之。"①由以上诸条可知，大花生是从海外传进来的。

此外，从海外传进来的还有瓮菜等品种，瓮菜"蔓生花白，茎中虚，摘其苗，土压之辄活，一名瓮菜，遁斋闲览，本生东夷古伦国，番舶以瓮盛之，故名瓮菜，漳人编苇为筏，作小孔，浮水上，如萍根，浮水面茎叶出于苇筏孔，南方奇蔬也"②。

苦瓜，"种出南番，今闽有其种"。洋茶"出日本种类多，数十年来漳中始有之"③。樣子"种出外国，树多阴，实如猪腰，色黄味甘"。释迦果"种自荷兰，味甘微酢"。番石榴"种出外国，花白实如榴"④。使君子"原出海南交趾，今闽中之邵武，蜀之眉州皆种之，其藤如葛绕树而上，叶青如五加叶"。阇提"南海种，商舶传入闽中，花皆白而香胜如素馨，盖岩桂之流品"⑤。

在各种引进的经济作物中，以烟草的引进影响最大。烟草原产吕宋国，"曰淡巴菰，一名曰醺，以火烧一头，以一头向口，

---

① 谢国桢编：《明代社会经济史料选编》第1章，福建人民出版社1981年版。
② ［明］何乔远：《闽书》卷150《南产志》。
③ 乾隆《龙溪县志》卷19《物产》。
④ 乾隆《海澄县志》卷15《物产》。
⑤ ［明］何乔远：《闽书》卷150《南产志》。

第十章　闪光的一页:私人海上贸易的影响和作用

烟气从管中入喉,能令人醉,且可避瘴气"①。万历年间,漳泉海商从吕宋引入漳州石码,据方以智《物理小识》云:"万历末,有携至漳泉者,马氏造之,曰淡肉果,渐传至九边,皆衔长管而火点吞吐之,有醉仆者。崇祯时严禁之不止,其本似春不老,而叶大于菜,暴干以火酒炒之,曰金丝烟。"烟草从漳州月港传入以后,传播很快,天启二年(1622)流传到西南地区,谈迁的《枣林杂俎》说:"金丝烟,出海外番国,曰淡巴菰,流入闽粤,名金丝烟,性燥有毒,能杀人,天启二年,贵州道梗,借经广西,始移其种,叶似蓙,长茎,采而干之,刃批如丝,今艺及江南北。"②不久,又流传到北方各省,"烟草,古不经见,辽左有事,调用广兵,乃渐有之,自天启年中始也。二十年来,北土亦多种之,一亩之收,可以敌田十亩,乃至无人不用。已卯(崇祯十二年)上传谕禁之,犯者论死,庚辰(崇祯十三年)有会试举人,未知其已禁也,有仆人带以入京,潜出鬻之,遂为逻者所获,越日而仆人死西市矣。相传,上以烟为燕,人言吃烟,故恶之也。壬午(崇祯十五年)余入京,鬻者盈衢,初以为异,已而知为洪督所请,开其禁也"③。到了清朝初年,传播更广,吸烟的人更多,"今世公卿士大夫,下逮舆隶妇女,无不嗜烟草者,田家种之连畛,颇获厚利"。清初叶梦珠说:"烟草其初亦出闽中,予幼闻诸先大父云:福建有烟,吸之,可以醉人,号曰干酒,然而此地绝无也。崇祯之季,邑城有彭姓者,不知其从何所

---

① [明]姚旅:《露书》卷10。
② [明]谈迁:《枣林杂俎》中集。
③ [明]杨士聪:《玉堂荟记》卷4。

495

得种，种之于本地，采其叶阴干之，遂有工其事者，细切为丝，为远客贩去，土人犹未敢尝也。后奉上台颁示严禁，谓流寇食之用辟寒湿，民间不许种植，商贾不得贩卖，违者与通番等罪，彭遂为首告，几致不测，种烟遂绝。顺治初，军中莫不用烟，一时贩者辐辏，种者复广，获利亦倍初价，每斤一两二三钱。"①烟草的种植日益扩大，传播很快，到明末清初，已成为我国的主要经济作物之一。

烟草的引进和推广促进了我国制烟手工业的发展。如江西瑞金"城郭乡村开锉烟厂，不下数百处，每厂五六十人，皆自闽粤来"②。玉山县的制烟业"著于永丰，其制之精巧，则色香臭味莫与玉比，日佣数千人以治其事，而声价驰大江南北"③。广西浔州平南一带，"种烟之家，收成鬻于商贾，刨切发卖，大市烟铺三二十间，中市、小市亦十余间、五六间。大铺用工人三二十，中铺、小铺亦不减十余或七八"④。山东济宁府"其出产以烟为大宗，业此者六家，每年买卖至白金二百万两，其工人四千余名"⑤。从一个制烟工场日佣五六十人，一邑日佣数千人的规模，以及从商贾向"种烟之家"收购烟草，再雇用二三十个工人"刨切发卖"的组织形式来看，都已具有资本主义萌芽的包买主性质。

粮食作物方面，主要引进了高产粮食新品种番薯和玉米。

---

① [清]叶梦珠:《阅世编》卷7。
② 同治《瑞金县志》卷11《禁烟议》。
③ 道光《玉山县志》卷12《风俗土产志》。
④ 《清代文字狱档》第5辑《吴英拦舆献策案》。
⑤ [清]包世臣:《安吴四种·中衢一勺》附录3。

第十章 闪光的一页：私人海上贸易的影响和作用

番薯的引进有从陆路传进云南，也有从海路广东、福建引入，但以海路引进为主。万历八年（1580），广东东莞人陈益随海商到安南，万历十年回国时，把番薯种带回家乡。据《凤冈陈氏族谱》记载：

> 万历庚辰（八年），客有泛舟之安南者，公偕往，比至，酋长延礼宾馆，每宴会，辄飨土产曰薯者，味甘美。公觊其种，贿于酋奴，获之。地多产异器，造有铜鼓，音清亮，款制工古，公摩挲抚玩弗释，寻购得，未几，伺间遁归。酋以夹物出境，麾兵逐捕，会风急帆扬，追莫及。壬午（万历十年）夏乃抵家焉。先是邻蠹卢某武断乡曲，公尝排击其恶，卢衔之，阚公归，摭其事，首白当道，时航海关防严肃，所司逮公下狱，定庵公方转部郎，闻报大骇，适同谱御史某奉命巡按东粤，诣诉状。抵任，首摘释之。初，公至自安南也，以薯非等闲物，栽种花坞，冤白日，实已蕃滋，掘啖益美，念来自酋，因名'番薯'云。嗣是种播天南，佐粒食，人无阻饥……公置莲峰公墓右税地三十五亩，招佃种薯，遗嘱岁祀以薯荐食，历代遵之。①

该族谱明确记载，万历十年，陈益已把番薯引进广东。

此外，吴川人林怀兰也从安南引回番薯。《桂平县志》云："番薯，自明万历间由高州人林怀兰自外洋挟其种回国。"《电白

---

① 《凤冈陈氏族谱》卷7《家传·素讷公小传》，转引自杨宝霖：《我国引进番薯的最早之人和引种番薯的最早之地》，《农业考古》1982年第2期。

497

县志》记载更加具体:"相传番薯出交趾,国人严禁,以种入中国者罪死,吴川人林怀兰善医,薄游交州,医其关将有效,因荐医国王之女,病亦良已。一日,赐食熟番薯,林求食生者,怀半截而出,亟辞归中国。过关为关将所诘,林以实对,且求私纵焉。关将曰:今日之事,我食君禄,纵之不忠,然感先生之德,背之不义,遂赴水死。林乃归,种遍于粤,今庙祀之。"①这是广东引进番薯的又一例证。

与此同时,福建海商也纷纷从吕宋带回番薯品种。万历年间,福州府闽县海商陈振龙到吕宋经商,看到番薯"被山蔓野",于是"啖夷人以利,得其藤数尺,并得刈植藏种法归,私治畦于纱帽池(今福州南台一带)舍傍隙地"。万历二十二年,福建饥荒,陈振龙的儿子陈经纶"上其种与法",福建巡抚金学曾极为重视,立即"饬所属如此授种",加以推广,并"复制其法为《海外新传》",广为传播,立见成效,当年"秋收大获,远近食裕,荒不为害,民德公深,故复名为金薯"。②又据何乔远《闽书》记载,漳泉海商也同时把番薯传入闽南各县:

番薯,万历中闽人得之外国,瘠土沙砾之地皆可以种,用以支岁有益贫下,予尝作番薯颂,可以知其概也。颂曰:度闽海而南有吕宋国,国度海而西为西洋,多产金银,行银如中国行钱,西洋诸国金银皆转载于此,以通商,故闽

---

① 光绪《电白县志》卷30《杂录》。
② [清]陈世元:《金薯传习录》上卷,厦门大学南洋所手抄本。

第十章　闪光的一页：私人海上贸易的影响和作用

人多贾吕宋焉。其国有朱薯，被野连山，而是不待种植，夷人率取食之，其茎叶蔓生。如瓜蒌、黄精、山药、山蓣之属，而润泽可食哉。或煮，或磨为粉，其根如山药、山蓣、如蹲鸱者，其皮薄而朱，可去皮食，亦可熟食之，亦可酿为酒，生食如食葛，熟食色如蜜，其味如熟荸荠，器贮之有蜜气，香闻室中，夷人虽蔓生不甚省，然吝而不与中国人，中国人截取其蔓咫许，挟小篮中以来，于是入吾闽十余年矣。其蔓虽萎，剪插种之，下地数日即荣，故可挟而来。其初入吾闽时，值吾闽饥，得是而人足一岁。①

陈鸿的《莆变小乘》也说："番薯，天启时番邦载来，泉人学种。"谈迁《枣林杂俎》也有同样的记载："朱薯，产吕宋国，被野连山，不待种植，夷竞食之。万历中，闽人移蔓以归，种之数日即荣，瘠卤沙岗皆可种，粪之加大，泉人资以充饥。"从以上诸条记载看出，番薯传入中国是多种途径的，不仅广东、福建同时引进，而且福建一省也有从福州、泉州、漳州分别引进，但无论从哪一条途径引进，都是海商起媒介作用的。

番薯从广东、福建传入以后，迅速向内地各省推广。在江西广信府，"闽粤人来此耕山者，携其泛海所得苗种之日渐繁多"②。湖南平江一带，环处万山，"岁只一收，偶值不登，啮蕨茹藜，啼饥者众"，"农家多种番薯一物，青黄不接，藉以济荒，

---

① ［明］何乔远：《闽书》卷150《南产志》。
② 同治《广信府志》卷1。

今广、福客商迁业来平者移植，闻皆畅茂"。①在安徽宁国府，"初种自休宁山棚，今黟地亦广种之"。在四川奉节县，"乾嘉以来渐产"番薯，蓬溪县则"居民与稻并重，冬藏土窟，足供数月之食"。②在山东胶州地区，"番薯，俗名地瓜，胶初无此产，乾隆初年，闽商自吕宋携至，适合土宜"③。到乾隆末年，甘薯遍及冀鲁两省，变成各州县之主食，"甚为谷与菜之助焉"。乾隆二十一年（1756），陈云将番薯移植河南朱仙镇，不久，遍及河南全省，林龙友的《金薯咏》曰："孰导薯充谷，南邦文献存，种先来外国，栽已遍中原。"④第二年，陈云又"由胶州运种前至京师齐化门外通州一带，俱各教以按法布种，地纵屡迁，效者不爽"，很快"移植遍京畿"。现在把番薯从海外引进及传播情况列表于下。⑤

省份	传入年代	出处
广东	万历十年	《凤冈陈氏族谱》卷7
福建	万历二十一年	陈世元：《金薯传习录》上卷
浙江	万历三十六年	徐光启：《甘藷疏序》
江苏	万历三十六年	徐光启：《甘藷疏序》
台湾	康熙五十一年	康熙《台湾府志》卷7
四川	雍正十一年	雍正《四川通志》卷38
广西	乾隆元年	万国鼎：《五谷史话》
江西	乾隆元年	万国鼎：《五谷史话》

① 同治《平江县志》卷53。
② 道光《蓬溪县志》卷15。
③ 道光《胶州志》卷14。
④ ［清］陈世元：《金薯传习录》下卷。
⑤ 陈树平：《玉米和番薯在中国传播情况研究》，《中国社会科学》1980年第3期。

续表

省份	传入年代	出处
湖北	乾隆元年	万国鼎:《五谷史话》
山东	乾隆七年	乾隆《威海卫志》卷4
河南	乾隆八年	乾隆《鲁山县志》卷1
湖南	乾隆十一年	万国鼎:《五谷史话》
陕西	乾隆十一年	乾隆《商南县志》卷5
河北	乾隆十三年	徐栋:《牧令书辑要》卷3
贵州	乾隆十七年	乾隆《开泰县志》冬部
山西	乾隆二十一年	陈世元:《金薯传习录》上卷
安徽	乾隆三十三年	万国鼎:《五谷史话》

可以看出,番薯自明代末年从海路传入以后,至清代中叶已传播到全国各地,成为国内重要的粮食作物。

玉米原产于中南美洲的墨西哥和秘鲁,自1492年哥伦布到达美洲后,陆续传播到吕宋及东南亚各地。16世纪中叶,由中国海商传入福建泉州及广东惠州等地。由于广东、福建以种水稻为主,番薯已有广泛传播,故玉米的传布比较缓慢,起初只在沿海一些地方试种,后来才逐渐传入内地。如浙江于明万历年间已开始传种玉米,到清代才有较大发展,嘉庆年间,"浙江各山邑,旧有外省游民,搭棚开垦,种植包芦、靛青、番薯诸物,以致流民日众,棚厂满山相望",这里的"包芦"就是玉米。安徽玉米的种植,棚民也起了很大作用,旌德县"种包芦者,都系福建、江西、浙江暨池州、安庆等府流民,租山赁种"[1]。江西赣州府的农民"朝夕果腹多苞粟、薯芋,或终岁不米炊,习以为常"[2],

---

[1] 嘉庆《旌德县志》卷5。
[2] 同治《赣州府志》卷20。

广信府"近更有所谓苞粟者,又名珍珠果,蒸食可充饥,亦可为饼饵,土人于山上种之,获利甚丰"①。湖北宜昌"自改府后,土人多开山种植",湖南山区"深山穷谷,地气较迟,全赖苞谷、藷、芋杂粮为生"。②陕西南部扶风一带,"近则瘠地种苞谷,盖南山客民所植,浸及于平地矣"。总之,到清代,玉米已在全国各省普遍种植。

番薯和玉米的引进使我国农作物的结构发生变化,这对于明清经济作物的发展起了推动作用,因为番薯和玉米不仅产量很高,而且耐旱抗灾能力也很强,无论是丘陵山地,或是沿海贫瘠的沙丘均可种植,据徐光启总结,番薯有"十三胜":

> 昔人云蔓菁有六利,又云柿有七绝,余续之以甘薯十三胜。一亩收数十石,一也;色白味甘,于诸土种中特为夐绝,二也;益人与薯芋同功,三也;遍地传生,剪茎作种,今岁一茎,次年便可种数百亩,四也;枝叶附地,随节作根,风雨不能浸损,五也;可当米谷,凶岁不能灾,六也;可充笾实地,七也;可以酿酒,八也;干久收藏,屑之旋作饼饵,胜用饧蜜,九也;生熟皆可食,十也;用地少而利多,易于灌溉,十一也;春夏下种,初冬收入,枝叶极盛,草秽不容,其间但须壅土,勿用耘锄,无妨农功,十二也;根在深土,食苗至尽,尚能复生,虫蝗无所奈何,十三也。③

---

① 同治《广信府志》卷1。
② [清]陶澍:《陶文毅公全集》卷9。
③ [明]徐光启:《甘薯疏序》。

第十章　闪光的一页:私人海上贸易的影响和作用

大量种植番薯、玉米不仅不会"与五谷争地",而且因其可以解决一部分民食问题,还能腾出更多的水稻田种植其他经济作物,从而扩大经济作物的种植面积,促进了棉花、烟草、甘蔗的发展。因此,番薯、玉米等新作物的引进,对于明清时期农业生产的分工,经济作物专业种植区的形成起了推动作用,而商业性农业的发展是资本主义生产关系产生的前提条件之一。

总的来说,海上贸易的发展与资本主义萌芽关系十分密切,它不仅开辟了世界市场,增加了商品流通的种类,促进了工场手工业的发展,而且由于新作物的引进,加速了商业性农业的发展。

三、白银的内流及其影响

由于中国海上贸易处于出超地位,每年都有大量的白银源源不断地流入我国。白银的内流不仅支持了地方财政,而且对于国内赋役制度,商业交易,物价工资都产生了一定影响。

当时,白银主要来自两个地方,一个是日本,"倭人但有银置货,不似西洋载货而来,换货而去也"[①]。日本是产银国家之一,早在足利幕府末期,各地大名均开银矿,如毛利氏在石见,织田信长在但马,上杉谦信在佐渡,武田信玄在甲斐,北条氏在伊豆等地竞相开采银矿,尤其是石见的产银最多,一度成为大内、小笠原、尼子、毛利四氏争夺的对象。日本开采白银的技术也较高,神屋寿贞用吹溶的方法使银与矿渣分离,称"银山银吹",后来肥后相良领的银矿也采用这种方法。到丰臣秀吉时期,

---

① [明]郑若曾:《筹海图编》卷4。

503

对银矿的开采更加重视,他规定,各地大名如不自行开采,要加以课税,进一步促进了日本银矿的开发。万历年间,石见、佐渡、秋田各地矿山产银甚多,白银已成为日本的主要硬通货。中国商人把生丝、丝绸及其他商品运往日本长崎,日本的白银源源不断地流入我国。当时日本所需要的各种中国货物,大部分都是用银来计算价值的,如丝"每百斤值银五六百两",丝绵"每百斤价银至二百两",红线"每一斤价银七十两",水银"每百斤卖银三百两",针"每一针价银七分",铁锅"每一锅价银一两",川芎"一百斤价银六七十两",甚至于古文钱也用银计价,"倭不自铸,但用中国古钱而已,每一千文价银四两,若福建私新钱,每千价银一两二钱"。①由此可见,日本主要用银来交换中国货物。日本白银不仅由到长崎的中国海商直接运回中国,而且还通过葡萄牙商人间接流入中国。葡萄牙人将日本银运到澳门,购买中国丝绸等货,再运到日本,故日本流向澳门的白银也大半输入中国。矢野指出:"他们(指葡萄牙人)每年在贩卖中国绢于日本这宗生意上获得的银,年额达二百二十五万两,以充作他们购买中国货往欧洲的资本。"②至于日本流入我国白银的精确数字已很难估计,但据宝永六年(1709)长崎奉行报告,从正保五年(1648)到宝永五年(1708)的六十年间,日本流出的白银达374220余贯③,其中大部分输入中国是无疑的。

---

① [明]李言恭、[明]郝杰:《日本考》卷1《倭奴》。
② 转引自梁方仲:《明代国际贸易与银的输入》,见于宗先等编:《中国经济发展史论文选集》下,联经出版事业股份有限公司1980年版。
③ [日]木宫泰彦:《日中文化交流史》五。

第十章 闪光的一页:私人海上贸易的影响和作用

流入中国的白银的另一个主要来源是吕宋。虽然吕宋并不产白银,但通过大帆船贸易,美洲的白银大量运到吕宋,再流入中国。

南美洲是世界上最著名的产银地区,西班牙人于十五六世纪抵达那里以后,发现储藏丰富的银矿,并大规模地开采,其中仅秘鲁南部的波多西(Potosi,今属玻利维亚)银矿,从1581年(万历九年)至1600年,每年平均产银25.4万千克,约占全世界白银产量的60%。从1545年(嘉靖二十四年)这个银矿发现开始,至1789年(乾隆五十四年),共产银23469万镑。17世纪末叶,墨西哥银矿异军突起,后来居上,产量剧增,成为全世界产银最多的地方,到18世纪,平均每年产量已占全世界白银总产量的八分之五以上。[①]大帆船贸易开始后,西班牙人每年从南美洲运出大批银币到吕宋购买中国商品,使白银源源不断地流入中国。

万历年间,福建晋江人李廷机说:"弟生长海陬,少时尝见海禁甚严,及倭讧后,始弛禁。民得明往,而稍收其税以饷兵,自是波恬。或言弛禁之便,盖贫民藉以为生,冒禁阴通,为患滋大,而所通乃吕宋诸番,每以贱恶什物,贸其银钱,满载而归,往往致富。"[②]海澄人张燮在《东西洋考》中也说:"东洋吕宋,地无他产,夷人悉银钱易货,故归船自银钱外,无他携来,即有货亦无几。"清朝初年,文人的笔记小记中还常常提及吕宋的银输入福建的情况,如王沄的《闽游纪略》:"其曰番钱者,则银也。来自海舶。上有文如城堞,或有若鸟兽之人物形者,泉、漳

---

① 全汉昇:《明季中国与菲律宾间的贸易》,见《中国经济史论丛》。
② [明]李廷机:《李文节公文集》,见《明经世文编》卷460。

通用之。闻往时闽中巨室,皆擅海舶之利,西至欧罗巴,东至日本之吕宋(此处疑有误)、长崎,每一舶至,则钱货充轫。"①周亮工的《闽小记》也说:"度闽海而南,有吕宋国,国度海而西,为西洋,多产金银。行银,如中国行钱。西洋诸国金银,均转载于此以过商,故闽人多贾吕宋焉。"②

同时,我们在《菲岛史料汇编》中也可以找到大量有关白银流入中国的记载:如1586年(万历十四年),一位西班牙官员在给国王腓力二世的信中说:"许多白银和银币都运到那里(马尼拉)去交换中国货物,这些银子虽然若干仍留在菲岛,但其余全部都为中国大陆运货到那里出售的华商运走。"1597年,菲律宾总督在给腓力二世的信中说:"所有的银币都流到中国去,一年又一年地留在那里,而且事实上长期留在那里。"1598年,马尼拉大主教在给腓力二世的信中也说:"每年由新西班牙运来的一百万西元的银币,都违反陛下的命令,全部转入中国异教徒之手。"有一位曾长期在菲律宾的传教士于1630年(崇祯三年)写的一本有关在菲岛传教的历史著作中写道:"中国可说是世界上最强盛的国家,我们甚至可以称它为全世界的宝藏,因为银子流到那里以后便不再流出,有如永久被监禁在牢狱中那样。即使中国的银子,并不比过去六十六年贸易中,自墨西哥运出来为多,它已经能使那里的商人变成最富有,何况事实上中国的银子更多于这个数目。因为除来自墨西哥的银子以外,中国商人又自其他

---

① [清]王沄:《闽游纪略》,见[清]王锡祺辑:《小方壶斋舆地丛钞》九。
② [清]周亮工:《闽小记》。

第十章 闪光的一页：私人海上贸易的影响和作用

地区把银子运回本国。"该书作者最后说："我这样叙述，绝不是由于道听途说，而是多年来亲眼看见和亲身经验的结果。"[1]根据上引中外文记载，我们可以知道，自16世纪中叶以后，西班牙人每年从美洲运往菲律宾的白银，大部分也流入中国。

关于明末清初白银流入我国的情况，除上述文献记载外，在福建沿海的考古发掘中也得到有力的证实。1971年，晋江安海公社仁寿大队后桥村社员在平整土地时，挖出一个黑色的小陶罐，内存古代银币十枚。1972年春，南安县官桥公社山林大队后田村有一位教师在挖地基时也掘出一个陶罐，内存放古代外国银币1.04千克和几件零碎的首饰。同年11月，南安县诗山公社平整土地，又掘出白釉瓷罐两个，内装古代外国银币1.43千克，第二年3月，又在原地掘出同样的瓷罐两个，内装银币1.15千克。1973年，惠安县北门街基建工地发现银币一枚、小玉雕一件。1975年，泉州新门外浮桥街满堂红中心医院在拆除旧民房地基时，又发掘出一个粗糙的陶罐，内装外国古银币37枚，总重量715.27克。

在以上泉州地区出土的五批外国古银币中，除一枚是机制铸币，纪年是1763年外，其余的形状、制法、图文基本相同，这些银币都是打制，呈不规则圆形，币面简朴粗糙，图文不甚清晰，银币的正面冲印西班牙国徽图样，中央是一个大十字，十字的上下左右四角各有不同图案，相对的双角，一组为狮子，另一组为城堡，十字及图案外面环绕双线的内向连弧圆圈。银币背面冲盾

---

[1] Blair & Robertson, *The Philippine Islands*, 1493-1898. 译文见全汉昇：《明清间美洲白银的输入中国》，《中国文化研究所学报》1969年第2卷第1期。

形图案，盾形内划分数格，并印有不同的图纹，其中一枚除打印"OMP"之外，在外缘还打印"·○·164□"（4后不清晰）的阿拉伯字母。从这些银币的共同特点来看，它们都属于西班牙定型机铸之前的比较原始的流通货币，制作时间不会相隔太久。再从打印有"164□"的标记看，可能是16世纪后期至17世纪前半期在墨西哥制造的，通过吕宋流入泉州地区的西班牙银币。[①]1982年12月，福建省交通规划勘探队在漳州地区东山县城关东北距海岸约一百米的海泥中又发掘出外国银币4枚，币面也是由中央一个大十字，分隔出四个小图案，交叉相对放置一组城堡、一组立狮，以十字为中心的双城、双狮外围，依次环饰着复线花边、凸点联珠和拉丁文字，背面冲印有盾形图案，大小相套，大盾形图案的左下角是交叉线条文，右下角划为四小格，亦见对称的双城、双狮。从币面纹章和字铭考释，这些银币可能是由月港流入漳州地区的西班牙银币。[②]从漳、泉两地区多次发现古代西班牙银币的情况，再次证实了明末清初美洲的白银经过吕宋大量流入了中国。

白银的大量流入，对我国社会经济产生一系列的影响。

首先，它促进了明清赋役制度的改革，扩大了货币在赋役中的比重。我们知道，随着商品经济的发展，明代赋役货币化的倾向越来越明显，正统元年，明朝政府遂将"南畿、浙江、江西、湖广、福建、广东、广西米麦共四百余万石，折银百万余两，入

[①] 王洪涛：《福建泉州地区出土的五批外国银币》，《考古》1975年第6期。
[②] 张仲淳：《福建东山出土的外国银币》，《福建文博》1984年第2期。

第十章　闪光的一页：私人海上贸易的影响和作用

内承运库，谓之金花银，其后概行于天下，自起运兑军外，粮四石收银一两解京，以为永例，诸方赋入折银，而仓廪之积渐少矣"[1]。但在隆万以前，由于各方面的限制，要做到全部税粮折银征收是不可能的。随着海上贸易的发展，国外白银的大量流入，才为赋役折银的改革提供了更成熟的条件。如在差役方面，许多地方实行一条鞭法时已把里甲之役改为征银，如嘉靖三十八年（1559），御史潘季驯在广东肇庆府"征银在官，毋令里甲亲之"，称为均平银。均徭中的力差也折银征收。隆庆三年（1569），海瑞在松江实行一条鞭法，"将均徭、均费等银，不分银、力二差，俱以一条鞭征银在官，听候支解"[2]。广东肇庆也无分银差、力差，"十余年来，一切编银，官自雇役"。到清代，虽然有些地方又出现杂役，但与原来法定的力役已有显著的差别，力差征银已成为历史的潮流了。

在赋税方面，货币化的程度也不断增强，如郓城县，从洪武到嘉靖的赋税一向都是征收实物，嘉靖十八年才开始征银，但总共不到500两。到崇祯七年（1634），赋税银突增至4000两，此外还有差银10000两，而征收的粮食，从正统十一年（1446）的3464石，减至崇祯七年的2227石。湖州乌程县在宣德五年（1430）以前都是征收实物，到万历四十一年（1613）纂修《赋役全书》时，将丝绵绢匹并钞、麦、马料等项，及京库折米，派剩折米都改收银两，共征银84400两5钱。徽州歙县在嘉靖四十

---

[1] 《明史》卷78《食货志》。
[2] 嘉庆《松江府志》卷27《役法》。

509

一年以前，夏税秋粮都是征收实物，嘉靖四十一年才改为征银，共17000余两。可见赋役征银的趋势虽然在宣德时已出现，但自嘉靖后半期起，才进入赋税和徭役货币化的大发展时期。[①]可以认为，隆万以后，以征银为主要特征的一条鞭法能比较顺利地推行，是与白银大量流入分不开的。

其次，白银成为民间最通行、最可靠的交换手段。白银作为货币使用由来已久，早在东汉时已偶然地作为支付手段，五代时已开始使用，宋元时期有进一步发展。但一直到元代末期，还称不上是真正的货币。入明以来，朱元璋为保证宝钞的流通，禁止使用白银，洪武三十年（1397），"禁止民间无以金银交易，时杭州诸郡商贾，不论货物贵贱，一以金银定价，由是钞法阻滞，公私病之，故有是命"[②]。永乐时一度取消禁令，洪熙元年又禁金银布帛交易，一直到英宗即位，才"弛用银之禁"。虽然明朝政府允许民间使用白银，但是中国白银产量不足，无法满足货币流通方面的大量需要。如从洪武二十三年至正德十五年（1520），全国征收银课总额为11395775两，这段时期内，有银课记录的年数是113年，如用113年去除上述银课总额，可知每年政府平均银课收入约为10万两。而明代每年的银课约等于当年银产量的30%。[③]由此推算，明代正德以前全国每年银产量在30万两上下，这一点点白银根本不能满足社会的需要。于是嘉靖年间，明朝政府竭力开采银矿，万历年间甚至派出宦官四处采矿，结果弄得弊

[①] 王方中:《明代一条鞭法的产生及其作用》，见《明清社会形态的研究》。
[②] 《明太祖实录》卷251。
[③] 全汉昇:《明代的银课与银产额》，见《中国经济史研究》。

第十章 闪光的一页:私人海上贸易的影响和作用

端百出,天下骚动,得不偿失。正当国内白银短缺之时,国外洋银大量流入,适时地解救了中国的银荒,使白银真正成为主要的货币,这在中国货币史上是一个划时代的变化。

由于洋银的大量流入,白银已成为主要的交换手段和价值尺度,无论在乡村集镇,或在大城市都广泛地使用。苏州"富商大贾数千里辇万金而来,摩肩连袂"①。太仓"闽广人贩其归乡者,每秋航海来贾于市,无虑数十万金"②。松江"标布盛行,富商巨贾操重赀而来者,白银动以万计,多或数十万两,少亦万计"③。再如岭南地区,白银的流通也很广泛,"洋银至广州,揽头者就舶取之,分散于百工之肆,百工各为服食器物偿其值。承平时,商贾所得银皆以易货。度梅岭者,不以银捆载而北也,故东粤之银,出梅岭十而三四"④。此外,浙直商人也带白银到广东购买铁器,"两广铁货所都七省需焉,每岁浙、直、湖、湘客人,腰缠过梅岭者数十万,皆置铁货而北,近年惠潮铁罄,告开龙门铁山,乞未准行,客商艰于得铁,多怀空银回家"⑤。所以,谢肇淛在《五杂俎》中指出:"闽广绝不用钱,而用银。"

白银不仅用于商业交易,而且在部分的工农业雇佣劳动中还用来计算工资价格。在农业方面,《补农书》提供了有价值的材料:"长年每一名,工银五两,吃米五石五斗,平价五两五钱,盘费一两,农具三钱,柴酒一两二钱,通计十三两。计管地四

---

① 康熙《吴江县志》卷17《物产》。
② 民国《镇洋县志》卷1。
③ [清]叶梦珠:《阅世编》卷7《食货》。
④ [清]屈大均:《广东新语》卷15。
⑤ [明]霍与瑕:《霍勉斋集》。

511

亩，包价值四两，稻田八亩，除租额外，上好盈米八石，平价算银十两。"湖州庄元臣的《曼衍斋草》也提供货币工资的例证："凡桑地二十亩，每年雇长工三人，每人工银二两二钱，共银六两六钱。"冯梦龙的《醒世恒言》有更生动的描写：

> 浮邱山脚下有个农家叫作钮成，老婆金氏，夫妻两口，家道贫寒，无人肯把田与他耕种，历年只在卢楠家做长工过日。二年前生了个儿子，向卢楠家人卢才借二两银子，大摆筵席，款待众人。过后，卢才一味索取，只是没有，有人教卢才个法儿道：'他年年在你家做长工，何不耐到发工银时，一并扣清，可不干净？'卢才依此言，再不与他催讨。等到十二月中，打听了发银日子，紧紧伺候。那卢楠田产广多，除了家人，雇工的也有整百，每年至十二月中预发来岁工银。到了是日，众长工一齐进去领银，卢楠恐家人作弊，短少了众人的，亲自点名亲发，又赏一顿酒饭，吃个醉饱，叩谢而出，刚至宅门口，卢才一把扯住钮成，向他要银。①

从这个故事可以看出，农业中实行货币工资制是很普遍的。

在手工业方面，也采用白银支付工资，如苏州织工出现"日取分金"的货币工资制。《古今图书集成·职方典·苏州府部》云："我吴市民罔藉田业，大户张机为生，小户趁机为活，每晨

---

① ［明］冯梦龙：《醒世恒言》卷29《卢太学诗酒傲王侯》。

第十章　闪光的一页：私人海上贸易的影响和作用

起，小户百数人，嗷嗷相聚玄庙口，听大户呼织，日取分金为饔飧食计。"到清代初年，不仅民间纺织业用银支付工资，而且官营织造机匠也领取工价银，如苏州织造局"段纱花机，每日工银一钱五分算，上用官用同。织匠每日工银六分，挽匠每日工银三分，织挽匠每日盐菜银五分，每日送饭工银一分。段素机，每日工银一钱三分五厘，上用官用同。帕子丝，九七折净每两掉络工银一分算。撑经工银，每段四分，满装五身折半算，其纱机例无接经。段纱机每机工银八分，打边线段纱每匹工银一分（伞一把，银二分）。桃花匠，每月给工银二两算"①。景德镇御器厂也"各作募人，日给工食银二分五厘"，"各窑募役，龙缸大匠、敲青匠，日给银三分五厘"②。再如铜矿厂工人也领取货币工资，"铜矿产于石山之中，钢钻打入，每得矿一百斤，将矿烧炼，一火成铜鉴，二火成黑铜，三火成红铜。每矿百斤，上者烧铜十五斤，次者十二、十一不等。其用锤手并烧炉匠共二十名，每日给工食共银八钱，用造饭运水夫二名，每日给工食六分，用帮扯提矿小夫四名，每日给工食一钱二分。用钢钻三十根，每根钢二斤，日费一斤，约银一钱，以上共费银一两二钱，约得铜矿二百斤"③。

此外，在地租缴纳及土地买卖中，也以白银作为交易的计算单位。明末清初的土地承佃买卖契约中已普遍出现"银租""银主"的名词。万历十一年（1583）徽州的一份承佃契约中，明白规定用白银缴纳地租："十三都住佃张二得……等，今承佃房东

---

① ［清］孙珮辑：《苏州织造局志》卷5《工料》。
② 乾隆《浮梁县志》卷5《陶政》。
③ ［清］孙承泽：《春明梦余录》卷38。

康名下，共计成地三亩八分三厘二毛，领去锄种，拟交租银肆钱整，收熟之时，送租银上门，照分缴纳，不敢少欠，立此租约为照。万历十一年十二月，立租约佃人张二得等。"①万历二年的福建南平卖杂木山契中，也明确提出任凭银主前去登山管业："立卖杂木山契人关知行……缘因短少纹银应用，即将前山亲友引到小瀛洲坊叶高明相国亲边承买为业，当月同中三面言议……定时价土片价纹银八两整……其山自卖之后，但凭银主前去登山管业，永远子孙料理……今欲有凭，敬立卖杂木山契字一纸，付银主收执存留。"②关于这种银主的契约文书还有很多，兹不备举。

从以上商业交易，工资支付，缴纳地租，土地买卖等广泛使用白银的情况来看，白银的大量内流对于明末清初能以白银作主要通货使用是起了重要作用的。

最后，白银内流促使物价上涨。

西方的大航海曾引起16世纪欧洲的"价格革命"。西班牙人从南美洲抢劫来的大量金银，葡萄牙人在东方及非洲掠取巨额的黄金，大批价格低廉的金银流入欧洲，引起物价飞涨。整个16世纪，西班牙的物价上涨三倍多，英、法、德等国的物价也上涨一倍多。物价的上涨使广大的农民、工人以及靠收取固定租金的封建地主受到损失，但新兴的资产阶级得到巨大的利益，特别是农村的经营地主和富裕农民因农产品的上涨而大发横财。到16世纪末，英国已出现一批富有的大租佃农场主，价格革命对西欧封建

---

① 原件存中国社科院历史所，转引自傅衣凌：《明清社会经济史论文集》，人民出版社1982年版。
② 原件存于厦门大学历史系。

第十章 闪光的一页:私人海上贸易的影响和作用

主义的瓦解和资本主义的产生,起了推动作用。

在中国,白银的大量流入虽然还没有引起价格革命,但造成了明清时期物价的普遍上涨。以米价为例,明初至正德年间,江浙米价每石二至三钱,嘉靖初每石三至四钱,明末每石五至七钱。崇祯年间,有时涨到每石数两银。明人茅元仪说:"江南白米,余幼时不过七钱,近十年乃贵,今有逾一两者,贱亦不及一两耳,民大以为不堪。"《五伦书》载,洪武中德清王轸家书云:"浙西米价极廉,今以为极贵,盖太平之日久矣,可不念哉。"① 明代吴应箕在《留都见闻录》中也说:"国朝而来,南京米贵,仅嘉靖、万历时一再见而贵至二两,是年有三倍之熟。万历戊子(1588)至一两六钱,不过一二月耳。崇祯庚辰、辛巳、壬午(1640、1641、1642)至三两六钱,且有加无已。"② 清初叶梦珠的《阅世编》对明末清初江南米价有更详细的记载:

> 崇祯三年(1630)庚午,年荒谷贵,民多菜色,郡县施粥赈饥,予时尚幼,未知物价,然越二载,壬申白米每斗价钱一百二十文,值银一钱,民间便苦其贵,则庚午之米价,概可知已。迨秋成,早米每石价钱止六百五六十文耳。自是而后,米价大约每以千文钱内外为率。至十一二年间,钱价日减,米价顿长,斗米三百文,计银一钱八九分,识者忧之,然未有若十五年春之甚者,时钱价日贱,

---

① [明]茅元仪:《掌记》卷5。
② [明]吴应箕:《留都见闻录》,又见谢国桢编:《明代社会经济史料选编》。

515

每千值银不过四钱九分,白米每石纹银五两,计钱十二千有奇。自此以往,米价以二三两为常。迄于本朝顺治三年(1646),斗米几及千文,四年白米每石纹银四两。六年己丑,大熟,糯米每石价止一两二钱,川珠米每石银九钱。七年二月,白米每石价一两,九月新米价至二两,糯米一两八钱,白米二两五钱。八年,白米每石三两,三月每石三两五钱,四月每石四两,六月涨至四两八、九钱,几及五两一石,七月新谷价二两,次年壬辰白米石价四两,秋旱,新米无收,郡城米价二两五、六钱,次年癸巳,亦如之。

随着米价的上涨,其他物价也不同程度地上升。如木棉的价格,据叶梦珠说:

> 予幼闻木棉百斤一担,值银一两六七钱。崇祯初,渐至四五两,甲申以后,因南北间阻,布商不行,棉花百斤一担,不过值钱二千文,准银五六钱而已。顺治三、四年后,布渐行,花亦渐长。六年己丑,花价每百斤值银三两四五钱,七年九月,花价五两百斤,八年三月,九两一担,是时三四年间,递有升降,相去亦不甚悬绝。至十四年丁酉,每担价止二两。十六年闰三月,长至四两五钱,十八年辛丑冬,价至二两。康熙元年正月,增至三两,七月以后,犹二两百斤也。九年秋,价止一两七八钱,长至二两五钱,十月花价三两有奇,十月终每担价银四两。十年辛亥十一月,花价每担值钱三千三百,准银亦不下三两。十

第十章 闪光的一页:私人海上贸易的影响和作用

三年上上花每担不过一两九钱。十六年丁巳夏,长至二两六七钱,上者直至三两。积年陈花,为之一空,富商之获利者甚众。十八年己未秋成,棉花百斤价银止一两五六钱。次年夏,长至三两。二十年辛酉夏,价银三两五六钱。二十一年夏五月,上白者每百斤价银四两一钱。①

棉花布原来"每匹值银一钱五六分,最精不过一钱七八分,至二钱而止",到顺治八年(1651),"价至每匹三钱五分,十一年十二月间,每匹价至四五钱"。猪肉"在崇祯之初,每斤价银二分上下,至顺治二年冬,价至每斤时钱一千,准银一钱二分,六、七、八年之间价犹七分一斤",康熙十二年(1673)虽然下降为"每斤二分五厘,几乎复旧",但到康熙十九年,又"价至每斤五分"。白糖"旧价上白者每斤三四分,顺治初年间,价至每斤纹银四钱,以后递减,到康熙复旧,不久又长至五六分"。肉桂"旧价止二三钱一斤。数年以来,价至每斤七八两,甚至十二三两。几与参价相若,近来稍差,最上者,每斤价银五两而已"。燕窝菜,"予幼时每斤价银八钱,然犹不轻用。顺治初,价亦不甚悬绝也。其后渐长,竟至纹银四两,是非大宾严席,不轻用矣"。②

面对飞涨的物价,明人周晖无限感慨地说:"正德初年,承弘治以来,物价甚贱,行使皆官秤官斗斤两,如一斗以加一秤,

---

① [清]叶梦珠:《阅世编》卷7《食货》。
② [清]叶梦珠:《阅世编》卷7《食货》。

以十八两为大，不似今日之乱用。猪肉每斤钱七八文，牛肉四文、五文。水鸡以一斤为束，止四五文，莲肉用拾盒盛卖，每斤四、五文。河柴大者，每银一两，三十担以下，鱼虾每斤四五文，至七八文止矣。迨末年及嘉靖至今，诸物腾涌，巧伪日滋，不可胜言矣。"①清初丁国钧也哀叹："崇祯十年米价，冬粟每石一两二钱，白粟一两一钱，油每斤净钱七十八文，大为可骇！及十四年糙米每石二两二钱，冬粟每石二两五钱，先时万历己丑吴中大饥，斗米一钱六分，鹅价四钱，先辈记为异事。今则斗米二钱五分，油每斤一百三十文，不尤异耶？按今时米价，每石中价钱十千左右，油价每斤钱二百余文，习为常事，视崇祯时价，高下相殊，真我生之后，逢此百罹矣。"②造成物价上涨的原因当然很多，如水旱灾荒，战乱人祸等，但外国廉价白银的大量流入，无疑是明末清初物价上涨的极重要因素。

第二节 开禁对立，冲击政体

一、对政治的冲击

私人海上贸易的发展冲击了封建统治阶层，使统治集团内部形成主禁与主开两股对立的政治势力。明末清初，这两股势力进行了长期的争论和斗争。

我们知道，明代初期海禁十分严厉，明朝政府多次宣布"禁濒海民不得私自出海""敢有私下诸番互市者，必置之重法"，特

---

① [明]周晖:《金陵琐事剩录》卷4。
② [清]丁国钧:《荷香馆琐言》卷下。

第十章 闪光的一页:私人海上贸易的影响和作用

别是政府官员不能在任何情况下出海贸易,否则处以重刑。《大明律》规定:"守御边塞官军如有假公事出境交通及私市者,全家坐罪。""凡把守海防武职官员,有犯受通番土俗哪哒报水,分利金银货物等项,值银百两以上,名为买港,许令船货私入,串通交易,贻患地方,及引惹番贼海寇出没,戕害居民,除真犯死罪外,其余俱问受财枉法罪名,发边卫永远充军。"①

对于这些海禁规定,明初时在统治阶级内部并没有引起多大的争论,但到明中叶以后,情况大不相同。由于私人海上贸易发展很快,沿海的乡绅地主经营海上贸易的人日益增多,"闽中巨室,皆擅海舶之利,西至欧罗巴,东至日本之吕宋长崎,每一舶至,则钱货充牣"②。《闽书》亦云:"濒海大姓私造舰,岁出诸番市易。"福建同安县养亲进士许福先,因与海贼联姻往来,家遂大富。考察闲住佥事林希元"专造违式大船,假以渡船为名,专运贼赃,并违禁货物"③。甚至明朝的军官也参与海上贸易活动,有的"私通货贿",有的"称贼首为翁,相对宴饮欢笑为宾主,而又投之以侍教生帖者"。④他们交通官府,挟制有司,倚结豪势,包庇窝藏,相互勾结。到嘉靖时,从下到上形成一股政治力量。当代表内地封建地主利益的浙江巡抚朱纨实行海禁,触犯到他们经济利益时,引起了通商派地主的强烈反对,双方展开一场你死我活的斗争。

---

① 《大明律》卷15。
② [清]王胜时:《漫游纪略》卷1。
③ [明]朱纨:《朱中丞甓余集》。
④ [明]高拱:《高文襄公文集》。

朱纨，字子纯，苏州长州人，正德十六年（1521）进士。嘉靖二十五年（1546），以右副都御史巡抚赣南。嘉靖二十六年，浙江巡按御史杨九泽上疏说：浙江宁、绍、台、温诸郡与福建福、兴、漳、泉诸郡皆滨临海边，海盗出没无常，两省官兵不能统一指挥，制御为难。建议设置巡视重臣，尽统两省海滨诸郡，事权归一，威令易行。明廷接受这一建议，特派朱纨巡抚浙江，兼提督福建的福、兴、漳、泉、建宁王府军事。

朱纨到闽浙以后，立即提出革除乡官渡船，严立保甲制度，搜捕通倭窝主等一系列打击通商派地主的措施。他上疏说："臣自赣州交待，行据福建都按二司署都指挥佥事等官路正等会议呈称，今日通番接济之奸豪，在温州尚少，在漳泉为多，漳泉之奸豪绝，则番夷不来，而温宁一带亦可稍息。"他深入漳泉沿海阅视海防事，发现"贼船番船，则兵利甲坚，乘虚驭风，内外合为一家"的现象十分严重。特别是当地乡绅地主"或擅受民词，厉行拷讯，或擅出告示，侵夺有司，专造违式大船，假以渡海为名，专运贼赃并违禁货物"，对地方的危害最大。他愤怒地指出："所谓乡官，乃一县之望也，今乃肆志狼藉如此，目中岂知有官府耶？盖漳泉地方，本盗贼之渊薮，而乡官渡船，又为盗贼之羽翼，臣反复思惟，不禁乡官之渡船，则海道不可清也，故不恤怨谤，督率有司行之。"① 为了集中力量打击通商派地主，他要求明定职掌，划一事权，不准御史干预，以便措置。他说："大抵治海中之盗不难，而难于治窝引接济之寇，治窝引接济之寇不难，

---

① ［明］朱纨：《朱中丞甓余集》。

第十章 闪光的一页:私人海上贸易的影响和作用

而难于治豪侠把持之寇,闻此地事未办而谤先行,效未见而肘先掣,盖山海渊薮,视为表里。衣冠剑戟,相为主宾,利于此必不利于彼,善于始必不善于终,亦乞照前事体,不必御史干预",并要求"今既付臣以军务,许臣事关军机重大者,以军法从事"。①明朝中央政府批准了朱纨的请求,于是他严令禁海,凡双桅大船通通烧毁,并令沿海居民有素与番人通者,皆得自首和互相告发,然后录之于簿,缉访追捕。特别严重的是嘉靖二十七年,朱纨指派福建都指挥卢镗率军进攻海商大本营双屿港,擒获海商首领李光头及窝主顾良玉,焚毁海商营房及船只。

朱纨的所作所为引起通商派地主的强烈不满。闽浙"势家既失利,则宣言被擒者皆良民,非贼党,用以摇惑人心,又挟制有司,以胁从被掳予轻比,重者引强盗拒捕律,为之曲解",为之开脱罪行。朱纨十分气愤,反驳说:"今海禁界限分明,不是何由被掳,何由胁从?若谓登岸胁从,不知何人知证?何人保堪?若以入番导寇为强盗,海岸敌对为拒捕,不知强盗者何失主?拒捕者何罪人,皆臣之所未解也。"他认为"盖中国无叛人,则外夷无寇患,本地无窝主,则客贼无来踪,今入贡者既称使臣,不知入寇者又称哄骗货本,臣愚以为远夷畏服,在此一举,召衅速祸,亦在此一举",并要求从重惩处这批窝主:"将众证显著,林烂四、许陆、陈四、倪良贵、奚通世、顾良玉、刘奇十四等,容臣于军门枭首示众,余贼监候转详处决。"②朱纨不仅杀掉一批海

---

① [明]朱纨:《朱中丞甓余集》。
② [明]朱纨:《朱中丞甓余集》。

商和窝主，还揭发闽浙两省文武官员渎职不法及贵家通番之事，并且镌暴贵家通番姓名于朝廷，他直言不讳地指出"去外国盗易，去中国盗难，去中国濒海之盗易，去中国衣冠之盗尤难"，把矛头直接对准闽浙通商派地主，"闽浙人益恨之"。通商派地主通过朝中的闽籍御史周亮和给事中叶镗，弹劾朱纨滥杀良民，要求撤销其巡抚的职衔，降为巡视，以煞其权。

朱纨虽然受到通商派地主的围攻而被降职，仍然一意孤行，顽固地继续推行海禁政策。嘉靖二十八年（1549），朱纨至诏安梅岭走马溪，指挥副使柯乔、都司卢镗围剿海商集团，生擒通番渠首李光头等九十六人，并以"将为变者"为理由，全部加以杀害，并再次上疏攻击通商派地主，指责他们"往往倡为樵采渔猎之说，动称小民失利，或虞激变，鼓惑群听，加以浮诞之词，虽贤者深信不疑矣"。[①]沿海势豪贵家大哗，乃嗾使御史陈九德弹劾朱纨不俟奏覆，枉法擅杀，滥及无辜，并请治其罪。御史周亮也再次弹劾，于是朝廷"夺纨官，命还籍听理"，并派兵部给事中杜汝桢调查处理这件事。嘉靖二十九年，杜汝桢与御史陈宗夔联合上奏说："前贼乃麻六甲国番人，每岁私招沿海无赖之徒，往来海中贩鬻番货，未尝有僭号流劫之事，二十七年复至漳州月港、浯屿等处，各地方官当其入港，既不能羁留人货，疏闻庙堂，反受其私贿，纵容停泊，内地奸徒，交通无忌，及事机彰露，始狼狈追逐，以致各番拒捕杀人，有伤国体，其后诸贼已擒，又不分番民首从，擅自行诛，使无辜并为鱼肉，诚有如九德

---

① [明]朱纨:《朱中丞甓余集》。

第十章 闪光的一页：私人海上贸易的影响和作用

所言者。纨既身负大罪，反腾疏告捷，而铠、乔复相与佐成之，法当首论其冒功坐视。"[1]兵部三法司复议，与杜汝桢的意见一致，遂下诏逮朱纨至京鞫汛。朱纨闻命至，痛哭流涕地说："吾贫且病，又负气，不任对簿，纵天子不欲死我，闽浙人必杀我，吾死自决之，不须人也。"[2]乃制圹志，作绝命词，服毒自杀。自是之后，"罢巡视大臣不设，中外摇手，不敢言海禁事"。

但是，沉寂并不等于两派的意见分歧已经消除，随着时间的推移，有关争论和斗争必将再起。万历二十年（1592），丰臣秀吉亲率大军十四万渡海进攻朝鲜，明朝出兵援朝抗倭，东南沿海的形势又紧张起来。原来的主禁派再次提出海禁问题，两派又展开激烈的斗争。主禁派宋应昌在《议题水战陆战疏》中提出："江南滨海，多建重楼敌台，宁独以备岛奴，抑亦以备山寇海寇，今议燃眉只以修筑楼台工费，修理城池，务令高固，多备军火器械，而村落居民则预令其多运粮米薪水，贮置城中，有警则急入收保，坚壁清野，保境卫民。"[3]赵世卿力陈全面海禁的必要性，危言耸听地说："盖良民自爱而重逾险，谁肯出没于波涛汹涌之中，必凶徒逸囚罢吏黠僧无行义之尤者，若辈置之里闬，编之保伍，犹虑为变，岂可令其扬帆海徼，与诸夷人因缘射利，外交内调，非阴示我之虚实，则潜输我之利器，树兵将来，为国大害……倭自釜山一遁，待时观衅，何尝须臾忘我哉，此辈一中其饵，相与反戈内向，如嘉靖间王直、徐海辈勾引诸酋，所至剽掠

---

[1] 《明世宗实录》卷363。
[2] 《明史》卷205《朱纨传》。
[3] ［明］宋应昌：《宋经略奏议》，见《明经世文编》卷401—402。

为患，浙直闽广几不可支，此非已事之明鉴乎。"[①]他坚决主张实行海禁政策，禁止一切海上贸易活动。

对于这些言论，通商派地主给以迎头痛击，在这些人当中，以许孚远的反驳最为有力，他深入调查研究，在掌握大量材料的基础上，进一步驳斥主禁派的滥调："据海澄县番商李福等连名宣称，本县僻处海滨，田受咸水，多荒少熟，民业全在舟贩，赋役俯仰是资，往年海禁严绝，人民倡乱，幸蒙院道请建县通商，数十年来，饷足民安。近因倭寇朝鲜，庙堂防闲奸人接济硝磺，通行各省禁绝商贩，贻祸澄商，引船百余只，货物亿万计，生路阻塞，商者倾家荡产，佣者束手断飧，阖地呻嗟，坐以待毙。"所以，许孚远认为："防一日本。而并弃诸国，绝商贾之利，启寇盗之端，臣窃以为计之过矣。"[②]徐光启也指出主禁派"必绝市而后无入寇"的论点是站不住脚的，他认为只有开市贸易才能靖倭、知倭、制倭和谋倭："愚尝有四言于此，惟市而后可以靖倭，惟市而后可以知倭，惟市而后可以制倭，惟市而后可以谋倭。"[③]崇祯年间，给事傅元初在《请开洋禁疏》中更透彻地阐述开海贸易的好处。由于通商派地主据理力争，使明朝中央自隆庆以后，再也不可能实行嘉靖以前那种海禁政策了。

到了清朝初年，为了扼杀郑成功的抗清斗争，清王朝实行严厉的迁界禁海政策，使东南沿海通商派的意见被硬压下去。但是，高压只能推迟争论，并不解决问题。到康熙年间，清朝封建

---

① ［明］赵世卿：《赵司农奏议》，见《明经世文编》卷411。
② ［明］许孚远：《敬和堂集·疏通海禁疏》。
③ ［明］徐光启：《徐文定公集》。

第十章　闪光的一页:私人海上贸易的影响和作用

统治集团中一部分有识之士认识到实行海禁并非良策,长期实行下去,对于清代经济的发展是十分不利的,因此他们开始反对这种断绝中外经济联系的迁界政策,要求开禁的呼声越来越高。① 福建总督李率泰上奏:"数年以来,令沿海居民迁移内地,失去故业,宜略宽界限,俾获耕渔,庶苏残喘。"②广东巡抚王来任亦云:"臣思设兵以卫封疆而资战守,今避海寇侵掠,虑百姓之赍盗粮,不见安攘上策,乃缩地迁民,弃其门户而守堂奥,臣未之前闻也。"③江苏巡抚慕天纲、河道总督靳辅等人更是竭力主张开禁,他们认为"番舶之往来,以吾岁出之货而易其岁入之财,岁有所出,则于我毫无所损,而殖产交易,愈足以鼓艺业之勤。岁有所入,则在我日见其赢,而货贿会通,立可以祛贫寡之患。银两既以充溢,课饷赖以转输,数年之间,富强可以坐致"④,"内地绸丝等一切货物,载至日本等处,多者获利三四倍,少者亦有一二倍,江浙闽粤四省,但得每岁有值银一百万两之货物出洋,则四省之民,每岁可增其财七八万"。他们迫切要求"另为立法,将商人出洋之禁,稍为变通,方为大裨于国计民生"⑤。在主开派的影响下,康熙皇帝本人也逐渐认识到海禁使"滨海居民鱼盐、蚕织、耕获之利咸失其业"的危害性,开海贸易"于闽粤边

---

① 林仁川:《试论康熙年间大陆与台湾统一的经济必然性》,《台湾研究集刊》1983年第2期。
② [清]杜臻:《闽粤巡视纪略》。
③ 光绪《新宁县志》卷14。
④ 《皇朝经世文编》卷26《户政一》。
⑤ [清]靳辅:《靳文襄公奏疏》卷7。

海民生有益，若此二省民用充阜，财货流通，各省俱有裨益"。①因此，在台湾收复之前已部分地开放海禁，康熙二十二年（1683）收复台湾以后，清王朝全面复界，结束了长期的禁海迁界政策。

综观以上两派长期斗争的过程，概括起来，他们争论的焦点，主要在以下几个方面：

第一，开市与祖宗成法。历史上一切守旧派抵制改革的法宝就是：祖宗之法不可变。主禁派也不例外。他们说："夫贡者夷王之所遗，有定期，有金叶勘合为验，使其来也以时，其验也无误，我国家未尝不许也，贡未尝不许则市舶未尝不通，何开之有；使其来无定时，验无左证，乃假入贡之名为入寇之计，虽欲许，得乎？贡既不可许，市舶独可开乎？"他们还说："今若单言市舶当开而不论其是期非期，是贡非贡，则厘贡与互市为二，不必俟贡而常可以来互市矣，紊祖宗之典章可乎哉。"②主禁派恪守列祖诸宗遗留下来的朝贡贸易，坚决反对在贡舶以外互市贸易。主禁派中，有人更为保守，甚至连郑和下西洋也认为是违法的："议者又谓宜开互市，弛通番之禁，此尤悖谬之甚者，百年之寇无端而至，谁实召之，元人有言，古之圣王，务修其德，不贵异物，今往遣使奉朝旨，飞舶浮海，以唤外夷互市，是利于远物也，远人何能格哉？此在永乐之时，尝遣太监郑和一至海外，然或者已疑其非祖训禁绝之旨矣，况亡无籍之徒，违上所禁，不顾私出外境下海之律，买港求通，勾引外夷，酿成百年之祸。"③在

---

① 《清圣祖实录》卷116。
② ［明］郑若曾：《筹海图编》卷12《开互市》。
③ ［明］归有光：《归太仆文集》，见《明经世文编》卷294—295。

第十章　闪光的一页：私人海上贸易的影响和作用

主禁派看来，祖宗之法是绝对不能变的，应遵守明太祖的旧规，除定期朝贡贸易之外，禁止一切通番活动。这些人代表着统治阶级内部的保守势力，是一批眼睛朝后看的"申公豹"，他们只知死守"祖训禁绝之旨"，不愿看到有轻微的变革。

对于主禁派的这种顽固观点，主开派痛加驳斥，他们认为国内外形势已发生了变化，中外的经济联系日益增强，再用那种数年，甚至数十年才进行一次贡舶贸易的方法已行不通了。"彼国服饰器用，多资于中国，有不容一日缺者，安能待十年一贡之期，而限以三船所载之数哉，若禁其贸易，则入寇劫夺，一定之势也。"对中国海商来说，因"利重之处，人自趋之，岂能禁民之交通乎？故官法愈严，小民宁杀其身，而通番之念愈炽也"。因此，主开派认为完全遵照祖宗成法，禁绝互市是办不到的，应该放宽限制，准其贸易，加强管理，采取"申明朝廷之法，宽处而羁縻之"的改革办法，也就是"重责其成曰：商贩贸易，姑听其便，但一方之责，皆系于汝，一方有倭变，即汝一人之咎也，彼以利为命者，利既不失，而又不峻绳以法，则感恩畏威，必不偾事矣，一面修吾海防，不容夷船近岸贩货，出海者关口盘诘，勿容夹带焰硝之类，载货入港者，官为抽税，以充军需，岂不华夷两利，而海烽宴如也，此之谓以不治治之也"。[①]主开派的这些主张虽然离完全自由贸易还有很大距离，但他们能适应社会潮流的发展，要求改变长久因袭下来的陈旧规章，还是有积极意义的。

---

① ［明］郑若曾：《筹海图编》卷12《开互市》。

第二，开市与治安的关系。这是两派争论的另一重要问题。主禁派认为下海通番之徒，都是一批强徒恶少，这些人"舍命轻生，眇视官法，货船到岸，倘不赴官，四散湾泊，躲名匿税，官府不免拘拏，因而拒捕伤人"，给社会治安造成很大的危害。他们还担心一旦开市，取消海禁，华夷无限，此往彼来，"略无禁阻，番人狡狯，凶悍难测，万一乘机生事，扰乱地方"，会造成不可收拾的局面。所以，主禁派认为海禁千万开不得，"当商舶未至绝之为易，贸易既通，而一或不得其所，将穷凶以逞，则将何以御之矣"。他们振振有词地责问主开派："今之寇边者动以千万计，果能一一而与之市乎？既以市招之，而卒不与市，将何词以罢遣之乎？夷以百市，兵以千备，夷以千市，兵以万备，犹恐不足以折其奸谋，我之财力果足以办此乎？且市非日限月之可期也，彼之求市无已，则我之备御亦无已，果能屯兵而不散乎！此皆利害之较然者也，乃谓互市可以足边储而弭外患，不已大谬乎！"①

面对主禁派的挑战，主开派进行针锋相对的回应。他们认为"寇与商同是人也，市通则寇转而为商，市禁商转而为寇"，唯有解除海禁，许其公开贸易，才能杜绝祸源，保持安定的社会秩序。主开派的这种论点，在许孚远的《疏通海禁疏》中表达得最为透彻：

> 看得东南滨海之地，以贩海为生，其来已久，而闽为甚，闽之福、兴、泉、漳，襟山带海，田不足耕，作市舶

---

① ［明］郑若曾：《筹海图编》卷12《开互市》。

第十章 闪光的一页:私人海上贸易的影响和作用

无以助衣食,其民恬波涛而轻生死,亦其习使然,而漳为甚。先是海禁未通民业私贩,吴越之豪,渊薮卵翼,横行诸夷,积有岁月,海波渐动,当事者尝为厉禁,然急之而盗兴,盗兴而寇入,嘉靖之季,其祸蔓延,攻略诸省,荼毒生灵,致烦文武大帅,殚耗财力,日寻干戈,历十有余年,而后克定。于是隆庆初年,前任抚臣涂泽民,用鉴前辙,为因势利导之举,请开市舶,易私贩为公贩……几三十载,幸大盗不作,而海宇宴如。①

许孚远用嘉靖时"曾一禁之,民靡所措,渐生邪谋,遂致煽乱,贻祸他方",与隆庆开禁之后"饷足民安""民生安乐"历史事实的鲜明对照,说明了开放海禁不但不会招乱,而且还会起安定社会秩序的作用,从而有力地驳斥了主禁派所谓"开市致乱"的谬论。

第三,开市与理财的关系。主禁派认为开禁"非所利于国",互市"养门庭之盗",对国家财政税收有百害而无一利,冯璋说:"商贩所来,不过胡椒、苏木等件,民间用之不多,食之有限,贩来既盛,价值必轻,二三年后,商人无利,势将自息,徒有开税之名,而未见开税之利,所可预料者也……又有奸猾商人,将带中土丝绵缎布磁铁货到彼番国,不换货物,止卖金银,回还之时,将船烧毁,潜地逃归,徒有开税之名,而终无可税之实,势所难禁者也。"在他们看来,开市贸易,只能"法坏于上,利归

---

① [明]许孚远:《敬和堂集·疏通海禁疏》。

于下，无补国计之分毫也"。①类似的言论还有许多，有的说："倭人仅一刀一扇，无他产"②，与日本互市，得不偿失。有的认为"夷货非衣食所急，何谓中国不缺耶，绝之则内外隔而相构之衅无由生矣，夷虽欲窥伺我也何可得耶"。还有的人甚至认为开市贸易是"得番人无用之物，济番人有用之器"，大力渲染与开市俱来的所谓严重后果："番中本无盐硝火药，亦无铳炮器具，后因中国之人接济往来，私相教习，违犯严禁将带出境，以济番人运用，如佛郎机大铳、鸟铳、手铳，为害最大，然犹惧有法网，交换未多，番人以为难得，若今明开通税之门，略同互市之法，火铳火药公然交易，得番人无用之物，济番人有用之器，是持其柄而援之兵也。"③

主开派的看法与主禁派完全相反。他们认为开市贸易不仅对平民百姓有利，而且对政府经国阜财也大有裨益。福建巡抚陈子贞上疏言："闽省土窄人稠，五谷稀少，故边海之民皆以船为家，以海为田，以贩番为命，向来未通番而地方多事，迩来既通番而内外艾安，明效彰彰耳……且洋船往来，习闻动静，可为我侦探之助，舳舻舵梢，风涛惯熟，可供我调遣之役，额饷二万，计岁取盈，又可充我军实之需，是其利不独在民，而且在官也。"④崇祯年间，给事中傅元初进一步发挥了上述观点，把开市贸易的好处归纳为"三利"，他在《请开洋禁疏》中说："若洋税一开，除

---

① ［明］冯璋：《冯养虚集》。
② ［明］俞大猷：《正气堂集》卷5。
③ ［明］王在晋：《海防纂要》卷7。
④ 《明神宗实录》卷262。

第十章 闪光的一页:私人海上贸易的影响和作用

军器、硫黄、焰硝违禁之物不许贩卖外,听闽人以其土物往,他如浙、直丝客,江西陶人各趋之者,当莫可胜计,即可复万历初年二万余金之饷以饷兵,或有云可至六万两。即可省原额之兵饷以解部助边,一利也;沿海贫民多资以为生计,不至饥寒窃困聚而为盗,二利也;沿海将领等官不得因缘为奸利而接济,勾引之祸可杜,三利也。"①主开派还进一步驳斥主禁派"通其贡市,虑如北虏,恐增岁费"的论调。他们认为南北情况各不相同,不能混为一谈:"北边贫虏有如市丐,强来索食,故不能无烦费耳。南倭通市,交易而已,无他求也。若以北虏之道待之,彼将怫然不悦,又安得岁费耶,且通货既多,我之丝帛诸物愈有所泄,往者既众,彼中之价亦平,故曰两利之道可也。"②

可以看出,围绕着开禁互市问题,主禁和主开两派的斗争是复杂和激烈的。两派各执一端,互相参劾,互相攻击,掀起一场又一场论战和政争,其规模之大,卷入人数之多,持续时间之长,论战所涉及的问题之广,对当时政治、社会影响之大,都是过去历史上所没有过的。这场斗争的出现,表明在私人海上贸易发展的影响下,封建统治集团内部已经有一部分人,根据实际的情况,深深感到必须改弦更张,用比较开放的政策来改变闭关锁国的状况。这是明代中叶以后出现的新动向,正如吴晗在《关于中国资本主义萌芽的一些问题》中指出,从这个斗争的实例,说明了商业地主的代表已出现在政治舞台了。

---

① [清]严如熤:《洋防辑要》卷13。
② [明]徐光启:《徐文定公集》。

531

二、对思想的影响

在私人海上贸易的影响下，一些思想家开始形成了反封建的自由思想，给沉闷的晚明思想界吹进了清风，形成一股清新、活泼的时代气息。著名思想家李贽就是一个典型的例子。

李贽，泉州人。泉州历来是我国对外贸易的重要商港，每年都有数以万计的外国商人到此进行贸易，不少人还长期定居下来。到了明代，泉州港虽已衰落，但泉州地区的安平港逐渐繁荣昌盛，成为闽南重要的私人海上贸易商港。泉州地区长期的经商传统，自然会在当地的风俗习惯、政治思想上留下深刻的痕迹。李贽青少年时期，生活在这样的环境中，从小受到熏陶；另外，李贽的家世对他产生的影响更加直接。

李贽家族原姓林。据《凤池林李宗谱》记载，林家是一个世代经商的家庭。李贽一世祖林闾在元朝末年，挟资到泉州经商，后来就在泉州落户。林闾"字君和，为人敦厚寡言，长于譬喻，安素好古。承借前人积担之赀，常俦家客航，泛海外诸国，是时元纲解组，夷人指泉，干戈扰攘，狱讼繁兴，而岁又荐饥，公尝散积以济之，活人者多，夷人虽暴，不敢有犯者"。《清源林李宗谱》也说林闾"借前人蓄积之资，常扬帆航海外诸国"。[①]可见，元朝时林闾已利用前代祖宗积累的资金，开始从事海上贸易活动。李贽二世祖林驽也是兼营国内外贸易的大商人，"壮年航吴泛越，为泉州巨商，洪武十七年，奉命发航西洋忽鲁模斯等"。

---

① 《李贽研究参考资料》第1册。

第十章 闪光的一页:私人海上贸易的影响和作用

三世祖林通衢"夙有经营四方志",经常到广州等地经商。后因三世祖叔林广齐得罪徐御史,被诬告谋反罪,为了逃命改姓李,迁往南安。自此后,林姓家族有的继续姓林,有的改姓李,林、李成为同宗。李贽的四世祖、五世祖经常来往于琉球、日本之间,从事海上贸易活动。到李贽祖父时,家道中落,不再经商,但是,同族人经商的仍然很多。同族的林静野在嘉靖三十七年(1558)"挑卖杂货",嘉靖四十一年在泉州"南门外家门首卖米营活",隆庆三年(1569)又与"屿头林开纸店,又卖菁靛",隆庆四年"与里人贩鲈福州"。再如林肖静于万历二十三年(1595)"自营生理,与施舅载糖往苏",万历二十八年兼"开棉行"。可见,当时林静野、林肖静都是商人。[①]李家这种世代为商的传统及社会环境,必然会对李贽反封建自由思想的形成产生深刻的影响。

在义利问题上,李贽宣称"自私"出于天性,毫不掩饰道德的功利实质。他说:"趋利避害,人人同心""虽大圣人不能无势利之心,则知势利之心亦吾人秉赋之自然矣"。他明确指出,行为的目的就是为了利己:"人必有私而后其心乃见,若无私,则无心矣。如服田者,私有秋之获,而后治田必力;居家者,私积仓之获,而后治家必力;为学者,私进取之获,而后举业之治也必力。故官人而不私以禄,则虽召之,必不来矣;苟无高爵,则虽劝之,必不至矣。虽有孔子之圣,苟无司寇之任,相事之摄,必不能一日安其身于鲁也决矣,此自然之理,必至之符,非可以

---

① 张建业:《李贽评传》,福建人民出版社1981年版。

架空而臆说也。"[1]李贽认为每个人都有私心,农夫拼命耕作是因为想为自己获得好收成;管家巧用心计,是为了积攒财物;书生挑灯苦读,是为了谋取高官厚禄;做官的人,如不给厚禄,请他也不来,就连孔子这样的圣人也不例外,假如不让他担任鲁国的司寇,他怎么会愿意长期留在鲁国呢?他毫无掩饰地宣称:"私心"是符合道德的。"如好货,如好色,如勤学,如进取,如多积金宝,如多买田宅为子孙谋,博求风水为儿孙福荫,凡世间一切治生产业等事,皆其所共好共习,共知而共言者,是真迩言也。"[2]李贽这些思想,基本上属于封建阶级的功利思想,但又不完全是封建性的。

封建社会的道德观,总是千方百计地隐瞒其剥削的本质,把剥削阶级的私利说成是行仁义,从而盖上一层温情脉脉的面纱。孟轲提出:"何必曰利,亦有仁义而已矣""为人臣者怀仁义以事其君,为人子者怀仁义以事其父,为人弟者怀仁义以事其兄,是君臣、父子、兄弟去利怀仁义以相接也,然而不王者,未之有也,何必曰利"。[3]董仲舒也说:"夫仁人者,正其谊,不谋其利,明其道,不计其功。"他们都伪善地把封建地主阶级的私利美化为"义"和"道"。宋代理学家,更是指出"存天理,灭人欲"的道德说教。总之,封建统治阶级是不允许把自私、为己的真相公开宣布的。

但早期的资产阶级则不同,它必然要毁坏一切封建宗法关

---

[1] [明]李贽:《藏书》卷32《德业儒臣后论》。
[2] [明]李贽:《焚书》卷1《答邓明府》。
[3] 《孟子·告子下》。

第十章 闪光的一页:私人海上贸易的影响和作用

系,把封建道德一概"淹没在利己主义打算的冰水之中""用公开的、无耻的、直接的、露骨的剥削代替了由宗教幻想和政治幻想掩盖着的剥削"。[①]李贽这种公开宣扬"私心""私欲""利己"的功利思想,多少已受到早期资产阶级民主思想的影响。

李贽不仅公开宣扬功利主义,而且强烈反对封建等级制度。他认为圣人和凡人在能力上是一样的,他说"天下无不能之人,人无不能之事,凡稍可致力,人争勉焉,则可能故也",所以"圣人所能者,夫妇之不肖可以与能,勿下视世间之夫妇为也","若说夫妇所不能者,则虽圣人必不能,勿高视一切圣人为也"。[②]也就是说,凡圣人能做到的,愚夫愚妇也能办到,凡夫凡妇办不到的,圣人也一定做不到。这就打破了封建统治阶级制造的上智下愚的界限。李贽正是从这种平等思想出发,指出道学家欺世盗名,可鄙可贱,而商人辛勤万状并不可鄙:"商贾亦何可鄙之有?挟数万之资,经风涛之险,受辱于关吏,忍诟于市易,辛勤万状,所挟者重,所得者末,然必交结于卿大夫之门,然后可以收其利而远其害,安能傲然而坐于公卿大夫之上哉。"[③]表达了李贽对商人的同情和支持。

因此,李贽对当时的海商集团林道乾给予高度评价。他说,有一天我在黄安,吴少虞大头巾曾"戏余曰:'公可识林道乾否?'盖道乾居闽、广之间,故凡戏闽者必曰林道乾云。余谓尔此言是骂我耶是赞我耶?若说是赞,则彼为巨盗,我为清官,我知尔这

---

① 《马克思恩格斯选集》第一卷,人民出版社 1995 年版,第 275 页。
② [明]李贽:《明灯道古录》下卷,第 3 章。
③ [明]李贽:《焚书》卷 2《又与焦弱侯》。

大头巾决不会如此称赞人矣。若说是骂,则余是何人,敢望道乾之万一乎?"接着,他指出林道乾有"才气过人"的胆识:

> 夫道乾横行海上三十年矣,自浙江、南直隶以及广东、福建数省近海之处,皆号称财赋之产,人物陕区者,连年遭其荼毒,攻城陷邑,杀戮官吏,朝廷为之旰食,除正刑,都总统诸文武大吏外,其发遣囚系逮至道路而死者,又不知凡几也。而林道乾固横行自若也,今幸圣明在上,刑罚得中,倭夷远遁,民人安枕,然林道乾犹然无恙如故也,称王称霸,众愿归之,不肯背离,其才气过人,胆气压于群类,不言可知也。①

他认为假使以林道乾当郡守二千石之任,则虽海上再出一林道乾,永决不敢放肆。然而由于举世颠倒,"弃此等辈有才有胆有识者不录",故使"豪杰抱不平之恨,英雄怀罔措之戚,直驱之使为盗也",林道乾虽然身份是海盗,但实际上是"有二十分才,二十分胆者"的英雄豪杰。从李贽同情、赞扬海商的言论,可以看出他的思想已打上时代的烙印。

李贽不仅有反对封建等级,要求平等的思想,而且还有反对封建束缚,要求自由发展的观点。李贽认为天下的事物千差万别:

---

① [明]李贽:《焚书》卷4《因记往事》。

第十章 闪光的一页:私人海上贸易的影响和作用

> 夫天下至大也,万民至众也,物之不齐,又物之情也。中无定在,又孰能定其太过而损之,定期不及而益之也?若一一而约束之,整齐之,非但日亦不给,依旧是走在政教上去矣,彼政教之所以不能使民格心归化者,正以条约之密,无非使其就吾之条理,而约之于中,齐其不齐,而使之无太过不及之病也。是欲强天下使从己,驱天下使从礼,人自苦难而弗从,始不得不用刑以威之耳,是政与刑自是一套,俗吏之所为也,非道之以德之事也。"①

在李贽看来,人的才能、性情是各不相同的,如果硬用礼教把这些差别整齐划一,约束在一个框子里,就会引起许多人的不满,最终不得不用刑罚去威胁他们,这是俗吏之所为。李贽反对这种以礼教划一的做法,提出"因材并育"的主张:"千万其人者,各得千万人之心,千万其心者,各遂千万人之欲,是谓物各付物,天地之所以因材而笃也,所谓万物并育而不相害也。今之不免相害者,皆始于不得并育耳,若肯听其并育,则大成大,小成小,天下更有一物之不得所者哉!"②李贽认为,既然事物是不齐的,人性是有差别的,就应该顺从他们的本性,让他们自由发展,只有这样,才可以使"大成大""小成小",使天下之民"各遂其所生,各获其所愿"。李贽这种要求让人们根据自己的个性、特长自由发展的思想,已包含了一种追求个性解放的思想因素。

---

① [明]李贽:《明灯道古录》上卷,第15章。
② [明]李贽:《明灯道古录》上卷,第15章。

李贽反对封建等级观念和虚伪的禁欲主义，肯定地主商人的权势欲，提倡强凌弱的自由发展观，表明他的思想在一定程度上反映了海上自由贸易商人的观点。

由于海上贸易的发展，白银的大量流入，不仅使明清思想界发生了一些新的变化，还改变了社会风气，原来森严的"伦理纲常"的封建秩序开始混乱，社会上出现了"金令司天，钱神卓地"，追求侈靡的新潮流。这种现象在东南沿海表现特别明显，如福建漳州地区，因"以夷为市，子母即赢，因而机械百变"，"人无贵贱，多衣绮绣，意气相诡，华采相鲜"，"若夫行乐公子，闲身少年，斗鸡走马，吹竹鸣丝，连手醉欢，遨神辽旷，虽防本业，然亦足鼓吹盛世，点缀丰年，不容此，无见太平也"。①长泰县在万历以前，"士习犹淳"，但到万历十年之后，"民风渐变，刁讼是尚，侈靡相高，轻侠少年相与陆博蹴鞠，鲜衣怒马，方褥隐囊，稚狂佻巧，视（正）德、（嘉）靖以前，如昏之仰日焉"。②泉州地区的社会风俗"趋尚为豪侈"。"牛医马佣之卑贱，炫然摇曳于都市"，甚至"服食华美奴隶之辈与缙绅等"。③江浙地区的风俗变化也很大，据钟薇《倭奴遗事》记载："吾松向来人心朴茂，不尚虚伪，白首耆民，不窥城府，倚窗士女，罕睹绣襦，城隅半是农田，衢侧联翩茅屋，士始着冠，常人带帽，莫敢逾越"，但自嘉靖"倭乱，边氓半陷房群"，从事海上贸易活动以后，"人之心胆俱换""日尚侈靡，耻闻俭素""荡业游民，甘入

---

① 光绪《漳州府志》卷30，引[明]张燮：《清漳风俗考》。
② 民国《长太县志》卷10《风俗》，引万历十年旧志。
③ 《福建通记》卷21《风俗志》2。

打行凶类，贪夫黩货，异道惑人，牙妇靓妆，乱移门范，贵贱无别，长幼无伦，风日下趋，莫之能换"。①明中叶以后，像这种社会风气从俭转奢、贵贱无别的记载，史不绝书。

在海上贸易、商业经济、货币权力无言的冲击下，官府也出现"职业尽弛，上下解体""事务停阁"的现象，大部分官吏拼命追求货币，把发财致富作为当官的唯一目的。周顺昌在万历时说："方今仕途如市，入仕者如往市中贸易，计美恶，计大小，计贫富，计迟速。"②昔日的所谓"名节"已抛到九霄云外，官场中提倡赤裸裸的金钱关系，所以伍袁萃无限感慨地说："古时门生故吏之谊极隆，甚有见危而授命，遇难而托孤者。今世则陵夷矣，故吏毋论，即所称门生者亦如路人，过门而不入者多矣。"③

所有这一切变化，说明了明清私人海上贸易和商品经济的发展对传统封建思想和社会习俗，都产生了一定程度的冲击，虽然它不可能完全冲破封建关系的羁绊，得到顺利的滋长，但它的出现是不可忽视的。

第三节 科技文化，促进交流

一、我国科技文化的外传

明清的私人海上贸易出现了新的发展趋势，历来以外国商人来华贸易为主逆转为以我国商人赴海外贸易为主的新局面。这个时期内，每年都有大批中国商人通过海上航路，到世界各国进行

---

① [明]钟薇：《倭奴遗事》。
② [明]周顺昌：《周忠介公烬余集》卷2《与朱德昇孝廉书》。
③ [明]伍袁萃：《林居漫录》卷2。

贸易活动。他们不仅运去了当地人民需要的手工业产品和农产品，而且也传播了中国的科技文化。

关于明清出洋贸易的海商总人数，因史无记载，今天已无法知道准确的人数了，但从《明史·吕宋传》的记载可知，万历年间，单从月港一个港口前往吕宋一地的"商贩至数万人"。此外，我们在各地的族谱中也可以找到明清时大批海商出洋的蛛丝马迹。下面仅举晋江安平一地为例，可见一斑。

据11部族谱统计，明代有51人出洋贸易，其中前往吕宋43人，其余则到印尼、暹罗、真腊各国。清初顺治康熙间，出洋总数为81人，其中到咬𠺕吧（加留把）20人、顺塔6人、日本5人，其余到三宝垅、旧港及暹罗。①《飞乾陈氏族谱》记载：陈典箴，"字民警，号钦吾，鸿源公次子，生嘉靖丙午年（1546）六月初九日吉时。公于万历癸卯年（1603）六月往吕宋"；陈朝汉"名荣祖，号妙松，良舆公长子，生成化庚寅年（1470）十一月十九日，卒嘉靖庚子年（1540）二月廿七日，殁真腊国"。《鳌头陈氏族谱》记载：陈士勋"字徵勉，号怀两，可铸公之继男，君衷公之次子，生崇祯癸未（1643）八月廿九日辰时，卒康熙丁卯（1687）六月二十六日申时，商于咬𠺕吧而卒"；陈三锡"字载胤，号伯昭，积厅公长子，生万历乙巳年（公元1605年）二月二十二巳时，卒顺治乙未年（1655）吉月，远游大年赤子澳（今加里曼丹岛）"。《霞亭东房颜色族谱》记载：颜一浑"字道渊，号肖野，鹤公长子，生嘉靖辛卯（1531）十一月初一，卒塔洋（今爪哇岛西部）"；颜嘉冕"号心槐，得道次子，生万历庚寅年

---

① 新编《安海志》卷12。

第十章 闪光的一页:私人海上贸易的影响和作用

(1590)九月十六日辰时,卒崇祯癸未九月十一日巳时,葬西洋旧港山";颜嗣祥"字子瑞,号悠然,普智长子,生成化丁亥年(1467)正月廿四巳时,正德辛巳年(1521)七月廿六日,卒子暹罗";颜玺"字道节,号西泉,生正德己亥年(1515)六月二十日,隆庆丁卯(1567)九月十八日卒于占城"。《有耕堂柯氏族谱》记载:柯克传"讳良圻,乳名四,而耀之子,生崇祯戊寅(1638)九月十九日巳时,卒康熙乙酉年(1705)正月廿三日辰时,住潮州府城,往柔佛";柯兆熠"字心荣,号润予,乳名寅,京用公次子,生万历壬寅年(1602)正月初五日寅时,卒顺治辛卯年(1651)九月初七辰时,公三十岁往安南"。

从以上族谱材料可见,仅安平海商之足迹,几乎遍及南洋各国,整个东南沿海出洋人数自然更多,所到的国家及地区必然更广。这些到海外进行贸易甚至侨居异国的中国海商,在经商同时,也把我国的科技文化带到国外广为传播,对各国经济文化的发展做出了重要贡献。

在菲律宾群岛,由于中菲贸易的进一步发展,到菲律宾的中国海商日益增多,从而把中国先进的工农业生产技术和工具传入菲律宾各地。在农业技术上,中国海商教会当地人民使用水车、木犁和种植水稻、甘蔗等方法,菲律宾人"用的犁也是中国式的,有一个手柄,设有犁头铁或犁头后的定形铁——犁嘴的上部是扁平的,在耕地转向一边"[①]。中国犁的使用提高了劳动效率,加速对内湖沿岸土地的开发。苏禄人也说:"他们的接枝和改良

---

① [英]布赛尔:《东南亚的中国人》卷8,《南洋问题资料译丛》1958年第2期。

水果品种的技术是中国人教的。"在手工业生产技术上，中国海商传入制作陶器、家具、冶炼等技术，教会菲律宾人榨蔗和制糖的方法，把用垂直石碾和浅熬锅的第一家糖厂引进菲律宾。与此同时，我国的雕版印刷术也开始传入菲岛，阿特脱（Aduaite）于1640年明确指出："岛上的第一个印工是在马尼拉天主教多明尼各派教会的一个中国教徒，名约翰·维拉（Juan de Vera），并且他是受该派僧人芳济·圣·约瑟（Francisco de San Joseph）的鼓励而作这工作的。"鲍克斯尔（C.R.Boxer）也说"这是一个中国人在菲律宾经营第一个印刷所。就工人而言，从1953年在诺宾陀（Binondoc）设立以后，这个事业始终是中国人独占的，大约过十五年后，才有菲律宾人参加。"[①]可见菲律宾的印刷技术是16世纪从中国传入的。

对其他南洋各国，中国海商也带去各种先进的生产技术。在今天的雅加达，"当地土人虽然也曾经用某些原始方法制糖，但真正把制糖业带到爪哇来的是中国人。因此，巴达维亚建城不久，懂得经营此业的中国人就开始在该地设立制糖厂，他们使用牛拖的或水力推动的石磨来压榨甘蔗"[②]。1637年，中国商人容观（Jan Kong）建立第一家糖坊，到1652年，中国人的糖坊已发展到二十家，年产糖一万二千担。在安南，许多中国商人经营丝和丝织品生意，并把中国的养蚕法传入印度支那各地。在暹罗，中国商人不仅从事贸易，而且从事垦殖活动，他们运用中国的耕

[①] 转引自张秀民：《中国印刷术的发明及其影响》，人民出版社1958年版。
[②] ［英］布赛尔：《东南亚的中国人》卷7，《南洋问题资料译丛》1958年第2期。

第十章 闪光的一页:私人海上贸易的影响和作用

作技术,开荒辟野,兴修水利,把大片荒地变成膏腴的农田,对暹罗社会经济的繁荣起了重要作用。

对西欧各国,中国海商虽然没有直接到达那里,但随着中西贸易的发展,中国的制瓷技术也传入欧洲,促使欧洲制瓷业的建立并推动其发展。1650年,法国人查尔定(Chardin)游历波斯,看到烧造中国式的上釉描花瓷器,受到很大启发,1677年,在法国希撒诺(Pierre Chicaneau)制造出青花软质瓷。1695年,诺兰地方也仿造中国瓷器,制成一种含有玻璃质的软质瓷。在德国,1709年,包特格尔(J. F. Bottger)仿造中国瓷器,第一次成功地制成硬质瓷。第二年在德累斯顿附近的麦森(Meissen)设立瓷厂,专造白瓷,声名大振。在英国,也开始仿造中国建窑,生产瓷器,1760年,在博屋(Bow)设立"新广州"瓷厂,有工匠三百人,制瓷设备均从广州定做,产品的形式和图案也完全模仿中国瓷器的风格。从以上各国瓷器发展的情况看,无论是在工艺制作过程或是纹饰造型方面都受到中国制瓷技术很深的影响。①

海上贸易的发展也促进了中外宗教文化的交流。如日本长崎著名的唐三寺——兴福寺(俗称南京寺)、福济寺(俗称漳州寺)、崇福寺(俗称福州寺)就是由南京、漳州、福州的海商集资兴建的。特别是承应三年(顺治十一年,1654),福州黄檗山隐元隆崎东渡日本,创建黄檗山万福寺,开创黄檗宗以后,对日本佛教界的影响更大。随着中国僧人去日本人数增多,中国的书法、绘画、音乐、雕刻对日本也产生更深的影响。

---

① 轻工业部陶瓷工业科学研究所编著:《中国的瓷器》第1篇第3章,轻工业出版社1963年版。

明清时期中国僧人到日本不仅带去大批珍贵的书画，而且他们中很多人就是著名的书法家，如即非以善书著名，心越以篆书见称，尤其是独立，对诗文、翰墨、篆刻、医道等无一不精通，老中松平信纲等人深深佩服他的才学和德操，长崎人高天漪因传授他的书法而出名。在绘画方面，以长崎崇福寺的开山超然最为杰出，他把画法传授给渡边秀石、释道光等人，开创近代汉画的基础。此外，这些僧人大都通晓医术，对日本医学发展也做出贡献，如独立把医术传给池田正直，池田因而名声大振，化外传授给北山道长，心越传授给石原学鲁，澄一传授给国立贞、今井引济等人[①]，从而促进了日本医学的发展。这个时期，中国僧人能对中日文化交流做出贡献，显然是同海商的帮忙分不开的。这些僧人去日本都是乘坐中国的商船。我们说，如果没有中国海商的往来，就不会有那么多的僧人去日本，也就不会对日本文化产生那么大的影响。

二、西方科学技术的输入

明末清初，随着中西贸易的发展，欧洲耶稣会的传教士陆续来华进行传教活动，他们带来了比较先进的科学技术，为停滞不前的科技界注入新鲜因素。

16、17世纪是伟大的科学革命时期。欧洲的科学技术得到迅速的发展，无论是天文学，还是化学、物理学、医学都有长足的进步。16世纪，波兰科学家哥白尼提出太阳中心说，科学地论证

---

① ［日］木宫泰彦：《日中文化交流史》五。

第十章 闪光的一页:私人海上贸易的影响和作用

了地球绕太阳运行的客观规律,"从此自然科学便开始从神学中解放出来"①。意大利科学家伽利略做了多次自由落体的科学实验,发现落体的加速度与质量无关,推翻了被人们信奉了一千七百多年的亚里士多德臆说。17世纪前半叶,法国人笛卡尔把变量引进数学,成为数学发展的转折点。接着,牛顿又从开普勒的行星运动三定律推出万有引力定律,创立了科学的天文学,尤其是《自然哲学的数学原理》的科学论著的出版,奠定了经典力学的基础。同时,波义耳发表《怀疑派的化学家》,明确提出元素的定义,开创了近代分析化学的先河。所有这一切,说明自然科学已进入了近代发展阶段。②

随着欧洲商品经济的急速发展,急需发展海上贸易和进行殖民掠夺,于是殖民主义国家的商人与耶稣会传教士结合在一起,成为侵略古老东方的先锋队,1580年,意大利人罗明坚跟随葡萄牙商人至广州贸易,并留居肇庆,建立教堂,成为明朝后期第一个进入中国内地传教的耶稣会士。接着利玛窦也于1582年抵达澳门,并随罗明坚至肇庆,开始了他在中国的传教生涯。自此以后,汤若望、南怀仁、艾儒略等传教士一个接一个来到中国。

这些耶稣会士为了传教的需要,不得不用近代的科学技术作为敲门砖,引入西洋奇器,介绍各种西方科学:

天文历法方面:利玛窦翻译和编著了《乾坤体义》《经天该》等书,介绍了西方有关日月食的原理,七曜与地球体积的比例等

---

① 恩格斯:《自然辩证法》导言。
② 杜石然:《中国科学技术史稿》第9章,科学出版社1982年版。

常识，特别是徐光启主持历局以后，先后调集龙华民、汤若望、罗雅谷等人，加快了天文历书的翻译和介绍工作。崇祯四年（1631）正月二十八日，第一次进呈的翻译历书目有《日躔历指》一卷，《测天约说》二卷、《大测》二卷、《日躔表》二卷、《割圆八线表》六卷、《黄道升度表》七卷、《黄赤距度表》一卷、《通率表》二卷。以后又接连四次进呈翻译书目。与此同时，他们还引进了西洋天文仪器，如顺治元年（1644），汤若望进呈浑天星球一架、地平日晷、远窥镜各一具，康熙十三年（1674），南怀仁继掌历务，先后制成天体仪、黄道经纬仪、地平经仪、地平纬仪、纪限仪等仪器，并绘图列说，写成《新制灵台仪象志》一书，介绍各种仪器的制法和用途。由于西洋历法和仪器的传入，促进了中国天文学的发展和历法的改革。中国的天文历算有着长久的历史，并有辉煌的成就。元代伟大科学家郭守敬制定了《授时历》，使中国历法的精确度进一步提高。但由于长期没有修历，到明末出现了显著的差误，"交食往往不验"，迫切需要加以修改。崇祯二年，徐光启主持修改历法工作，他聘请龙华民、汤若望等人参加编修。经过几年的努力，终于完成了《崇祯历书》。此历书在明末由于守旧派的反对和明室的衰亡，没有实行，至清初汤若望献给顺治皇帝，才由清廷公布施行，这就是《时宪书》。《崇祯历书》虽然存在一些错误和缺点，但比《授时历》准确得多，它还介绍了大量西方天文学和数学，对于中国的天文历算起过积极作用。

数学方面：最先译为中文的是欧几里得的《几何原理》，万历三十五年（1607），由利玛窦口授，徐光启笔述。虽然翻译的底本不是欧几里得的原本，而是利玛窦的老师，德国数学家克拉

第十章 闪光的一页:私人海上贸易的影响和作用

维斯(Clavius)的注解本,而且全书也没有译完,只译前六卷,但此书的翻译对我国数学界产生了一定的影响。翻译的西方几何学书,还有《圆容较义》《测量法义》《测量全义》《几何要法》等书。在笔算方面,首推万历四十一年利玛窦和李之藻合译的《同文算指》,全书共十卷,分前编与通编。前编二卷,卷上分是法、加法、减法、乘法、除法等五节,卷下分奇零约法,奇零并母子法等。通编八卷,均为演例。《同文算指》的传入,对我国算术的发展也有较大的影响。在代数学上,如前面讲的徐光启第一次进呈的《割圆八线表》及《大测》两书,介绍了西方代数学,前者讲平三角,后者言弧三角。顺治七年,波兰传教士穆尼阁又把对数传授给薛凤祚,编著成《比例对数表》十二卷,薛凤祚在其序中说:"今有对数表,以省乘除,而况开方、立方、三四方等法,皆原法工力,十省六七,且无舛错之患。"

机械工程学方面:天启年间,陕西人王徵看见西方有关机械制造学的专著,请耶稣会士邓玉涵口授,由他自己笔录,翻译成《远西奇器图说录最》一书,比较全面介绍西方器械的制造工序。在此书的影响下,王徵自制自行车、自转磨、虹吸、鹤饮、刻漏、水铳、轮壶等各种器械,邑人有诸葛孔明之誉称。[①]特别要指出的是西洋火器制造技术传入后,经过我国工匠的改造,制造出各种威力更大的兵器,如佛郎机"其制出于西洋番国,嘉靖年始得而传之,中国之人更运用巧思而变化之,扩而充之以为发矿,发矿者乃大佛郎机也;约而精之以为铅锡铳,铅锡铳者乃小

---

① 方豪:《中西交通史》第4篇第3章,岳麓书社1953年版。

547

佛郎机也，其制若不同，实由此以生生之耳"①。

在地理学方面：利玛窦传入了世界地图，扩大中国人民对世界的认识，据《大西西泰利先生行迹》记载，利玛窦于万历十一年抵端州（肇庆），"画有坤舆图一幅，为心堂赵公（赵可怀）所得，公喜而勒之石，并加弁语焉"。万历二十六年，利玛窦抵京，又献上"自鸣钟大小二具，铁弦琴、万国图等物"。自利氏之世界地图传入我国后，各地纷纷翻刻，万历年间，已有吴中明刻板、冯应京刻板、李之藻刻板、郭子章刻板、李应试刻板等。利氏世界地图的传入，丰富了我国地理学知识。从此，开始有了热带、南北温带和南北寒带的划分和关于亚细亚、欧罗巴、利米亚（非洲）、南北亚墨利加（南北美洲）和墨瓦腊尼加（南极洲）等五大洲的观念，其中有的译名如亚细亚、欧罗巴、意大利亚、大西洋、地中海、古巴、牙买加、加拿大等一直沿用至今。清初，康熙帝对地图的测绘十分重视，不仅从广州购入西洋仪器，而且还下令由中、西双方人员组成测绘队进行全国地图的测绘，经过十多年的努力，终于编绘一幅具有很高水平的《皇舆全图》，使中国地图学走在当时世界的前列。

综上所述，随着中西贸易的发展，跟从西方商人东来的耶稣会士带来了各种西方的科学技术，而西方较先进的天文、历算、数学、机械工程学、地理学等近代科学知识的传入，打开了中国人的眼界。可见，明末清初私人海上贸易的发展，为中外科技文化交流开拓了更广阔的渠道。

---

① [明]郑若曾、[明]邵芳：《筹海图编》卷13《兵器》。

后　记

　　落其实者思其树，饮其流者怀其源。

　　本书出版之际，我怀念我的两位恩师，复旦大学陈守实教授和厦门大学傅衣凌教授，是他们指明我的研究方向，教会我研究方法，使我终身受益。师恩浩荡，常在我心。

　　本书得以出版，应该感谢天津人民出版社将拙著列入"长城砖"丛书第一辑，实为荣幸。特别感谢编辑团队在篇章结构、文字表达、史料校正等方面做了大量细致、艰辛的工作，使本书的质量进一步提升。感谢苏子惺老师对书名的英译和王显忠先生对章节标题的润色。当然也要感谢我的家人长期以来的全力支持和鼓励。

林仁川

2024年4月1日

长城砖

垒书为城　故史惟新

编辑团队	沈海涛	装帧设计	图文游击工作室	发行统筹	乔　悦
	金晓芸		汤　磊	营销专员	秦　臻
	燕文青			新媒体营销	高　颖
	郭聪颖				